経済政策論

日本と世界が直面する諸課題

瀧澤弘和
小澤太郎
塚原康博
中川雅之
前田　章
山下一仁

慶應義塾大学出版会

目 次

第 I 部　経済政策論への招待

第 1 章　経済政策論を学ぶ意味 …………………………………… 3
1　経済政策論の教科書としての本書の特徴　4
2　政策課題中心で経済政策論を学ぶことの意義　5
3　今日の経済学研究の流れとの関連　7
4　本書の構成　10
　　Column 1　市場に対する新しい見方　15

第 2 章　現代日本経済が直面する諸課題 ………………………… 17
1　エネルギー問題、環境問題とわれわれの文明　20
　1.1　経済活動とその長期的趨勢　20
　1.2　エネルギーの重要性　22
　　Column 2　マルサス経済のメカニズム　24
　1.3　エネルギー消費のゆくえ　26
　1.4　エネルギー問題と環境問題　28
2　2つの老いと財政の役割　29
　2.1　人口減少社会と高齢化　30
　2.2　都市の老朽化　33
　2.3　2つの老いが財政に与える影響　36
3　グローバル化の進展と日本経済　39
　3.1　世界における日本経済の規模　40
　3.2　ISバランスから見た世界経済　43
　3.3　日本経済のISバランスの見通し　48
4　まとめ　51

第Ⅱ部　2030年への課題と政策

第3章　財政政策・金融政策をめぐるいくつかのトピック……… 55
1　マクロ経済学の変化　55
  1.1　自然失業率仮説　55
  1.2　その後の展開　59
2　財政政策をめぐる諸問題　60
  2.1　ケインズ的な財政政策に対する見方　60
  2.2　公債負担論　62
  2.3　リカードとバローの中立命題　65
  2.4　財政の持続可能性　67
3　金融政策をめぐる諸問題　68
  3.1　マネタリズム的金融政策の展開　68
  3.2　中央銀行の政策運営　70
  3.3　金融政策における期待の役割　71
  3.4　時間的不整合性の問題　73
  3.5　インフレ目標制度と金融政策ルール　75
  3.6　日本で行われた非伝統的金融政策　79

第4章　労働市場改革 ……………………………………………… 83
1　労働に関する基本的な用語　83
2　標準的経済学の労働市場と日本の労働市場　85
  2.1　標準的経済学から見た労働市場　85
  2.2　日本の労働市場の特殊性　87
3　バブル経済崩壊前と日本的雇用慣行　89
4　バブル経済崩壊後と日本的雇用慣行　92
5　労働市場改革の方向性　93
  5.1　年功賃金（生活給）から能力給への転換　94
  5.2　性別役割分業からワーク・ライフ・バランスへの転換　95
  5.3　新卒のみの一括採用から常時開いている労働市場への転換　97

5.4　厳格な解雇規制の緩和とセーフティネットの充実への転換　98
　　5.5　格差社会から格差の小さな社会への転換　99
　　　　Column 3　ピケティの格差論　103

第5章　社会保障をめぐる諸問題 ……………………………… 107
　1　社会保障の現在　107
　　1.1　社会保障関係費の推移　107
　　1.2　年金保険制度の仕組み　110
　2　社会保障になぜ公共部門が関与するのか　113
　　2.1　情報の非対称性　113
　　2.2　再分配　117
　　2.3　パターナリズム　121
　3　わが国の将来像から求められる年金制度　122
　　3.1　少子高齢化のインパクト　122
　　3.2　2つのタイプの年金制度と求められる姿　124
　4　わが国の将来像から求められる医療・介護制度　129
　　4.1　少子高齢化のインパクト　129
　　4.2　これからの医療・介護制度　132

第6章　エネルギー問題と政策 ……………………………… 135
　1　技術的背景——エネルギーの形態　135
　2　技術的背景——電力の仕組み　136
　3　石油と国際情勢　140
　4　各国経済政策の変化　142
　5　エネルギー政策の考え方　145
　6　電気事業の特質　147
　7　規制緩和と自由化の考え方　149
　8　わが国の電気事業規制と改革　151
　9　電源構成の考え方　154
　10　環境問題の浮上　156
　11　まとめ　158

第 7 章　環境問題と政策 ……………………………………………… 161

1　環境問題の概観　161
2　地域環境問題と地球環境問題　163
3　気候変動問題の経緯　165
4　経済学の枠組みと環境問題　168
5　費用便益分析の考え方　171
6　気候変動政策のモデル分析　175
7　経済政策の必要性　178
8　政策手段　180
9　まとめ　181

第 8 章　産業に関する経済政策 ……………………………………… 185

1　はじめに　185
2　戦後日本の産業政策　187
3　産業の保護育成政策　190
　3.1　政府は特定産業を育成することができるのか　190
　3.2　幼稚産業保護はどのように正当化されるのか　192
4　産業構造の選択は一国に何をもたらしうるのか　195
5　産業調整政策について　198
6　現在の日本の産業構造　200
7　現在の日本の産業が直面する課題　204
　7.1　キャッチアップからフロントランナーへ　205
　7.2　比較優位構造の転換　208
　7.3　市場と政府の補完性　209
8　まとめ　210
　Column 4　各産業の成長寄与率の計算の仕方について　213
　Column 5　国同士の競争という概念　214

第9章　農業政策 ……………………………………………… 217
1　世界の食料・農産物市場の特徴と食料危機の可能性　217
2　農業保護の根拠　219
　2.1　食料安全保障　219
　2.2　食料自給率向上　221
　2.3　多面的機能　223
3　人口減少時代における食料安全保障の難しさ　224
4　日本農業のポテンシャル　225
5　農業衰退の原因となった農業政策　229
　5.1　価格政策　230
　5.2　農地政策　232
　5.3　農協　234
6　農産物貿易自由化と柳田國男　236
7　農政改革の方向　239
　7.1　農地制度の改革　239
　7.2　農協制度の改革　240
　7.3　価格支持から直接支払いへ　242
　7.4　海外市場の開拓と食料安全保障　246

第Ⅲ部　経済政策への視角

第10章　戦後日本の経済システムの理論的把握 ……………… 253
1　比較制度分析のアプローチ　254
　1.1　経済システムという経済の捉え方　254
　1.2　制度の重要性　255
2　ゲーム理論と比較制度分析の諸概念　257
　2.1　ナッシュ均衡　257
　2.2　戦略的補完性、複数均衡、歴史的経路依存性　259
3　戦後日本の経済システムとその理論的把握　262

3.1 情報共有型コーディネーション・システムとしての日本企業　262
   3.2 企業システム——J-均衡と A-均衡　264
   3.3 日本企業の雇用システム　265
   3.4 長期のサプライヤー関係　268
   3.5 日本企業のコーポレート・ガバナンスとメインバンク・システム　273
   3.6 銀行中心の金融システム　276
   3.7 戦後日本の経済システムにおける政府・企業関係　278
 4 おわりに　280
    Column 6 アカロフの中古車市場のモデル　282
    Column 7 繰り返し囚人のジレンマ　284

第 11 章　日本の経済システムはどこに向かうのか
　　　　——システム変化の視点 ……………………………………… 287

 1 経済システムの変化に関する観点　287
   1.1 制度変化をもたらす要因　287
   1.2 制度的補完性と経済システム改革　290
   1.3 経済改革の歴史的事例　291
 2 日本の経済システムの歴史的生成　293
   2.1 1920 年代までの日本の経済システム　293
   2.2 戦時経済体制から戦後の経済システムへ　294
   2.3 1980 年代から今日まで　297
 3 現代日本の経済システムが直面する環境変化　297
   3.1 経済のグローバル化と世界的な分業構造の転換　297
   3.2 キャッチアップ段階からフロントランナー段階への移行　300
   3.3 ICT の発展とモジュール化　301
   3.4 少子高齢・人口減少社会のインパクト　303
 4 日本の経済システムの現状　304
   4.1 金融市場サイドと労働市場サイド　305
   4.2 日本企業のコーポレート・ガバナンスの多様化　308
 5 現在の変化をどう見るのか　310
   5.1 変化の途上にある日本の経済システム　310

    5.2 株主とコア労働者によるレントの分け合い　311
  6 おわりに　312

第12章　望ましい政策の実現がなぜ難しいのか……………………317
  1 市場の失敗から政府の失敗へ　317
    1.1 公共選択論とはいかなる学問か　317
    1.2 公共選択論における政治家・官僚像　320
    1.3 ゲームの解としての政府の失敗　324
  2 政府の失敗から民主主義の失敗へ　329
    2.1 合理的有権者の神話の崩壊　329
    2.2 行動経済学の知見から得られる等身大の有権者像　335
  3 新しい経済政策論の構築に向けて　337
        Column 8 双曲型割引モデルについて　344

補論　マクロ経済学の要点整理……………………………………347
  1 国民経済計算の諸概念　347
    1.1 国民所得の諸概念とその関係　347
    1.2 IS バランスの恒等式　351
    1.3 名目と実質　353
    1.4 成長率間の関係　354
  2 45 度線モデル　355
    2.1 財市場の均衡と 45 度線モデル　356
    2.2 財政政策の効果　358
  3 IS-LM モデル　360
    3.1 財市場均衡への利子率の導入と IS 曲線　360
    3.2 貨幣市場の均衡と LM 曲線　361
    3.3 貨幣の定義　362
    3.4 貨幣供給のコントロール　363
    3.5 貨幣需要　365
    3.6 IS-LM 分析とマクロ経済政策の効果　368
  4 AD-AS モデル　370

4.1　IS-LM モデルにおける物価水準の操作と AD 曲線　370
  4.2　労働市場の考察と AS 曲線　372
  4.3　AD-AS 分析　375
 5　ケインジアンの体系と古典派の体系　377
 6　経済成長モデル　378
  6.1　成長会計　378
  6.2　ソロー・モデル　380

索　引　385
著者紹介　395

第 I 部

経済政策論への招待

第1章 経済政策論を学ぶ意味

　今日、われわれは市場経済の中で生活している。市場は、われわれ一人ひとりが、地球上のどこで誰が何をどれだけ欲しがっているのかというような情報をほとんど知ることなく、互いに必要なものを生産し、消費することを可能にしてくれる素晴しい仕組みである。しかし市場は、2008年のリーマン・ショックを前後する金融危機の影響を振り返ればわかるように、ときおり、われわれの社会生活に大きなマイナスの影響を与えることがある。

　経済政策論は、今日の市場経済の中で政府がどのような政策を遂行することが可能であり、また望ましいのかを考える学問分野である。

　現代日本のような民主制のもとでは、経済政策の多くは、私たちが選挙を通じて選出した議員から構成される議会と、議会を前提にして構成される政府によって策定されている。また、日本銀行のような独立した機関に対しても、われわれは世論を通じて影響を与えうる。したがって、政策当局がどのような経済政策を遂行しようとしているかに関する私たちの評価能力をできるだけ確かなものにしておくことは大きな意味を持っている。

　そのために、経済理論の確かな理解が必要なことはもちろんである。しかし同時に、より広い視野で、理論と現実とのギャップに関する一定程度の理解を持つことも必要である。本書は、大学で経済学を学ぶ学生たちが、現代日本の現実の経済政策を見る観点を身につけるうえで、その一助にしてもらうために執筆された。

1 経済政策論の教科書としての本書の特徴

　本書を手にしている読者の多くは、すでに大学でミクロ経済学とマクロ経済学の授業を受講したかもしれない。20世紀の半ば以来、そして現在でも、世界中の多くの大学で、経済学の基礎コースはミクロ経済学とマクロ経済学から構成されるものとして教えられているからである。

　これまでの経済政策論の教科書の多くは、主としてミクロ経済学とマクロ経済学という基本的な経済理論から出発し、そこで学んだことを現実問題に応用するような仕方で書かれてきた。ミクロ経済学とマクロ経済学で学習した、市場メカニズムについての操作可能な理論モデルは、税率や政府支出などのようなさまざまな政策変数を変更することで市場の結果がどのように変化するのかを理解し、予測するために用いることができる。

　このアプローチはきわめて体系的であり、わかりやすいという明白な長所がある。しかし、しばしば「街灯の下で鍵を探す」と揶揄されてきたように、理論で扱いやすい政策的課題に集中しがちになってしまうという短所があることも確かである。また、現実の経済システムの複雑性を考慮に入れないために、そのままの形で現実世界の理解に応用されると、あまりにも単純で一面的な結論を導いてしまう可能性もあるだろう。われわれは経済政策論への既存のアプローチの正当性を決して否定するものではないが、それとは異なるアプローチから本書を構想した。

　本書の構想の特徴を一言で表現するならば、理論から経済政策論に入っていくというよりもむしろ、21世紀初頭の日本経済という特定の時間と特定の空間を意識し、日本経済が抱える諸問題というイシューの方から経済政策論に入っていくというアプローチである。本書の各章は、エネルギー問題、環境問題、少子高齢・人口減少社会、世界的な分業構造の転換の中での日本経済、政策転換を迫られている日本農業、非正規雇用比率が上昇している労働市場等々といった、現代日本が抱える経済問題に沿って構成されており、本書はそれらの問題を考察することを通して、読者が経済学的思考方法を身につけることを目指している。

　誤解のないようにあらかじめ断わっておくが、このことは経済理論を無視

することをまったく意味していない。実際に各章の内容を見てもらえばわかるように、それぞれのイシューの分析は経済理論の応用なしには不可能である。むしろ具体的な政策課題の分析に対してどのように経済理論が関わるのかを感じとることで、読者にさらに経済理論の学習意欲を高めてもらうことも本書の目的の1つであると言ってよいだろう。

2 政策課題中心で経済政策論を学ぶことの意義

本書における経済政策論が、現代日本経済が直面している政策課題を中心に構成されていることの主要な理由は、現代日本の民主制のもとで、経済学教育が果たす役割の1つが、現実の経済政策を自分自身で評価する観点を養うことにあると考えられるからである。ミクロ経済学、マクロ経済学を基礎としてそれを応用した場合の経済政策論は多くの場合、特定の時間と空間を限定しない経済政策の理論になるだろうが、現実の経済政策は特定の時代的・制度的背景の中で、すなわち特定の文脈の中で策定され、遂行されているのであって、それを同時代人が評価するものである。

2008年のリーマン・ショックが、多くの経済学者たちに一定の反省を促すことになったことはよく知られている。2008年11月にロンドン・スクール・オブ・エコノミクスを訪問した際に、エリザベス女王は「どうして誰も信用収縮の到来に気づかなかったのか」という素朴な問いを経済学者たちに投げかけたが、経済学者たちはこれに歯切れのよい回答を与えることができなかった。その理由はさまざまだが、その後、エリザベス女王に宛てて公開された王立協会の書簡では、現代の経済学者たちのほとんどが経済システムという複雑系の中のごく一部のみに焦点を当てる専門家になっていて、全体を見通せないということが挙げられている[1]。ある意味で現代経済学は専門化が進みすぎた結果、経済全体を広い視野でつかみそこねていると言ってもよ

---

1) その一部にはこう書かれている。「結局問題はどこにあったのでしょう。皆がそれぞれの仕事を適切に果たしているように思われました。そして、通常の成功基準で言えば、彼らはたいていうまくやっていました。失敗は、これが全体として足し合わさったときに、1つの規制当局の管轄に収まりきらないような、相互に関連した一連の不均衡がいかに生み出されるのかを理解できなかったことにありました」。

いかもしれない。

　現実の経済政策に関して一定の視点を獲得することは、これまでの経済学教育が要求してきた以上に広い視野と柔軟な思考法を必要としているように思われる。リーマン・ショックの後、一部の経済学者たちが既存の経済理論の欠陥を正すために立ち上げた「新しい経済学的思考のための研究所」（Institute for New Economic Thinking）は、より現実に寄り添った経済学を志向しつつある。そこでは世界中の大学における経済学カリキュラムの見直しも提案しており、改革のコアとなるアイディアを「経済学教育を現実経済の作用と再び結合すること、そしてこの再結合を学部カリキュラムにおけるまさに最初の部分から開始すること」としている。われわれの経済政策論テキストの構想はこれとは独立に着想されたものだが、その精神には共通したものがあると言ってよいだろう。

　経済政策を論じるためになぜより幅広く柔軟な観点が必要となるのだろうか。ジョセフ・スティグリッツは大統領経済諮問委員会における自らの経験について語る中で、「潜在的なパレート改善が失敗する4つの理由」を挙げている。その中の1つは、「政府がコミットできないこと」である（Stiglitz 1998）。

　経済学ではすべての経済主体の経済厚生を悪化させることなく、ある経済主体の経済厚生を改善することをパレート改善と呼び、そのような提案がなされれば、問題なく受け入れられるはずだと考えている。たとえば輸入関税を撤廃して製品価格が低下したときに、消費者余剰が増加する一方で、生産者たちが損失を被るような状態があったとしよう。消費者余剰の増加分は生産者余剰の減少分を上回るので、消費者余剰の増加分の範囲内で、生産者に対し、その損失を上回る補助金を与えることが可能であるとしよう。このときに、生産者たちがこのような補助金の提案を受け入れることは当然と言うことができるだろうか。経済学のテキストでは、この問題は1回限りの静学的な状況として分析されるにすぎないが、現実の問題は動学的なものであるとスティグリッツは言う。もしかしたら近い将来のどこかで、政権が変わるなどして、こうした補助金は無駄だと決めつけられて廃止されてしまうかもしれない。民主制のもとにある政府はその本質からしても、不変の約束がで

きない存在なのである。

　イギリスの自由主義的な政治哲学者アイザイア・バーリンは、古代ギリシャの詩人アルキロコスの詩「キツネはたくさんのことを知っている。ハリネズミは大きなことを1つだけ知っている」という言葉を用いて専門家を分類しようとした。その特徴づけによると、ハリネズミは、1つのコアになるアイディアを持ち、そこから世界を理解しようとする存在であり、キツネは、世界は複雑なもので、1つのアイディアで理解することができないと考える存在である。この意味では、われわれはある程度はキツネのような存在として、複数の観点から現実の政策を見る必要があるのである。つまり、日本経済の抱える長期的課題の理解には、当然のことながら、経済理論の枠組みが必要とされるのだが、そうした問題の現実の解決プロセスの理解には、通常の経済理論の教科書の単なる応用問題として片づけられる以上のことが必要になるかもしれないということを常に念頭に置いておく必要があるのである[2]。

3　今日の経済学研究の流れとの関連

　このように政策課題中心で経済学を学び、自分自身の観点を獲得していくためには、狭い意味での経済学的観点だけでなく、社会・政治・歴史まで含めて視野を広げることが必要となる。もちろん必要とされる視点のすべてを本書が提供しているなどと言うつもりは毛頭ない。われわれにできることは、そのような努力をすること以外ではありえないのである。しかし、ここ数十年間の経済学研究自身も既存の経済学研究の視野や対象を広げつつあり、ある程度はそこから学ぶことも可能であるので、そのことについて若干解説しておきたい。

　1970年代以降の経済理論が、取引当事者間に「情報の非対称性」があるケースにまで分析の対象を広げるという、大きな革新を経験してきたことはよく知られている。たとえば、今日われわれが「逆選択」や「モラル・ハザード」といった経済現象を理解できるようになったのは、この理論的革新——情報

---

[2] ハリネズミとキツネの対比は、ダニ・ロドリックの『グローバリゼーション・パラドクス』の中でも解説されている。

の経済学の誕生——のおかげであり、この革新がなければ、われわれは経済を情報の非対称性という観点から見ることはなかったであろう。

　1980年代になると、情報の経済学はその大半がゲーム理論の言語を用いて厳密に表現できることが明らかとなり、ゲーム理論が経済理論に広範に取り入れられるようになった。ゲーム理論が経済学において与えたインパクトは甚大であり、多様でもある。現在の文脈に必要な限りでそのうちのいくつかを挙げてみると以下のようになるだろう。

　第1に、ゲーム理論によって、これまではあまりかえりみられなかった制度の分析が行われるようになったことである。ここで言う制度とは、政府、裁判所、国会、大学などのような日常的な意味での制度（組織）ではなく、人々が一定の規則性を持った行動を示すことを意味している。それはゲーム理論が最も得意とする分析対象である。

　たとえば、こうした分析によって、伝統的なミクロ経済学ではブラック・ボックスとして捉えられてきた企業の内部組織の分析が可能となり、組織と契約の経済学が立ち上がることになった。また、政府が裁判所の存在を通して公式にその実効性を担保している法律だけでなく、民間部門の中で非公式に成立しているルールや秩序が市場経済の中で有している意義も理解されるようになってきたのである。

　こうした分析によって、われわれが伝統的な経済学で分析してきた市場メカニズムは多くの非市場的な制度によって補完されており、市場経済のパフォーマンスを理解するうえでこれらの制度を理解することがきわめて重要であるという考え方が徐々に浸透するようになった。

　第2に、第1のことと関連して、市場を補完する諸制度に対する理解が深まるにつれて、経済史が経済理論と結びついて新たな方向への進化を遂げるようになったことである。たとえばダグラス・ノースは、近代西欧世界の勃興の原因を財産権制度の確立による経済活動のインセンティブの強化に求めるような分析を行っている。経済史が経済理論の影響を受けると同時に、経済学自体もさまざまな点で経済史研究の影響を受けるようにもなってきた。たとえば、初期時点における人々の行動の分布状態によって異なる均衡状態へと収束するといった「経路依存性」という概念は、経済史のインスピレー

ションなしには得ることができなかったものであろう。われわれの経済は、さまざまな制度によって構成されている複雑なシステムだが、その制度は過去の歴史の影響を強く受けざるを得ないことが理解されるようになってきた。制度と歴史は深く関連しているのである。

　第3に、ゲーム理論が一種のプラットフォームとなって、実験経済学や行動経済学といった新分野が経済学の内部に登場してきたことである。ゲーム理論は比較的簡単に実験することが可能なので、1990年代になると多くの経済学者がゲームを用いた実験研究を行うようになり、実験経済学が一般的に受け入れられるようになる一方で、実験結果が理論と食い違うことを説明するための経済学として、新たに、現実の人間行動を説明したり、予測したりする経済学として行動経済学が生み出されてきた。

　こうして、今日では伝統的なミクロ経済学が想定しているような意味では「不合理」とも見なされうる経済主体の行動を扱うことも、それほど珍しいことではなくなっている。むしろ、現実の人間行動を理解するために、社会心理学、発達心理学、霊長類行動生態学等々との学際的交流も積極的に行われつつある。行動経済学で明らかにされた人間行動の説明を用いて、金融危機における人々の行動を説明しようとする試みも現れている。

　経済における実験研究の興隆は、経済学にこれまでとは異なる研究手法をもたらすことになった。今日では、さまざまな政策が有効性を持つかどうかに関する因果関係を探るためのRCT（Randomized Controlled Trial）と呼ばれる手法が開発経済学において広く用いられるようになっている。この流れはまた、「証拠に基づく政策」（Evidence-Based Policy）という政策評価手法が注目されるようになったことと軌を一にしている。

　このような経済学研究の対象や手法の拡張によって、人間に対する理解の仕方や市場に対する理解の仕方が、従来のミクロ経済学でモデル化されているものとはだいぶ異なってきているように思われる。

　われわれがその中で生活している市場経済においては、通常、（狭義の）市場が非市場的諸制度によって補完されて機能しており、市場とそれを支える諸制度との関係によってパフォーマンスは大きく異なりうる。制度は歴史を通じて形成されてきたものであり、それを無視してゼロから設計できるよ

うなものではない。実はここにこそ、市場メカニズムのモデルを用いて政策変数を操作するような従来の経済政策論とは異なる、新たな経済政策論が必要とされることの意味があるのである。本書は、このようにその研究対象や方法を変化させつつある現代経済学の成果をできる限り考慮し、それを経済政策の見方に反映させようと努めているのである。

4　本書の構成

本書は3部から構成されている。

第Ⅰ部　経済政策論への招待

本章を含む第Ⅰ部は「経済政策論への招待」と題した本書全体への導入である。本章では、本書が経済政策論の教科書として、どのようなアプローチを採用するのか、その特徴について述べてきたが、次の第2章「現代日本経済が直面する諸課題」では、これからの日本経済の行く末を見るうえで最重要と思われる諸課題をピックアップし、それぞれの課題を見る際に必要な観点が説明されている。そこで抽出されているトピックは、①エネルギー問題・環境問題、②人口の高齢化および都市の老朽化という「2つの老い」と財政問題、③グローバル化の中で日本経済が世界経済に占める位置である。これらの論点は、今後数十年の間、日本経済を同時代的に見ていくうえで、常に念頭に置かなければならないものである。

第Ⅱ部　2030年への課題と政策

第Ⅱ部は、「2030年への課題と政策」をさまざまな領域ごとに扱っている。
第3章「財政政策・金融政策をめぐるいくつかのトピック」が扱う領域はマクロ経済政策であり、マクロ経済学の基礎的理解の上に立って、現代のマクロ経済政策の背景にある考え方を解説するものである。公債負担論、財政の持続可能性、金融政策における期待の役割などのトピックを選び、現代マクロ経済政策を理解するための基本的観点を提供する章になっている。通常、学部レベルで教えられているマクロ経済学の基礎の部分については、補論の

「マクロ経済学の要点整理」を参照していただきたい。マクロ経済学の基礎知識が曖昧になっていると感じる読者は、補論の内容を先に一通り復習したうえで、第3章に入った方が理解がスムーズになるかもしれない。

　第4章は「労働市場改革」である。標準的経済学で把握されている労働市場について基礎的な概念を理解したうえで、日本の労働市場がどのような特殊性を持ってきたのか、そして現在どのような課題を抱えているのか、どのような改革が必要とされているのかが明らかにされている。たとえ改革の方向が見えていたとしても、労働市場のあり方の多くは労使間の「慣行」に依存しているため、おそらく労働市場の改革は一朝一夕には進まないであろう。本書を利用する読者は、労働市場の改革を同時代的に目にすることになるだろうが、本章は改革の進行を見る基本的な観点を提供するものと言ってよいだろう。

　第5章「社会保障をめぐる諸問題」では、第2章の2節で触れられた少子高齢・人口減少社会が経済に対して持つインパクトが深掘りされている。社会保障問題を論じるうえでは、そもそもなぜ社会保障に公的部門が関与するのかという基本的視点を欠かすことができない。この部分の理解には、ミクロ経済学で学ぶ「情報の非対称性」の理解が不可欠だが、その基本的内容は本文中に解説されている。その理解の上に立って、将来の年金制度、医療・介護制度にどのようなことが求められるのかが提示される。この問題についても、読者は同時代的な改革の進行を目にすることになるだろうが、本章はその意味を理解するための枠組みを提供するものである。

　第6章「エネルギー問題と政策」と第7章「環境問題と政策」もまた、第2章で提示された問題をさらに深く分析した章として位置づけられる。

　第6章では、エネルギー問題をめぐる技術的背景の解説、エネルギー問題の歴史的推移、エネルギー政策に関する経済政策思想の変化、電力市場規制政策のあり方などが論じられる。エネルギー問題には複雑な政治的問題が絡むものの、問題のかなりの部分が経済学によってきわめて明快に分析されることも確かである。読者が今後のエネルギー政策について考えるうえでは、この両方の視点を保持してもらえればと思う。

　第7章は、環境問題の本質がどこにあるのかを概観したうえで、特に工業

化がもたらした環境問題に焦点を当て、この問題に経済学がどのようにアプローチできるのかを論じる章である。経済学は長い間、環境問題の本質が「外部性」にあると捉えて分析し、それを補正するための政策についてもさまざまな提案を提出してきた。しかし、この問題に取り組むには一般論だけでは足りない。今日の学問の進展が具体的に環境政策を評価するための枠組みを発展させている様子が本章によって理解されるだろう。

第8章は「産業に関する経済政策」である。特定産業に対して影響を与えようとする政策は「産業政策」と呼ばれ、日本では戦後経済成長の中で通産省が担ってきた政策として馴染み深いものである。しかし、実のところ、標準的経済学はその有効性や正当性に対して疑義を呈してきた。本章では、戦後日本の産業政策について概観したうえで、特定産業の振興や調整を目的とした政策が、現代経済学の観点からどのような意味を持つのかを解説する。ただし、戦後日本が行ってきたような産業政策は今日ますます難しくなってきていることも確かである。本章では、その理由についても説明する。

第9章は「農業政策」である。自由貿易を礎としたグローバル化の時代においても、日本の農産物市場を海外に開放すべきか否かは、ホットな論議を呼んでいる政策イシューである。本章では、なぜ日本に農業が必要なのか、農業を保護する正当な理由があるのかという基礎的な事柄から始まり、保護が必要だという前提での望ましい政策手段について、ミクロ経済学の分析手法を駆使して論じている。また、望ましい政策手段の観点から、戦後の日本の農政がどのように評価できるのかを説明する。

第Ⅲ部　経済政策への視角

第Ⅲ部は、経済政策の問題を考えるうえで、制度と人間行動への視角が必要だということを論じる部分である。

第10章「戦後日本の経済システムの理論的把握」では、標準的経済学では捉えきれなかった日本の経済システムの独自性を、「比較制度分析」の観点から説明する。そこでの対象は戦後高度成長期に典型的に現れた日本の経済システムである。日本の経済システムは、欧米の経済システムとかなり特徴を異にするため、長い間、後進的なものと見なされてきた。しかし、近年

のゲーム理論を用いた分析により、たとえば終身雇用のような、日本の経済システムを構成する独自の制度もそれ自身の合理性を持つものであることが明らかにされてきた。このような観点から、日本の経済システムの主要な特徴を剔出する。

第11章「日本の経済システムはどこに向かうのか」は、1990年代以降になり、戦後日本の経済システムのあり方が制度疲労を来たしていることが明らかになる中で、経済システムの変化をどのような観点で見るべきなのかを論じている。現代日本が直面する環境変化がどのような形で日本の経済システムに変容を迫っているのか、そのような環境変化に日本の経済システムがどれほど適応しているのかという観点からの説明がなされている。

第12章は「望ましい政策の実現がなぜ難しいのか」を公共選択論の立場から論じている。公共選択論は、しばしば望ましい政策がわかっているのにもかかわらず、それが実現されないというような現実の政策決定のプロセスを分析する経済学の分野である。標準的経済学では通常、政府は正しい意図を持った（benevolent）存在と仮定されるが、公共選択論では政治家や官僚はそれ自身の目的を持った存在であると想定して、政策決定のあり方が分析される。さらに重要なのは、民主主義社会の主役とも言うべき有権者が必ずしも合理的でないという事実である。今日では、行動経済学の発展によって、有権者の不合理な行動もある程度理解できるようになってきた。本章は、こうした知見を取り入れるときに、どのような政策論が展開できるのかを展望するものとなっている。

以上述べてきた各章の概要の記述からもおわかりいただけると思うが、経済政策論には「正しい」経済分析が必要とされるが、経済政策論議とその実行はそれだけで終わるものではない。われわれはややもすれば、安易に特定の利益団体を悪役にして論じたり、あるべき政策を実行できない政府を難詰してしまいがちであるが、政策を実現に移す際の困難を理解することも、経済政策論を学ぶうえでの不可欠な一部なのである。医学では、病気を完治できないものの、症状を落ち着かせることを「寛解」と呼び、ポジティブに捉えるという。経済政策論にもそのような発想が必要となる状況があるだろう。

先に「現代日本の民主制のもとで、経済学教育が果たす役割の1つが、現実の経済政策を自分自身で評価する観点を養うことにある」と述べたのは、そのような意味も込めてのことである。

　このように政策課題中心で経済政策論を学ぶことには、マイナスの面もある。それは、各領域での政策が実現されていくにつれて、本書に書かれた内容が容易に陳腐化してしまう可能性があることである。しかし各章の内容は、事態の推移にもかかわらず陳腐化しない、各領域における「物の見方」が凝縮したものであると考えて欲しい。

　それでもなお、数年経過すれば、本書の内容が若干古くなってしまうことは避けられないであろう。こうした問題に対処するために、できる限りで、各章の終わりには、読者が自分自身で事態の推移を確かめられるように「統計資料など」としてリファレンス・ポイントが明示してある。また、それを利用しながら、読者自身に考えてもらうための「練習問題」も付されている。さらに、各領域に格別の興味を持った読者には、「さらなる学習のために」という項目のもとで読書案内も付してあるので、適宜活用していただきたい。

　それでは一般論を離れて、いよいよ経済政策論の中身に入っていくことにしよう。

❖参考文献

バーリン，アイザイア（1997）『ハリネズミと狐──『戦争と平和』の歴史哲学』（河合秀和訳）（岩波文庫）岩波書店。

ロドリック，ダニ（2013）『グローバリゼーション・パラドクス』（柴山桂太・大川良文訳）白水社。

Stiglitz, J. (1998) "Distinguished Lecture on Economics in Government: The Private Use of Public Interests: Incentives and Institutions," *The Journal of Economic Perspectives*, Vol. 12, pp. 3-22.

［瀧澤弘和］

Column 1 ◇ 市場に対する新しい見方

　経済学のこれまでの研究の中で、市場経済に関してわかってきたことを経済政策との関連で整理しておくことにしよう。
　アダム・スミスは、すでに『国富論』の中で人間には他の動物には見られない「交換する性向」があり、それが分業を促すことを指摘しているが、まさにこのことがわれわれの社会に市場が成立することの根幹にある。市場は人間の交換行為という「人的作為の産物」だが、人間が自由にコントロールできるものではない。18世紀末葉にスコットランド啓蒙主義に属する哲学者たちがこのような存在物のカテゴリーに気づき、その性質を分析し始めたことが経済学の起源である。
　さまざまな過去と現在の出来事を見ても、市場は政府によってどれほど抑圧されたとしてもすぐに立ち直る力を持っている。これは、市場交換がわれわれ人間の本性の深いところに根差していることの証左である。しかし同時に、市場はそれを支えるための非市場的諸制度を生み出してきたし、そうした諸制度なしには市場はうまく機能してこなかったということも事実である。
　マクミランの『市場を創る』は、今日までの経済学研究の成果として、市場がうまく機能するための条件を次の5つに集約して提示している。

　①市場取引に関する情報が広く行きわたり、情報の非対称性がないこと。
　②政府が定めて実効化する公式のルールがなくても、人々がたいていの場合に取引上の約束を守ると期待できるような社会になっていて、非公式ルールが実効化されていること。
　③市場に競争が存在していること。
　④財産権が保護されていること。ただし知的財産権の場合には、その保護が強すぎないこと。
　⑤「外部性」が抑制されていること。

　このような条件は、なんらかの経済制度を創設することによって実現される。そうした経済制度は、政府が創出することもあれば（たとえば、財産権の定義とその保護）、市場参加者がボトムアップに創出することもある（たとえば、情報の非対称性を解消するための製品の品質保証など）。

現代経済はこのようにして、市場がよりよく機能するためのさまざまな制度を発展させてきたプロセスの産物である。このような市場を支える諸制度は、歴史的経緯に規定されて異なる経路を辿って到達されるものである。

　人類の歴史を振り返るとき、われわれは市場に対する単純な賛美と否定が何度となく繰り返されてきたことに気づく。しかし、本当に重要なことは、市場に対する単純な賛否ではなく、市場を支える諸制度がどのように作用しているのかを理解し、市場をよりよく機能させるためにどのようにしたらよいのかを考えることなのである。

参考文献

マクミラン，ジョン（2007）『市場を創る』（瀧澤弘和・木村友二訳）NTT出版。

〔瀧澤弘和〕

第2章
現代日本経済が直面する諸課題

　本章では、21世紀初頭の現在、世界と日本の経済が置かれている基本的状況を概観することで、今後数十年にわたって日本経済が対峙することが予想される諸課題を整理しておくことにしたい。

　あらかじめ、具体的な問題を列挙して論じる際に生じる留意点を述べておきたい。第1に、われわれは現在直面している状況が今後も長い間続くだろうと考えてしまう思考上のバイアスを持っているということである。たとえば、1970年代にインフレーションの高進に苦しんだ時代や、1990年代のバブル崩壊後に大量の不良債権が発生した時代には、これらの問題はその解決のための出口がほとんどないかのように思われたものであった。しかし、経済変化のスピードは意外に速く、現在深刻なものと認識されている問題が数年のうちに深刻な問題でなくなってしまう可能性は常に存在する。第2に、「問題」や「課題」という言葉を使用すると何かしら解決しなければならない対象がそこにあると思ってしまう傾向があるが、どんな時代のどんな経済にも問題は存在するのであって、問題そのものを解決し解消してしまうことはできないということである。時間を通じて、問題は形を変えていくものである。1つ1つの問題をそれ自身で解決できるものと安易に考えてしまう思考の誘惑から逃れる必要がある。以下では、このことが了解されていることを前提としたうえで、「問題」や「解決」などの言葉を使用することにする。

　こうした留意点にもかかわらずわれわれが以下の点を問題として取り上げる理由は、第1に、これらの問題は、時期によって受けとめられる深刻さを変化させつつも、今後数十年にわたって存在し続け、日本経済に何らかの形

で「適応」を迫る文脈を構成し続ける可能性がきわめて高いと思われるからである。そして第2に、これらの問題のそれぞれが固有の構造を持っており、その構造を理解しておくことが、われわれが今後数十年にわたって世界と日本の経済を同時代的に評価していくうえで欠かすことのできない視点を提供してくれると考えるからである。

具体的には、世界経済と日本経済について、以下にかかげる問題点を取り上げることにする。

①エネルギー問題、環境問題とわれわれの文明

今日われわれが当然視している恒常的な経済成長という現象は、18世紀末葉の産業革命以来のたかだか数百年間の現象にすぎない。このことが可能となった要因の1つに、われわれが石炭や石油のような安価な化石燃料を大量消費することが可能であったということがある。現代経済の最も基礎的な部分はエネルギー供給に支えられているのである。しかし、安価で安定的なエネルギー供給を今後も確保できるかどうかは自明ではない。また、エネルギーの大量消費は環境問題をも引き起こすなど、エネルギーをめぐる問題は複雑化している。われわれは21世紀において繰り返し、この問題に対する態度を厳しく問われることになるに違いない。

②2つの老いと財政の役割

バブル経済の後、経済回復をめざして行われた累次の財政出動がほとんど効果を見せなかった結果、日本経済はいつの間にか巨額の財政赤字と公的債務残高を抱え込むようになってしまった。しかし、より深刻な問題は、このことが国民の高齢化が社会保障関係費の大幅な増大をもたらすと予想されている最中に生じていることである。さらに高度成長期に大きくふくらんだ都市を支えるインフラストックの老朽化が維持管理費の増大を招来し、その更新時期が高齢化による財政需要の拡大期と重なる形で到来することも予想されている。将来の財政の維持可能性を保つためにも、この2つの老いに適切に対応することが今求められている。

③経済のグローバル化の中での日本経済

　20世紀末以来の金融市場のグローバル化が国際的な資本移動を容易にすることによって、21世紀の世界経済は急激に経常収支不均衡の額を増大させるようになりつつある。具体的には、アメリカの巨額の経常収支赤字、中国や資源保有国の経常収支黒字という構造が、かつてない大きな額で実現されているのである。他方、日本においては家計の貯蓄率が低水準で推移しており、長い間経常収支黒字国であった日本が赤字国に転じる可能性も論じられるに至っている。このような世界経済の構造変化の中で、日本経済がその中で占める位置もまた必然的に変更を余儀なくされることになるだろう。今後、日本経済がどのようにしてこの過程に適応していくのかにも注視しておく必要がある。

　これらの諸問題は、おそらくは「解決」のための期間の長さを異にしている。大雑把に括るならば、エネルギー問題、環境問題、人口減少社会の問題はおそらく50年以上ものタイムスパンをかけて対処していくべき長期の問題、財政赤字の問題は10年から20年という期間を要する中期の問題、グローバル化がもたらす不安定性の問題はそれより短い期間で何らかの解決の形が見えてくるものかもしれない。しかし、こうした切り分けを単純化しすぎることは禁物である。これらの問題が、今後予想外の形で相互作用を起こすことも十分考えられるからである。

　本章の議論を通して、日本経済を取り巻く環境制約が変化しており、これまでと同じような制度的仕組みのもとで経済活動を継続することが困難になっているということが浮かび上がってくるはずである。高度成長期のように、資源消費・人口・所得のどの面でも右肩上がりに成長していくことを前提とした発想や諸制度は変更を余儀なくされるのである。このことは、市場メカニズムが最も得意とする効率的な資源配分の機能を十分活用して産業構造を変え、経済そのものをより効率的なものへと変更していく必要があることを意味するとともに、それと補完的に日本の経済システムを支えているさまざまな制度を再設計していかなければならなくなることを意味している。

1 エネルギー問題、環境問題とわれわれの文明

1.1 経済活動とその長期的趨勢

今日、われわれの多くはきわめて裕福で便利な生活を送っている。また、経済が恒常的に成長し、所得が増大することを通じて、徐々にではあれ、社会は一般的に豊かになっていくことが当然視されてもいる。この間の人類の経済的達成の大きさに驚嘆する一方で、経済成長の常態化という事態は、人類史の中ではごく最近に始まった特殊歴史的な出来事であることを認識しておくことも重要である。

今日では多くの生物種が協力行動を示すことが知られており、その理由も理解されるようになっている。もちろん人類も協力行動を示す生物種の1つだが、人類の協力の中にはしばしば「超社会性」(ultrasociality) と呼ばれる、他の生物にはない独自の特徴がある。それは、サルの毛繕いのように相手がしてくれたことに対して、こちらも同じ行動でお返しするというような協力行動を示すだけではなく、互いが持っている異なるものを「交換」しあうことを通して、他の種には見られない大規模協力を実現しているという特徴である。交換は分業を促す。そして分業は個々の生産活動に特化して知識や技術を蓄積することを可能にすることによって専門化の利益を生み出す。人類は分業と交換のもとで人工物を生産し、互いにそれを利用することによって、さまざまな部面で専門家が蓄積した知識や技術の成果を社会全体で共有して利用している。われわれは専門的知識を持たなくても、たとえばテレビのような人工物を使用してその利便性を享受することができる。経済という現象の最も基本的な部分は、このようにして成立した（奥野・瀧澤 2014）。

市場はこのように、分業と交換のメカニズムを基礎として、ある程度は自生的に成長してきた。しかし、市場をよりよく機能させるために、われわれは歴史を通じて、市場メカニズムを補完するさまざまな経済的・非経済的制度を設けてきた。たとえば、財の品質などに生じる情報の非対称性によって市場取引が阻害されないように、情報の非対称性を克服するための制度が必要であるし、公式の法的ルールがなくても、人々が取引上の約束を守ることが期待できるような、非公式ルールを互いに遵守する社会的仕組みも必要と

なる。また、株式会社のような企業とそれを支える会計制度、財産権の保護の仕組みも現代経済を支える制度である。さらに、市場メカニズムは分配の公平性を保証するものではないので、人々が安心して生活できるようにするためには、再分配の制度も必要になってくる。このように、経済システムはその最も基本的なところに単純な交換と分業に依存した市場メカニズムを置きながら、さまざまな制度が層をなしてそれを補完するという複雑なシステムになっているのである。現代の複雑な経済システムはこのような歴史的プロセスの産物である。

近年、世界経済の流れを超長期的に通観するような経済史の経験的業績が相次いで提出されつつある（マディソン 2004；クラーク 2009）。図 2-1 は経済史家グレゴリー・クラークがその著書の中で紀元前 1000 年から紀元後 2000 年までの 1 人当たり所得の趨勢を描いたものである。この図を見てみると、人類の長い歴史において、産業革命が起こった 1800 年頃まで 1 人当たり所得はほぼ一定であったことがわかる。それは経済が「マルサスの罠」と呼ばれる状態にあり、生産量が増加して一時的に豊かになったとしても、それが人口の増加を引き起こす結果として、1 人当たりの所得が一定にとどまらざるを得なかったからである（p. 24 の *Column* 2「マルサス経済のメカニズム」を参照）。またこの図には、産業革命以降、指数関数的に豊かになっていく国々が存在する一方で、それ以前の 1 人当たり所得の水準を下回るような貧しい生活を余儀なくされている貧しい国々も生み出されてきた様子が描かれている。経済史家たちが「大分岐」(Great Divergence) と呼んでいる現象である。

表 2-1 は世界人口の推移を表している。紀元前 7000 ～ 6000 年頃の世界人口は 500 万～ 1000 万人にすぎなかったが、このときに起きた農業革命の結果、人類はより多くの人口を養うことができるようになり、紀元元年前後には人口は 2 億～ 4 億人程度まで増加した。とはいえその増加率を年平均として計算すると、きわめて遅い人口成長率であったことがわかる。こうした傾向は 18 世紀半ばまで継続するが、その後は急速に人口が増加している。産業革命直前の 1750 年に 6 億～ 10 億人であった人口は、100 年後の 1850 年には 1.5 ～ 2 倍に増加し、さらに次の 100 年間でもほぼ倍増している。人口増加は 20 世紀半ばにはさらに加速し、1960 年と 2010 年の数字を見ると 30 億人か

図 2-1　1 人当たり所得の長期的推移

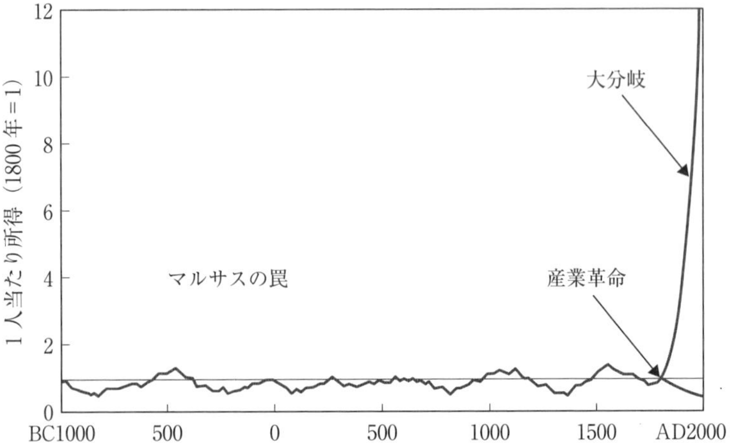

出所：クラーク（2009, p.15）

ら 69 億人と、わずか 50 年の間に倍以上になっている。

なぜ突如として産業革命が起こったのか。産業革命はなぜイギリスに発生し、当時ほぼ同程度に豊かで同じようなエネルギー制約に直面していた中国に発生しなかったのか。産業革命以降の世界では、なぜ豊かな国と貧しい国の分岐が生じたのか。これらの諸問題は経済史で扱われるテーマであり、ここでその詳細を論じることはできない。しかし現代経済を論じるうえでも、われわれがどのような時代に生きているのかを知ることは重要である。

1.2　エネルギーの重要性

人類は長い歴史を通して、ずっとエネルギー制約に悩まされてきた。長い間、人間のエネルギー源の主要なものは薪炭であった。地中海周辺に見られる裸の山々は、人類がエネルギー源を求めて森を徹底的に破壊してきた結果であり、地中海の青さはそれによって栄養分が過少となった海の姿を示していると言われている。それにもかかわらず、産業革命以降、人類が経済成長を常態化させることができた背景には、安価で豊富なエネルギーが利用可能になったことがある。

表 2-1　世界人口の推移

年	推計人口 （100万人）	年平均人口 増加率（%）
紀元前 7000 ～ 6000	5 ～ 10	
西暦元年	200 ～ 400	0.0
1650	470 ～ 545	0.0
1750	629 ～ 961	0.4
1800	813 ～ 1,125	0.4
1850	1,128 ～ 1,402	0.5
1900	1,550 ～ 1,762	0.5
1950	2,532	0.9
1955	2,773	1.8
1960	3,038	1.8
1965	3,333	1.9
1970	3,696	2.1
1975	4,076	2.0
1980	4,453	1.8
1985	4,863	1.8
1990	5,306	1.8
1995	5,726	1.5
2000	6,123	1.3
2005	6,507	1.2
2010	6,896	1.2

出所：1900 年以前は、UN, *The Determinants and Consequences of Population Trends*, Vol.1, 1973、1950 年以降は、UN, *World Population Prospects* による。

　このことを可能にしたのは、技術革新を重ねることで、当初は薪炭などと比較して汚いエネルギー源と見なされていた石炭を使用することができるようになったことである。18 世紀半ばには、ワットが改良を積み重ねて効率性と実用性を高めることで、蒸気機関が普及するようになり、蒸気機関車や蒸気船などさまざまな分野に応用されるようになったが、この期間（18 世紀末から 20 世紀にかけて）は、石炭が主要なエネルギー源となり、その生産量が飛躍的に増大した時期と正確に一致している。
　さらに 19 世紀後半から 20 世紀半ばにかけては、エネルギーの主役が石炭

Column 2 ◇ マルサス経済のメカニズム

本文中で言及されているマルサス経済の基本的論理を素描してみよう。人類史の長い間、出生率は1人当たり所得の増加関数であった。また、死亡率は1人当たり所得の減少関数である。この様子が図2-2の上のグラフに描かれている。また収穫逓減の生産技術を所与とすると、下のグラフのように、1人当たり所得は人口の減少関数として描くことができる。

マルサス経済では、出生率と死亡率が等しくなるy^*の水準で1人当たり所得が決まり、それに対応して人口はN^*の水準にとどまることになる。この論理を確認するために、仮に所得水準がy_0に上昇し、それに対応して人口水準がN_0であったとしてみよう。すると出生率が死亡率を上回るために人口が増加するが、その結果、下の図の(y_0, N_0)から(y^*, N^*)へと移動することになる。結局、もとの水準に戻ることになるのである。

マルサスの罠にとらわれていた期間、技術進歩がなかったわけではない。技術進歩は、人口と1人当たり所得との関係を表す下の図の曲線が右にシフトすることを意味する。技術進歩の結果、現在の人口水準N^*でy^*より大きな所得を実現することができるかもしれないが、そうすると出生率と死亡率の大小関係から人口が増加し、結局1人当たり所得は再びy^*に戻ることがわかる。技術進歩は人口を増加させるが、1人当たり所得を増加させないのである。

図2-2 マルサス経済の基本的論理

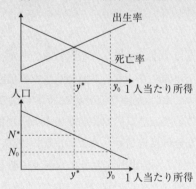

出所：クラーク（2009, p.55） ［瀧澤弘和］

から石油へと移行することになった。1859年にアメリカで機械掘りの油井による石油採掘が開発され、石油の大量生産が可能となったからである。これを「流体革命（エネルギー革命）」という。19世紀後半には、ガソリン・エンジンが開発されて、石油を燃料として使用する自動車が登場したほか、1903年にはライト兄弟が有人動力飛行を成功させるに至り、石油の応用範囲はまたたく間に広がった。1950年代には、中東やアフリカに相次いで大油田が発見され、石油がエネルギーの主役に躍り出ることになる。

産業革命後の人類のエネルギー消費量の増大には目覚ましいものがある。18世紀初頭から21世紀初頭にかけて、人類が消費するエネルギー量は40倍になり、1人当たりで見ても約4倍になった。伝統的社会では、1人当たりで、食料で得るエネルギー量の2倍から3倍ほどのエネルギー量しか消費していなかったのに対して、現代の日本では40倍、アメリカでは100倍のエネルギーを消費していると言われている。まさに、われわれの生活は「エネルギー変換の連続的プロセス」にほかならず、「文明の達成は、主として、人間の能力と創意工夫を拡張するために、さまざまな形態のエネルギーをますます効率的で広範に利用することを通して実現されてきた」(UN World Energy Assessment, 2000) とも言えるのである。

石炭、石油、天然ガスなどは化石燃料である。それは、数億年から数百万年前の植物や動物の死骸が長い年月をかけて地熱や圧力によって変成されてできた燃料である。したがって、化石燃料のエネルギーを消費することは、長い年月をかけて生物が蓄積してきた太陽エネルギーのストックを消費することを意味する。これに対して、風力や太陽光による発電はいわばフローのエネルギー生産であると言える。ストックとしての化石燃料に関しては、いずれ採掘が困難になっていくことは誰もがわかっている事実である。すでに、「石油ピーク」がいつ来てもおかしくないという論者も存在する（石井 2007）。日本のエネルギー政策が、早くから化石燃料に対して代替的なエネルギー源として原子力エネルギーに着目し、エネルギー源の多様化を図ってきた理由はこうした文脈の中で理解されるべきである。

しかし、少なくとも、現時点では、石油と同じ程度に効率的なエネルギー源を見出すことは困難である。エネルギー源の価値を測るには、EPR (Energy

Profit Ratio) という指標に着目することが重要な意味を持つ。EPR とは、どのくらいのエネルギーを投入すればどのくらいのエネルギーを生み出すことができるかという比率のことである。この値が高いほど、より効率的なエネルギー源であることを意味している。中東などの巨大油田ではこの比率は 200 程度、枯渇化しつつあるアメリカの油田で 20 だと言われている。石炭は 30 ～ 50 で、原子力は 10 ～ 20、風力で 10 ～ 15、太陽光で 5 ～ 10 である。人類はより容易に抽出できるエネルギー源に手をつけてきたので、この比率が高いものから利用することになる。そして、これまで化石燃料が圧倒的に高い EPR を示してきたわけである。また、石油は燃料として使用されるだけでなく、さまざまな物質の原材料として、われわれの生活の隅々で利用されていることも重要な点である。

1.3　エネルギー消費のゆくえ

　以上のことからも、エネルギー問題がわれわれの文明そのものの根幹に関わるようなきわめて重要な問題であることが理解されよう。しかし、今後のエネルギー問題の推移に着目するとき、単に資源の有限性や EPR の逓減といったエネルギー供給の側面のみに着目するだけでは十分とは言えない。

　さらに細かくエネルギー需要の側面に焦点を当てるために、次の式のようにエネルギー消費量を分解してみよう。

$$\text{エネルギー消費量} = GDP \times \frac{\text{エネルギー消費量}}{GDP}$$
$$= \text{人口} \times \frac{GDP}{\text{人口}} \times \frac{\text{エネルギー消費量}}{GDP}$$

この式からはエネルギー消費量を規定するいくつかの要因を読み取ることができる。第 1 は、GDP の大きさであり、それ自身はさらに人口と 1 人当たり GDP という 2 つの要因に分解することができる。そこで、まず人口について考えてみよう。

　すでに歴史を通じた世界の人口の推移、とりわけ産業革命以降に人口が急激に増加する様子については述べたが、そこで述べなかった重要な点が残されている。それは、18 世紀のフランスに始まり、19 世紀には北欧とイギリ

スで、さらに 20 世紀初頭にはすべてのヨーロッパ地域で、多産多死から少産少子への「人口転換」が生じたことである。人口転換を経験した国では出生率が減少するのである。

それでも 20 世紀の半ばまで、世界全体では人口爆発が予測され、人口危機に対処するための人口政策の策定が真剣に論じられていた。世界人口の予測は困難と言われているが、現在では、人口転換に伴う出生率の低下は世界的な現象となりつつあることが知られている。国連が発行している『世界人口白書』の 2011 年版では、2011 年 10 月 31 日に世界人口が 70 億人に到達したと推計されているが、出生率の逓減が継続すれば、今後世界人口が 100 億人に達しない可能性も出てきた。ちなみに、出生率の低下が起こる要因としては、子どもの死亡率の低下、所得の増加、女性教育の普及、都市化等々が挙げられているが、どれか 1 つが決定的と言えるものではなく、複合的に生じるようである。いずれにせよ、これまでのように人口の爆発的増加がエネルギー消費量の爆発的増加をもたらすといったようなことにはならないように思われる。

次に残りの要因について考えてみよう。上式の右辺に表れる「エネルギー消費量／GDP」の部分は、「エネルギー強度」と呼ばれ、GDP 1 単位当たりのエネルギー消費を表している。

すでに述べたように、産業革命以降の歴史はエネルギー大量消費の歴史であったが、それは同時に、技術革新を通したエネルギー効率向上の歴史でもあった。技術革新を通じて、同じ量のエネルギーで行うことのできる仕事量は確実に増加してきた。たとえば、ニューコメンの蒸気機関は、石炭の燃焼が生み出す熱の 1 % しか有効な仕事に転換されなかったのに対して、ワットのそれは 10 % というように、エネルギー効率もまた劇的に上昇してきたのである。エネルギー強度は、こうしたエネルギー効率をマクロ的に測定したものと見なすことができるだろう。エネルギー強度については、近代化のプロセスの中で増加していくが、やがて減少に転じることが知られている。ほとんどの先進国では現在、エネルギー強度は漸減の傾向を示している。

では、人口が一定であると考え、人口の影響を除外したとして、エネルギー効率の改善は総エネルギー消費量を減少させるのだろうか。問題はそれほど

単純ではない。19世紀イギリスの経済学者スタンリー・ジェヴォンズは、技術進歩によって資源利用の効率性が向上しても、資源の消費量がむしろ増加してしまうことを指摘している。「ジェヴォンズのパラドックス」として知られる問題である。これは、ある特定領域における技術進歩による効率性の向上が、その領域が利用する資源の量を減少させる一方で、資源利用コストを低下させるために、新たな資源需要を生み出す可能性があるからである。したがって、エネルギー効率の改善が今後、エネルギーの総消費量にどのように影響していくのかについては、注意深く見守っていく必要がある。

1.4　エネルギー問題と環境問題

　以上見てきたようなエネルギー問題は、さらに1990年代頃から浮上してきた地球環境問題によってより複雑な様相を呈するようになった。化石燃料を利用した人間の産業活動の活発化が、地球レベルでCO_2の排出量を激増させ、これが温暖化をはじめとするさまざまな気候変動の原因となっているという認識が広がり、エネルギー政策の目標に、エネルギー確保だけでなく、地球環境の保全という新たな次元が付加されることになったからである。この問題は、第6章において、より深く分析されることになる。

　地球環境問題の浮上によって、化石燃料への依存度を低下させてCO_2排出量を削減するとともに、必要なエネルギー量を確保できる手段としての原子力発電への注目度が高まり、原子力発電の依存度を上げる政策が志向されることになった。しかし、2011年3月11日の東日本大震災後に発生した福島第一原子力発電所の事故は大きなショックを与えることになり、原子力発電への依存度を高めることに対しては反対の声が強くなっていることも事実である。こうして、現在の日本のエネルギー政策は、エネルギー・セキュリティの確保、経済成長の達成、地球環境の保全というトリレンマに直面することとなった。第6章は、この問題の本質を考えていくうえで必要な視点を提供することになるだろう。

　このように、21世紀の日本経済の行く末を占ううえで、エネルギー問題の現状がどのような転換を見せていくのかに注視し続けていく必要がある。

2　2つの老いと財政の役割

　この節では、財政に代表される公共部門の活動について、将来の経済社会環境の一定の見通しとそれを踏まえた課題について議論する。そもそも、公共部門が現在の社会で果たすべき役割はどのように捉えられているのだろうか。財政学においては、政府の役割として、①資源配分、②所得再分配、③景気安定化の3つの機能が挙げられることが多い[1]。

　資源配分とは、希少な資源をだれに、ひいてはどのような活動に割り当てるか、を決定する機能である。この資源配分については市場が非常に優れた機能を果たすことが知られている。このため、現在の先進諸国においては、基本的には市場の機能をベースにしながら、市場の失敗と呼ばれる特別なケースにおいて、市場の機能を補完する役割を公共部門に求めることが通常である。

　しかし、いかにパフォーマンスの良い市場が機能し、それを公共部門がうまく補完しようとも、結果としてもたらされる経済状態が国民の間で大きく異なる可能性がある。われわれが生きている社会においては、生まれながらの機会は、各個人に均等に確保されているわけではない。たとえ機会が均等であろうとも、経済活動の成果は、生まれ持った能力だけでなく、運・不運に左右されるところも大きい。病気や災害などのため、経済状態に恵まれない人々が出現することも避けられない。その結果として生じた国民間の経済状態の格差が大きい場合、社会が大きく不安定化したり、活力がなくなったりすることが知られている。このため、公共部門は、生活保護などにより高所得者から低所得者への所得再分配を実施し、公営住宅、義務教育などの現物支給によって、低所得者の厚生水準を改善しようとしている。

　さらに、ケインズ経済学の登場以降、不況期に財政金融政策により雇用の回復を図ったり、好況期に景気の過熱を防いでインフレを沈静化したりする景気安定化機能を、政府の重要な役割として考えるべきだとする立場が有力となった。

---

1) このほかに、政府の機能として経済成長が挙げられることがある。

このような公的部門に求められる機能、つまり歳出の規模やその内訳は、それぞれの時代の国民が置かれている経済的・社会的な環境に大きく左右される。このような意味において、将来の経済社会環境に適合した公的部門の形を、現段階においても見通しておくことが重要である。

さらにその財源は、通常現在世代に対する課税か、公債を通じた将来世代に対する課税で賄われている。特に後者については、2011年に深刻化したギリシャ危機のように、市場が政府の返済能力に疑義を持っている場合には、資金調達ができない、あるいは非常に高いコストを支払って資金調達することになる。将来の公的部門の形についての信任が得られない場合、それは将来問題が発生することにとどまらず、現在の資金調達コストにも大きな影響を及ぼすのである。

つまり、将来おそらく発生するだろうと思われる経済社会環境の変化を予想し、持続可能な将来の公共部門の形を現時点で構想しておくことは、現在世代にとっても将来世代にとっても非常に重要な問題となる。このため、以下においてはある程度の確度をもって予想できる将来の変化、人口高齢化と都市の老朽化を取り上げて、将来見通しとそれに伴って発生する財政上の課題を整理することとする。

2.1　人口減少社会と高齢化

日本の人口は2005年前後に減少傾向に入った。総務省の発表によれば、日本の総人口は2004年12月に1億2,783万8,000人でピークに達し、それ以降減少を続けている。人口推計は、短期的にその趨勢を変化させることが困難なために確度が高いと言われている。国立社会保障・人口問題研究所による日本の総人口の将来推計（中位推計）によれば、総人口は2005年の1億2,777万人から、2025年には1億1,927万人、2050年には9,515万人と減少することが予測されている（図2-3参照）。

総人口が減少するだけではない。日本社会の高齢化の進展も急速である。年齢別人口は、①15歳未満の年少人口、②生産年齢人口（15～64歳）、③65歳以上の老年人口に分けられる。①と③は社会が支えなければならない人々の数であり、②は社会の労働力の中核をなす部分である。国立社会保障・

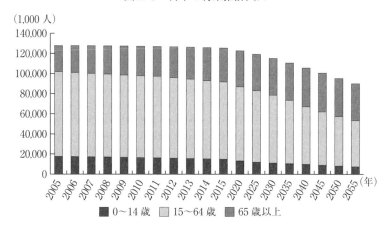

図 2-3 日本の将来推計人口

出所:国立社会保障・人口問題研究所『日本の将来推計人口』(2006 年 12 月推計)[出生中位(死亡中位)]推計値による。

人口問題研究所『日本の将来推計人口』(2006 年 12 月推計)によると、2005年には 20％であった 65 歳以上人口の比率は、2025 年には 31％、2050 年には 40％となる。この期間、生産年齢人口 (15〜64 歳) の比率は、66％ (2005年) から、59.5％ (2025 年)、51.1％ (2050 年) となる。

総人口が減少し、総人口に占める比率も減少するので、生産年齢人口は絶対数でも大きく減少する。すなわち、2005 年に 8,442 万 2,000 人だった生産年齢人口は、2025 年に 7,096 万人、2050 年に 4,930 万人に減少する。これを年平均減少率で見てみると、2005 年に 0.82％、2025 年には 0.74％、2050 年には 1.44％となる。

後に再び触れるように、生産年齢人口の減少は、日本全体の要素投入量の減少を通して、生産活動水準の指標である GDP の成長率に影響を与えることになるが、ここでは、人口構成の高齢化がわが国の財政に与えるインパクトについて確認しておこう。人口構成の変化は所得税収の減少など広範な影響をもたらすことが予想されるが、最も大きな影響は社会保障関係費を通じてもたらされることが予想される。これは、わが国の年金、医療、介護の各種社会保険制度が世代間の再分配を前提としていることに起因している。

図 2-4 社会保障給付費の見通し

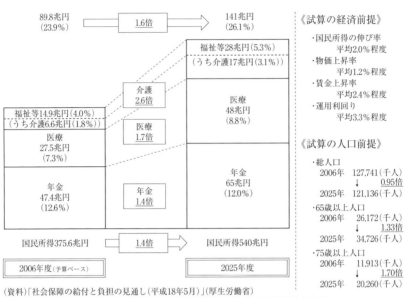

(資料)「社会保障の給付と負担の見通し(平成18年5月)」(厚生労働省)
(留意点)上記見通しにおける人口前提は「日本の将来推計人口(平成14年1月推計)」である。

出所:「社会保障改革に関する集中検討会議」(2011年2月)資料。

　これを年金保険を例に解説しよう。一般論として、年金の財政制度には、積立方式と賦課方式が存在する。積立方式は、将来の年金給付に必要な原資を保険料で積み立てていく方式であり、賦課方式は、必要な年金財源を現役世代が保険料という形で支払うというものである。現在の日本の年金財政はかなり賦課方式に近い。この方式では、現役世代の人口が減少し、年金受給世代が増加すると、1人当たりの保険料を増大させるか、給付額を減少させなければならないという問題に直面することになる。現在、日本の年金制度が直面しているのは、まさにこうした問題なのである。同様の問題は医療費、介護費などについても発生する。そこで、具体的な数値から、日本の年金制度の現状を見ておくことにしよう。

　図 2-4 は社会保障改革に関する集中検討会議に提出された、「社会保障の給付と負担の見通し」(平成18年、厚生労働省)をもとにした資料である。こ

れによれば2006年度から20025年度にかけて国民所得が1.4倍に伸びるが、年金、医療、介護などを含む社会保障給付は1.6倍に増加することが示されている。これらの給付は、現役世代の保険料負担という形で賄われるほか、相当部分を国庫負担に依存するため国の財政についても大きな負荷を与えることになる。先に、将来生産年齢人口が絶対数でも比率でも大きく減少することを述べたが、これはより少ない将来世代がこの増大した社会保障給付費を負担しなければならないことを意味する。これは将来世代が負担と受益という側面において、現在世代よりも不利な立場に置かれるのではないか、といういわゆる世代間格差の問題を引き起こす。つまり、人口構成の変化は、公共部門の財政の維持可能性だけでなく、このような世代間移転の負担を行わなければならない現在世代、将来世代の意識に大きな不安を投げかける要素となっている。

　以上見てきたように、現在の日本の少子高齢・人口減少は、人口が成長するときにのみうまく機能するように設計されている現行の社会保障制度を、いかにして人口減少社会に適応的なものに変更していくのかという問題を提起しているのである。

2.2　都市の老朽化

　図2-5は公的資本形成のGDPに占める比率の推移を描いている。ここからうかがわれるのは、①1960～1970年代の高度成長期に集中的なインフラ整備が進んだこと、②バブル崩壊後の景気対策のために積極的な公共投資が行われたこと、である。1960年代以降の非常に短期間に集中的なインフラ投資が行われたこと、1990年代に入って経済対策として積極的なインフラ投資が行われたことは、わが国に特徴的な現象だろう。高度成長期に形成されたインフラに関しては、インフラの耐用年数を勘案すれば、21世紀の前半に集中的なインフラ更新期を迎える可能性が高い。

　このことは、それ自体が国・地方公共団体に大きな財政需要を発生させる。しかし、図2-5にあるようにすでに2000年代に入ってから公的資本形成は大きく減少しており、現在はGDP比率で最も高かった時期の半分以下にまで落ち込んでいる。

図 2-5 公的資本形成の GDP 比の推移（名目）

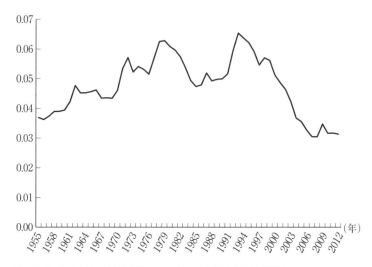

注：1955～1994 年は 1980 年基準 SNA、1995～2012 年は 2005 年基準 SNA。
出所：『国民経済計算年報』から作成。

図 2-6 インフラストックの維持可能性の推計

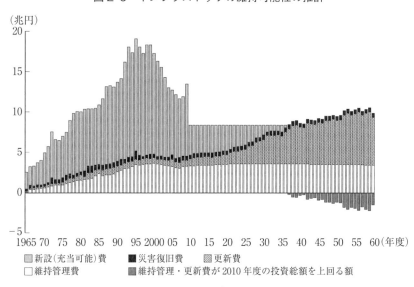

■ 新設（充当可能）費　■ 災害復旧費　▨ 更新費
□ 維持管理費　■ 維持管理・更新費が 2010 年度の投資総額を上回る額

出所：『国土交通白書』（2012 年版）より抜粋。

図 2-7　人口増減に関する各圏域の寄与率の推移

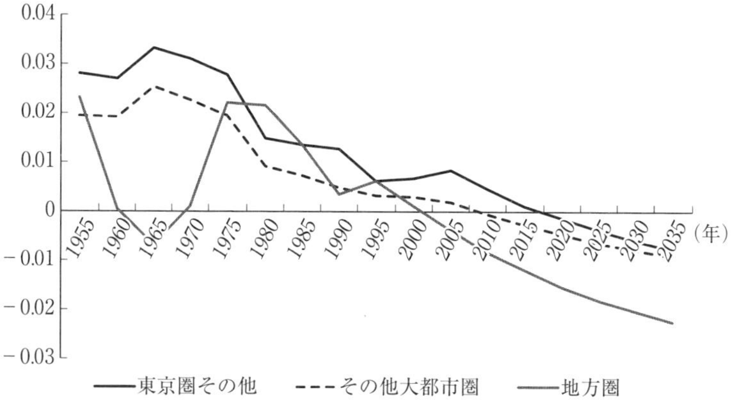

注1：2005年までは国勢調査（総務省統計局）による実績値、2010年以降は「日本の都道府県将来人口推計」（国立社会保障・人口問題研究所、2007年）による推計値。
2：各圏域の人口増加数／5年前の全国人口をプロットしたもの。

　図 2-6 は、2005 年時点のインフラストックの年齢構成を踏まえて更新費、維持費を推計し、公共事業費が 2010 年から国、地方ともに前年比 0％で推移した場合の、インフラストック維持可能性を推計したものである。これによれば、2037 年度以降インフラの維持更新に大きな支障が出てくることが予想される[2]。

　図 2-5 にあるような公的資本形成の動きは、わが国の人口が大きく増加していたこと、高度成長期において非常に旺盛な人口移動が観察されたことを背景にしている。実際、高度成長期においては、日本全体の人口増加の大きな部分を大都市圏が、その後 1970 年代後半から 1990 年代にかけては地方圏が、1990 年代以降は東京圏が引き受けてきた[3]（図 2-7）。

　しかし、すでに地方圏では全体として人口減少が始まっている。さらに高

---

[2] 『国土交通白書』（2005年版）ではケース1として公共事業費が横ばいで推移するケースについても掲載している。
[3] 東京圏は千葉県、埼玉県、東京都、神奈川県の合計、その他大都市圏は名古屋圏（岐阜県、愛知県、三重県）、大阪圏（京都府、大阪府、兵庫県、奈良県）の合計、地方圏はその他の道県。

図 2-8　将来の高齢者人口の増加率（都道府県）

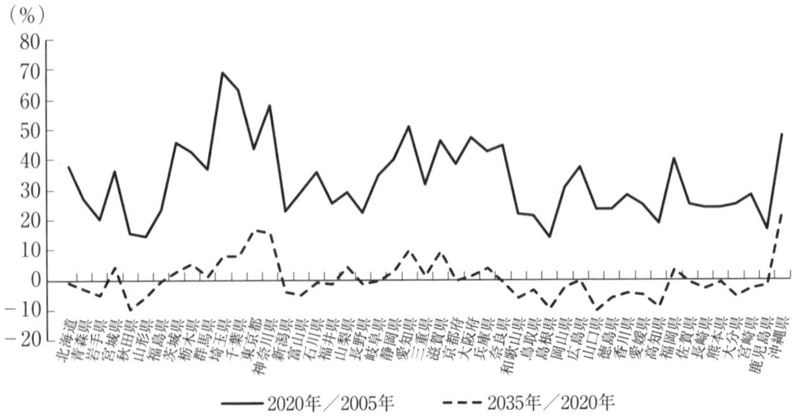

出所：「日本の都道府県将来人口推計」（国立社会保障・人口問題研究所、2007 年）。

齢者比率がすでに 30％弱と非常に高い比率となっている[4]。この場合、地方圏においては高度成長期に形成された市街地が過大なものとなっている可能性が高く、さらにインフラの中身も高齢者の需要が高いものに変更していく必要があろう。図 2-8 では、すでに地方圏で始まっている高齢化・人口減少が大都市圏においても同様に生じることが予想されている。実際、図 2-8 にあるように高齢者の増加率は、今後大都市圏の郊外部分で非常に大きなものとなろうとしている。

このようなことを背景とすれば、過去に形成されたインフラを縮小整理したり、高齢化に対応したものとして質的な転換をしたりしなければ、図 2-5 にあったような単に老朽化するままにインフラが放棄される市街地が残される可能性もある。

2.3　2 つの老いが財政に与える影響

現在わが国の財政状況は、歳出の半分程度しか税金で賄うことができずに、

---

[4] 2009 年時点で東京都が 20.9％であるのに対して、秋田県 28.9％、島根県 29.0％、高知県 28.4％となっている。

公的債務がGDPの2倍に上るような状況が続いている。これは1つには、バブル崩壊及びリーマン・ショックを契機として、景気の落ち込みに対応する経済対策の執行を行ったことが挙げられる。しかし、近年本格化した高齢化に伴う社会保障給付の増大がより深刻な問題として挙げられよう。

　今後、社会保障給付の大幅な増加、過去に蓄積されたインフラの維持更新需要が発生することを考えれば、これは財政の維持可能性という観点からも看過できない状態だろう。しかし、もし家計であれば年収と同額の借金を毎年繰り返し、年収の2倍もの借入残高がある状態であれば、そのような家計にお金を貸してくれる金融機関はない。このような家計は、有限な生涯の期間中に返済のめどがつきそうにないからだろう。しかし、政府に代表される公的部門のタイム・ホライズンは無限あるいは非常に長期にわたって持続するため、政府の借り入れ可能性は、政府の返済能力による信任があるかという点に大きく依存する。通常は、返済能力である税の徴収額と大きく相関すると考えられているGDPと公債残高の比率が安定的に推移している場合は、大きなリスクがないものと考えられている。

　このような財政の持続可能性に大きく関わる指標として、プライマリ・バランス（基礎的財政収支）という指標がよく登場する。プライマリ・バランスとは、過去の借金の元利償還に該当する公債費と該当年度に新たに付け加えられた借金である公債金収入の差分である。両者が等しい状態をプライマリ・バランス均衡といい、債務残高の減少部分を示す前者と、債務残高の増加部分を示す後者のつり合いがとれていることで、債務残高に関して中立な財政運営が行われていることを示す。GDP成長率と利子率が等しい場合、プライマリ・バランス均衡の財政運営は公債残高／GDPの比率を一定に保ち、プライマリ・バランス赤字は公債残高／GDP比率を上昇させることが知られている。利子率がGDP成長率を上回っている場合は、プライマリ・バランス均衡の財政運営を行っても公債残高／GDPの比率は上昇する。

　このため政府は2010年「財政運営戦略」において、「国・地方の基礎的財政収支赤字対GDP比を2015年度までに（2010年度の水準に対し）半減、2020年度までに黒字化」及び「2021年度以降において、国・地方の公債等残高対GDP比を安定的に低下させる」という目標を掲げている。

図2-9 今後の財政見通し

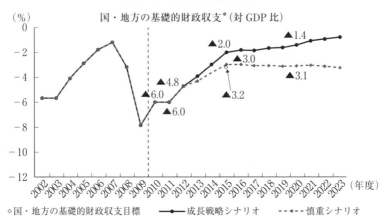

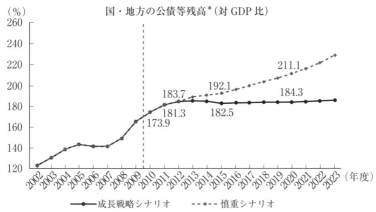

*基礎的財政収支は復旧・復興対策の経費及び財源等の金額を除いたベース、財政収支・公債等残高については復旧・復興対策の経費及び財源等の金額を含んだベース。

出所：経済財政の中長期試算（内閣府、2011年8月）より抜粋。

　この目標の達成状況を、経済財政の中長期試算（2011年8月）で見てみよう（図2-9）。

　これによれば、「成長シナリオ」という好ましい経済環境のもとでは、「財政運営戦略」の目標にある程度近づくシナリオが描かれている。しかし、これは、2010年代半ばまでに段階的に消費税率（国・地方）を10%まで引き上

げることを想定したものであり、また成長シナリオの想定はかなり楽観的なものとの指摘もある[5]。

これらのことを勘案すれば、社会保障を少子高齢化に対応した制度とし、都市構造を含む過去のインフラストックの再構成を行うことは、今後の日本の財政の維持可能性を確保する意味において喫緊の課題として位置付けることができよう。

3　グローバル化の進展と日本経済

今日、世界の各国は歴史上かつてないほど緊密な経済的・政治的・文化的関係で結ばれている。グローバリゼーションと呼ばれる現象である。経済面で言うならば、グローバリゼーションとはモノ・カネ・ヒトなどの側面における経済依存関係の強化と拡大を意味している。すなわち、貿易や、国境を越えた資本や労働力移動の拡大などである。

ダニ・ロドリック（2013）によれば、IMF-GATT 体制として知られる第二次世界大戦後の国際通貨・自由貿易体制は、金本位制再建という戦前期のグローバル化の追求が各国内部で強い反発を受け、ついには戦争の遠因となったという反省を踏まえて、各国の経済政策の余地を最大限に残すように工夫された仕組みであったという。ところが、1990 年代頃からグローバリゼーションそのものが善であるという広範なコンセンサスが形成されるとともに、GATT は WTO に改組され、金融のグローバリゼーションが強力に推し進められた。

後に述べるように、国境を越えた資本の流れが自由になることは、さまざまな問題も引き起こしてきた。そのような中で、グローバリゼーションが一概に良いものだと考えない経済学者も数を増しているように思われる。

1990 年代以降、日本経済もますますグローバリゼーションの影響を強く受けるようになった。そこで、まずは過去から現在にかけてグローバル経済の中で日本が占めてきた位置について確認し、今後日本が世界経済の中でど

---

[5] 成長シナリオは 2011～2020 年度の平均成長率を名目 3％、実質 2％としたシナリオ。慎重シナリオは名目 1％台後半、実質 1％弱としたシナリオ。

のような位置に立っていくのかを考察していくことにしよう。なお、この問題は第 11 章において再び取り上げられる。

3.1 世界における日本経済の規模

まずは、本書執筆時点で得られる最新の数値に基づいて、日本経済が世界経済の中で置かれてきた位置について確認することから始めよう。

一国の経済規模を測るとされる GDP を見てみよう（GDP などの国民経済計算の諸概念について復習が必要な読者は、補論を参照のこと）。2009 年（暦年）の日本の名目 GDP は 470 兆 9,367 億円である。図 2-10 からわかるように、日本の名目 GDP は 1997 年まで増加しているが、それ以降はほぼ横這いで推移し、2008 年、2009 年で落ち込み、1991 年のそれをかろうじて上回る額にある。91 年はバブルが崩壊した年であったから、経済活動の規模で見る限り、日本はこの時点で振り出しに戻ったことがわかる。

この間の日本の経済成長を見てみよう。経済成長を見るためには、通常、実質 GDP を用いる（図 2-11）。これによると、消費税増税や金融危機の影響で 1998 年に実質 GDP が大きく落ち込んだが、その後はプラス成長を維持、前年から始まった世界金融危機の影響で 2008 年に再びマイナス成長に転じ、2009 年には－6.3% ものマイナスになったことがわかる。

実質 GDP と名目 GDP の間には、実質 GDP ＝名目 GDP/GDP デフレーターという関係が成立する（GDP デフレーターは一国全体の物価）ので、これらの成長率の関係は、

名目 GDP 成長率＝実質 GDP 成長率＋ GDP デフレーター増加率

となる。図 2-11 からは日本が 1999 年以来デフレになっており、GDP デフレーター上昇率がマイナスになっていることが名目 GDP 成長率をかなり押し下げていることが読み取れる。

長いこと GDP は国の豊かさを測るほとんど唯一の指標であったが、日本は 2005 年以来、人口が減少するようになっているので、GDP 総額ではなく 1 人当たり GDP を目標とすべきだという声も多い。そこで 1 人当たり GDP の推移を見てみることにしよう。ここでも、1 人当たり GDP ＝ GDP/ 総人

図 2-10　日本の名目 GDP（暦年）の推移

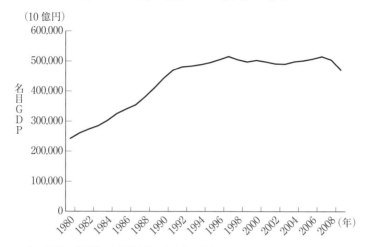

出所：内閣府「国民経済計算確報」をもとに作成。

図 2-11　実質 GDP 成長率、名目 GDP 成長率、GDP デフレーター上昇率

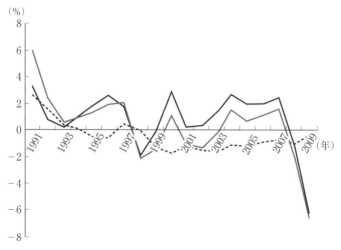

出所：内閣府「国民経済計算確報」をもとに作成。

図 2-12　日本の 1 人当たり GDP 推移

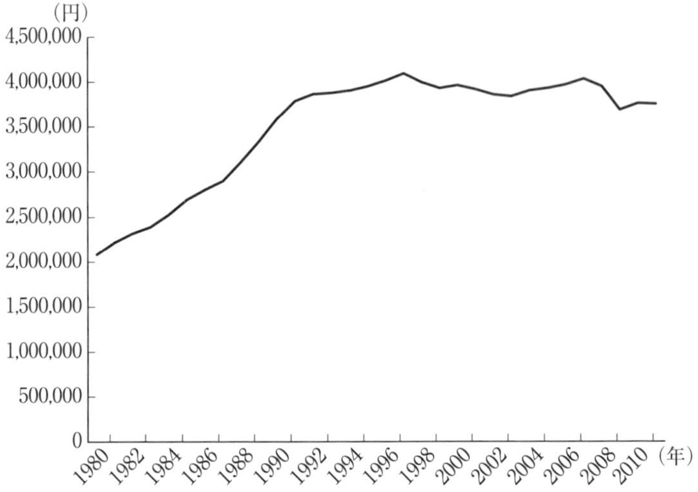
(円)
4,500,000
4,000,000
3,500,000
3,000,000
2,500,000
2,000,000
1,500,000
1,000,000
500,000
0
1980
1982
1984
1986
1988
1990
1992
1994
1996
1998
2000
2002
2004
2006
2008
2010
(年)

出所：IMF の World Economic Outlook Database より作成。

口という式が成立しているので，

1 人当たり GDP 成長率＝ GDP 成長率－人口増加率

という式が成立している。この式からは GDP 成長率が一定である限り，人口減少は 1 人当たり GDP 成長率にポジティブに作用することがわかる。しかし，図 2-12 を見る限り，1990 年頃から 1 人当たり GDP も伸び悩んでいる様子がうかがえる。

世界全体の中で日本の GDP の占めている割合について確認してみよう。これについては為替レートの影響を大きく受けることに留意が必要であるが，大体の趨勢はつかめるだろう。図 2-13 は購買力平価（PPP）で測定した GDP について，主要国の世界シェアを時系列的にプロットしたものである。これを見ると，アメリカ，日本，ドイツ等の先進国経済のシェアが低下し，中国，インド等の新興国経済のシェアが上昇しつつあることがわかる。中国は 2001 年頃に日本を抜いている。

図 2-13　G-20 主要国 GDP の世界に占めるシェア（PPP ベース）

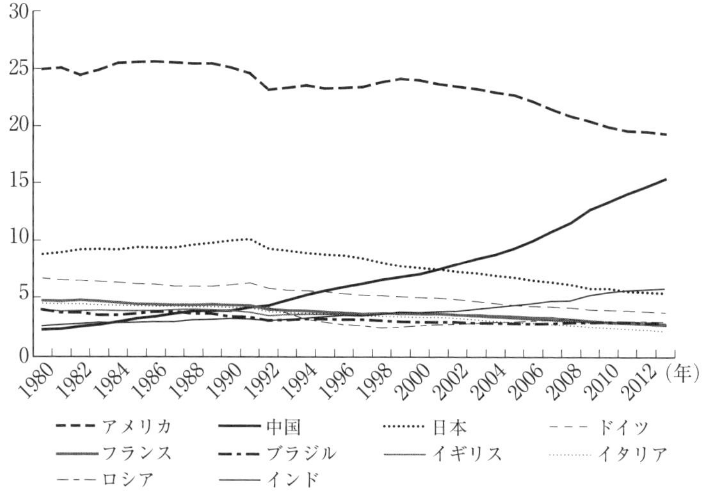

出所：quandle.com のデータを使用して作成。

すでに 2 節で見たように、日本の人口は減少しつつあるが、経済面でもバブル崩壊後、低成長が続いており、世界の名目 GDP におけるシェアを低下させている。1 人当たり GDP においても伸び悩んでいる。

3.2　IS バランスから見た世界経済

マクロ経済学の授業で学習した IS バランスの式について復習しておこう。GNI を支出面と所得の処分面から表現し、それらが等しいと置くことで、次のような恒等式が得られる。

$$S - I = (G - T) + (X - M)$$
民間部門の貯蓄超過＝財政赤字＋経常収支黒字

つまり、民間部門の貯蓄超過は政府の財政赤字と経常収支の合計である。経常収支は海外との取引をまとめた国際収支表の一部をなす項目で、貿易・サービス収支、所得収支、経常移転収支からなる（表 2-2 を参照）。所得収支

表2-2 国際収支表（財務省2010年（暦年））
(億円)

モノ・サービス他		資本（カネ）	
経常収支	651,646	資本収支	
(1)貿易・サービス収支	116,977	（投資・その他）	△119,977
(2)所得収支	△10,917	外貨準備増減	△37,925
(3)経常移転収支		誤差脱漏	△13,805
合計	171,706		△171,706

は海外への投資から得られる所得、経常移転収支は対外援助やIMFへの出資金などである。こうしたモノやサービスの取引の裏側には、それに伴うカネの流れがある。それが表2-2の右側にある資本収支と外貨準備増減であり、それらの合計値は左側の合計値と絶対値が等しく符号が逆になっている。国際収支表は、経常収支に資本収支と外貨準備増減（そして誤差脱漏）を加えると恒等的にゼロになるように作成されているわけである。経常収支黒字国では、外貨準備増減を無視するならば、海外に対する資本の流れが海外からの資本の流れよりも大きくなっており、世界の中では純資本流出国であることを意味している。

　要するに、カネの流れとして見るならば、先の恒等式は民間部門の貯蓄超過が政府の財政赤字を賄い、それでも余った部分が対外投資に使われ、さらに使われなかった分が外貨準備の増加となることを表している[6]。前ページの式は、

$$(S-I) + (T-G) = (X-M)$$

とも書くことができ、左辺は政府をも考慮した一国の貯蓄超過と見なすことができるので、経常収支黒字国を単に貯蓄超過国と表現することもある。

---

[6] 通常は、国内概念に基づくGDPの説明の中でこの式が示される。ここで、Sは民間貯蓄、Iは民間投資、Gは政府支出、Tは租税収入、Xは財貨・サービスの輸出、Mは財貨・サービスの輸入である。したがって、GDPで説明される場合、$X-M$は「貿易・サービス収支」である。国民概念であるGNIでも同様の式が成立するが、この場合には、GDPに「海外からの要素所得（純）」が加わる。これは国際収支における「所得収支」に一致しているので、GNPで上式を見た場合には、$X-M$はほぼ経常収支に該当する。詳しくは、藤田・岩壺（2010）を見よ。

図2-14 世界的な資金需給の簡単な見取り図

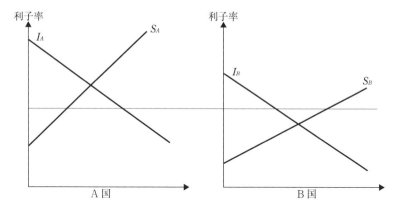

　世界全体で見れば、経常収支の合計はゼロになる。このことは貯蓄超過国＝経常収支黒字国が、経常収支赤字国に対して、その赤字額を賄うための資金を供給していることを意味する。ここで単純化のために、世界で均一の実質利子率が存在するとすれば（これを世界利子率と呼ぶ）、世界全体で貯蓄と投資が等しくなるように、世界利子率が決定されることになる。図2-14では、A国とB国の投資I_A、I_Bと貯蓄S_A、S_Bが描かれている。投資は利子率の減少関数、貯蓄は増加関数として描かれている。この図から、次のことがわかる。世界全体で貯蓄超過国が増加すれば、それに伴って世界の実質利子率は低下する。また、ある国（たとえば日本）が経常収支黒字国になるか赤字国になるかは、他国の超過貯蓄の状況と相対的に決定される。

　このようにISバランスの式はどのような経済でも成立している恒等式にすぎず、経済理論的には、世界に貯蓄超過国と貯蓄不足国が存在し、資金はその間の貸借として流れが決定されるだけにすぎないとも言うことができる。しかし、一国のISバランスは、その国で行われているさまざまな経済活動が集約された結果であり、その国の産業構造や投資機会、国民や企業の貯蓄性向、財政赤字、金融取引の結果などと密接に結びついている。また、過去の世界経済を振り返れば、どの国が経常収支黒字国となり、どの国が経常収支赤字国となるのかは、世界経済の構造を大枠において規定してきたことが

わかる。

　たとえば、1980年代には、日本が民間部門の大幅な貯蓄超過を背景にして巨額の経常収支黒字を生み出す一方で、アメリカは大幅な財政赤字を背景として巨額の経常収支赤字を抱えていた。この2つの赤字はしばしば「双子の赤字」と呼ばれている。アメリカは資金流入を確保するために、ドル・レートと金利を高値に維持せざるを得ない状況に陥っていた。その背景には、「貿易摩擦」が政治問題化するほど当時の日本がアメリカに対して巨額の貿易収支黒字を出していたという事実がある。こうした構造的不均衡は、1985年のプラザ合意における為替レートの大幅調整の原因となった。この大幅な為替レート調整の結果、日本企業の対米直接投資が加速されることになったのである。

　それでは、今後の世界のISバランスはどのように推移する可能性があるのだろうか。図2-15を見ると、経常収支不均衡の問題は1980年代、90年代から存在していたものの、その規模は今日から見るとそれほど大きくなく、しかも不均衡の問題は基本的に大きな経常収支赤字を計上しているアメリカとそれをファイナンスしている日本との二国間の問題になっていたことがわかる。それが2000年代に入ると、アメリカの赤字が巨額化するとともに、それをファイナンスする国や地域が多様化するようになってきている様子がうかがわれる。

　どうして1990年代から2000年代にかけて、急速に経常収支不均衡が拡大したのだろうか。それには、1990年代に国際金融・資本市場が大きく発展し、1990年代半ば頃から、アメリカ政府の強力な影響下のもとで世界的に資本市場の自由化が進展し、グローバルな資本取引が急増したことが大きいと考えられる。各国の貯蓄と投資の不均等を調整する場としての国際金融市場の整備は、経常収支不均衡の拡大と常態化の原因ともなってきたのである。

　こうして、アメリカは1990年代以来、金融業を主導的産業に据えて、世界中から資金を集め、高い利益率をあげることに成功してきた。そのためにも、90年代には強いドルを維持することが重要な政策課題とされたのであった。しかし、こうして膨れ上がった国際金融市場は不安定性を増し、たび重なる金融危機を引き起こしてきた。2008年のリーマン・ショックは世界の

図 2-15　主要国・地域の経常収支不均衡の推移

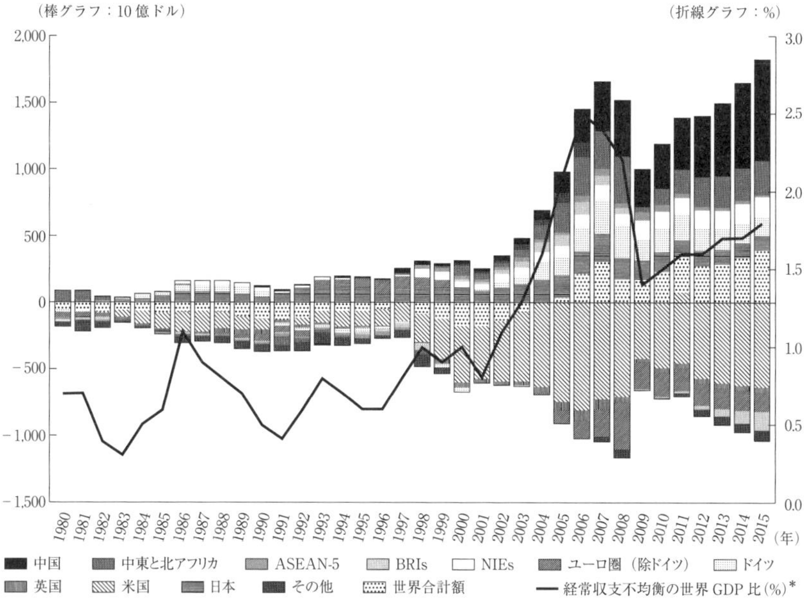

（棒グラフ：10億ドル）　　　　　　　　　　　　　　　　　　　　　　　　　　（折線グラフ：%）

■ 中国　　■ 中東と北アフリカ　　■ ASEAN-5　　■ BRIs　　□ NIEs　　■ ユーロ圏（除ドイツ）　　■ ドイツ
■ 英国　　▨ 米国　　■ 日本　　■ その他　　▦ 世界合計額　　── 経常収支不均衡の世界 GDP 比（%）*

*世界 GDP に対する、主要国・地域の経常収支不均衡（経常収支黒字の合計額の比率）。
出所：IMF World Economic Outlook, April 2010 から作成。

実物経済にも大きな悪影響をもたらすこととなったのである。2008 年に成立したオバマ政権は経常収支赤字縮小を志向する政策への転換を示している。

　アメリカの経常収支赤字の大きな部分を占めているのは財政赤字であるから、アメリカ政府が財政赤字をどのように解決していくかによって今後の推移は大きく影響を受けることになる。もし国際的な金融市場を通して赤字をファイナンスすることができなくなれば、アメリカの金利（＝世界の金利）は上昇し、民間投資が減少することになる。逆に言えば、国際金融市場での資金の流れを通して、アメリカは金利を抑えることができ、民間投資を促していると言うことができる。このような世界経済の相互依存関係が今後どのように推移していくのかに注目していくことが重要である。

3.3 日本経済の IS バランスの見通し

先に見た $(S-I)+(T-G)=X-M$ という式における民間部門の貯蓄・投資バランス $S-I$ は家計部門の貯蓄投資バランスと企業部門の貯蓄投資バランスに分解することができる。そうすると

$$(家計の S-I)+(企業の S-I)+(政府の S-I)=経常収支$$

という式が成立する。内閣府が公表している国民経済計算では、左辺は、非金融法人企業、一般政府、家計（個人企業を含む）、金融機関、対家計民間非営利団体に分けられて、各制度部門の資本勘定に関するデータが与えられている。図 2-16 は、制度部門別の貯蓄投資バランスの推移を見たものである。1980 年代初頭までの日本経済は家計部門の貯蓄・投資バランスが経済全体の IS バランスを支える礎となっていたが、近年の日本経済の特徴はこれとは大きく異なってきたことがわかる。

図 2-17 を見ると、1980 年代初頭には 15％程度あった日本の家計貯蓄率は、その後一貫して下落し続けており、2008 年時点では 1.9％となっている[7]。この低下傾向の背景には、高齢化が存在すると言われている。マクロ経済学で消費理論の 1 つとして「ライフサイクル仮説」という理論を学んだ読者もいると思うが、この仮説によれば、われわれは若い現役世代のうちに貯蓄をし、引退するとその貯蓄を取り崩して生活をすることになる。高齢者は貯蓄を取り崩す側に回るので、貯蓄率が低い経済主体である。貯蓄の取り崩しはマイナスの貯蓄となるので、貯蓄率がマイナスともなる可能性も高い。

ここで注意したいのは、貯蓄率は可処分所得のうちどれだけを貯蓄に回すのかというフローの変数だということである。高齢者が多額の貯蓄を持っているということは、貯蓄率には直接は反映されない。むしろ、金融資産残高

---

[7] ちなみに国民経済計算から計算する貯蓄率とは別に、総務省統計局による「家計調査」でも貯蓄率が公表されている。こちらの貯蓄率で見ると、2002 年でも貯蓄率は 25％ほどあり、いまだに高い貯蓄率が維持されているかのように見える。しかし、2 つのことに留意する必要がある。第 1 は、国民経済計算で計算されたマクロ的な貯蓄率の概念の方が現在論じている貯蓄・投資バランスを見るうえでは、より適合的であることである。第 2 に、家計調査の対象となっているのは、収入と支出を正確に測ることのできる世帯であり、勤労者世帯がその中心である。個人営業世帯や農業・林業・漁業を営んでいる世帯などを含んでいないので、この点からも国民経済計算による貯蓄率との乖離が生じていることになる。

図2-16 制度部門別貯蓄投資バランス（対名目GDP比・暦年）

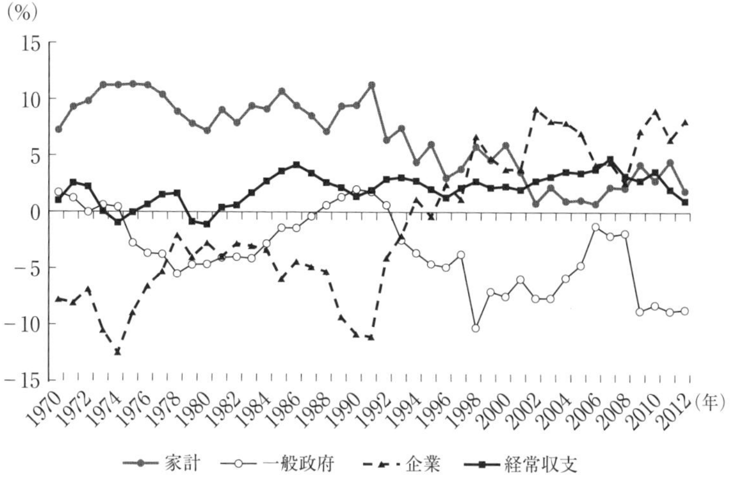

注1：1970年から1979年は1990年基準・68SNA、1980年から1993年は2000年基準・93SNA、1994年から2012年は2005年基準・93SNAのデータを用いている。
　2：2009年度からは「制度部門別の純貸出（＋）／純借入（－）」という名称になっている。
　3：「企業」は「非金融法人企業」と「金融機関」と「対家計民間非営利団体」とを合計している。
　4：「経常収支」は「海外部門」に－1を乗じた値である。
出所：内閣府「国民経済計算確報」から作成。

が高いときには、消費が大きくなるだろうから、可処分所得を一定とするとき、高い金融資産残高は貯蓄率を低下させる傾向にあるのである。

　マクロ的レベルでの家計貯蓄率を決定する要因としては、すでに述べた人口の年齢構成や家計資産の水準だけでなく、社会保障制度がどれほど充実しているのか、可処分所得の変動等々が挙げられるが、日本の家計貯蓄率の傾向的低下の背後には高齢化があり、これからますます高齢化が進むことを考えると、今後、家計貯蓄率がマイナスになる可能性も十分にある（ホリオカ2009）。

　経済の「健全」な貯蓄投資バランスを考えると、家計部門に貯蓄超過があり、それが活発な投資活動を遂行している企業の投資超過を支えるべきだろう。こうした観点からは、民間企業が多額の貯蓄超過の状態にあり、それに

図 2-17　家計貯蓄率の推移

注1：より長期の視点で見るために、複数データを用いてプロットした。具体的には、1955年から1979年は1990年基準・68SNA、1980年から1993年は2000年基準・93SNA、1994年から2012年は2005年基準・93SNAのデータを使用した。
　2：1990年基準・63SNAでは貯蓄率＝貯蓄÷可処分所得、2000年基準・93SNAと2005年基準・SNAでは貯蓄率＝貯蓄（純）÷（可処分所得（純）＋年金基金年金準備金の変動（受取））として算出されている。
出所：内閣府「国民経済計算確報」から作成。

　よって政府部門の多額の赤字を埋め合わせている現在の日本経済の状態は、決して健全とは言えない。今後、企業部門で投資が活発に行われるようになり、民間部門の貯蓄投資バランスがマイナスとなってしまうことも十分考えられるが、そのときに財政赤字の規模が縮小されなければ、巨額の経常収支赤字が生み出されることになるのである。

　先に述べたように、ISバランスは経済全体の「体質」を反映するものである。今後日本経済が経常収支赤字を生み出すようになったとすると、そのこと自体は悪いことではないものの、それは何らかの形で海外からの資本流入によって埋め合わされなければならないことを意味する。そのときには日本が海外の投資家にとってより魅力的な投資先となるために、さまざまな部面で世界標準の採用に向けた圧力などがかかり、それに対応する制度的整備が必要となってくるかもしれない。

第11章では、以上述べてきたことを前提に、世界的な分業構造の転換にあたり、第二次世界大戦期の戦争経済の中ですべての工業製品を自国で生産することをめざした結果、フルセットの産業構造を長い間保持してきた日本経済が、産業構造の転換を迫られつつあることについて、さらなる説明がなされている。

4 まとめ

　以上、21世紀初頭における世界経済と日本経済について、いくつかの問題に焦点を合わせて、その概観を描写してきた。冒頭でも述べたように、これらの問題は21世紀の世界と日本の経済にとって、ある程度持続することが予想される問題であり、われわれは今後も注目し続けなければならない。

　一方で、本書で引用された数値は今後大きく変化していく可能性があることにも留意が必要である。読者には本章で引用された各指標を自ら調査し、本章で素描された枠組みを使用しながら、これらの問題の同時代的評価を行って欲しい。

❖統計資料など

　世界人口の推移については、国立社会保障・人口問題研究所の資料を参考にしている。
　国民経済計算の数値については、内閣府経済社会総合研究所が1993SNAの国際基準に基づき計算し公表している。本文での数値もこれに基づいている。
　グローバル・インバランスに関する資料は、IMFのWorld Economic Outlookを見るとよい。
　国際収支表は、財務省のウェブサイトにデータが掲載されている。

❖練習問題

　以下の各指標について、2011年以後、どのように推移してきているかを上記資料に当たって調べてみよう。また、大きな変化があった場合には、それがどのような要因に基づくものかを考えてみよう。
・日本の名目GDP、実質GDP成長率、GDPデフレーター。

・世界経済に占める各国の GDP シェア。
・世界の経常収支不均衡の状況。
・日本の IS バランスの状況。

❖参考文献

石井吉徳 (2007)『石油ピークが来た』日刊工業新聞社。
奥野正寛・瀧澤弘和 (2014)「人工物の複雑化と製品アーキテクチャ」藤本隆弘編『日本のものづくりの底力』東洋経済新報社、pp. 180-234。
クラーク,グレゴリー (2009)『10万年の世界経済史』(久保恵美子訳) 日経 BP 社。
藤田誠一・岩壺健太郎 (2010)『グローバル・インバランスの経済分析』有斐閣。
ホリオカ,チャールズ・ユウジ (2009)「高齢化などの構造要因から見た日本の国際収支問題」伊藤元重編『国際環境の変化と日本経済』』(シリーズ「バブル／デフレ期の日本経済と経済政策」第 3 巻、内閣府経済社会総合研究所企画・監修) 慶應義塾大学出版会、pp. 277-307。
マディソン,アンガス (2004)『経済統計で見る世界経済 2000 年史』(金森久雄監訳、政治経済研究所訳) 柏書房。
ロドリック,ダニ (2013)『グローバリゼーション・パラドクス』(柴山桂太・大川良文訳) 白水社。

［瀧澤弘和・中川雅之］

第Ⅱ部

2030年への課題と政策

第3章
財政政策・金融政策をめぐるいくつかのトピック

1　マクロ経済学の変化

1.1　自然失業率仮説

　補論で解説されているようなマクロ経済理論では、45度線モデル、IS-LMモデル、あるいはAD-ASモデルを用いて、財政政策と金融政策がどのように経済に影響するのかが非常にわかりやすく説明されている——これは通常、ケインジアン・モデルと呼ばれるものである。しかし現在では、経済学者たちは必ずしもこのような仕方でマクロ経済政策を捉えなくなってきている。それは、マクロ経済学の研究そのものが論争を通じて変化してきたからである。

　ケインジアン的な経済政策の考え方は1960年代に最盛期を迎えたと言われるが、そこで利用された考え方は1958年にフィリップスが発見した**フィリップス曲線**である（図3-1）。フィリップス曲線は、失業とインフレーションのトレードオフを示すもので、

$$\pi = \beta - \alpha u$$

のように表現することができる。ここでπはインフレ率、uは失業率、αとβは正の定数である。当時のケインジアンは、フィリップス曲線が安定的であることを前提とし、適切な財政・金融政策を行うことによって、フィリップス曲線上に最適な失業とインフレーションの組み合わせが実現できると考えていた。すなわち、マクロ経済政策によって失業率を低下させることができるが、それは高いインフレ率というコストを伴うものであることを意識し

図 3-1 フィリップス曲線

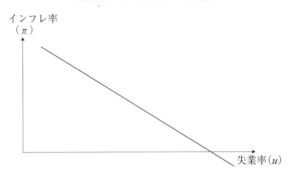

ながら最適な組み合わせを選択するという考えである。

　しかし、1960年代の半ばから後半にかけて、先進諸国は**スタグフレーション**と呼ばれる状況に直面することになった。スタグフレーションとは、スタグネーション（景気停滞）とインフレーションとを合成した新語で、不況とインフレが同時に発生する事態を表している。この新たな事態をミルトン・フリードマンの**自然失業率仮説**が見事に説明したことから、それまでケインジアンが優勢であったマクロ経済学の潮流が徐々に変わることになった。

　マネタリストであるフリードマンの自然失業率仮説は、ケインズ理論のように名目賃金の下方硬直性を仮定して労働市場を分析するのではなく、通常のミクロ経済学で考えられているような労働市場モデルを基礎とし、そこに**貨幣錯覚**という概念を導入するものである。そのモデルの概要を以下に説明しておこう。

　インフレ率が労働市場に与える影響を考察するために、縦軸に名目賃金率 W をとって労働需要曲線と労働供給曲線を描いてみよう（図3-2）。企業は利潤最大化をすることで労働を需要する。すなわち、マクロ的生産関数を $Y = F(N)$ とすると、$W = P_t F'(N)$ という条件を満たすように労働を需要する（古典派の第一公準）。ここで P は物価水準、N は労働需要を表している。図には $t-1$ 期の物価水準 P_{t-1} をもとにした $t-1$ 期の労働需要曲線（$W = P_{t-1}F'(N)$）と t 期の物価水準 P_t をもとにした t 期の労働需要曲線（$W = P_t F'(N)$）が右下がりに描かれている。$t-1$ 期から t 期への物価上昇率は π

図 3-2 期待インフレ率と労働市場

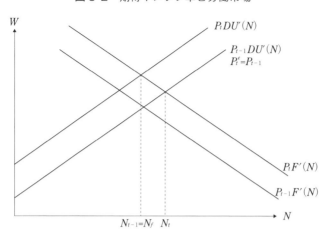

$= \frac{P_t - P_{t-1}}{P_{t-1}}$ である。ここでは極端な仮定であるが、企業には貨幣錯覚がなく、各期の物価水準を正しく認識していると仮定しよう。

他方、労働供給を行う労働者たちは効用最大化を行うことから、労働の不効用が実質賃金率に等しくなるように労働供給を行う（古典派の第二公準）。また、労働者には貨幣錯覚の可能性があるとしよう。そこで、集計の問題を捨象すれば、供給曲線は $W = P^e DU'(N)$ で表される（右上がりの曲線）。ここで P^e は期待物価水準を、DU は労働の不効用を表している。

$t-1$ 期では労働者の期待と現実が一致していると考えよう。このときの均衡労働雇用量は $N_{t-1} = N_f$ である（これは完全雇用の状態である）。ここで t 期に物価水準が上昇したとすると、上述のように労働需要曲線は上方シフトするが、労働者は物価上昇に気づかないとすると、労働雇用量は N_t のように増加する。上の図からわかるように、このとき名目賃金率 W も上昇しているが、実際の物価上昇率 π よりは小さいので、実質賃金が下がっていることがわかる。労働者の貨幣錯覚の結果、より多くの労働が雇用されることになるのである。しかし、このような貨幣錯覚の状況は長くは続かないだろう。労働者が物価上昇を正しく認識するときには、労働供給曲線は労働需要曲線と同じだけ上方シフトする結果、再び N_f の労働雇用量（完全雇用）が実現す

図 3-3　期待修正つきフィリップス曲線

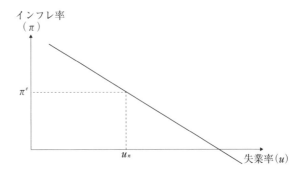

ることがわかる。N_f の労働雇用量に対応する失業率の水準を自然失業率と呼び、u_n と書くとすると、t 期にはこれよりも小さな失業率が実現していることがわかる。

　以上の議論は、フィリップス曲線に期待を導入する必要があることを示している。そして、それは物価上昇率 π が上昇すれば失業率が減少するというオリジナルなフィリップス曲線と同じ性質を持つが、期待物価上昇率 π^e が π と一致するときに、$u = u_n$ となることがわかるので、以下のように書くことができる（図 3-3）。

$$\pi = \pi^e - \alpha(u - u_n)$$

ここで $\alpha > 0$ である。

　このフィリップス曲線は次のことを意味している。短期的・一時的には政策当局が物価上昇率を期待物価上昇率以上に上げる政策を行うことで、景気をよくし、失業率を自然失業率以下に下げることができる。しかし、長期的には期待と現実が一致する結果、失業率は自然失業率に戻らざるを得ない。すなわち物価上昇率ばかりが上昇して、失業率は変わらないという状況に陥ることになる。このような説明が自然失業率仮説と呼ばれるものである。

　フリードマンの考えによれば、景気をよくしようとする経済政策は長期的には物価を上昇させるだけであり、無効である。このような考え方はマネタリストと呼ばれた。この考え方は政府の介入には否定的であり、ケインジア

ンと激しく論争を展開することになった。

1.2 その後の展開

フリードマンの説明は、ケインズが批判していた「古典派」に近い枠組みで経済を考えるものであったが、ケインズ経済学の代案になるような独自の一貫したモデルを積極的に提示はしなかった。これに対して、1970年代初頭には、ルーカスやサージェントらによって**合理的期待派**と呼ばれる潮流が立ち上げられ、明示的なモデルを提出することでケインズ的な財政金融政策の有効性に疑義を呈し始めた。

合理的期待とは、人々がその時点で利用可能なデータとモデルの構造に関する知識を利用して期待を形成するという考え方である。経済システムでは物理システムなどとは異なり、人々は期待を形成して行動しているので、経済分析の中に人々が期待形成するというアイディアを真剣に取り込んでいこうとするのは、ある意味で自然のなりゆきである。しかし、期待という概念を真剣に考えるならば、個々の経済主体の意思決定という場面に行きつくことになる。ルーカスは、今日「ルーカス批判」と呼ばれるもので、マクロ経済学のミクロ的基礎づけへの転換を促すこととなった。

ルーカス批判とは、過去のデータから導出した計量経済モデルによる経済運営は有効ではないという、ケインジアンに対する批判である。経済政策の変更は人々の期待を変更するので、人々の行動を変化させる可能性がある。このことは、政策変更によっては変更しないと思われるようなディープ・パラメータ（個人の選好など）に基づいたモデルを構築すべきであり、経済主体の最適化行動を考慮したマクロ・モデルを創らなければならないということを意味した。

こうして1980年代以降のマクロ経済学では、ほとんどのマクロ経済学者は合理的期待とミクロ的基礎づけという概念を無視することができなくなった。この流れは、ケインジアンたちにも大きな影響を与えることになった。新古典派的な完全競争市場のモデルとは明らかに異なる現実の市場の振舞いをミクロ的に探求するアプローチがケインジアンたちによって提案されたのである。こうしたアプローチは、「**ニュー・ケインジアン**」と呼ばれている。

たとえば、価格調整が不完全であることを説明するモデルや、独占的競争モデルなどを組み込むモデルが提案されている。

他方、それまで長期の経済成長のトレンドを説明する道具とされてきた新古典派の成長理論を景気循環に応用するアプローチがルーカスによって提案され、キドランドとプレスコットがモデルの数値シミュレーションによって実際のデータを再現するという研究手法を確立することで、**リアル・ビジネス・サイクル（RBC）理論**が大きな成功をおさめることになった。これによって「新しい古典派」と呼ばれる立場が形成された。

今日では、RBC の経済モデルの中にニュー・ケインジアンによって展開された市場の不完全性のモデルを組み込むことで、RBC とケインジアンの要素が共存する**動学的一般均衡モデル（DSGE）**が生み出されており、現在のマクロ経済学の主流を形成するに至っている。

2　財政政策をめぐる諸問題

2.1　ケインズ的な財政政策に対する見方

戦後のケインズ経済学では、完全雇用を経済政策の主要な目標としており、政府は景気変動のマイナス面を打ち消すために「裁量的」な財政・金融政策を行うべきであると考えられてきた。しかしながら、上述したように、今日では経済学者の間では考え方が大きく変わっている。たとえば合理的期待派の考えによれば、人々の期待を裏切ることができない限り、政府の財政・金融政策は効果を持たないことになる。もちろん、人々の期待を恒常的に裏切ることは難しいだろうから、実際上、政府の財政・金融政策は無効だと言っていることになる。

ここでは財政政策に論点を絞ることとし、実際に財政政策が無効だったのかどうかという問題を考えてみることにしよう。日本経済は、バブル崩壊に見舞われた 1990 年代以降、伝統的なケインジアン型の積極的財政政策を展開し、景気停滞の打開を図ってきた。その主なものは、表 3-1 のとおりである。しかしながら、これだけの累次の財政政策を行っても日本経済がなかなか順調な景気回復軌道に戻ることがなかったことは周知のとおりである。

表 3-1　バブル崩壊以後の累次の財政出動

時期	名称	内閣	総事業規模
1992 年 8 月	総合経済対策	宮沢内閣	10.7 兆円
1993 年 4 月	総合的な経済対策の推進について	宮沢内閣	13.2 兆円
1994 年 2 月	総合経済対策	細川内閣	15.2 兆円
1995 年 9 月	経済対策	村山内閣	14.2 兆円
1998 年 4 月	総合経済対策	橋本内閣	16 兆円
1998 年 11 月	総合経済対策	小渕内閣	17 兆円
1999 年 11 月	総合経済対策	小渕内閣	17 兆円
2000 年 10 月	日本再生のための新発展政策	森内閣	11 兆円

　これらの財政政策が実際に効果を挙げなかったかどうかについては厳密な計量経済学的な検証が必要だが、次のようなことについては大体のコンセンサスが得られていると言えよう。まず、短期的には財政政策の効果がまったくなかったわけではないということである。財政政策が実行されるたびに経済は上向きの兆しを示した。しかしながら、その効果は予想されていたものよりも小さなものであった。また、この間、政府債務残高は大幅に増大し、90年当時には 50% 程度であった国債残高の GDP 比は 2000 年頃には 100% を超え、2007 年時点では 160% にも達してしまった。詰まるところ、ケインズ的な積極的財政政策は短期的な効果がまったくなかったとは言えないものの、その長期的コストが非常に大きなものであることが明らかになったと言える。
　以上のような状況の中で、裁量的な財政政策を継続することに対する疑問が呈されるようになったのは当然とも言える。たとえば、この時期に流行った考え方の1つは、後に説明するリカードやバローの中立命題という考え方を用いて、個人消費や企業投資の停滞を説明するというものであった。これは簡単に述べると、公債発行によって財政政策を行ったとしても、このことが人々に将来の課税を予想させるために、人々の経済行動にまったく影響を与えない、すなわち景気をよくすることができないという考え方である。
　いずれにせよ、日本経済が伝統的な積極財政だけで十分な回復軌道に復帰することができなかったという事実は、マクロ的な総需要管理政策のみに頼る経済政策の限界を示すものと受け取られ、日本の経済システム全体の制度

改革が必要であることを明るみに出すことになった。それはたとえば次のような考え方である。

　従来型の日本の経済システムは、現在の世界経済の環境変化に対して適応不全を起こしている可能性がある。具体的には、戦後の日本経済はフルセットであらゆる産業を抱え込む産業発展を遂げてきたと言うことができるが、それは、今日の世界経済の環境の中できわめて非効率な産業や企業も抱え込んでいることを意味している。もしそうならば、より効率的な資源配分ができるような仕方の経済政策が求められるはずである。ところがバブル崩壊以降の積極的財政政策は、こうした非効率な産業や企業を淘汰して、経済全体としてより効率的な資源配分へと向かわせるのではなく、むしろ、非効率な産業や企業を温存することで、市場を通した経済全体の適応プロセスを阻害する要因となった可能性があるのである。過去と現在の日本の経済システム全体を特徴づける作業は、第10章、第11章で改めて行うことにしよう。

2.2　公債負担論

　上で述べたように、今日では、かつてのように財政出動が無条件に効果を持つとは考えられなくなっている。ただし、このことは財政出動がまったく無意味であり、行われなくなったということを意味するものではない。たとえば2008年のリーマン・ショックの後にはにわかに財政出動への期待が高まり、世界中で大規模な財政出動が行われた。しかしながら、そこでの財政出動は従来のようにケインズ的な裁量政策として理解するよりは、大きなショックが発生した場合のリスク吸収としての役割として捉えられるようなものである。いずれにせよ、積極的な財政政策はその効果のわりにコストが大きいと考えられるようになっている。

　財政出動を行うにしても、その資金調達には課税による方法と公債による方法がある。この2つの方法にはどのような違いがあるのだろうか。読者も、「公債発行を行って積極財政を展開することは、将来世代を犠牲にして現代世代の効用を高めることである」という議論をどこかで聞いたことがあるだろう。こうした議論は本当なのだろうか。ここでは、公債発行が将来世代に与える影響をめぐって行われてきた論争を整理しておくことにしよう。

▶新正統派の見解

　ラーナーらの新正統派は、公債負担ということの意味を、一国全体の中で、民間によって利用可能な資源を減少させることであると考える。そうすると課税であっても公債発行であっても、一国で利用可能な資源のうち公的に使用される量に変わりはないので、両者はまったく同じ結果をもたらすとする。また、国内で発行して流通する内国債の場合、公債の償還は将来世代の内部における所得の移転であって、将来世代に負担の転嫁がなされることはないと主張する[1]。

　1940年頃に主流となったこの新正統派の主張は、個人の借金と国の借金との間に単純なアナロジーが成立しないことを示したという点では大きな役割を果たしてきたと言えるが、その後、以下に見るようなさまざまな議論によって反論されている。

▶ボーエンの見解

　ボーエンは、異時点間の消費の概念を導入し、公債負担を「ある世代の生涯にわたる消費量が減少すること」と定義した。公債を発行すれば、必ずそれを償還するための増税が将来時点で行われる。ある世代で公債発行が行われたとしよう。この公債を購入した世代は、それを将来世代に売却することで、生涯所得を同じ水準に維持することができ、したがって生涯の消費量も維持することができる。しかし、将来世代の生涯所得は、元来の生涯所得を Y、公債購入時の支払い、資産としての公債価格、課税額をすべて T とすると

$$Y - T + T - T = Y - T$$

となる。すなわち、公債が償還されるときに課税されることになるので、可処分所得が減少し、生涯の所得額および消費量が減少することになる。したがって、公債調達では将来世代に負担が転嫁されることになる。

---

[1] ちなみに金融市場がオープンな現在では、外国人も自由に日本国債を保有することができる。2011年末の時点で、日本国債の海外保有者の割合は8.5％である。リーマン・ショック後には8.6％になっているが、これは相対的に安全な資産と判断されると海外の投資家が円資産へと資本逃避したためである。

▶ブキャナンの見解

ブキャナンは、政府の政策によって人々の選択行動が強制的に変化させられるときに負担が生じると考える。この考えによれば、租税は強制的に人々から徴収するものなので、人々に負担をもたらすと考えられるが、公債は人々が自らの選択で購入する以上、それ自体として負担をもたらすものではないことになる。しかしながら、さらにこの考えを敷衍すると、現在の世代において公債が発行され、その償還が将来世代に対する課税によってなされるならば、それは現在の世代が負うべき負担を将来世代に転嫁したことになる。

▶モジリアニの見解

モジリアニは、政府の政策的介入が資本蓄積に影響を与え、その結果として、将来の生産可能性を低下させることを負担として定義する。ある財政支出を課税による財源調達で行った場合と、公債による調達で行った場合を比較してみよう。

まず課税による調達を行った場合から考えよう。貯蓄を S とし、所得を Y、税収を T、貯蓄性向を s とする。貯蓄 S は可処分所得 $Y-T$ に s をかけ、$S = s(Y-T)$ と表される。ここで税収 T を ΔT だけ増加させると、貯蓄は $s\Delta T$ だけ減少することになる。これに対して、公債は人々の貯蓄 S から購入されることになるので ΔT だけの公債を発行すれば、貯蓄は ΔT だけ減少する。貯蓄は投資と等しいので、資本蓄積に与える影響は公債発行の方が大きくなる。すなわち、公債は課税と比べて将来世代に対する負担となる。しかし、将来世代に便益がある建設公債を発行し、同じ額が社会資本の蓄積に回されるならば、上記の議論は成立しないので、建設公債の発行は正当化できることになる。

以上の議論をまとめておこう。新正統派が強調したように、確かに個人の借金と国家の借金とは簡単に同一視できるものではない。しかし、その後の反論は負担の定義こそ異なるものの、明示的に世代間の資源配分を導入して考察を展開し、公債発行が将来世代に負担を残すものであることを明らかにしている。

2.3 リカードとバローの中立命題

上記の公債負担論は、公債の発行自体が負担をもたらすかどうかを検討していたのに対して、リカードやバローの議論は、消費者の最適化行動において、課税と公債は同等と見なされる結果、課税調達のもとでも公債調達のもとでも同じ均衡状態が実現することを示し、したがって公債発行が何ら特別な負担をもたらさないことを示している。この議論は古くはリカードが行ったものだが、バローによって復活され、「**新リカード主義**」と呼ばれている。

▶リカードの等価定理

2期間からなる異時点間の消費に直面する消費者を考えよう。この消費者の現在時点、将来時点での消費を c_1、c_2、所得を w_1、w_2 とし、効用関数を $u(c_1, c_2)$ とする。また、利子率を r とする。

課税は一括固定税で行われるとしよう。現在時点で t の課税が行われる場合、この消費者の予算制約は、貯蓄を s として

$$c_1 = w_1 - t - s$$
$$c_2 = w_2 + (1 + r)s$$

と表される。他方、現在時点で t の公債を発行し、将来時点でそれを償還する場合には、将来時点で $(1 + r)t$ の課税が行われることになる。この場合には、消費者の予算制約は

$$c_1 = w_1 - s$$
$$c_2 = w_2 + (1 + r)s - (1 + r)t$$

となるだろう。しかし、どちらの場合にも消費者の最適化問題は生涯を通じた予算制約式

$$c_1 + \frac{c_2}{1 + r} = w_1 + \frac{w_2}{1 + r} - t$$

のもとで $u(c_1, c_2)$ を最大化することなので、この消費者が選択する現在時点と将来時点の消費量の組み合わせは異ならない。

図 3-4 課税と公債発行に伴う予算線

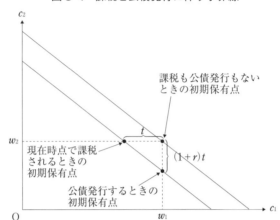

▶バローの等価定理

　リカードの議論では同一世代が自分の一生のうちに公債発行とその償還を経験するとしていた。しかし、借り換え債の発行で現在世代の死後まで公債の償還を先延ばしした場合にはリカードの議論は成立しなくなる。しかし、この場合でも各世代は自分の子どもの効用にも関心を持ち、遺産による自発的な再配分を行うと仮定した場合には、リカードの議論と同様のことが成立すると主張したのがバローである。この議論の背景には、親は子どもの効用に関心を持つことを通じて、将来世代のことまで間接的に関心を持つことになるような定式化を行っていることがある。

　リカードとバローの中立命題が成立するためには、いくつかの厳しい条件が必要である。

　①課税の仕方が一括固定税でなく、たとえば所得税などの場合には、上記の議論は厳密には成立しない。

　②人々は公債が発行される時点で、いずれは公債償還のときに増税がなされることを正しく予想できなければならない。

　③人々が合理的に異時点間の最適な消費選択を行っている。

　④人々は自分の生存期間に関する不確実性を持たない。

　⑤資本市場が完全である。

等々である。

　補論にあるような単純なケインジアンの消費関数は、たとえば減税があった場合には、可処分所得の増加によって現在時点での消費が増加すると考えられている。このことは将来の増税の可能性を考えた異時点間の消費を考慮していないことを意味している。他方、ここで説明した等価定理では将来時点での課税を正確に予想している。したがって、どちらも極端なケースを想定していると言うことができよう。現実には、両方ともある程度の真実らしさを持っていると考えられる。実証研究では、中立命題は完全には成立していないが、ある程度は成立していることが示されている。

2.4　財政の持続可能性

　今日の財政政策についてもう1つ素朴に感じられる疑問は、現在の公債残高と財政赤字のような状況で、そもそも財政が持続可能なのかという問題である。この論点について、必要とされる最低限の知識をここで説明しておくことにしよう。

　一国の財政を考えると、政府支出のうち税収で賄えない部分は毎年、公債を発行して賄うことになるので、次のような式が成立する。

$$T_t + B_t = (1+i)B_{t-1} + E_t$$

ここで、T は税収、E は国債借り換え費と利払いを除いた財政支出、B は国債残高、i は名目利子率である。添字 t は t 期の数値であることを意味している。両辺を第 t 期の名目国内総生産（Y_t）で割って変形すると、

$$\frac{B_t}{Y_t} = (1+i)\frac{B_{t-1}}{Y_{t-1}}\frac{Y_{t-1}}{Y_t} + \frac{PD_t}{Y_t}$$

が得られる。ここで $PD = E - T$ は**基礎的財政収支**（プライマリ・バランス）の赤字と呼ばれるものである。ここで名目 GDP の成長率を g とすると、$\frac{Y_{t-1}}{Y_t} = \frac{1}{1+g}$ なので、これを代入する。また、国債残高の GDP 比を $b = B/Y$、プライマリ・バランス赤字の GDP 比を $pd = PD/Y$ と書くことにすると、

$$b_t = \frac{1+i}{1+g}b_{t-1} + pd_t$$

という式が得られる。

ここで pd_t や i, g を一定とするならば、高校のときに学んだ数列の一般項を求めるやり方が使える。この数列が一定の値に収束し、発散しないためには $(1+i)/(1+g)$ の絶対値が1よりも小さいという条件が必要である（この事実は初期時点での b や pd の値には依存しないことに注意しよう）。名目利子率 i がマイナスにならないことを考慮すると、この条件は $i<g$ という簡単な条件にまとめることができる。すなわち、名目成長率が名目利子率を上回ることが国債残高のGDP比が発散しないための条件となる。この条件を**ドーマー条件**という。

上記の式はもう1つ重要なことをわからせてくれる。もし $i=g$ が成立しているときに b_t が b_{t-1} より小さくなる条件は pd_t がマイナスになることが必要となることである。このため、財政政策が破綻しないことを保証するために、プライマリ・バランスを黒字化（pd をマイナスに）することが一定の「rules of thumb」となることが理解できるだろう。財政をめぐる議論でプライマリ・バランスが取り沙汰される背景には、この事実がある。

3　金融政策をめぐる諸問題

前節で見たように、経済安定化のための財政政策の余地に限界があることが認識されるようになると、安定化政策としての金融政策に期待が高まるのは当然であろう。しかし、金融政策をめぐっても多くの論争が継続中である。その詳細については専門書に譲るとして、この節では、現代の金融政策を理解するうえで必要な最低限の基礎知識を提供することにする[2]。

3.1　マネタリズム的金融政策の展開

本章の冒頭で述べたように、1970年代に入るとフリードマンらのマネタリストが強い影響力を持つようになった。マネタリストはケインズ経済学が推奨するような裁量的な経済政策を批判し、ルールに則った政策遂行を推

---

[2] たとえば大野・小川・地主・永田・藤原・三隅・安田（2007）を見よ。本書の以下の記述も同書を参考にしている。

奨した。その理由の1つに経済政策における**ラグ**（**遅れ**）の問題があるので、これについて説明しておこう。なお、ラグの問題は、財政政策と金融政策のどちらにも生じるものである。

ラグはまず、「内部ラグ」と「外部ラグ」に分けることができる。内部ラグは、以下の3つからなる。

　　認知ラグ（政策当局が経済の現状を認識するまでにかかる時間の遅れ）
　　決定ラグ（マクロ経済政策の実行を決定するまでにかかる時間の遅れ）
　　実行ラグ（マクロ経済政策を実行するまでにかかる時間の遅れ）

である。また、政策が実行されたとしても、それが実体経済に効果を及ぼす時間もかかる。これを「外部ラグ」または「効果ラグ」というのである。

財政政策と金融政策をラグの面から比較してみると、認知のラグはどちらでもほぼ同じと考えられるが、決定のラグと実行のラグは金融政策の方が小さいことがわかる。すなわち「内部ラグ」は金融政策の方が小さい。他方、実行した政策が効果を持つまでの「外部ラグ」については、財政政策、とりわけ財政支出の増加や減少が最も小さいと考えられる。減税や増税の効果はこれよりも長い時間がかかるだろう。また、金融政策が実際に民間投資に影響を与えて効果を発揮するためにはかなりの時間を要すると考えられる。

景気は自律的に循環するとされており、比較的短期なものでは3年から5年の周期を持って循環すると考えられている。しかしラグがある状況で、政策当局が景気を安定化させようとして反循環的な仕方で働きかけようとしても、かえって景気変動を大きくしてしまう可能性が発生する。たとえば、景気が悪いという認識が広がり、金融政策を決定し、実行したとしても、それが効果を発揮する頃にはすでに景気が上向いている可能性があるのである。

フリードマンはこうしたことを1つの理由として、ケインジアンの裁量的な金融政策を批判し、貨幣供給量の成長率を特定の値に維持すべきだというk％ルールを主張した。1970年代のマネタリストの強い影響の中で、79年にFRB議長に就任したボルカーは、実際に貨幣供給量を目標値として設定した金融政策を行った（「新金融調節方式」）。ボルカーの強烈な金融政策の結果、アメリカ経済のインフレ率は沈静化したので、ボルカーは現在でもその功績を称えられる存在となっている。しかしながら、ボルカーによる実験はマネ

タリズムに対する信憑性をかえって損なうという皮肉な結果をもたらした。というのは、この実験を通して貨幣供給量の伸び率とインフレ率とが思ったほど一義的な形で関連していないことが明らかになり、貨幣供給量を操作できる変数とした金融政策が難しいことが顕わにされたからである。また、貨幣供給量を操作しようとすると、金利の乱高下が異常に激しくなることも明らかとなった。

補論にあるように、通常の教科書的な IS-LM 分析においては、中央銀行が遂行する金融政策は貨幣供給量を調整すること（そのためにハイパワード・マネーを調節したりする）として説明されることが多い。その際の根拠としては、$M = mH$ という式が提示され、ハイパワード・マネー H を調節することでマネーストック M を調節することができると論じられている。しかし、現実には銀行のハイパワード・マネーに対する需要は前日の取引の結果として決定されるものであり、需要の利子率弾力性がきわめて低い[3]。このような状況で中央銀行がハイパワード・マネーを調節しようとすると、短期市場金利の乱高下は予想できることであったと言える。

3.2 中央銀行の政策運営

上述のような事情もあって、今日、実際に中央銀行が政策運営の指標としているのは、短期利子率であり、貨幣供給量ではない。また、短期利子率を操作するために用いる直接的な政策手段は、短期国債市場における公開市場操作である。

銀行同士は一時的な資金の過不足を主としてオーバー・ナイト（翌日物）と呼ばれる資金貸借で融通しあっている。この市場のことをコール市場という。中央銀行がある銀行から短期国債を購入する（買いオペ）ことで、その銀行の当座預金に過剰な準備が生じることになり、一時的に資金不足になった他の銀行に貸し付けることができる。このようにして、短期国債市場における公開市場操作を行うことで、コール市場における短期利子率に影響を与えることができるわけである。たとえば、上述のように買いオペをすれば短

---

[3] 池尾（2010）を参照。

期利子率は低下するだろう。

　かつては、日本銀行のその他の政策手段として、公定歩合の変更が重要なものであった。公定歩合とは、日本銀行が民間銀行に対して行う貸付に伴う利子率のことである。現在では、公定歩合はコール・レートよりも高く設定されているので、公定歩合はコール・レートの上限となっている。コール・レートを変更するような政策を行うときに、公定歩合も変更するようになっているので、今日では公定歩合の注目度は下がってきていると言える。さらにもう1つの政策手段として、法定準備率の変更があるが、現実にはほとんど金融政策の手段としては用いられることはない。

3.3　金融政策における期待の役割

　ところで、中央銀行が行う金融政策の主要な目標は、物価の安定と景気の安定である[4]。これらはどれも、中央銀行が直接的に目的を達するというよりは、民間の経済主体の行動を通してしか達成することができない。たとえば、金融政策を通じて景気をよくしようと思う状況を考えてみよう。金融政策は利子率の低下を通じて、人々の消費や投資の行動に影響を与えようとするものである。しかし、住宅ローンなどのことを考えてみれば容易にわかるように、人々が実際の経済行動（たとえば消費や投資）の指標とするのは中長期の実質利子率である。前述のように中央銀行が短期利子率を指標としているとすれば、中長期の実質利子率に対してどのようにして影響を与えることができるのだろうか。このことを見ることで、金融政策の効果が人々の期待に決定的に依存している事情が理解できる。

　たとえば、単純化のためにある人が2年間の借り入れをする場合を考えてみよう。この場合、2年間の借り入れをするという選択肢と、1年ごとに短期の借り入れをして、借り換えを行うという選択肢がある。この2つの選択肢の間でどちらか一方の方が得になるようなことがあれば、それを利用して利鞘を稼ぐ裁定取引が行われるだろうから、均衡においては2つの選択肢の効果は等しくなるはずである。2年間の借り入れ利子率を LR^t とし、現時点

---

[4] 中央銀行の主な政策目標には、もう1つ金融システムの安定が挙げられる。これは今日ますます重要な課題となりつつあるが、本書では扱わない。

での1年間の借り入れの利子率を SR^t としよう。また、1年後に1年間の借り入れを行う場合の利子率は確定しておらず、現時点では予想であるから $E(SR^{t+1})$ としよう。このとき、裁定の結果、次の式が成立しているはずである。

$$(1 + LR^t)^2 = (1 + SR^t)(1 + E(SR^{t+1}))$$

利子率は小さな数なので、利子率が複数掛け合わされているところをゼロにして近似すれば、この式は

$$LR^t = \frac{SR^t + E(SR^{t+1})}{2}$$

と表すことができる。この例では2年間の借り入れを想定したが、n 年間の場合も同様であって、n 年の長期借り入れの利子率は現時点での短期利子率とその後の短期利子率に対する予想の値の平均によって決定される。人々が将来の短期利子率に対してどのような期待を抱くのかが非常に重要であることが理解されるだろう。中央銀行は現時点における短期利子率を操作するだけでなく、将来の短期利子率がどうなるのかという人々の期待にも働きかける必要があるわけである。

もう1つ期待が重要な役割を果たすのは、消費や投資などの人々の実物的な意思決定が名目利子率ではなく、実質利子率によって決定されることである。補論にあるように、実質利子率はフィッシャー式によって、名目利子率から期待物価上昇率を引いたものとして定義される。すなわち、名目利子率を i、実質利子率を r とし、期待物価上昇率を π^e とするとき、

$$r = i - \pi^e$$

が成立しているが、ここでも期待が重要な役割を果たしている。

以上をまとめると、中央銀行は現在の短期利子率を直接的な指標とした政策運営を行うものの、実際に金融政策が効果を持つためには、民間の経済主体の期待に基づく意思決定が非常に重要となるということである。リカードとバローの中立命題においても、人々が政府の将来の増税を予想した行動をとると仮定していたが、現在の経済学では一般的に、このような人々の期待

が果たす役割を重視するようになっている。

3.4 時間的不整合性の問題

以上の議論から、中央銀行が人々の期待に働きかけることができるならば、有効な金融政策を遂行できるということがわかるが、その前には、もう1つの壁が立ちはだかっている。中央銀行自身が常に民間経済主体に対する約束を破るインセンティブを持つという問題である。これは**時間的不整合性**（time inconsistency）と呼ばれている。1970年代にはなかなかインフレ抑制ができない状況にあったが、この状況はしばしば時間的不整合性の問題として解釈された。中央銀行のクレディビリティの重要性を示す重要な論点であるので、解説しておこう。

次のような状況を考えてみよう。最初に雇用者と労働者が名目賃金を決定し、その後に金融当局がインフレ率を選択する。雇用者と労働者は、完全に物価水準の変化に連動するような物価スライド型の賃金契約を交わすことができないとすると、インフレ率をできるだけ正確に予想したうえで名目賃金を決定しようとするはずである。しかし、現実のインフレ率が予想インフレ率を上回ったときには、実質賃金が低下することになるので、雇用者は雇用と産出量を増大させることになるだろう。金融当局はインフレ率を抑制したいと考えているが、同時に景気をよくしたいと考えている主体であるとしよう。このとき、金融当局は雇用者の予想インフレ率を超えるインフレをもたらして、雇用と産出量を増大させようとする誘惑にかられるかもしれない。

この状況をモデル化して考えてみよう。雇用者は予想インフレ率 π^e を選択し、金融当局が実際のインフレ率 π を選択する。雇用者の利得は予想が当たった場合に最も高くなるように、$-(\pi-\pi^e)^2$ とする。一方、金融当局の利得はインフレ率と産出量の両方によって決まるものとし、

$$-\pi^2-(y-y^*)^2$$

で与えられるものとする。すなわち、実際のインフレ率が小さければ小さいほど利得が高くなるが、同時に目標産出量 y^* と実際の産出量 y の乖離が小さければ小さいほど利得が高くなる。

ここで、実際の産出量は雇用者の予想と金融当局の選択する実際のインフレ率に依存して以下のように決定されるとしよう。

$$y = by^* + d(\pi - \pi^e)$$

ここで $b < 1$ とする。これはインフレに関して予想と現実が一致する場合には、独占などの要因によって産出量が効率的水準である目標産出量よりも小さくなるという仮定によっている（近年のマクロ経済学のモデルではよくなされる仮定である）。$d > 0$ であり、実際のインフレ率が期待インフレ率を上回る場合には、実質賃金の低下を通して、実際の産出量が増加すると仮定されている。

　そこで、この式を金融当局の利得の式に代入すると、最終的な金融当局の利得関数が得られる。

$$-\pi^2 - [(b-1)y^* + d(\pi - \pi^e)]^2$$

である。もし結果的に雇用者が合理的に期待形成するならば、金融当局の利得において $d(\pi - \pi^e)$ の項がゼロとなるので、$\pi = 0$ とすることが金融当局にとっても最適であることがわかる。

　しかし次のようなゲームを考え、金融当局が雇用者が選択した予想を観察することができ、そのうえで事後的にインフレ率を操作できる機会を与えられるとしよう。つまり、まず雇用者が予想インフレ率 π^e を選択し、次に、これを観察したうえで金融当局が実際のインフレ率 π を選択するのである[5]。

　このゲームは、完備完全情報の動学ゲームと呼ばれるタイプのゲームであり、後方帰納法と呼ばれる仕方で解けばよい。すなわち、雇用者の予想のそれぞれについて、それを観察した金融当局の行動から解いていく。したがって金融当局が解く問題は

$$\max_{\pi} -\pi^2 - [(b-1)y^* + d(\pi - \pi^e)]^2$$

であり、

---

5) ここでのモデルは、ギボンズ (1995) のモデルを若干簡単化したものである。

$$\pi^*(\pi^e) = \frac{d}{1+d^2}\left[(1-b)y^* + d\pi^e\right]$$

が得られる。ここでは、金融当局はインフレ率を上昇させることの限界不効用とインフレ上昇がもたらす産出量増大の限界効用が一致する水準にインフレ率を設定していることになる。雇用者はこのような金融当局の行動を理解し、これと予想 π^e が等しくなるように、予想を設定するので、

$$\pi^e = d(1-b)y^* > 0$$

となる。雇用者は実際のインフレ率と予想インフレ率を一致させるように予想しているので、これを上の金融当局の式に代入すると、この値が実際のインフレ率になることがわかる。その結果は正のインフレ率である。

以上のことは、なまじ事後的にインフレ率を操作できる機会を与えられると、金融当局がインフレを引き起こす誘因を持ち、ゲームの分析の前に確認したような最適な結果をもたらさないことを示している。このことを時間的不整合性と言うのである。

これはゲーム理論で通常議論されるコミットメントの問題と同型の問題である。この場合、金融当局のコミットメントをどのように確保し、政策のクレディビリティを保証すべきなのかが問題となることから、先に述べたラグの問題とは異なる仕方で、裁量ではなくルールを採用すべきだという議論が行われるようになった。

3.5　インフレ目標制度と金融政策ルール

金融政策を考えるうえで、人々の期待と中央銀行のクレディビリティが重要であるというコンセンサスが生じたことから、2つの金融政策の方式が生み出されることになった。インフレ目標制度と金融政策ルールである。かつての中央銀行の政策は秘密主義的に行われる傾向があったが、これらの政策方式はどちらも金融政策の意思決定に関する透明性を高めようとしていることに注目すべきである。このことが、中央銀行のアカウンタビリティを明確にするとともに、政策行動に対する人々の期待を安定化することで、政策の有効性を高めるものと考えられるようになってきているのである。

インフレ目標制度とは、物価安定目標のために、特定の物価指数を指定してその上昇率を目標値として設定し、それを（一定の期間内に）達成するための金融政策を行うという制度である。インフレ目標制度は目標を実現する手段については言及していない。また、各時点での目標達成を厳密に目指すものではなく、一定のスケジュールを設定するものの、金融政策を緩やかに束縛するものである。金融政策にはラグが伴うので、現時点における急激な引き締めや緩和は逆効果になる可能性がある。そこで、将来を予想しながら、将来の実績値を目標値に近づけるようなフォワード・ルッキングな（先を見通しながらの）政策運営を行う必要がある。目標設定についても、数値をストレートに掲げる場合（たとえば2％）と目標範囲（たとえば1-3％）が採用される場合とがある。

　理論的に言うならば、インフレ目標制度は、上述したような中央銀行の時間的不整合性問題に対応し、コミットメントを強化するための制度である。ただし、目標数値が目標期間内に達成されなかった場合に中央銀行が引き受けるペナルティについては各国ごとに異なり、現在はペナルティが徐々に緩やかなものになりつつある。とはいうものの、中央銀行が政策的意思決定に関する情報公開を積極的に行ってアカウンタビリティを負うべきであるという趨勢に変化はない。また、インフレの目標値については、1990年代後半からの日本のデフレを教訓として、0％の物価上昇率がデフレをもたらす危険性を回避するために、2％程度のインフレ目標を設定するようになっている。

　インフレ目標制度は、1980年代後半のニュージーランドを嚆矢とし、その後、カナダ、イギリス、スウェーデンにおいても導入され、満足のゆく成果を挙げたことから、さらに多くの国々で行われるようになったものである。日本銀行は長らく「公式の」インフレ目標制度の採用を渋っていたが、2012年にようやくインフレ目標制度を公式に採用することになった。

　インフレ目標制度と並んで、現在の中央銀行の政策運営に大きな影響を与えているのが**金融政策ルール**である。金融政策ルールとは、中央銀行がマクロ経済の状況に応じてどのような金融政策を運営すべきかを描写したものであり、政策反応関数とも呼ばれている。その代表的なものが**テイラー・ルール**である。これは、1992年にスタンフォード大学のジョン・テイラーが報

告した論文に基づくもので、テイラーは、金融政策が非常によく運営されていたと言われている過去5年間のフェデラルファンド・レート（連邦準備制度の操作目標金利）が以下のような、きわめて単純な式で表現できるとともに、一定の条件のもとで、それが望ましい政策でもあると主張した。

$$i = 2 + \pi + 0.5y + 0.5(\pi - 2)$$

ここでiは連邦準備制度の操作目標金利であるフェデラルファンド・レート、πはインフレ率、yはGDPギャップである。ここでのGDPギャップは、実質GDPの実質潜在GDPからの乖離率を％で表示したものである。潜在GDPとは生産力が正常に稼動しているときのGDP水準である。この値が正のときは景気が過熱しており、負のときは不況になっている。

テイラー・ルールの意味するところを理解するために、より一般的に記述してみると、

$$i = r^* + \pi + \alpha(\pi - \pi^*) + \beta y$$

となる。ここでiは中央銀行の操作対象となる短期金利、r^*は自然利子率（経済が均衡状態にあるときの実質金利）、π^*は目標インフレ率、αとβは正の定数である。テイラーが与えた式はこの一般式において、$r^* = 2$、$\pi^* = 2$、$\alpha = \beta = 0.5$としたときの式になっている。

この具体的なパラメータが与えられたテイラー・ルールの式によってその意味を考えてみよう。インフレ率が3％で目標インフレ率の2％を上回っており、GDPギャップが1％であるとする。このとき、第1項、2項の$2 + \pi$の部分は$2 + 3 = 5$％であり、第4項を考慮するとはインフレ率の目標インフレ率との乖離1％の0.5倍（0.5％）を加えた5.5％にすべきである。また、第3項により、このときGDPギャップが1％ならばさらに0.5を加えて6％にすべきということになる。もし現在の市場の短期金利がこれと異なるときには、現状が引き締めすぎか、緩和しすぎかとして判断されることになる。テイラー・ルールの成功により、アメリカ以外の各国の金融政策もテイラー・ルールによって計算される値どおりに行われてきたかどうかという観点から問題点が検証されるなど、金融政策ルールという考え方は大きな影響力を持

つようになっている。

　金融政策ルールはそれに沿った政策運営が行われるならば「ルール」として、クレディビリティを確保しつつ、人々の期待に対して安定的に作用することができるという利点を持つ。しかも、それはk%ルールのように硬直的なものではなく、経済状況に応じて変化する「政策反応関数」である。古くからあった裁量かルールかという問題は、このようにして、形を変えて、金融政策ルールの問題として理解されるようになった。

　その後の研究では、長期間固定した金融政策ルールに従った政策運営が行われるもとで、人々が将来の推移について予想しながら経済行動をとるようなマクロ経済モデルのシミュレーションが行われ、どのような金融政策ルールが望ましいのかが探求されてきた。このようにして、各金融政策ルールについて、シミュレーションの結果、インフレ率の目標インフレ率からの乖離の変動性と実質 GDP の実質潜在 GDP 水準からの乖離の変動性を評価することができるが、それをプロットすれば、図 3-5 のように**政策可能性集合**の図が描ける。

　インフレ率の目標インフレ率からの乖離も、実質 GDP の実質潜在 GDP からの乖離も小さい方が好ましいので、原点に近い方が望ましい金融政策ルールである。政策可能性集合の左下の境界が**政策フロンティア**と呼ばれるもので、政策当局はこの中から、その社会にとって最も望ましいと思われる金融政策ルールを選択すべきであるということになる。

　金融政策ルールによる金融政策の成功によって、今日では金融政策を分析するためのマクロ・モデルについても革新が行われている。IS-LM モデルにおいては、中央銀行がハイパワード・マネーを操作することで、それに信用乗数を乗じた量に決定される名目マネーストックを容易にコントロールできることが仮定されていた。しかし、すでに述べたように中央銀行はマネーストックを目標とするのではなく、短期利子率を目標としている。そこで、今日では財市場の均衡を表す IS に、LM 曲線ではなく、金融政策ルールを組み合わせて総需要曲線を構成し、さらにミクロ的基礎づけのある総供給曲線を組み合わせることで金融政策の効果の分析が行われるようになっている。

図 3-5 政策フロンティア

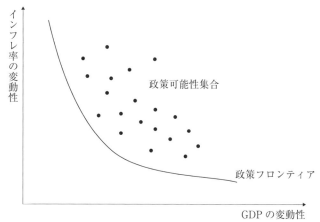

3.6 日本で行われた非伝統的金融政策[6]

　1998年以降、日本では深刻なデフレーションが発生した。これに対応して行われたのが、**ゼロ金利政策、量的緩和政策**である。これらの政策は、金利調整政策、預金準備率の変更、公開市場操作といった伝統的な金融政策とは異なるものであり、総称して**非伝統的金融政策**と呼ばれている。なぜ、このような政策を展開する必要に迫られたのか、その政策の意図はどのようなところにあったのかについて説明しておきたい。

　1998年以降、日本銀行はデフレーションに対処して金融緩和を繰り返した結果、名目金利の水準がほぼゼロとなってしまった。しかし、それでもデフレーションが終息しなかったために、一層の金融緩和が必要とされる状況であった。そこで、この状況に対してどのように対処するかが問題となった。

　テイラー・ルールから導かれる日本の政策金利は98年頃からマイナスに落ち込んでしまっていることを示す研究も存在するが、名目金利をマイナスにすることはできない。人々が現金をタンス預金すれば、任意の将来に同じ名目価値で使用することができるからである。とはいえ、名目金利をマイナスにするというアイディアは実は古くから存在している。シルビオ・ゲゼル

---

6) 翁（2011）を参照。

(1862-1930) による自由貨幣というアイディアで、一定期間ごとに貨幣にスタンプを貼って減価させるために、現金を保有し続けると事実上課税されることになる。しかし、これを現在の日本で導入することは難しい。本書では扱わないが、金融政策は国際的な金融取引の側面からも制約を受けていることを考えるだけでも減価する貨幣の導入はかなり難しいことがわかるだろう。もちろん、導入には制度面での相当の整備コストがかかることになる。

　また、多くの経済学者から、日本銀行が明確なインフレ目標制度を採用することで、人々の予想を変化させることが有効であるという主張も提出された。インフレ期待が実際に高まるならば、人々は貨幣を保有したままにせず、実物的な支出を増加させるだろうから、実際にも景気が回復し、インフレが実現するだろうというロジックである。しかし、日本銀行はこの政策も実行に移すことはしなかった。インフレを実現する確かな方法がなく、こうした状況で約束だけしたとしても、金融政策のクレディビリティが得られないだろうという理由からであった。こうした状況の中で、日本銀行が実際にとった政策が「ゼロ金利政策」と「量的緩和政策」である。

　1999年2月、日本銀行は「無担保コールレート（オーバーナイト金利）を、できるだけ低めに推移するように促す」という「ゼロ金利政策」を実施し、同年4月には、速水総裁が「デフレ懸念の払拭ということが展望できるような情勢になるまでは、市場の機能に配慮しつつ、無担保コールレート・オーバーナイトレートを事実上ゼロ％で推移させ、そのために必要な流動性を供給していく現在の政策を続けていく」ことを表明した。このようにゼロ金利政策は2つの部分からなる。第1はコール・レートのゼロへの誘導であり、第2には「デフレ懸念払拭まで」というコミットメントである。この第2の部分は、その後、**時間軸政策**と呼ばれるようになる。本章をこれまで読み進まれた読者は、この2つの部分を組み合わせることで、人々の期待に働きかけて、中長期金利の低下を確実なものにしようとしているという日本銀行の政策意図が理解できるはずである。

　ゼロ金利政策は、1998年秋までに実際に中長期金利を低下させたものの、その後の中長期金利は安定的ないし若干上昇傾向となった。2000年の春に景気改善の兆しが見られるようになる中で、「デフレ懸念の払拭」という認

識に至り、2000年8月にゼロ金利政策は解除されるに至った。しかしながら、結果的にゼロ金利政策の解除は裏目に出た。その後、2000年秋のITバブル崩壊などによる海外景気の急速な冷え込みの影響で日本経済の回復は減速することになり、再びデフレ懸念が高まることになったからである。

こうした中で日本銀行は2001年3月に、量的緩和政策を採用することになる。この政策の柱は3つの部分からなっている。第1は金融政策の主たる操作目標を無担保コール・レート・オーバーナイト物から日本銀行当座預金残高に変更し、所要準備額を大幅に上回る日本銀行当座預金を供給することであり、第2は、このような政策を消費者物価指数（生鮮食品を除くコアCPI）の前年比上昇率が安定的にゼロ以上となるまで継続することに対するコミットメントである。第3は、必要な場合に、銀行券の発行残高を上限として、長期国際の買い入れを増額するというものであった。

これらの政策に対する評価については本書の範囲を超えることになる。ここでは、近年日本で取られた非伝統的金融政策を、名目金利がほぼゼロになったときに取りうる金融政策の1つの形として理解することにとどめることにしたい。もちろん、その政策を理解するための1つの鍵が、時間軸政策に見られるように、金融政策が人々の期待形成にどのように作用しうるのかということにあることは言うまでもない。

◈統計資料など

　日本経済が直面している課題の全体像を知るには『経済財政白書』が最適である。これは内閣府のウェブページにアクセスして容易に入手することができる。財政関係については、財務省のウェブページに、各年度の「日本の財政関係資料」や経年変化を見られる「財政関係基礎データ」が揃っている。金融政策を司る日本銀行のウェブページでも、金融政策の基本姿勢、金融関連のデータ、調査・レポートなどが見られる。

◈練習問題

1. 財務省のウェブページにアクセスし、わが国の長期財務残高およびそのGDP比がどのように推移してきたのかを調べてみよう。
2. 日本銀行のウェブページにアクセスし、日本銀行の現在の金融政策のスタン

スをチェックしてみよう。

❖さらなる学習のために

福田慎一（2015）『「失われた 20 年」を超えて』NTT 出版。
　——マクロ経済学者がバブル崩壊以降の日本経済をどのように分析しているのかがよくわかる。1990 年代のバブル崩壊後の不良債権の処理における「少なすぎて遅すぎた」対応が、その後の日本企業の消極的経営につながり、競争力強化につながる技術革新が限定的であったことが、2000 年代以降の低迷を招いているとする。

マーティン，F.（2014）『21 世紀の貨幣論』（遠藤真美訳）東洋経済新報社。
　——現代経済学では金融危機のような現象を説明できない。著者はその最大の原因を、経済学がマネーの本質を取り扱い損ねていることに求める。貨幣は信用の流通を通じて発生したもので、物々交換から発生したわけではないと言う。したがって、マネー経済は必然的に信用のような人間的なものに関わり、不安定性を内包しているとする。もしかしたら、貨幣についての新しい理論が登場して経済学を革新していくことになるかもしれないと感じさせる良書。

❖参考文献

池尾和人（2010）『現代の金融入門』ちくま新書。
大野早苗・小川英治・地主敏樹・永田邦和・藤原秀夫・三隅隆司・安田行宏（2007）『金融論』有斐閣ブックス。
翁邦雄（2011）『ポスト・マネタリズムの金融政策』日本経済新聞社。
ギボンズ，R.（1995）『経済学のためのゲーム理論入門』（福岡正夫・須田伸一訳）創文社。

　　　　　　　　　　　　　　　　　　　　　　　　　　　　　　　　　［瀧澤弘和］

第4章 労働市場改革

1　労働に関する基本的な用語

　この章では、労働市場改革を取り上げる。労働市場では、労働サービスが取引される。労働サービスの需要者は企業であり、商品やサービスを生産するために労働サービスを購入する。他方で、労働サービスの供給者は労働者（家計）であり、労働サービスを提供する対価として賃金などの報酬を受け取り、この報酬を使って消費活動を行う。労働サービスは、企業の生産活動に不可欠の要素であり、労働サービスの対価として得た報酬によって家計の生活が支えられている。なお、労働サービスは、通常の商品と違い、多様な価値観や感情を持つ生身の人間が直接提供しており、単なるモノの取引とは同列に扱えないことに注意が必要である。

　この節では、労働市場を考えるうえで、不可欠の用語を説明する。労働が可能な15歳以上人口は**労働力人口**と非労働力人口に分けられる。**労働力率**とは、15歳以上人口に占める労働力人口の比率である。労働力人口は、仕事に就いている人と仕事に就いていないが仕事を探している人に分けられる。前者が**就業者**であり、後者が**失業者**である。**失業率**とは、労働力人口に占める失業者の比率のことである。非労働力人口とは、仕事に就いておらず、仕事を探していない人である。就業者は、さらに雇用者、自営業者、家族従業員に分けられる。失業は働く意思がありながらも労働力という資源が利用されていないという非効率な状態を意味し、失業が発生している家計においては生活を支える主要な収入源が減ることによって、子どもの進学断念や離婚

などの家庭の崩壊を招く場合もある。そのため、失業には大きな注意が払われており、一国における失業のインパクトの指標として失業率が使われている。ただし、就職を希望しているが、それをあきらめ、就職活動をしていない潜在的な失業者は、失業率に含まれないことに注意が必要である。失業の種類としては、自分に適した仕事が見つかるまでの一時的な失業（**摩擦的失業**）や需要不足による失業などがある。1990年代初頭以降の長期にわたる不況は、就職氷河期を生み出したが、この時期に就職した人たちは就業者に含まれるものの、不本意就業者も多くいると推測される。なお、労働市場の需給状態を示す指標として、**有効求人倍率**もしばしば取り上げられる。この指標は、公共職業安定所に登録している求人数に占める求職者数の比率のことであり、不況であるほど数値が低下する。

　表4-1は2013年における労働力人口と非労働力人口のデータを示したものである。それによると、15歳以上人口は約1億1,000万人であり、そのうちの約6割が労働力人口、残りの約4割が非労働力人口である。労働力人口の中では就業者の比率が大きく、就業者の中では雇用者の比率が大きくなっている。失業率（完全失業率）は労働力人口に占める失業者（完全失業者）の比率で示されるが、その推移を見てみると、バブル経済が崩壊する以前までは3％以下におさまっていたが、バブル経済の崩壊以後に上昇を続け、2000年代の初めに5％を超えた。その後の景気回復で2007年には3.9％まで低下したものの、リーマン・ショックにより再び上昇に転じた。その後の円安やアベノミクスの効果により景気が持ち直し、2013年は4％である。

　表4-1が示すように、就業者の多くは雇用者であるが、雇用者は雇用期間に定めがあるか否かで、**正社員**と**非正社員**に分けられる。雇用期間に定めがないのが正社員であり、通常は定年まで雇用される。雇用期間に定めがあるのが非正社員であり、雇用期間は通常、数カ月から1年程度である。非正社員は、パート・アルバイト、派遣社員、契約社員などに分類される。派遣社員と契約社員の違いを述べておくと、前者は派遣元の企業から派遣先の企業に派遣されている社員を指し、後者は企業に直接雇われている社員を指す。

　表4-2は2013年における役員を除く雇用者の内訳とその人数を示したものである。役員を除く雇用者のうち、正規の職員・従業員、すなわち正社員

表 4-1　2013 年における労働力人口の内訳と非労働力人口

	人数（万人）	比率（％）
15 歳以上人口	11,068	100.00
1. 労働力人口	6,568	59.34
(1)就業者	6,303	56.95
a. 自営業主	554	5.01
b. 家族従業者	174	1.57
c. 雇用者	5,545	50.1
役員を除く雇用者	5,201	46.99
(2)完全失業者	265	2.39
2. 非労働力人口	4,500	40.66

出所：総務省統計局「平成 25 年　労働力調査年報（詳細集計）」より作成。

表 4-2　2013 年における役員を除く雇用者の内訳

	人数（万人）	比率（％）
役員を除く雇用者	5,201	100.00
1. 正規の職員・従業員	3,294	63.33
2. 非正規の職員・従業員	1,906	36.65
(1)パート・アルバイト	1,320	25.38
(2)労働者派遣事業所の派遣社員	116	2.23
(3)契約社員・嘱託	388	7.46
(4)その他	82	1.58

出所：総務省統計局「平成 25 年　労働力調査年報（詳細集計）」より作成。

の比率が 63.3％ であり、非正規の職員・従業員、すなわち非正社員の比率は 36.7％ である。非正社員の比率は 1990 年に約 5 分の 1 であったが、長期にわたる不況下で上昇を続け、今では 3 分の 1 を超えている。ちなみに、非正社員のうち、約 7 割が女性、約 3 割が男性である。

2　標準的経済学の労働市場と日本の労働市場

2.1　標準的経済学から見た労働市場

　標準的な経済学では、労働市場を議論する際に、商品やサービスの取引を

図 4-1 標準的な経済学による労働市場

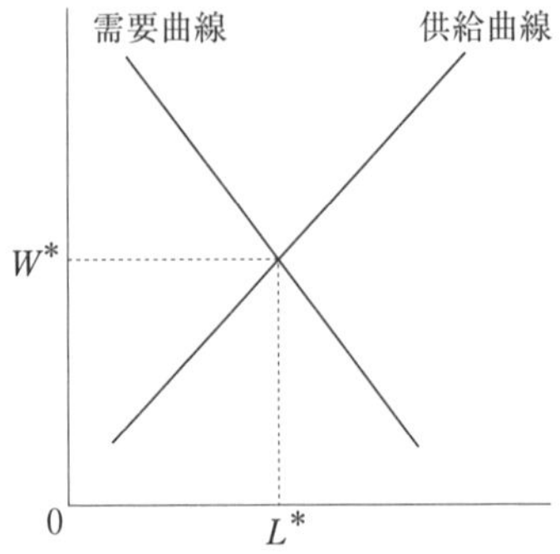

需要曲線　供給曲線

W^*

0　L^*

説明するミクロ経済学の議論をそのまま応用する。図 4-1 で示されるように、労働サービスを買う企業の需要曲線が右下がりに描かれ、労働サービスを売る労働者の供給曲線が右上がりに描かれる。企業の労働サービスに対する需要曲線は、企業の利潤最大化行動から得られる。追加 1 単位の労働サービスを得るためには、企業はそれに対応した賃金を支払わなければならない。したがって、企業にとって、追加 1 単位の労働サービスを得るための費用が賃金になる。他方で、この労働サービスを使用することで、得られる収入、すなわち、この労働サービスを生産過程へ投入し、そこで新たな生産物が生産され、それを売ることによって得られる新たな収入（労働サービスの限界生産物価値）が、企業にとって、追加 1 単位の労働サービスから得られる収入になる。労働サービスの限界生産物価値が賃金を上回っている状態から始めて、労働サービスを 1 単位ずつ増加させるとき、限界生産物価値が減少していくとすると、収入から費用を引いた利潤が最大になる労働サービスの量は、賃金と限界生産物価値が等しくなる水準である。企業にとっての需要曲線は、所与の賃金の水準で購入したい労働サービスの水準を示すため、右下がりの限界生産物価値の曲線そのものが企業にとっての需要曲線になる。

　他方で、労働者による労働サービスの供給曲線は、労働者の効用最大化行動から導かれる。労働者は 1 日や 1 カ月、1 年など限られた時間を労働時間と余暇時間に配分する。労働サービスを提供すれば、そこから賃金を得られ、それを消費することで効用が得られる。限られた時間を労働時間に使わず、

余暇時間に使えば、そこからも効用が得られる。労働者は、それぞれの効用を勘案し、効用の総計が最大になるように労働時間すなわち労働サービスの供給量と余暇時間を配分する。賃金が上昇するほど、余暇をとることの機会費用が上昇して余暇から労働への代替が起こり、労働サービスの供給量を増やすとすれば、労働者による右上がりの労働サービスの供給曲線が得られる。

労働サービスの需要曲線と供給曲線を書き込んだのが、図4-1であり、2つの曲線の交点で均衡賃金率 W^* と労働サービスの均衡取引量 L^* が決まる。

ただし、この議論には前提がある。多くの同じような企業や労働者が存在し、競争状態にあること（完全競争）、企業と労働者の双方が相手のことをよく知っていること（完全情報）、賃金率が需給を等しくするように伸縮的に動くことなどの前提が満たされる必要がある。パートタイム労働やアルバイトなどは、標準的な経済学による労働市場の議論が比較的当てはまると考えられる。しかし、正社員の労働市場、とりわけ日本におけるそれに関しては、標準的な経済学による労働市場の議論はほとんど当てはまらないと考えられる。

2.2　日本の労働市場の特殊性

日本では、正社員の労働市場が開かれるのは、多くの場合に高校や大学などの卒業時点のみである。そして、ある企業に就職すると、そこに定年まで勤め上げるというのが一般的なパターンである。それゆえ、就職後の仕事や賃金はその企業内部で決まり、企業別に労働市場が分断されていると言える。正社員は配置転換や実地訓練を通じて企業特有のスキルを身につけ、企業内で交渉力を持つ企業別の労働組合に守られて、賃金が決まる。

さらに、**終身雇用**における賃金の設定において、若年時点では生産に対する貢献を下回る水準に設定され、その後、年齢が進むに従って賃金が上昇し、生産に対する貢献を上回る水準に賃金が設定されるという Lazear（1979）による説明が有力である。生涯で見れば、生産に対する貢献と受け取る賃金は対応関係にあるが、各時点においては、生産に対する貢献と受け取る賃金が乖離している可能性が高い。

賃金の伸縮性に関しては、**賃金の下方硬直性**がしばしば指摘されており、

労働者は、現行の賃金を既得権と考え、それを参照点とし、そこからの低下を損失と見なし、損失回避性の観点から、賃金の引き下げを嫌がる傾向があり、企業の経営者も賃金の引き下げは労働者の士気を低め、生産活動にマイナスの影響を及ぼす可能性があるので、賃金の引き下げに積極的ではないと考えられる。賃金の下方硬直性の傾向に加え、労働者の労働意欲を引き出すために、企業が労働市場の均衡水準を上回る賃金を設定する可能性も指摘されている。

　終身雇用制や**年功賃金制**などは**日本的雇用慣行**と呼ばれるが、これを強化・追認しているのが**解雇権濫用法理**と呼ばれる正社員の解雇規制である。日本では、正社員の能力が不足している場合でも解雇は困難であり、正社員の労働市場に市場メカニズムが働いているとは言い難い状況にある。

　他国と比較すると、日本の労働市場の特色はさらにはっきりする。アメリカでは、職種や産業別の企業横断的な労働市場になっており、同じ職種であれば、同じ賃金である。解雇に関しては、最後に雇用された労働者から順番に補償金付きで解雇されるという**先任権ルール**が確立している。アメリカなどと比べても、日本の正社員の雇用規制は厳しく、労働市場の流動性を大きく阻害していると言えるだろう。

　それでは、日本的雇用慣行がなぜ日本で成立したのだろうか。このような慣行が成立した理由として、高い経済成長率や若年者の多い人口構造が指摘されている。しかし、このような条件は他国でも見られるのであって、この指摘が正しければ、他国でも日本的雇用慣行が成立するはずである。日本で日本特有の雇用慣行が成立した背景としては日本人の国民性が重要であろう。

　日本人の国民性を考えるに当たって、中根（1967）の議論が有益である。人間は社会的な生き物であり、どこかの社会集団に属しているが、日本人は、個人の属している社会集団として、個人の属性（氏、学歴、職種など）よりも属している場（会社、大学など）を重視する。場による集団内では、構成員の間で仲間意識や安心感が生み出される。同じ集団の構成員は「ウチ」の者、その集団の外の人は「ヨソ」者と見なされ、差別される。正社員にとって自分が属している企業は、単に生活の糧を得ている場のみならず、「企業一家」の一員として仲間意識を共有し、安心を得ている場でもある。

他方で、日本における場を通じた集団の組織では、「タテ」の関係、すなわち序列が重視される。企業においても、上司と部下の関係がタテの関係として成立している。終身雇用や年功序列は、タテ社会の構造にうまくマッチする。上司は部下に現場の仕事を通じてマンツーマンで技術を指導し、部下は上司を見習って技術を身につけていく。上司と部下の関係は、親分と子分のようなきわめて情緒的な人間関係に支えられており、集団内の意思決定に不統一がある場合は、論理より人間関係に基づく力関係が優先して、上位の者の意見に落ち着く。タテ社会においては、上の者が下の者を思いやり、下の者が上の者を慕い、両者が相互に安定と安心を得ていると言える。

これに対して、アメリカなどでは、職種別の労働組合が存在するように「ヨコ」の関係が強い社会である。企業との関係も日本人と比べるとドライであり、企業よりも家庭が重要であり、企業のために自分が犠牲になるという発想はないと言える。

日本人の国民性にマッチする日本的雇用慣行は、高い経済成長率、若年人口が多い人口構造、女性の大学進学率が低く、家庭志向の女性が多い時代にはうまく機能したのであるが、これから先も続くと予想される低成長経済、少子高齢化、女性の進出に特徴づけられるような時代にはうまく機能しない。このような時代の大きな転換点としてはバブル経済が崩壊した1990年代初頭が重要であり、以下では、期間をバブル経済崩壊以前と崩壊以後に分けて、議論することにしたい。

3　バブル経済崩壊前と日本的雇用慣行

日本の労働について考えるうえで重要なことは、バブル経済崩壊前とそれ以降で、すなわち1990年代初頭までとそれ以降で、日本を取り巻く社会経済の状況が大きく変化したことである。そして、これから先の2020年、2030年と変化した後の状況が続くと予想される。

この節では、日本における戦後から高度経済成長、さらにバブル経済の崩壊に至るまでの時期と労働市場について論じてみよう。終身雇用や年功制などで特徴づけられる日本的雇用慣行は、戦後から高度経済成長期にかけて普

及し、高度経済成長期の後もバブル経済の崩壊に至る時期までは、それなりに機能してきたと考えられる。日本的雇用慣行がうまく機能するためには、経済が成長している必要があり、社会の人口構成も高齢者に比べて、若年者の比率の方が高いピラミッド型のときにうまく機能する。

経済が成長していれば、総じて企業も規模を拡大することが可能になり、新規の採用人数を年々増やしていくことが可能になる。企業の社員の年齢構成は、若い社員ほど人数が多くなるピラミッド型になる。年功序列制では、年齢を重ねるに従って、社員の賃金が上昇し、社員はより高い役職へ昇進していく。より高い役職になるほど、その数が少なくなるが、社員の年齢構成がピラミッド型になっていなければ、うまく役職を配分することができなくなり、年功制はうまく機能しない。

また、年功賃金制では、社員は若い時期に貢献以下の賃金を受け取り、年齢を重ねるに従って賃金が上昇し、その後、貢献以上の賃金を受け取るとされるが、1人の社員が入社してから退職するまでには40年程度の長い期間を要するので、後年になるほど企業負担が増す年功賃金制を維持していくためには、ある程度の経済成長の見通しが立っていることが必要である。将来の経済成長の見通しが不確実な場合に、年功賃金制は企業にとって非常にリスクの高い制度になる。

前節で言及したように、日本人にとって所属している企業は、家族のようなものであり、運命共同体のようなものである。日本的雇用慣行は、定年まで解雇の心配がなく、生活給を保障してくれて、精神的な安心と安定も与えてくれるが、他方で、残業などの長時間労働や転勤など、企業に対する自己犠牲も要求される。残業や転勤などを受け入れていると、仕事と家事・育児の両立が困難になる。そのため、子どもを持とうとすると、その前提として女性（妻）が家事や育児などの家庭の負担をすべて引き受ける**性別役割分業**が成立している必要がある。日本的雇用慣行と性別役割分業は相互に補完的な関係にある。他方で、女性の高学歴化を背景に、多くの女性（妻）が出産・育児よりも男性並みに社会に出て働くことを望むならば、性別役割分業が崩れ、少子化が進行することになる。

バブル経済の崩壊以前までは、日本的雇用慣行はそれなりに機能していた

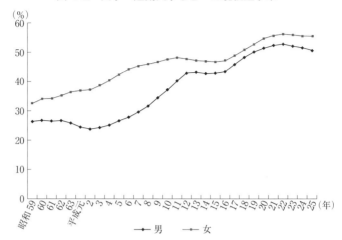

図 4-2　大学・短期大学などへの現役進学率

出所：文部科学省「平成 26 年版　文部科学統計要覧」より作成。

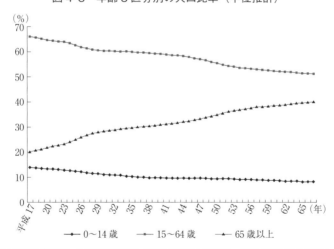

図 4-3　年齢 3 区分別の人口比率（中位推計）

出所：国立社会保障・人口問題研究所「日本の将来人口推計　平成 18 年 12 月推計」より作成。

が、1990 年初頭のバブル経済の崩壊以降の「失われた 10 年」とも「失われた 20 年」とも言われる長期にわたる経済不況の中で、事態は大きく変化した。内閣府が公表している「国民経済計算」によれば、年次の実質経済成長率の

平均は、1981年から1990年にかけて4.68％であったが、1991年から2010年にかけて0.88％へと大きく減速した。これから先の将来においても、高い経済成長を望めない状況にある。また、図4-2が示すように、女性の短期大学を含めた大学などへの現役進学率は、男性のそれを上回っており、1990年の40％弱から2013年の55％へと上昇している。このような女性の高学歴化の傾向は、さらなる女性の社会進出を促進すると予想される。さらに、図4-3が示すように、少子高齢化もますます進展し、国立社会保障・人口問題研究所の推計によれば、2023年には65歳上の人口比率が30％に達すると予想されている。

したがって、これから先の社会を考えるうえで、低経済成長、女性の社会進出、少子高齢化を前提とする必要があり、このような社会の環境に適合した労働システムを構築していかなければならないであろう。

4　バブル経済崩壊後と日本的雇用慣行

日本経済はバブル期以前から外需依存経済であり、とりわけアメリカへの輸出に依存する経済であった。アメリカに対する大幅な輸出超過を是正するために、日本は1985年のプラザ合意以降、円高ドル安と低金利政策により内需依存経済への転換を図ったが、消費を通じた豊かな生活よりも株や不動産などの資産の購入のように財テクの形で需要が現れ、バブルが発生することになった。その後、バブルが崩壊し、すなわち急激に資産価格が下落して、土地を担保としていた銀行の債権は巨額の不良債権と化した。その後、不良債権の処理が長引き、金融システムが機能不全に陥った。また、バブル経済崩壊後の低インフレやデフレ下でも名目賃金が下がらなかったため、企業の人件費負担が増し、企業の収益を圧迫した。

戦後の日本経済は、先進国にキャッチアップするという目標があり、輸出に牽引され成長してきたが、その後、日本は先進国の仲間入りをし、成熟した国家になった。今後は、自前で将来の国の姿を描き、他の国の模範となるような政策運営が求められている。

日本経済が成熟期に入ったこともあり、バブル経済の崩壊後は、高い経済

成長は望めない状況である。成熟社会は、企業より家庭、家庭においてもそれぞれの個人が重視される社会であり、これまでの考え方や社会経済のシステムを変えていかなければならない。

バブル経済崩壊後の長期不況、すなわち将来における経済成長の減速下で、日本的雇用慣行を続けていくと、企業は現在抱えている正社員をすぐに整理できないため、人件費負担が過大になる。そのため、企業は人件費を減らそうとして、新規の正社員の採用を抑制する。しかし毎年、定年退職者が出るので、不足した労働力を補うために人件費の安い非正社員を採用する。バブル経済崩壊後、派遣労働の規制緩和もあって、非正社員の比率が増加し、上述したように、現在では非正社員は雇用者全体の約3分の1を超えている。

バブル経済崩壊以前では、日本的雇用慣行のもとで、家庭において世帯主の男性（夫）が生活給を受け取る正社員であり、妻が専業主婦、またはパートタイムの非正社員であるというパターンがモデルになり、世帯で見た所得格差は顕在化しなかった。しかし、バブル経済崩壊以後には、若年男性が正社員になれず、非正社員であるケースが増えている。非正社員の現状の処遇を前提にすると、低賃金のために家庭が持てない、家庭を持てても子を持てないなどの理由によるさらなる少子化の進展、不十分な資産の蓄積、低い水準の年金給付などを通じて将来にわたり低い生活水準が続いていくなどの懸念が指摘されている。

今後続くと予想される低経済成長、少子高齢化社会においては、日本的雇用慣行を続けるのは困難であり、無理して続けた場合には、正社員と非正社員の格差が拡大し、格差社会をもたらすだろう。正社員になりやすいのは銘柄大学卒の人で、卒業時の景気がよい人である。卒業時の景気動向は運に左右されること、そして正社員の採用はほぼ卒業時点に限られ、その後の流動性が乏しいことを考えると、正社員か否かによる所得格差は、効率性や公平性の観点から正当化しきれない面もあるだろう。

5　労働市場改革の方向性

これから先の2020年、2030年においても、低経済成長や少子高齢化の傾

向が続くと予想される。さらにグローバル化も進み、社会経済の環境がより競争的でより流動的になると予想される。このような状況のもとでは、日本的雇用慣行で示されるような社会経済のシステムは立ちいかなくなるだろう。日本人には、新たな状況に適した考え方、行動、制度の転換が求められているのである。

以下では、日本の労働市場においてどのような改革を行うべきかを論じていくが、労働市場改革全般に関しては八代 (2009)、年齢差別のない雇用に関しては清家 (2002)、女性差別のない雇用に関しては川口 (2008) などによるすぐれた先行研究があるので、これらの先行研究を参考にしながら、論点を整理していくことにしたい。なお、以下で示す改革は、主として市場メカニズムを生かす経済学の観点からのものであり、おそらくこのような改革以外に選択肢はないと思われる。先に言及したように、日本人には日本人特有の国民性もあると考えられるので、急激な改革はおそらく困難であろう。したがって、以下で示す改革は、改革の方向性を示すものであると理解していただきたい。

5.1 年功賃金（生活給）から能力給への転換

労働市場をこれからの時代に合ったものにしていくためには、厚遇されている正社員の地位に切り込んでいくことが最も重要である。そのためには、まず、若いときに貢献以下の賃金を受け取り、中高年時に貢献以上の賃金を受け取る年功賃金制を見直さなければならない。この制度は、終身雇用、企業内での熟練形成、性別役割分業（男性（夫）は仕事に専念して、その見返りとして生活給を受け取り、女性（妻）はその生活給で家族の生活を切り盛りし、家事・育児に専念する）などと相互補完的になっている。したがって、年功賃金制の改革は、それと補完的な制度などと同時に改革していく必要がある。

退職時点にならないと、労働者の企業への貢献と企業からの賃金の受け取りが等しくならない年功賃金制は、低経済成長、少子高齢化の社会経済環境のもとでは、維持していくことが困難であり、賃金のあり方はその都度、企業への貢献に応じて報酬を受け取る**能力主義**の方向に変えていかなければならない。日本ではチームによる仕事が多く、能力主義になじまないという指

図 4-4　2013 年における年齢階層別・男女別の労働力率

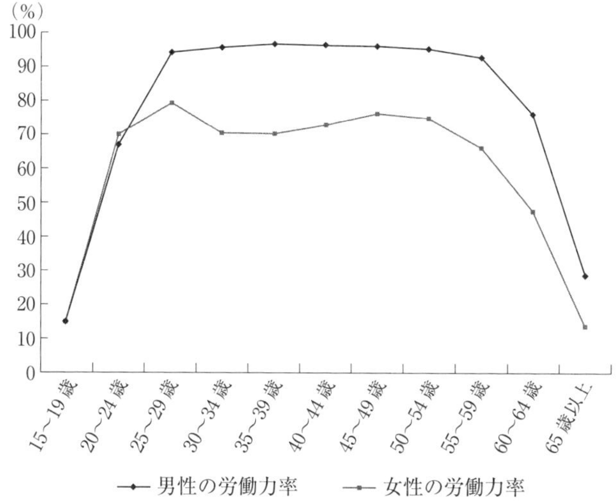

出所：総務省統計局「平成 25 年　労働力調査年報（基本集計）」より作成。

摘もあるが、欧米型の個人ベースの働き方に転換していくことが必要である。

5.2　性別役割分業からワーク・ライフ・バランスへの転換

　貢献に応じた賃金支払いの場合、生活給でなくなるため、中高年に達したときに生活を維持できるだけの収入を得られるかという疑問が生じるだろう。これに関しては、夫婦共働きがモデルケースとなるべきである。ただし、共働きが可能となるためには、仕事と家庭（家事・育児）が、夫婦でバランスよく配分されていなければならない。女性が家庭の負担をすべて負い、そのうえで、男性並みに働くことは困難である。男性に関しては、仕事の負担を軽減し、その分、家庭の負担を増やし、女性に関しては、家庭の負担を軽減し、その分、仕事の負担を増やすという方向に持っていくべきである。大学などへの進学率の上昇などで示される女性の高学歴の傾向からすれば、女性が社会に出て働くことは自然な流れであり、社会にとっても労働資源の有効な利用になる。

　図 4-4 は、2013 年における年齢階層別・男女別の労働力率を示しているが、

日本における女性の労働力率で特徴的なことは、先進諸国と比べて、出産・子育て期にある30歳代の前半から30歳代の後半にかけての労働力率の落ち込みが大きく、70％前後である。これは、日本において子育ての負担が女性に集中していることを示している。また、女性の労働力率は、20歳代の後半以降のすべての年齢階層で、男性の労働力率を下回っている。他方で、図4-2が示すように、女性の大学・短期大学などへの現役進学率は男性のそれを上回る水準に達しており、労働力の有効活用という意味でも、社会での活躍の機会均等という意味でも、就業を希望している女性を労働力に取り込むべきである。

　男性が仕事、女性が家庭という性別役割分業の考え方は、時代に合わなくなってきており、男性も女性もそれぞれが仕事と家庭両方の役割を担う個人レベルでの役割分業がこれからの時代にふさわしい。**ワーク・ライフ・バランス**の議論では、仕事一辺倒にならず、生活とのバランスをとるべきことが主張されるが、個人レベルでの役割分業はこの考え方と整合的である。ただし、ワーク・ライフ・バランスの議論には、単にバランスをとるだけではなく、充実した人間らしい生き方をするというメッセージも含まれていると考えられる。したがって、仕事に関しては、やりがいの持てる仕事、生活に関しては、生きがいとなるような家事・育児などであることが求められる。

　これに関連して、欧州連合（EU）では、仕事の価値が見直されている。1993年に欧州委員会が公表したグリーンペーパーでは、仕事は単に所得を得るためのものではなく、個人の尊厳、社会とのつながり、認知などをもたらすものであり、仕事を通じてすべての人を社会に統合していくべきであるという考え方が示されている。福祉国家を維持していくためには、人々に給付を受け取る側から拠出をする側に回ってもらいたいという事情も働いているが、経済の論理を超えた哲学を強調している点に欧州の特徴が見受けられる。

　年功賃金制が崩れ、その都度、貢献に応じた賃金の支払いへと転換していくとすれば、働きたい高齢者が定年とは無関係に働けるという機会が開ける。定年が存在しているのは、貢献以上の賃金を受け取る高齢者の雇用を強制終了させるためであり、貢献に応じた賃金の支払いが一般的になれば、性別や

年齢で雇用に制限をかける意味がなくなる。現在の高齢者は、昔と比べれば元気であり、高学歴の人も多く、仕事による経験も豊富である。働きたい高齢者を雇用することは労働資源の有効利用につながり、社会保障の財政を支える側が増えるため、国家財政においてもプラスになる。

5.3 新卒のみの一括採用から常時開いている労働市場への転換

賃金システムが年功賃金制から、各時点での貢献に応じた賃金の支払いへと転換していくとすれば、高校や大学の卒業時点のみで、正社員の一括採用をするという方式は、あまり意味を持たなくなるだろう。企業内の多くの部署での経験を要するような自前の幹部社員を育てる場合や企業特有のスキルを身につけるのに長い時間を要する場合などを除いては、正社員の採用を新卒の若年者のみに限る必要性はなくなるだろう。

現在行われている正社員の採用を若年学卒者に限定する方式のもとでは、労働市場における情報の不完全性のために、企業は難しい入試を突破した銘柄大学卒を求め、新卒者は賃金の水準が高く安定している大企業を求める傾向にある。難しい入試を突破した人は、平均的に見れば忍耐力や適応力があり、企業の戦力になる確率が高いと考えられるが、平均から外れている人も多数存在する。またこの採用方式は、入試後に頑張ったり、入試後に能力を開花させた人には不利な方式である。その都度、貢献に応じた賃金が支払われる方式では、企業にとって中途採用が容易になる一方、労働者にとっては転職が容易となる。このことは労働者にとってはやり直しがきき、後からの努力が報われる機会が開かれることを意味する。

企業が労働者を中途採用する場合には、問題のある労働者を採用してしまうリスクが発生するだろう。これに関しては、求職者に対して職歴や資格などの能力に関する情報の提出に加え、アメリカ社会のように前の会社の上司による推薦状などを提出してもらうことが有効であろう。ただし、辞めていった企業の上司に推薦状を依頼するのは、その労働者に問題がないとしても現実的には難しいかもしれない。

中途採用の市場を中古車の市場に例えるのは、人と車を同列に扱うので、適切ではないかもしれないが、原理的には中古車の市場と似た側面がある。

問題のあるものをつかまされるかもしれないという情報の非対称性に起因するリスクが存在するからである。中古車の市場の場合、中古車の仲介業者は、車の品質を保証するために、保証期間を設け、問題があった場合の責任は仲介業者が負うなどの条項をつける。このようなことをすれば、買い手はその仲介業者から安心して中古車を買うようになる。中途採用の市場において中古市場の仲介業者と同じ役割が期待されるのが、人材紹介・派遣・育成の会社である。人材紹介・派遣・育成の会社が、紹介した労働者の能力の保証をするなどして採用のリスクを負えば、このような会社への信頼は高まるであろう。このような会社が育てば、中途採用の市場が拡大して、労働の流動化を促進するだろう。人材紹介・派遣・育成の会社では、労働者の品質保証のみならず、求職する労働者側のニーズと求人する企業側のニーズのミスマッチを解消する役割も期待できる。すなわち、双方のニーズにマッチする労働者と企業の間をとりもったり、労働者に職業教育や訓練を施して、企業のニーズに合うような人材を育成することも可能であろう。

　現状では、若年者には新卒時点で正社員の労働市場が開かれ、中途採用を含めて、それ以外の労働市場は非正社員向けの場合が多いと考えられる。この場合に正社員に基幹的な仕事が割り当てられ、非正社員には定型的な仕事や補助的な仕事が割り当てられる可能性が高いので、人材育成の会社がなかなか育たないであろう。これに対する対応としては、待遇に大きな差のある正社員と非正社員の二極化を改め、中間的な働き方を認めていくべきである。

　そうすることで雇用の選択肢を増やして、雇用を流動化していくことが望ましい。そのためには、派遣社員や契約社員の雇用期間の制限を止め、雇用期間の延長を認めるべきである。他方で、正社員の雇用規制を緩めるべきである。正社員を解雇する前に、非正社員を解雇するというような差別的な解雇要件は廃止して、深刻な不況のもとでは補償金つきの整理解雇も認めるべきである。

5.4　厳格な解雇規制の緩和とセーフティネットの充実への転換

　正社員の解雇規制を緩める場合には、解雇された後のネット、すなわちセーフティネットをしっかり張っておく必要がある。労働市場の不完全性によっ

て、すぐに次の仕事が見つからず、失業を経験したり、次の仕事に見合う技能を身につけるための期間を要する場合があるからである。現行の雇用保険による失業給付は多くの非正社員が適用外であるなどの問題があるが、失業のリスクが大きい非正社員にも適用範囲を拡大すべきである。デンマークでは、フレクシキュリティと呼ばれる政策が採用されている。これは柔軟性（フレクシビリティ）と安全性（セキュリティ）を組み合わせた言葉である。柔軟性とは、解雇規制が緩やかであることを意味し、安全性とは、失業時の就職支援、職業訓練、失業給付が手厚いことを意味する。就職支援や職業訓練については、公的機関が行うか、民間企業が行うかで意見が分かれるところであろう。いずれにせよ、デンマークでは、雇用規制が厳しいと、失業や非正社員化などのしわ寄せが若年者に降りかかるため、このしわ寄せを解消するために、雇用規制を緩めており、雇用規制の緩和で生じる失業対策として積極的な労働政策を展開している。このような政策が可能なのは、労使がそれに合意しているからである。日本への導入はすぐには難しい状況にあるが、今後の1つの方向性を示すものであろう。

5.5 格差社会から格差の小さな社会への転換

所得格差の是正に関しては、八田（2009）が興味深い議論を展開している。それによれば、労働の供給において低所得者は賃金に敏感に反応するが、高所得者は敏感に反応しないという実証研究の結果を踏まえると、日本では所得税の累進性を強化する余地が大きいという。高所得者に高い税金をかけても、労働供給に影響しなければ、経済の効率性は損なわれない。他方で、累進性の強化により所得格差を縮小できる。根拠となっている実証研究の結果はアメリカのものであるが、日本でもその結果が当てはまるのであれば、傾聴に値する議論である。

また、失業給付が切れた後の究極のセーフティネットである生活保護制度に関しては、しばしば、労働のディスインセンティブ効果が指摘されている。すなわち、働いて得た報酬分だけ給付が減らされるので、働く意欲、ひいては、自立の意欲を削ぐという指摘である。受給者の労働インセンティブを刺激するという観点からは、稼いだ分の一定割合は手元に残る負の所得税的な

仕組みが望ましい。

　日本的雇用慣行を基礎とした現行の雇用システムでは、正社員と非正社員の所得格差、とりわけ若年男性における正社員と非正社員の所得格差が大きな問題になる。若年時における就業上の地位の違いは、その後の人生で資産形成や年金給付の違いとして現れ、生涯にわたり格差が累積していくため、その分、大きな格差を生む。したがって、正社員と非正社員の極端な二極化の壁を崩し、労働市場を流動化の方向に改革していくことが最大の格差是正政策になる。

　最後に、労働市場改革では、それによって有利になる人と不利になる人が発生する。不利になる人は改革が正しいと理解していても、それが自分にとって不利になり、それを既得権の侵害と感じるならば、改革に協力する行動をとるのが難しいだろう。問題が先送りされ、大きな問題となってから、初めて改革の方向に進む場合もありうる。日本人の場合、「ウチとヨソ」や「タテ」の関係を通じて、予見可能な安定的な人間関係の中で得られる安心を重視する傾向にある。このような国民性もあり、他国と比べてもなかなか改革が進まないかもしれない。しかし改革の方向はほぼ定まっており、これを共通の理解としたうえで、徐々にでも改革の方向に進み出すしかないであろう。

❖統計資料など
　　労働力人口、非労働力人口の内訳などについては、総務省統計局の『労働力調査年報』が詳しい。
　　日本の将来の人口推計は国立社会保障・人口問題研究所が公表しているので、これを参考にするとよい。

❖練習問題
1. 現在の日本の労働市場における非正社員の比率がどのように推移しているのかを、上に挙げた資料に当たって調べてみよう。
2. 現在の日本の解雇規制が他国と比べてどの程度厳しいのかを、さまざまな資料に当たって調べてみよう。

❖さらなる学習のために

清家篤（2002）『労働経済』東洋経済新報社。
　　――労働経済学で学ぶべき事柄，すなわち，用語や統計から労働需要と労働供給，失業，雇用調整，労働市場における情報の役割，賃金と労働時間，労働組合，そして高齢者の雇用に至るまでを網羅的に取り上げている。

川口章（2008）『ジェンダー経済格差』勁草書房。
　　――ジェンダー経済格差の問題を取り上げている。理論分析では，ジェンダー格差の存在を戦略的補完性の概念を用いて説明しており，実証分析では，効率的経営を志向し，経営改革を実行している革新的な企業ほど，女性が活躍しているという結果を得ている。

八代尚宏（2009）『労働市場改革の経済学』東洋経済新報社。
　　――経済学に基づく労働市場改革の処方箋を提示している。時代に合わなくなった日本的雇用慣行を転換して，すべての労働者に開かれた公平で流動的な労働市場を形成すべきであり，女性や高齢者にも多様な働き方の選択肢を与えるべきであると主張している。

太田聰一（2010）『若年者就業の経済学』日本経済新聞社。
　　――若年雇用に焦点を当て，1990年代からの長期不況下での若年失業率と不本意な若年非正社員の増加を指摘している。これは人的資本の低下を通じた経済成長の低下や子の世代への貧困の連鎖などをもたらす可能性があるため，政策的な対応の必要性を主張している。

山本勲・黒田祥子（2014）『労働時間の経済分析』日本経済新聞出版社。
　　――労働時間に関する諸問題を実証的に分析している。労働時間の長期的推移，日本人は働き過ぎか，さらには，労働時間規制と正規雇用者の働き方，ワーク・ライフ・バランスと生産性，労働時間とメンタルヘルスの関連性などを分析している。

❖参考文献

安藤潤・塚原康博・得田雅章・永冨隆司・松本保美・鑓田亨（2010）『平成不況』文眞堂。
太田聰一（2010）『若年者就業の経済学』日本経済新聞社。
川口章（2008）『ジェンダー経済格差』勁草書房。
齊藤誠・岩本康志・太田聰一・柴田章久（2010）『マクロ経済学』有斐閣。
清家篤（2002）『労働経済』東洋経済新報社。
千田亮吉・塚原康博・山本昌弘編著（2010）『行動経済学の理論と実証』勁草書房。
中根千枝（1967）『タテ社会の人間関係』講談社。
八田達夫（2009）『ミクロ経済学Ⅱ』東洋経済新報社。
濱口桂一郎（2009）「雇用戦略」宮島洋・西村周三・京極髙宣編『社会保障と経済1　企業と労働』東京大学出版会。
八代尚宏（2009）『労働市場改革の経済学』東洋経済新報社。

Akerlof, G.A. and R.J. Shiller (2009) *Animal Spirits: How Human Psychology Drives the Economy, and Why It Matters for Global Capitalism*, Princeton: Princeton University Press (山形浩生訳 (2009)『アニマルスピリット』東洋経済新報社).

Lazear, E. (1979) "Why Is There Mandatory Retirement?," *Journal of Political Economy*, 87 (6), pp. 1261-1284.

［塚原康博］

Column 3 ◇ ピケティの格差論

　トマ・ピケティの著書が注目されている。この著書は世界のさまざまな国における長期にわたる所得と富（資産もしくは資本）の分配をめぐる動向を研究したものであり、富を持てる者と持てない者の格差は拡大しており、何らかの対策をとらないかぎり、今後も格差は拡大していく可能性が高いことを示したものである。2013 年にピケティの母国フランスでフランス語版 *Le capital au XXIe siècle*（Seuil）が出版されたが、2014 年には、英語版 *Capital in Twenty-First Century*（Harvard University Press）と日本語版『21 世紀の資本』（みすず書房）も相次いで出版された。日本語版の本文と注で 700 ページに迫る大著であり、内容も専門書に近いが異例の売れ行きを示している。なぜだろうか。その理由は、ピケティの伝えたいメッセージがシンプルかつインパクトがあり、説得力を持つからである。

　ここで、この著書の特徴的な点を紹介してみよう。第 1 に、使用しているデータが 20 カ国以上を対象に数世紀にわたっていることである。とりわけ、データが長期にわたっていることが特徴的であり、数十年の範囲では見えないが、数百年の範囲で見えてくるものがあることを示している。このような長期にわたる分析に加え、多くの先進国を対象とした分析からも類似の傾向が観察されることが、ピケティの主張に説得力を与えている。

　第 2 に、データから得られるメッセージが明確であるということである。すなわち、データを通じて、富を持てる者と持てない者の格差が拡大する原因を明らかにしているのである。

　ピケティは数世紀にわたり、多くの国において富の階層の上位 10％の層が国富の 60％以上を所有していることを示し、国民所得で測った富（民間資本）の価値は、第 2 次世界大戦などで低下したものの、1970 年以降はすべての富裕国で上昇傾向にあり、2010 年における民間資本の規模は国民所得の 4 〜 7 年分まで上昇していることを示している。さらに、古代からの世界の税引き前の資本収益率（r）は 4 〜 5％を維持している一方で、世界の経済成長率（g）が 3％を超える時期は例外的であり、一貫して資本収益率を下回っていることを示している（図 1 を参照）。$r > g$ がピケティの格差論の核心であり、格差が自動的に拡大するメカニズムを表している。過去を振り返ると、経済成長率が資本収益率を上回ったのは、戦争による破壊、累

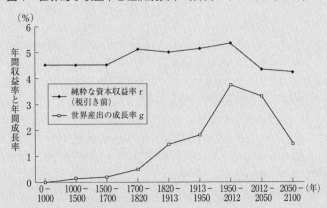

図1 世界的な収益率と経済成長率（古代から2100年まで）

出所：トマ・ピケティ『21世紀の資本』（山形浩生・守岡桜・森本正史訳）みすず書房、2014年、369ページより引用。

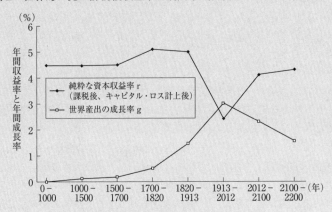

図2 世界的に見た課税後収益率と成長率（古代から2200年まで）

出所：トマ・ピケティ『21世紀の資本』、372ページより引用。

進的な資本課税、例外的な高度成長が重なった戦後の時期のみであり、これから先の21世紀においては、経済成長の鈍化や資本課税の軽減が予想されるため、資本収益率が経済成長率を上回る元の世界へ逆戻りすると予想されている（図2を参照）。

次に、ピケティがこのような格差をどう見ているかを紹介してみよう。格差があるのを認めるとしても、それを正当化できるのか、それともできないのかが重要な論点となる。この点で、ピケティは、現行の格差は能力主義では正当化できず、社会正義に反すると見なしている。そして、ピケティは資本主義に任せておいても格差是正は達成されず、民主主義によるコントロールが必要だと考える。ピケティが提案する政策は、世界規模での年次の資本（資産）への累進課税である。ただし、重税とはせず、税率は事業家のインセンティブを維持しつつ、格差の拡大を抑えるレベルのものである。ピケティは、困難であるものの、このような課税を実現するためには、国際協力の必要性も主張している。

　日本への示唆について、ピケティは人口減少の影響を指摘している（『週刊東洋経済』2014年7月26日）。人口減少社会では、子の経済力は、相続を通じて親の経済力の影響を大きく受けるため、本人の労働能力のみならず、親の経済力の差が大きく反映される可能性が高い。そこで、ピケティは所得に対して減税を、資産に対して増税を提唱している。いずれにせよ、ピケティの議論は、現代社会を理解するうえでの1つの視座を与えるものであり、政策の議論において、一定の影響力を与えていくと考えられる。

[塚原康博]

第5章

社会保障をめぐる諸問題

1 社会保障の現在

1.1 社会保障関係費の推移

現在、わが国は GDP の2倍もの公的債務を抱え、しかも毎年国の歳入の半分を借金に頼るような形で、政策を実施する費用を賄っている。わが国の財政状況が悪化した原因として、1990年代に入ってバブル経済が崩壊した後、累次の経済対策が組まれたにもかかわらず、経済が好転しなかったことが取り上げられることが多かった。

しかし、近年の歳出の増加は主に社会保障関係費の増加に拠っている。図5-1 には一般会計歳出予算目的別分類に従って、社会保障関係費、国債費、それ以外の経費をその他経費として 1997 年を基準とした指数を記述している。ここで、社会保障関係費とは、生活保護費、社会保険費、保健衛生対策費、失業対策費の合計のことである。それぞれの項目のさらなる分類と内容については、表5-1 を参照されたい。

その他経費が 1997 年水準からむしろ減少傾向であるのに対して、国債費はほぼ 1.2 倍になっているが、社会保障関係費は 1997 年に比べて 1.8 倍になっている。その結果、1997 年の社会保障関係費、国債費、その他経費の歳出全体に対するウェイトは 17.6％、20.6％、61.8％ であったものが、2011 年には 28.6％、23.3％、48.1％ へと大きく変化している（図5-2）。今や社会保障政策をどのように運営するかが、わが国の財政において最も大きな問題として浮上している。

図 5-1　社会保障費の伸び

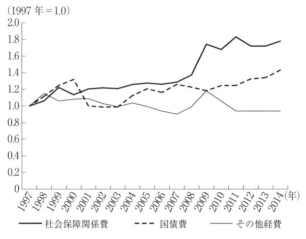

出所:「平成 9 年度以降一般会計歳出予算目的別分類総括表」
　　　(http://www.mof.go.jp/) より作成。

図 5-2　歳出全体に占める社会保障関係費のシェアの推移

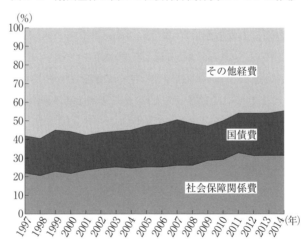

出所:「平成 9 年度以降一般会計歳出予算目的別分類総括表」
　　　(http://www.mof.go.jp/) より作成。

表 5-1 社会保障費の項目別内容

生活保護費		ミーンズテストと呼ばれる資産・所得調査を経て、最低限の生活費を自ら獲得できないと認定された家計に対して、その家計の収入と最低限の生活費との差を埋める費用を交付するものである。所得が上がるほど高い税率を課す累進構造を有する所得税制とあいまって、わが国における高所得者から低所得者への所得移転の主要な部分を占めている。
社会保険費	年金保険	大企業の被用者や公務員が加入する厚生年金、共済年金と、それ以外の者が加入する国民年金があるが、それらのグループ間で共通の基礎年金部分に関しては2分の1の国庫負担が行われている。
	医療保険	サラリーマンが加入し、健康保険組合が運営する健康保険（健康保険組合を持たない企業の従業員は、全国健康保険協会が運営する協会けんぽ）、公務員や教員が加入し、各種共済組合が運営する保険と、それ以外の一般の住民が加入し市町村が運営する国民健康保険、原則的に75歳以上の高齢者が加入し、都道府県ごとの全市町村で構成される広域連合が運営する長寿医療制度からなる。国民皆保険ですべての国民がなんらかの医療保険に加入しており、一定の医療行為に伴う費用の3分の2を各保険から給付してもらえる。各保険は加入者から徴収される保険料で運営されているが、国民健康保険、長寿医療制度については、保険料のほか、国、都道府県からの財政移転、他の保険である健康保険組合等からの拠出を受けて運営されている。
	介護保険	円滑な高齢者への介護サービスの提供を行うために2000年から導入されている。40歳以上の国民は介護保険に加入し保険料を納めている。その保険料と公費（25％国、12.5％都道府県、12.5％市町村）が折半する形で介護保険給付費の財源を負担している。保険者は原則的に市町村であり、高齢者は要介護度の認定を経て、介護サービスの消費に際して給付を受けることができる。
保健衛生対策費		看護師などの医療供給体制の整備、公的医療機関への助成が行われている。また、結核予防や栄養改善などを担う公衆衛生関連の支出もこれに含まれる。
失業対策費		雇用保険国庫負担金、職業転換対策事業などの雇用者の失業のリスクを減らすための支出である。

図 5-3　社会保障関係費の中身の推移

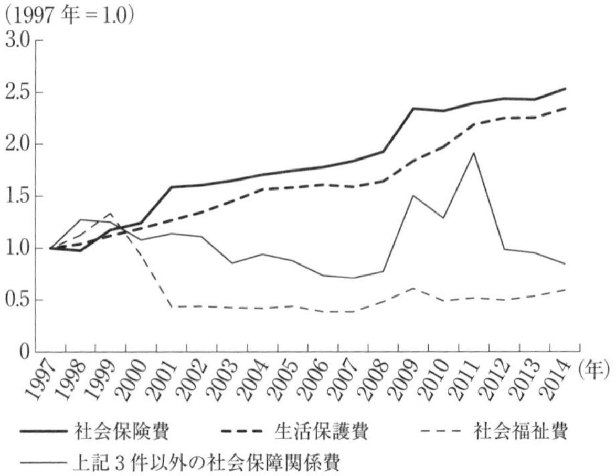

（1997年＝1.0）

凡例：社会保険費、‐‐‐‐生活保護費、‐ ‐ ‐ 社会福祉費、上記3件以外の社会保障関係費

出所：「平成9年度以降一般会計歳出予算目的別分類総括表」
(http://www.mof.go.jp/) より作成。

　それでは社会保障関係費の中身を見てみよう。図5-3には社会保障関係費を構成する社会保険費、生活保護費、社会福祉費、それ以外の失業対策費・保健衛生対策費の1997年の歳出額を基準とした指数を整理している。景気変動の影響を受けて失業対策費が大きく増減するため、失業対策費・保健衛生対策費は大きな変動を示し、社会福祉費は1997年の約半分の水準に減少している。その一方で社会保険費、生活保護費は1997年の2倍を超える水準にまで増加している。その結果、社会保障関係費に占めるそれぞれの目的別歳出のウェイトは、社会保険費、生活保護費、社会福祉費、それ以外の社会保障関係費の順番に1997年には53.1％、7.2％、25.5％、14.3％であったものが、2014年には75.4％、9.4％、8.4％、6.8％となっている（図5-4）。

1.2　年金保険制度の仕組み

　このように、最も大きなウェイトを有し、最も大きな伸びを示している社会保険、特に年金保険の仕組みを以下では詳細に見てみる。

　社会保険は基本的には、各人から徴収した社会保険料を財源として年金、

図 5-4 社会保障関係費内の各項目のシェア推移

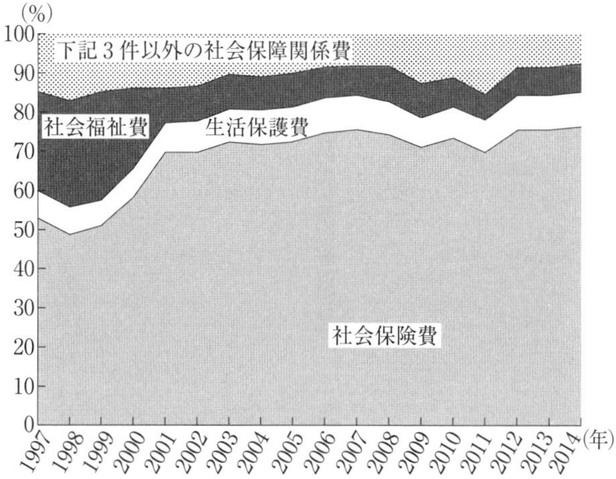

グラフ内ラベル：下記 3 件以外の社会保障関係費、社会福祉費、生活保護費、社会保険費

出所：「平成 9 年度以降一般会計歳出予算目的別分類総括表」
　　　（http://www.mof.go.jp/）より作成。

医療、介護に必要な費用を交付している。その際、社会保険制度に加入し社会保険料を納めていることが受益資格の条件となるし、年金保険については納めた保険料が支払われる保険料にある程度反映される。これらの点が、社会保険が生活保護などの政策と大きく異なる点であろう。

社会保険はわが国では、歴史的に大企業が自らの社員に対する福利厚生の一環として充実させてきたということを出発点に、それを公的な制度として位置づけて発展させてきた。このような経緯から、さまざまな保険制度のパッチワークのような複雑な様相を呈している。

年金保険については図 5-5 にあるように、すべての人が加入する国民年金、一定規模以上の企業のサラリーマンが加入する厚生年金、公務員や私立学校教職員が加入する共済年金に分かれている。国民年金は保険料（14,660 円／月）も受け取る年金（15,260 円／月）も定額だ。一定規模以下の企業のサラリーマンや自営業者、サラリーマンの配偶者で働いていない者は、この国民年金のみを受け取ることになる。

厚生年金、共済年金に加入する者は、この国民年金に関する定額保険料だ

図5-5　年金保険制度の全体像

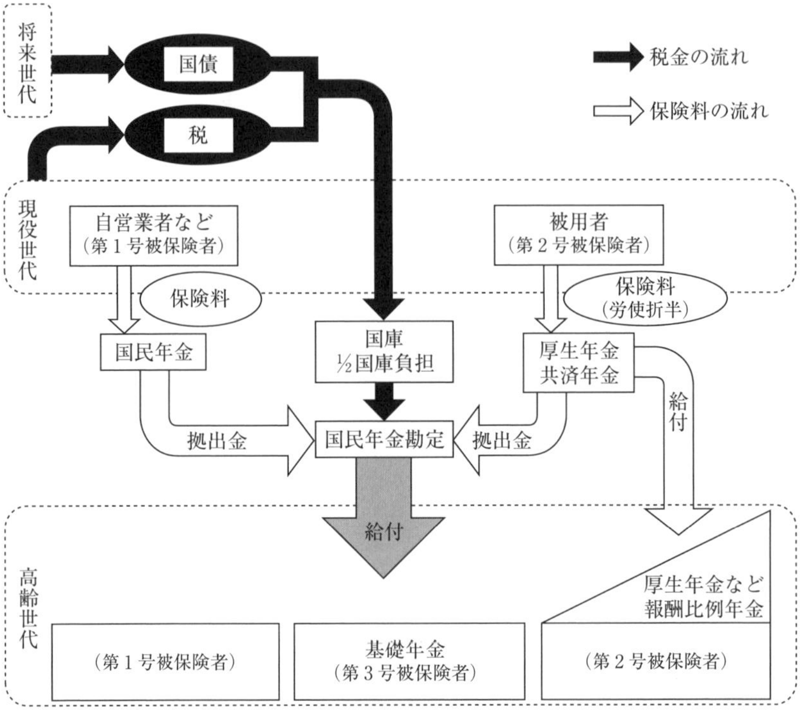

出所：筆者作成。

けでなく所得に比例する保険料を納めて、納めた保険料を反映した年金を受け取ることになる。この保険料は給料から天引きされて徴収はされるが、その際事業主が半分を負担してくれている。事業主の負担分が賃金にすべて転嫁されるか否かという問題については、未だ実証的な結論が出ているものではないが、このように年金保険は国民のそれぞれのグループの現役世代が納めた保険料で、同じグループの高齢者世代への給付を行う世代間の所得移転が行われている。これを**世代間扶助**という。

ただし、国民年金、厚生年金、共済年金はいずれも国民年金勘定に自らの加入者分の基礎年金部分を拠出するが、基礎年金の給付額の半分は国庫によって負担される。このため基礎年金部分については、それぞれの保険への

加入者が負担する加入者間の世代間の所得移転が行われている（白い矢印）ほか、黒い矢印で示されている国民全体からの、ひいては国債によって将来の増税が行われるとすれば将来世代を巻き込んだ所得再分配が行われている。

2　社会保障になぜ公共部門が関与するのか

　社会保障がいかにわが国の財政上大きな問題であり、その制度がどのように運営されているのかについて、主に年金保険を例にとって説明してきた。しかし、そもそもなぜこのような大きな国庫負担を伴う強い公的部門の関与が行われてきたのか。

　年金保険はもともと、引退後の生活を賄うための資金を家計が調達するうえで非常に重要な役割を果たしている。しかし、引退後に生計費が不足することは、現役世代として働いているときから予見可能だ。だからこそ、人々は貯蓄を行い引退後の生活に備える。しかし、老後の期間が現役時代の予想よりも長い場合、つまり予想よりも長く生きてしまった場合、老後の生活のクオリティ・オブ・ライフは大きく低下する。このため、人々のリスクをプールして、予想よりも短く生きた人から予想よりも長く生きた人への所得移転を行うことによって、長生きリスクを処理する保険が求められることになる。これは、疾病リスクをプールしてそれを処理しようとする医療保険においても同様である。しかし、このような保険は民間によっても供給しうるものであり、年金保険商品や医療保険商品は現に民間事業者によって供給されている。なぜ公共部門が介入する社会保険という形で年金保険、医療保険が成立しているのだろうか。

　それは情報の非対称性という問題と所得再分配という問題が関係している。

2.1　情報の非対称性
▶情報の非対称性とは

　社会保険は「保険」という、文字どおりリスクに**大数の法則**を利用して備えようとするものだ。そのうち年金保険は「長生きリスク」に対応したものである。かつては、わが国では老親と子どもが同居していることが多く、同

居していなくとも老親の面倒を子どもがみるという意識が強かった。このため、人々が自分の想定を超えて長生きしたとしても、子どもの所得がバッファーとなって生活の著しい低下を回避することが可能となっていた。

しかし高度成長期以降、地方圏から大都市圏への人口移動が非常に大規模な形で起こる過程で、親と同居してその老後の面倒をみるという習慣や意識は急速に低下した。この場合、家族間関係で処理されてきた「長生きリスク」を社会的に処理するニーズが急速に高まった。つまり、「長生きリスク」を処理するための保険が求められることとなった。

それでも、なぜ公的部門の介入が必要なのだろうか。1つは、「長生きリスク」が観察可能な属性ではないため、情報の非対称性が保険者と被保険者との間に生じるためだ。つまり、客観的な記録や健康診断では把握できない身体上の特性や生活習慣などによって、被保険者の長生きリスクは大きく左右される。しかし、保険者はこれを知るすべがない。一方、被保険者は自分の健康状態は相当程度把握している。

保険サービスの供給者は、それぞれの被保険者の長生きリスクに対応する形で、保険サービスを「これ以上の価格でなければ提供しない」保険料のオファー価格を設定する。一方、保険サービスの需要者は自分の健康状態を勘案して、「これまでの価格であれば払ってもよい」付け値を設定する。保険者と被保険者が、取引相手をサーチして被保険者の付け値と保険者のオファー価格が合致する場合、または付け値よりも低いオファー価格の組み合わせが見つかった場合に、交渉を経て取引が成立することになる。

しかし、前述のように被保険者の属性は交渉過程で明らかになるものばかりではない。取引を成立させるために相対している供給者と需要者の間で、対象となっている財の品質に関して、供給者が有している情報と需要者の有している情報に格差がある状態は、**情報の非対称性**がある状態と呼ばれる。このような場合、「健康状態の良好な者に保険サービスが提供できない」、あるいは、「市場そのものが成立しない」状態がもたらされることが、経済学では指摘されている。

図 5-6　情報の非対称がある市場における市場均衡

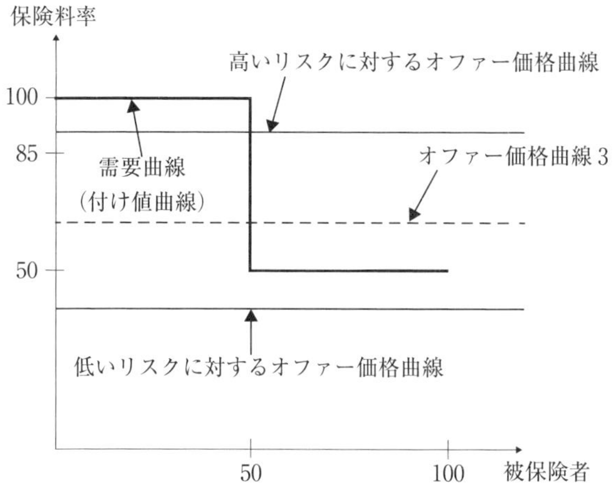

（縦軸：保険料率、横軸：被保険者）
- 100
- 85
- 50
- 需要曲線（付け値曲線）
- 高いリスクに対するオファー価格曲線
- オファー価格曲線 3
- 低いリスクに対するオファー価格曲線
- 横軸目盛：50、100

▶逆選択

　ここで、（健康状態に自信があり）大きな長生きリスクを抱える A タイプの被保険者 50 人と、（健康状態に自信のない）長生きリスクの小さい B タイプの被保険者 50 人がいるものとする。A タイプの被保険者は、自分の長生きリスクが高いことを知っているので、保険料の付け値が 100、つまり 100 までの価格であれば終身の年金保険を購入する意思がある。その一方、B タイプの保険需要の付け値が 50 である状態を仮定する。一方，保険を供給する側の保険者は、高い長生きリスクに対しては保険料のオファー価格が 90、つまり 90 以上の保険料をもらえなければ保険サービスを供給するつもりがなく、低い長生きリスクについてのオファー価格は 40 と仮定する。

　ここで、被保険者は自分の健康状態を熟知しているため、保険者をだまそうと思わなければ、100 及び 50 の付け値を提示して保険購入の交渉を行う。図 5-6 には、付け値が高い順番に需要者を並べた付け値曲線と、高い長生きリスクと低い長生きリスクのそれぞれに対するオファー価格曲線が描かれている。

　この場合、長生きリスクの高い被保険者は、自分の健康状態を偽って 50 までの保険料で取引を成立させれば、正直に 100 の付け値を提示して取引を

成立させた場合より、明らかに得することができる。一方、保険者は被保険者の健康状態を正確に把握することはできないため、どの被保険者に 90 以上の保険料を求め、どの被保険者に対してそこまでの保険料を請求する必要がないかを見分けることができない。つまり「高い長生きリスクを有する被保険者に保険料 90 を適用し、低い長生きリスクの被保険者には 40 の保険料で保険サービスを提供する」という行動をとることができない。この二者を見分けることのできない保険者は、2 分の 1 の確率で高い長生きリスクを引き受けし、2 分の 1 の確率で低い長生きリスクを引き受ける可能性に直面していることになる。この場合、保険者（＝供給者）は（90 × 1/2）＋（40 × 1/2）＝ 65 のオファー価格をつけて取引に臨む。

したがって供給曲線は、65 の水準の水平線として示すことができる。長生きリスクの低い B タイプの被被験者の付け値は 50 であるから、これらの者は保険市場から退出する。市場では高い長生きリスクのみが取引されるという状態が出現し、このような状態で保険市場を維持することは困難になる。このような現象は**逆選択**（adverse selection）と呼ばれている。

さらに保険は大数の法則によって特定のリスクに対応するという技術を利用したものであるから、加入者の規模が大きいほどその効率性が高まる。このため、全員加入の強制保険として年金保険を成立させることが合理的となる。

医療保険、介護保険に関しても同様のことが言える。保険者は疾病リスクが高い被保険者と疾病リスクの低い被保険者を見分けることができずに、平均的な保険料率でそのリスクをカバーしようとする場合には、疾病リスクの高い者のみが保険市場に残ることになり、リスクの低い人々に対する保険が成立しなくなる。しかしこのような問題は、「対象となる疾病のカバー率が高く、保険料率も高いメニュー」と、「疾病のカバー率も保険料率も低いメニュー」を提示することで被保険者の疾病リスクを判別する、**自己選択**（self selection）という手法である程度緩和することが可能だ。すなわち逆選択が起こりうる状況だからといって、自動的に強制保険たる社会保険が必要となるものではない。また、社会保険には多くの税財源が投入されている。

年金保険や医療保険に公共部門が介入するもう 1 つの理由として、以下に述べる再分配的な動機がある。

2.2 再分配

▶市場が達成する配分の最適性

　経済理論の最も強力なインプリケーションに「完全競争市場は資源配分について最適な状態をもたらす」というものがある(**厚生経済学の第一定理**)。しかし、完全競争市場が実現する最適性はパレート基準に基づくものであり、われわれが普通に是認しうる価値観とは必ずしも一致しない状態もその中に含んでいる。

　ここで消費者A、消費者Bという2人の個人で構成される社会を考える。Zという合成財が生産されていて、その生産により50の所得が社会全体で生み出されている。消費者Aと消費者Bは自らの働きに応じた所得を受け取るが、公共部門がAからBに所得を移転したり、その逆を行ったりする場合があるものとする。消費者はその所得に応じて合成財の消費を行うが、簡単化のため、消費者Aと消費者Bへの分配の仕方は、社会全体の所得水準50に影響を与えないものとする。この場合、消費者Aと消費者Bがこの50の所得を分けきって、合成財の消費を行っている状態は、「いずれかの効用水準を下げることなしにほかの者の効用を上げることができない」という意味において、どの組み合わせも**パレート効率的**である。

　ここで、所得の最低単位を10とした場合の、消費者Aと消費者Bの所得から得られる効用水準が表5-2のとおりだとしよう。所得50を消費者Aと消費者Bで分けきった組み合わせは、表5-3第1行の(消費者Aの所得, 消費者Bの所得) = (0, 50), (10, 40)・・・・として表すことが可能であり、これに対応した、この社会での消費者Aと消費者Bの到達可能な効用水準の組み合わせは、表5-3の2行目のように示すことができる。この効用水準の組み合わせは、消費者Aと消費者Bの効用平面上にプロットすることで、図5-7の**効用可能曲線**として示される。効用可能曲線上の点はいずれもパレート効率的であり、市場は、消費者Aと消費者Bの状態を、この曲線上のいずれかの点で実現してくれる(厚生経済学の第一定理)。つまり、市場は再分配のような公共部門の働きがなくても、この効用可能曲線上の点のどこかに社会を持ってきてくれる。しかし、市場がどの点に社会を持ってきてくれるかは、一般的に市場を開く以前の各人の状況に依存するので、まったく

表 5-2　消費者 A 及び B に関する効用の設定

消費者 A の効用の動き

所得	0	10	20	30	40	50	60
効用	0	55	105	150	190	225	255
限界効用	55	50	45	40	35	30	

消費者 B の効用の動き

所得	0	10	20	30	40	50	60
効用	0	40	75	105	130	150	165
限界効用	40	35	30	25	20	15	

表 5-3　所得分配の各ケースにおける社会厚生

(消費者 A の所得, 消費者 B の所得)	(0, 50)	(10, 40)	(20, 30)	(30, 20)	(40, 10)	(50, 0)
(消費者 A の効用, 消費者 B の効用) (U_A, U_B)	(0, 150)	(55, 130)	(105, 105)	(150, 75)	(190, 40)	(225, 0)
社会厚生（功利主義）$U_A + U_B$	150	185	210	225	230	225
社会厚生（ロールズ主義）min (U_A, U_B)	0	55	105	75	40	0

わからない。

　市場が達成する可能性のある状態には、消費者 A がすべての所得 50 を独占していて 225 の効用を得ているが、消費者 B は所得が 0 で何の効用も得ていない、a 点のような著しく不平等な状態も含まれている。このような状態は、国民の勤労意欲の低下や治安の悪化などの社会問題が発生することが予想され、パレート効率性基準だけで社会の望ましさを評価することには問題がある。

▶**社会厚生関数**

　このため、所得や富の分配に関して一定の価値判断を前提とした**社会厚生関数**を用いた評価が必要となる。ここでは消費者 A、B の効用水準を社会厚

図 5-7 効用可能曲線と社会的無差別曲線

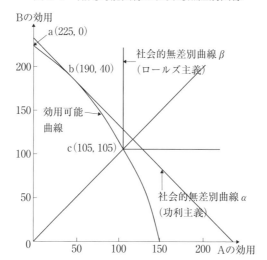

生(社会全体にとっての望ましさの程度)に結びつけた社会厚生関数を想定する。社会厚生関数は、背景とする価値基準によってさまざまなものがありうるが、特定化されれば、社会にとって同程度の望ましさを達成する(消費者Aの効用水準,消費者Bの効用水準)の組み合わせを表す、社会的無差別曲線を描くことができる。これは社会厚生関数の値を一定にするような、消費者Aの効用水準と消費者Bの効用水準の組み合わせの軌跡である。

図5-7においては、すでに2つの異なる社会的無差別曲線 α と β が描かれている。社会的無差別曲線 α は**功利主義的(ベンサム主義的)な社会厚生関数**を背景とし、β は**ロールズ主義的な社会厚生関数**を背景としている。

このうち功利主義的社会厚生関数は、「最大多数の最大幸福」というベンサム(J. Bentham)の考えをベースに、消費者Aと消費者Bの効用が代替可能であり、2人の効用水準の和によって社会の厚生水準が決定されるという立場に立っている。W を社会厚生、U_A, U_B をそれぞれ消費者Aと消費者Bの効用水準だとすれば、功利主義的社会厚生関数は、

$$W = U_A + U_B \quad \rightarrow \quad U_B = -U_A + W$$

として表すことができる。このため、W に何らかの値を与えてやれば、U_A を縦軸、U_B を横軸にとった図5-7において、社会的無差別曲線を、α のような傾き -1 の右下がりの直線として表すことができる。社会は到達可能な効用水準の組み合わせのうち、社会厚生を最大にする状態を選択することが望ましい。つまり、グラフの右上方向への移動が社会厚生上の改善を意味するため、効用可能曲線と社会的無差別曲線が接する点 b (190, 40) が最も望ましい点として選択される。

表5-3第3行においては、パレート効率的な消費者Aの効用水準と消費者Bの効用水準の組み合わせごとに、功利主義的な社会厚生水準を算出している。消費者Aの所得が40（190の効用水準）、消費者Bの所得が10（40の効用水準）の組み合わせが最も社会厚生を大きくしており、図5-7と同じ結果が表5-3においても確認されている。表5-2に示されているように、消費者Aの方が、同じ所得でも効用獲得能力が高いため、このような消費者Aに大きな配分を行うことが社会的にも望ましいという結果をもたらしている。

一方、ロールズ主義的社会厚生関数は、まったく異なる価値観のもとに社会の状態を評価する。つまり、社会で最も恵まれない状態の消費者の効用水準が、社会全体の厚生水準を代表するものと考える。ここでは消費者Aと消費者Bしか存在しないため、ロールズ主義的社会厚生関数は、$W = \min(U_A, U_B)$ で表される。表5-3の最後の行には、消費者Aと消費者Bの所得の組み合わせごとに、ロールズ主義的な社会厚生水準が示されている。社会の厚生水準を最も高くする所得の組み合わせは、消費者Aの所得が20、消費者Bの所得が30の組み合わせである。

このことは図5-7においても示すことができる。ロールズ主義の立場に立てば、45度線上の点、つまりAの効用水準とBの効用水準が一致している点を出発点にして、垂直上方に移動（Aの効用水準を増加）しても、水平右方向に移動（Bの効用水準を増加）しても、恵まれない方の効用水準は変わらないから、社会の厚生水準は変わらない。したがって、ロールズ主義的な社会的無差別曲線は、45度線を通る水平線と垂直線によって示すことができる。効用可能曲線上の点のうち、最も右上の位置の社会的無差別曲線と点を共有しているのは、消費者Aの所得20、消費者Bの所得30の組み合わ

せに対応する点cである。

　市場はパレート効率的な社会を実現してくれる。しかし、パレート効率的な点は、社会の構成員間で所得の分配が非常に不平等な状態も含んでおり、市場が実現した結果をすべて受け入れるべきとする主張は、あまり現実的でない。むしろ、特定の価値観を背後に抱えた社会厚生関数の選択を国民が明確に行って、選ばれた効用可能曲線上の点を実現するための**再分配政策**を実施することが求められる。

　このように、ある特定の価値観を体現している社会厚生関数は、市場メカニズムから自生的にもたらされるものではなく、政治的な過程において社会の参加者が選びとるものだろう。選挙の過程で各政党が掲げるマニフェストとはこの社会厚生関数を体現したものであり、その過程で選ばれた社会厚生関数に従って社会の構成員への分配が再度構成しなおされるものと考えることができよう。現在の累進構造の所得税と生活保護の組み合わせは、低所得者に対しても最低限の生活を保障するという、選挙を通じて選択された価値観を反映したものと位置づけられる。それだけでなく、年金保険について基礎年金部分の2分の1を国庫で負担しているのも、医療保険で国民健康保険などに大きな税財源が投入されているのも、すべての国民に一定の老後の生活や疾病時の医療サービスの一定の消費を保障する、という価値観を反映したものと考えることができる。

2.3　パターナリズム

　家計が完全に合理的な主体であって、将来収入がなくなることを見越して現役時代から貯蓄を行うことができるとすれば、その収入の一部を強制的に保険料として支払わなければならない社会保険の仕組みは余計なお世話にほかならない。現に合理的な家計を前提とすれば、積立方式の年金は家計の貯蓄率に影響を与えないことを示すことができる。つまり、積立方式の社会保険料を徴収した分だけ、私的な貯蓄が減るから全体として引退後の消費に備えた貯蓄は変化しない。このような場合、家計に強制的な貯蓄を促す社会保険は家計自身の判断に公共部門の判断を優先させる**パターナリズム**（paternalism）にほかならず、消費者主権を基本的な思想とする経済学によっ

て支持することは難しい。

しかし、家計は必ずしも合理的な判断を行わない場合があることが知られている。特に将来の価値を大きく割り引いて評価をする**双曲割引**（hyperbolic discounting）という評価を行うことが、行動経済学によって明らかになりつつある。この場合、家計は将来発生するであろう困窮を過小に評価し、現在の消費を過大に、貯蓄を過小に行うことにつながる。このような行動をとる家計は将来困窮し、生活保護などの再分配に依存することになる恐れが非常に強い。

必ずしも合理的ではない家計の判断を公共部門が是正して、現役時代からの十分な貯蓄を、強制貯蓄という形で実現することに社会保険の意義を見出す場合がある。

3 わが国の将来像から求められる年金制度

3.1 少子高齢化のインパクト

このように、社会保障に関して公的部門が一定の関与を行うことについては、一定の合理性がある。しかし、現在の制度を前提とした関与をこれからも継続していくべきか否かという点については、慎重に考えなければならない要素がある。わが国がまさに迎えつつある、本格的な少子高齢社会という社会構造に十分対応した制度設計が行われているかという点についてである。

わが国の総人口は、12,806万人（2010年）であったものが、11,662万人（2030年）、8,674万人（2060年）と減少することが予想されている（国立社会保障・人口問題研究所）。内訳を見ると、65歳以上人口は総人口の23％（2010年）から、32％（2030年）、41％（2060年）と大きく上昇する。一方14歳未満人口は、総人口の13％（2010年）から、10％（2030年）、8％（2060年）と大きく減少する。このような変化は、わが国の社会保障政策にどのようなインパクトを与えるだろうか。図5-8を見ても明らかなように、ライフサイクルによってこれらの社会保障給付に対する受益と負担関係は大きく異なっている。つまり明らかに現役世代では負担＞受益という関係が成立している一方で、高齢世代については負担＜受益という関係になっている。

図 5-8 ライフサイクルで見た社会保障関係経費の給付と負担

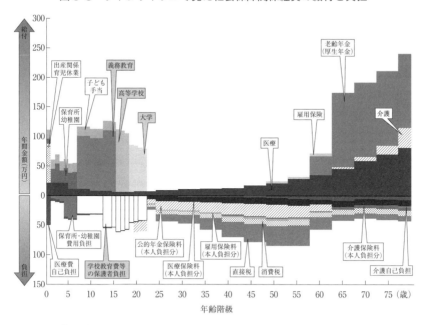

注：平成 21 年度（データがない場合は可能な限り直近）の実績をベースに 1 人当たりの額を計算している。
出所：社会保障に関する集中検討会議への内閣官房社会保障改革担当室提出資料
（http://www.cas.go.jp/jp/seisaku/syakaihosyou/）。

　図 5-9 においては国立社会保障・人口問題研究所の将来人口予測が描かれている。総人口に関しては緩やかな減少が始まっており、2030 年には 2010 年を 1 とした場合の指数で 0.910、2060 年には 0.677 となる。一方 65 歳以上の高齢者人口は、団塊の世代の高齢化の影響を反映して 2020 年くらいまでに非常に速い速度で増加する。そして 2040 年頃に 2010 年の水準を 1 とした指数でピークを迎え、その後緩やかに減少する。社会保障に関する需要のうち年金保険については、65 歳以上になって受給が発生するため、この高齢者人口の伸びと歩調を合わせてしばらくの間増加していくことが予想される。

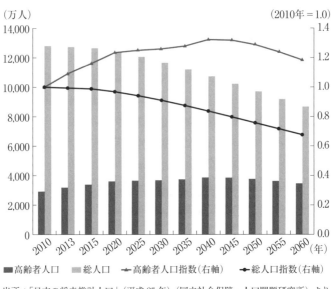

図 5-9　総人口と高齢者人口の推移

出所：「日本の将来推計人口」（平成 25 年）（国立社会保障・人口問題研究所）より作成。

3.2　2つのタイプの年金制度と求められる姿

　年金保険には大きく**賦課方式**と**積立方式**という2つのタイプが存在する。賦課方式は年金給付時点の現役世代が支払った保険料によって、その時点の高齢者への給付を行う。つまり、世代間の所得移転によって年金保険を運営する。積立方式は、個々の家計が自分で支払った保険料を積み立てて運用し、それを自らの引退後の年金の財源とする。この方式では、世代間の所得移転は生じない。ただし保険であるから、世代内で予想よりも短く生きた人から、予想よりも長く生きた人への所得移転は生じている。

　以下、やや詳細に各方式の仕組みと少子高齢社会との関係性を説明する。

▶賦課方式

　t 世代の人口を L_t、1 人当たりの年金負担を b_t、1 人当たりの年金受け取りを θ とすると、t 期の総年金保険料支払い T_t と総年金受け取り B_t は、$T_t = b_t \times L_t$、$B_t = \theta \times L_{t-1}$ となる。

図 5-10　年金保険の方式別の所得移転イメージ

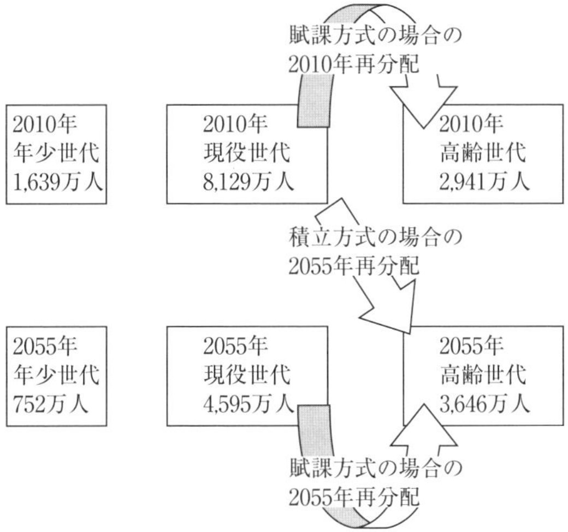

```
                     賦課方式の場合の
                     2010年再分配
  ┌─────┐   ┌─────┐   ┌─────┐
  │2010年│   │2010年│   │2010年│
  │年少世代│   │現役世代│   │高齢世代│
  │1,639万人│  │8,129万人│  │2,941万人│
  └─────┘   └─────┘   └─────┘
                     積立方式の場合の
                     2055年再分配
  ┌─────┐   ┌─────┐   ┌─────┐
  │2055年│   │2055年│   │2055年│
  │年少世代│   │現役世代│   │高齢世代│
  │752万人│   │4,595万人│  │3,646万人│
  └─────┘   └─────┘   └─────┘
                     賦課方式の場合の
                     2055年再分配
```

出所：「日本の将来推計人口」（平成 25 年）（国立社会保障・人口問題研究所）より作成。

賦課方式の場合 $T_t = B_t$ だから、t 期の現役世代の便益は $\theta - b_t = \theta - \theta \times (L_{t-1}/L_t)$ となる。このように、賦課方式はある時点の現役世代から高齢世代への再分配だから、人口構成が高齢化した場合に、その便益率 $(\theta - b_t)/\theta = (1 - L_{t-1}/L_t)$ は低下する。図 5-10 にあるように 2010 年においては 8,129 万人いる現役世代から、2,941 万人の高齢世代への再分配であるが、2055 年においては 4,595 万人の現役世代から 3,646 万人の高齢世代への再分配となるため、便益率は大きく低下する。

このようにある時点の現役世代から高齢世代への再分配である賦課方式は、①長寿命化、②人口増加率の鈍化、などによって現役世代と高齢世代のバランスが崩れて L_{t-1}/L_t が上昇すれば年金受給者の便益率を低下させる。それは、年金給付の財源の縮小をもたらし、年金制度の持続可能性を大きく毀損する。また、t 時点ごとに便益率が異なることは、異なる世代に属する人々の間に不公平感を感じさせるおそれがある。これは世代間格差問題としてクローズアップされてきた。

ここで具体的に数値例を用いて見てみる。図5-11には第1期から第7期までの高齢者：現役比が少子高齢化を背景に1：10から1：1に変化していくさまが描かれている。それぞれの世代は現役世代として2期、高齢世代として1期の合計3期を生きるものとする。この場合、高齢者世代に対して10万円の年金を賦課方式の年金制度で確保しようとした場合、各期の現役世代の保険料は10万円×（高齢者／現役比率）だから、図5-11にあるように1万円から徐々に上昇し第6期以降は10万円となる。この場合、各世代の高齢期に受け取ることのできる年金給付と2期間支払い続けた保険料の比率は、1期世代は3.3であったものが、第6期世代以降は0.5に低下する。

現在、国民年金について、未納者が4割に上っているとされる（全体の6％程度）。これには、2004年に大きな話題を集めた国会議員の年金未納問題や「消えた年金記録」問題などによって、年金制度に対する信頼性が低下していることも1つの要因かもしれないが、若年者世代を中心に年金制度に関する持続可能性に疑念が生じていることも作用しているだろう。また、自分の年金支払いの便益率が低下する一方で、非常に恵まれているように見える現在の高齢世代に、自分たちの支払いが使われることに必ずしも納得していないのかもしれない。

▶積立方式

次に、賦課方式ではなく積立方式に焦点を当ててみよう。t期の現役人口をL_tとする。この現役世代は$t+1$期にはそのまま高齢世代になるものとする。t期の総年金支払いT_tと$t+1$期の総年金受け取りB_{t+1}は、$T_t = b_t \times L_t$、$B_{t+1} = \theta \times L_t$となる。

利子率をrとすれば、積立方式の場合$T_t = B_{t+1}/(1+r)$だから、t期の現役世代の便益は$\theta - b_t = \theta - \theta/(1+r) = \theta \times (r/(1+r))$となる。ここからわかるように、積立方式の便益は人口構成の変化の影響を受けない。その一方で利子率の変化などの経済状況の変動のリスクをかぶることになる。しかし、図5-10にあるように2010年時点の現役世代8,129万人が45年後に生き残った自分たち3,646万人を支えることになるため、年金制度の持続性は相当向上する。

第5章 社会保障をめぐる諸問題　127

図5-11　賦課方式の負担のイメージ

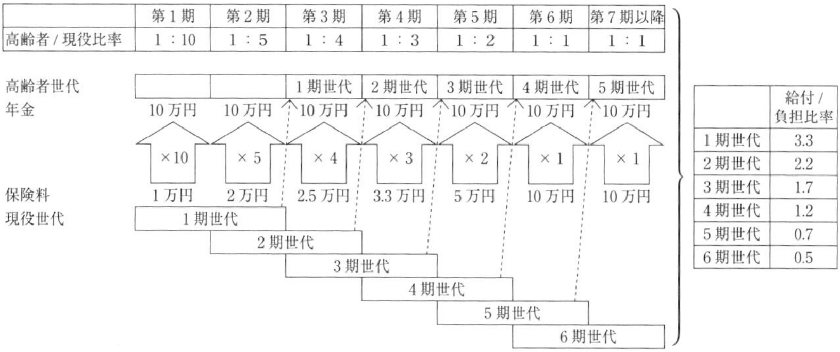

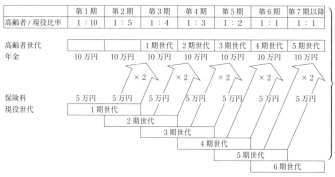

図5-12　積立方式の負担のイメージ

図5-13　二重の負担のイメージ

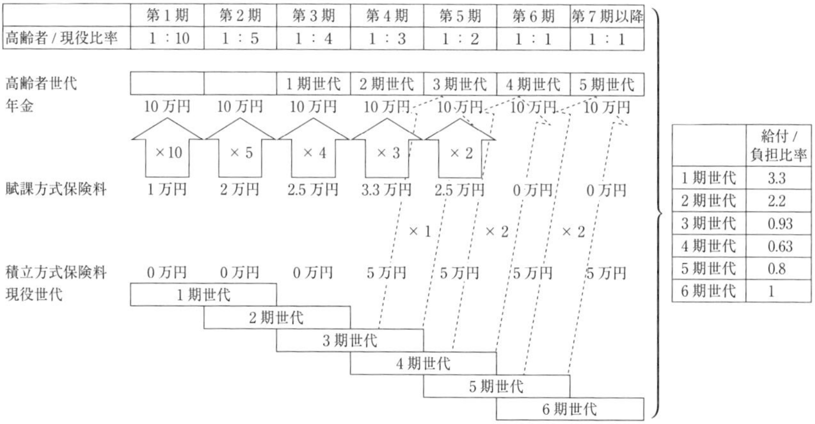

賦課方式の際と同様に数値例によってこの積立方式の説明を行う。積立方式の場合、現役世代は各期に自分の老後のために5万円の保険料を積み立てて、それを高齢期にまとめて10万円受け取ることになる。このため、各世代の給付/負担比率はすべての世代において1となる。

　このようなことを勘案すれば少子高齢化が進行しているわが国においては、年金制度を積立方式に転換していくことは真剣に議論されるべき提案だろう。しかし、賦課方式であった年金制度を積立方式に変更する場合には、**二重の負担問題**という非常にやっかいな問題を処理しなければならない。これを数値例で説明する。賦課方式で運営されてきた年金制度を第4期において積立方式に変更するものとする（図5-13）。各期に高齢者が受け取ることのできる年金額は10万円で変わらないものとする。この場合第4期に高齢者となる第2期世代は自分の年金のための積立金を持っていないため、これらの者の年金は第4期に現役世代である3期世代と4期世代によって負担される。賦課方式による保険料3.3万円が両世代に発生し、なおかつこの2つの世代は自分が高齢者になったときのために5万円の積立を行わなければならない。第5期に高齢者となる3期世代は自分のための積立金5万円のストックがあるので、残りの5万円を賦課方式で4期世代と5期世代が負担する。このため彼らは、自分のための積立金のほか2.5万円の賦課方式分の保険料を負担しなければならない。このように3期世代〜5期世代は自らの老後のための積立金のほか、賦課方式による高齢世代への所得移転分を負担する必要がある。このため、3期、4期、5期世代の給付/負担比率は0.93、0.63、0.8と1を下回ることになる。

▶望ましい年金制度の現実的提案

　このように、積立方式は移行期の世代に非常に大きな負担を課すことになる。しかし、消費税を財源とする補助で現在の高齢世代にも負担を転嫁することが可能だ。また、国債を財源とする補助により将来世代に転嫁することも可能だ。多様な二重の負担問題の軽減を組み合わせつつ、積立方式の導入を部分的にでも実施していくことが求められるのではないだろうか。

　2011年度に公表された「社会保障・税一体改革成案」では、

①所得比例年金（社会保険方式）、最低保障年金（税財源）によって構成される「新しい年金制度の創設」の実現に取り組むこと。

②短時間労働者に対する厚生年金の適用拡大、第3号被保険者制度の見直し、被用者年金の一元化などによる現行制度の改善。

③マクロ経済スライド、支給開始年齢の引き上げ、標準報酬上限の引き上げなどによる現行制度の改善。

が提案されている。ここでは、制度間の相違を現行制度を前提としながら縮小する②を追求しながら、①のような年金制度の一元化を図る方向性と、③のような人口動向に見合った保険料上昇、給付削減を追求しながら、税を財源とする部分を大きく増加させることで、年金保険制度の持続可能性を追求する方向性が示されている。しかし、世代間格差の存在も年金制度の持続可能性に大きな影響を与えるため、積立方式の導入は早急に検討されるべき課題だろう。

4 わが国の将来像から求められる医療・介護制度

4.1 少子高齢化のインパクト

前節で説明したわが国全体の高齢化は、年金保険と同様に医療保険、介護保険にも大きな影響を与える。それは、図5-8 にあるように医療サービス需要も高齢者がほかの年齢階層に比べて非常に多く、介護サービス需要も主に高齢期に発生するからである。ただし、これらの需要は身体の状態に起因し、必ずしも高齢期にのみ需要が発生するものではないため、総人口の減少も需要の大きさに影響を与える。また、医療保険についてはサラリーマンや公務員以外の住民については、市町村が運営する国民健康保険、高齢者医療については都道府県ごとに市町村が構成する、後期高齢者医療広域連合という地域ごとの保険制度により運営されている。介護保険は原則的に市町村が保険者となっている。このため、以下では地域ごとに人口と医療需要の動向を見る。

2005年から2020年にかけて人口が増加するのは東京都、神奈川県、滋賀県、沖縄県で、その他の道府県は0〜−15％の減少を経験する。2020年から

2035 年にかけてはすべての都道府県が 0 〜 −20％もの人口減少を経験する（「平成 19 年　日本の都道府県別将来推計人口」国立社会保障・人口問題研究所）。

　一方、高齢者人口は 2005 年から 2020 年にかけて 10 〜 70％もの非常に高い伸びを示す。特に首都圏において大きな伸びが観察される。しかし、2020 年から 2035 年にかけては、大都市圏及び沖縄を除いた多くの道県において老年人口は減少する。

　このような人口動向の医療需要との関連を考えてみよう。高齢化の進展は医療需要に関して増加方向の影響を与える。しかし、同時に進展する少子化、人口減少は医療需要に対して減少方向の影響を与える。このため、現時点の年齢別医療需要量が変わらないものとして、都道府県別、年齢別の将来人口推計をもとに、将来の医療需要の推計を行う。そして、2005 〜 2020 年の間と 2020 〜 2035 年の間の成長率を算出し、それを総人口の変化による「人口要因」と高齢化の進展に伴う「構成要因」に分類して図 5-14 と図 5-15 に記述した[1]。

　これを見れば、2005 〜 2020 年においては、人口要因は大都市圏の都道府県ではプラスだが、その他の大部分の都道府県では医療需要に関してマイナスに作用していることがわかる。一方、高齢化の影響は、すべての都道府県で医療需要に関してプラスに作用し、すべての都道府県で医療需要はこの期

---

[1] ここでは、年齢別の医療需要量が変わらないと仮定して、t 期の医療需要の見通しを下記のような式により予測している。

$$MD_t = P_1 X_{1t} + P_2 X_{2t} + P_3 X_{3t} + P_4 X_{4t} = \sum_s P_s X_{st}$$

ここで、P_1、P_2、P_3、P_4 は年少者、生産年齢にある者、75 歳までの高齢者、75 歳以上の高齢者の 1 人当たり国民医療費。X_{1t}、X_{2t}、X_{3t}、X_{4t} は t 期の都道府県別の各年齢階層人口である。上式を用いると、t 期から $t+1$ 期にかけての医療需要の成長率は以下のように総人口の変化に起因する部分と年齢階層割合の変化に起因する部分との和として表現することができる。

$$\frac{MD_{t+1} - MD_t}{MD_t} = \frac{\sum_s (P_s X_{st+1} - P_s X_{st})}{MD_t} = \frac{\sum_s (P_s R_{st+1} TX_{t+1} - P_s R_{st} TX_t)}{MD_t}$$

$$= \frac{\sum_s (P_s R_{st} TX_{t+1} - P_s R_{st} TX_t)}{MD_t} + \frac{\sum_s (P_s R_{st+1} TX_{t+1} - P_s R_{st} TX_{t+1})}{MD_t}$$

ここで R_{st} は t 期の年齢階層 s の人口割合、TX_t は t 期の総人口である。上記式の最終行第 1 項は、t 期の各年齢階層人口割合 R_{st} を固定し、総人口が変化した場合の変化要因を、第 2 項は総人口を t 期に固定し、各年齢階層割合が変化した場合の変化要因を表すものと考えることができる。

図 5-14　2005-2020 年医療需要成長率と要因分解

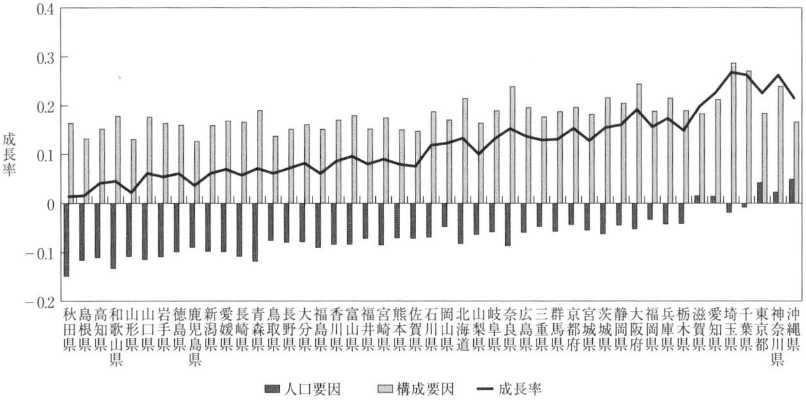

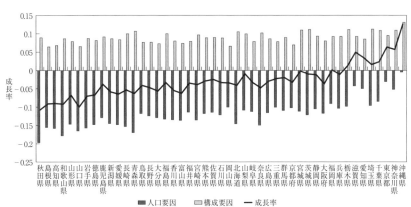

出所：「平成 19 年　日本の都道府県別将来推計人口」（国立社会保障・人口問題研究所）より作成。

図 5-15　2020-2035 年医療需要成長率と要因分解

出所：「平成 19 年　日本の都道府県別将来推計人口」（国立社会保障・人口問題研究所）より作成。

間増大している。

　しかし、2020〜2035 年においては、人口要因がすべての都道府県でマイナスに作用するようになり、大部分の都道府県で高齢化のプラスの影響を凌駕し総体として医療需要が減少する地域が多くなる。つまり、当面は高齢化を背景に医療需要が増大するため、すべての地域で高齢者への医療サービス

の提供に重点を置いた供給力の向上が大きな課題である。しかしそのうち人口減少の正反対の作用に飲み込まれ、医療需要が大部分の地域で減少する時期が到来する。つまり、当面の供給力の向上は、需要減少期の調整に大きなコストを生じさせない効率化によって実現することが必要だろう。

つまり、今後医療需要については地域ごとに異なる需要増加と需要減少に適切に対応していくことが求められよう。

4.2　これからの医療・介護制度

以上のように今後の医療需要の動向は地域ごとに大きく異なる。また、恒久的に医療需要が増えていく状況には必ずしもない。このため、地域ごとに効率的な手法で当面の医療需要増大に備える必要がある。

医療サービスの供給体制を効率化するためには、規模の経済、範囲の経済、集積の経済などの、市場ではうまく価格づけされない要因を、公的な関与によって引き出すことが有効である。Cohen and Paul(2008)では、ワシントンDCに立地する病院のマイクロデータを用いた実証分析が行われている。この論文では、範囲の経済は有意に観察されなかったものの、規模の経済、集積の経済が有意に測定されている。集積の経済については、1％の近隣病院の医業従事者の増加、あるいは近接性の増加は、病院のコストを0.11％低下させることが報告されている。

これらの研究結果を踏まえれば、当面医療需要が非常に大きく増加する地域においては、このような病院の集積を促進することで、限界費用を低下させ供給の増加に結びつけることが可能だ。しかしこのような医療政策は、政策の前提となる地域構造のイメージについての大きな転換を要求する。つまり、「すべての地域において病院が配置されている」地域構造から、「特定の地域に集積された医療施設とネットワークによりアクセスを確保した」地域構造への転換である。

このように今後の医療政策は、医療側単独で対応するのではなく、住宅政策やまちづくり政策と融合していくことが必要だろう。「社会保障・税一体改革成案」では、在宅医療の充実など、地域包括ケアシステムの構築、ケアマネジメントの機能強化、居住系サービスの充実などが提案されているが、

高齢者住宅と介護施設、医療施設の整備も含めた少子高齢化時代の都市政策と医療政策の融合が求められている。

また、同じく保険者機能の強化を通じて、医療介護保険制度のセーフティネット機能の強化・給付の重点化を行うことが提案されている。保険者による医療機関の選別、モニタリングが行われることで、医療サービスの質や効率性は大きく向上することが期待される。加入者の保険者選択を認めることで、保険者間の競争が起こり、保険者によるマネジメントの質自体が向上する「管理競争」も含めて、医療の効率性を向上させる制度改革が今後進められるべきだろう。

◈統計資料など
　一般会計歳出予算目的別分類総括表は財務省のウェブページから得られる。
　日本の将来の人口推計、都道府県別の将来人口推計は国立社会保障・人口問題研究所が公表しているので、これを参考にするとよい。

◈練習問題
1．社会保障費の歳出に占める割合などがどのように推移してきているのかを上記資料に当たって調べてみよう。
2．「社会保障と税の一体改革」が現在どのように推進されているのかを調べてみよう。

◈さらなる学習のために
八代尚弘、(1999)『少子・高齢化の経済学』東洋経済新報社。
　——市場を重視した制度改革の方向性について、豊富なデータをもとに議論をしているもの。やや古い文献ではあるが、現在及び将来の政策の方向性について示唆的である。
吉田あつし（2009)『日本の医療のなにが問題か』NTT出版。
　——日本の医療システムの全体像を捉えるための基本的見方を提示し、現状の何が問題なのか、政府による管理と自由な市場取引をどのようにバランスさせるべきかを検討したもの。
宮島洋・西村周三・京極髙宣（2010)『社会保障と経済』東京大学出版会。
　——年金を中核とするさまざまな所得保障の仕組みを解説し、それがどのような現状

にあるのかを多数の専門家の目から解説し、持続可能な社会保障のあり方を論じたもの。

井堀利宏（2010）『財政政策と社会保障』慶應義塾大学出版会。
　——バブルの発生から崩壊、その後のデフレとその克服への対応を丁寧に追って、各専門家の立場から社会保障に関しても今後のあり方に示唆を与えてくれる専門書。

❖参考文献

権丈善一（2009）『社会保障の政策転換』慶應義塾大学出版会。
堀勝洋（2005）『年金の誤解』東洋経済新報社。
Cohen, J.P. and C.E. Paul（2008）"Agglomeration and Cost Economies for Washington State Hospital Services," *Regional Science and Urban Economics*, Vol. 38, pp. 553-564.

［中川雅之］

第6章
エネルギー問題と政策

　本章では、エネルギーと経済に関わる問題について考えてみたい。エネルギーは現代社会において必要不可欠なものとなっている。同時に、その生産から消費までのあらゆる段階において、エネルギーは、国内外の政治・経済動向と密接に関連する。このことが、エネルギーに関わる問題の本質と政策形成上の論点をわかりにくくしている。ここでは、エネルギーの基礎知識と歴史的経緯からひもとき、論点をクリアにしたい。

1　技術的背景——エネルギーの形態

　「エネルギー」とは、物理的な意味合いでは、物質から取り出される動力や熱を指す科学的概念である。物理学、化学、生物学など多くの分野で使われ、極めて幅広い意味合いを持っている。一方、社会的経済的な意味でのエネルギーは、経済活動に利用可能な資源とそこから得られる産物を指す。財としては、有形、無形両方の形態を取っている。これらは、便宜上1次エネルギーと2次エネルギーとに分けられる。

　1次エネルギーとは自然界に存在するものを採取してきて、そのままに近い形で経済活動に利用する資源である。具体的には石油、石炭、天然ガスなどの化石資源がその中心である。こうした化石資源は、その有限性から**枯渇性資源**とも呼ばれる。

　そのほかにも、太陽光、太陽熱、水力、風力など無形の自然の産物も1次エネルギーに含められる。また、薪や動物の糞を固めた固形燃料は、発展途

上国では今でも一般的に使われているものであり、生物由来の燃料として「バイオマス」と呼ばれる。これら自然の産物は、枯渇性資源のように消費し尽くされてしまうことがなく、それ自体無限に存在するか、あるいは、消費されても自己再生される。その意味で、**再生可能資源**と呼ばれる。

　2次エネルギーとは1次エネルギーを加工することによって得られる製品を指す。具体的には、ガソリン、灯油、軽油、ナフサなどの石油製品、コークスなどの石炭製品、プロパンガスなどのガス製品、そして電力である。

　中でも電力は、上記の1次エネルギーのいずれからも生産することができ、また、動力、電灯、熱いずれの用途にも使用できるという点で、他の2次エネルギーとはある種別格のものと考えることができる。

2　技術的背景——電力の仕組み

　電力生産の基本的な仕組みは、モーターの逆回しであると言ってよい。電気を通すと回転するのがモーターであるが、これを逆に動力で回転させると電気が発生する。これが「発電機」の基本的な仕組みである。動力としては水流、風、蒸気など流体を用い、これを「タービン」によって回転運動に変換させる。その流体によって、「水力発電」「風力発電」「汽力発電」と呼ばれる。

　蒸気を作るためには「ボイラー」を焚くというのが最も基本的な方法である。すなわち、燃料の燃焼熱で水蒸気を発生させるのである。その燃料には化石燃料を用いるのが最も一般的である。そのため、汽力発電は、一般には「火力発電」と呼ばれることの方が多い。燃料によって、「石炭火力」「石油火力」「天然ガス火力」と呼ばれる。

　また、ボイラーの仕組みをより高度にして、原子燃料の核分裂反応熱から水蒸気を作り出すことも考えられる。これが「原子炉」である。原子燃料としては、ウランあるいはウランとプルトニウムの混合燃料（MOX燃料）が用いられる。このウランは、採掘してきたままの天然ウランから精製・濃縮などの工程を経て加工されたものである。プルトニウムは、原子燃料の燃え残りと言える使用済みウランから精製・濃縮などを経て生産される。以上を概念的にまとめると図6-1のようになる。

図 6-1　動力による発電の仕組み

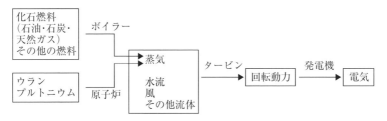

　上記のように動力によって発電機を回転させること以外にも、電気を発生させる方法はある。それは「光電効果」の一種、より正確には「光起電力効果」を利用する方法である。これは物質に光を照射したときに電子が励起される現象で、これを半導体内部での電子の流れに変えることで電気エネルギーとして取り出すことができるのである。物理学的な厳密さを無視してわかりやすい表現をするなら、電気を通すと発光する「発光ダイオード」の逆の現象である。光として太陽光を利用すれば、「太陽光発電」になる。

　こうした発電原理の根本的な違いから容易に想像がつくように、太陽光発電は、他のタービンを回す方式に比べて、大規模化が容易ではない。小さな電子機器の電源としての普及はすでに十分なされている。たとえば電卓である。しかし、大規模火力／原子力発電と同等の大きさの発電所建設は、相対的に高コストにならざるを得ない、というのが現状と言える。また、太陽光パネルの面積当たりの発生電力は、太陽光自体のエネルギー密度によって決まる。これは決して高密度ではない。そのため、化石燃料やウランの燃焼に比べて取り出せるエネルギー量が多くはなく、それを克服するには、太陽光パネルの面積を大きくする必要がある。以下のように、簡単な試算をしてみると、原子力発電機一基と同量の発電量（kWh）を得るためには、JR 山手線の内側とほぼ同じ面積が必要であることがわかる。

　まず、太陽光のパワーは晴天の日中で約 $1kW/m^2$ である。また、太陽光パネルのエネルギー変換効率は 15％程度とされる。一般に原子力発電機一基は、100 万 kW の出力を持っている。したがって、原子力発電機一基と同等の出力を太陽電池で出すためには、次の面積が必要である。

$$100万\,\text{kW} / (1\text{kW}/\text{m}^2) / 0.15 = 6.7\text{km}^2\,(約2.6\text{km}四方)$$

ただし、一日の日照時間を考えると、このような発電ができる時間は限られている。仮に、年間通しての一日平均日照時間を3時間程度としよう。年間に直すと、8,760時間のうちの8分の1である。原子力発電であれば、あくまでも理論上は8,760時間フルに発電することが可能である。それゆえ、太陽電池で原子力発電機一基と同量の電気を作るには、

$$6.7\text{km}^2 \times 8 = 54\,\text{km}^2\quad(約7.3\text{km}四方)$$

の面積が必要ということになる(JR山手線の内側の面積は約65 km²である)。

太陽光発電、水力発電、風力発電は、その1次エネルギーとなっているものが再生可能資源であることから**再生可能エネルギー**ないし**自然エネルギー**と呼ばれる。一般に、自然エネルギーは、その名のとおり自然の状態に大きく依存する。たとえば、太陽光発電であれば、上で見たように、その稼働が日照時間によって決まってしまう。このことは、二つのデメリットを意味する。一つは、天候に左右される不安定な電源であるということであり、もう一つは、原子力や火力と同じ使い方をするためには、発電できない時間帯の分も貯めておく設備、すなわち蓄電池(バッテリー)の併設が必要ということである。

さて、発電された電力は、送電網と配電網を通して消費側に届けられる。電力の消費が集中している地域に十分な電気を運ぶためには、遠隔地の大規模発電設備から長距離送電を行う必要がある。一方、長距離送電を行うと、送電線を電気が通る間に損失が生じ、送れる電気が目減りしてしまう。そこで、電圧を高くして、同じエネルギー量でも流れる電流が少なくなるようにする。それによって、損失を減らすことができると考えられる。すなわち、送電の際の損失を減らすためには、できる限り高電圧で送電するのがよい。

一方、電力消費の側では、高電圧のままでは危険で使えない。送電のためには高電圧、消費地点では低電圧という要請を実現する唯一の方法は、送電の途中で電圧を徐々に落としていく形で**変電**を行うことである。このように発電所から消費地域まで変電を行いながら長距離輸送するネットワークを**送**

図 6-2 送配電網のイメージ

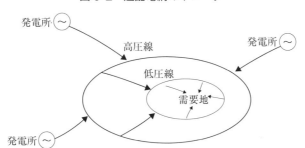

電網、低電圧になった電気を、消費地の内で電柱などから家庭に引き込む線を**配電線**という。図 6-2 はその概念図を表している。

　ここで重要なことは、これらの送配電網を通して、すべての発電所とすべての電力消費者（**電力需要家**という）は、リアルタイムでつながっているということである。これは、電力の発電と消費はリアルタイムで一致していなくてはならない、ということである。

　このことは簡単に見えて、実は大変難しい。なぜなら、電気の消費は、一般の家庭、事業所、工場などが好き勝手にスイッチをオンオフすることにより時々刻々変化する。発電側は、その電力需要の時々刻々の変化に合わせて、発電所の出力調整を行い、さらに、場合によっては送配電網内の電気の流れを切り替える必要が生じる。この電力需給のバランスと、送配電網の電気の流れ（「潮流」という）が狂うと、全体（**電力系統**という）は安定性を失い、停電が発生してしまうことになる。そうならないために、電力会社は、リアルタイムで電力需要を監視し、それに合わせて発電から送配電を含む系統の運用を行っている。

　需給バランスを調整する方法としては、上記のように発電所の出力調整と潮流の調整が通常の方法であるが、そのほかの方法としては、需要に近いところでの突発事故、たとえば配電線の切断、落雷などがあると、その周辺部分だけを切り離す（停電させる）形でアンバランスの影響が他に及ばないようにすることである。こうした方法を総動員しても追いつかないほどアンバランスが生じると、系統全体の大停電になる。これを系統崩壊という。

このようなリアルタイムの運用の必要性は、他のエネルギーにはないことであろう。たとえてみれば、石油会社が特定の地域においてすべての自動車の走行状況を監視し、リアルタイムでガソリンを給油するというような状態である。しかしこのようなことは現実にはまったく必要がない。都市ガスの場合は、ある程度ガスを送り出す圧力の調整をリアルタイムで行う必要があるが、それでも若干のアンバランスが直ちに系統の崩壊を招くというようなことはない。

以上のことからわかるように、電力は2次エネルギーの一種として分類されてはいるが、それを支える技術の幅広さと大きさという点で、他のエネルギー源とはまったく異なった高度性と複雑性を持っていると言える。

3　石油と国際情勢

エネルギーの基本的な形態を理解したところで、その社会的・経済的意味合いについて、議論を移そう。エネルギーが社会経済活動にとって必要不可欠であることは言を待たない。そのエネルギーの中でも、1次エネルギーとして特に重要なのが石油である。

そもそも石油は古来より知られた「燃える水」であった。それが一つの産業として成立したのは、1859年、米国ペンシルバニア州でドレーク大佐が油井の機械掘に成功したときからと言われている。その後、1870年にロックフェラーがスタンダード石油トラストを設立し、生産、輸送、精製、販売の4部門で独占的な支配力を確立した。1901年にはテキサス州の油田を拠点にテキサコ社が設立され、この頃からアメリカ、イギリス、オランダ、フランスそれぞれの資本を中心とするいわゆる8大国際石油会社（メジャーと呼ばれる）が国際石油カルテルを形成することになる。

ところが、1960年にサウジアラビアで大油田が発見され、これを契機に中東石油が大増産されることになる。このことは国際石油カルテルを弱体化させ、反対に中東産油国に市場支配力・価格支配力を与えることになった。1960年9月には**石油輸出国機構**（**OPEC**）が設立される。この時点をもって、世界の石油需給は本質的な不安定要因を抱え込むことになったと言ってよい。

すなわち、石油の需要地は主として先進諸国である一方、その供給の多くを西洋先進諸国とは文化的宗教的背景を異にし、政治情勢も安定しない地域に依存するという構造的な不安定性が内在されることになった。

その不安定性は、1973年、78年の二つの**石油危機**（オイルショック）で顕在化することになる。これらは中東戦争に端を発するものであったが、世界経済を根底から混乱に陥れたと言ってよい。

第1次石油危機が契機となって、欧米先進国は**経済協力開発機構**（OECD）の下部機関として**国際エネルギー機関**（IEA）を設立する。OECD加盟国間でのエネルギー政策協調を通して危機に備えるという体制が整備されることになった。

一方で、2度の石油危機の結果、先進国石油メジャーが保持していた生産から販売に至る一貫ルートが崩壊し始める。代わって、産油国の直接販売体制が確立された。それ以降、国際石油市場における供給量と価格は、OPECを構成する産油国の動向に強く影響される形で決定されるようになった。

具体的には、OPEC自体は内部で協定を結び石油価格の維持に努めるが、その協調路線が緩むと抜け駆けして増産する国が現れて価格の下落が始まる。下落を止めるべく、規律を回復して減産強化を行うと価格が上昇し高水準を回復する。するとまた、その高価格に対して増産を行う産油国が出現し協定が崩れることになる。こうしたサイクルは「**OPECサイクル**」と呼ばれた。

OECD加盟国は、先のようにIEAという形でエネルギー政策上の協力関係を持ってはいるが、そうかといって、それぞれ民主主義国家として、石油需要を直接的にコントロールすることはできない。そのため、各加盟国は恒常的に中東情勢とOPECサイクルに翻弄されることになる。

こうした国際的な石油需給と価格形成をめぐる状況は現在でも基本的に変わることはない。しかしその一方で、その状況には国際政治情勢を背景にして、1990年頃から徐々に変化が生じてきたと言えよう。

その変化のきっかけは、ソ連の崩壊に伴ういわゆる東西冷戦の終結である。これを契機にして、国際政治の構図が根本的に変化した。それまでは、西側諸国と共産圏が国際政治のあらゆる局面で対立し、中東においてもそれぞれの外交戦略を背景とした代理戦争が行われていた。この構図が、根本的に消

減したのである。これに伴い、中東内部と中東対西側諸国の外交と安全保障の秩序は大きく変化することになる。

その冷戦終結後の国際エネルギー情勢の変化は1990年に起こった。この年の8月にOPECは減産強化と最低参考価格の引き上げを決定するが、その直後、イラクは突如としてクウェートに軍事侵攻を行った。これに対して、1991年1月、アメリカを中心とする多国籍軍はイラクへの空爆を開始し、この侵攻を阻止する。いわゆる「**湾岸危機**」である。この間の石油価格の急騰急落を通して、OPECの影響力低下が決定的となった。

冷戦終結は、もう一つ大きな国際秩序の変化をもたらした。それは、ソ連の代わりにロシア共和国が国際政治の舞台に登場したことである。ロシアは天然ガスを中心にして、自国内に多くの天然資源を保有している。ソ連からロシアに変わったことで、それまで東側だけで閉じていた対外資源戦略が世界全体に広がることになり、このことがIEA対OPECという石油危機以降の構図を根本的に変えることとなった。

こうした国際秩序の変化は、2000年代に入ってからさらに複雑な様相を呈している。2001年9月11日の**アメリカ同時多発テロ事件**を境にして、先進各国によるテロの脅威に対する軍事行動が頻発するようになっている。これに宗教対立や地域民族紛争が加わり、中東や黒海沿岸での軍事衝突が恒常的になっている。このような世界各地での政情不安は資源の「**地政学リスク**」と呼ばれるようになっている。

4 各国経済政策の変化

国際政治と並行してエネルギー情勢に大きな影響を与える要因が経済政策である。1980年代から先進各国では、経済・産業政策の考え方がより市場主義的になり、そのことが先進国内外のエネルギー情勢を大きく変えることとなった。

西側先進国はソ連崩壊以前から一貫して資本主義、市場経済主義を経済の基本としてきてはいる。それでもある種の産業については、さまざまな規制を敷き、直接的あるいは間接的に国家管理のもとに置いてきた。そうした産

業は、公共交通や社会インフラに関わり公益性が高いとされるもので、「公益産業」と呼ばれる。具体的には、航空、鉄道、電話、水道、ガス、電気などである。

1980年代後半から1990年代にかけて、先進各国では、こうした公益産業に対する規制政策が大きく転換される。その一環として、エネルギー供給産業、中でも電気事業について大きな規制制度改革が行われることとなった。こうした改革の焦点は、当初は**規制緩和**であったが、徐々に**自由化**となってきた。これについては、第7節で詳しく取り扱うことにする。

規制緩和は公益事業にとどまらない。産業を資金面で支える金融業界にも及んだ。具体的には1986年にイギリス証券取引所が大改革を行う。売買手数料の自由化、証券業務の銀行資本への開放、自己売買とブローカーの兼業許可などがその柱であった。これは**金融ビッグバン**と呼ばれ、世界の産業金融がグローバル化する発端となったと言ってよい。

アメリカでは、もともと「1933年銀行法（グラス・スティーガル法）」により銀行業務と証券業務が分離されていた。すなわち、銀行以外が預金貸付業務を行うことが禁止されていた。この隙間を縫うように、証券の引き受け、アドバイザリー、自己売買に特化する証券会社が発達した。いわゆる「投資銀行」と呼ばれる形態である。この投資銀行が「証券化」を通じて、さまざまな資金調達と融資の手段を開発していく。それにしたがって、グラス・スティーガル法は形骸化し、ついには1999年に撤廃されることになった。

こうした英米を中心とする産業金融の変化に対応し、他の先進各国も多かれ少なかれ国内の金融制度を改革していく。わが国も1996年から2001年にかけて金融制度改革が行われ、**日本版ビッグバン**と呼ばれた。このような世界の潮流が国際的な資本移動を容易にし、各国経済の相互リンクを強化していくことになる。

資本の国際移動が容易になる中で、石油をはじめとするエネルギー資源は、国際的な貿易財として、金融投資の一部となってくる。具体的には、アメリカを中心にして、商品取引所での先物取引・金融派生商品取引が盛んになってくる。もともとアメリカではシカゴを中心に農作物や鉱物の先物取引が盛んであった。これに原油、石炭、天然ガスといった1次エネルギー産品、さ

らに灯油、軽油、ナフサなどの石油製品などが大きな取引対象として加わるようになった。中でも、テキサス州産出の良質な原油であるウェストテキサス・インターミディエート（WTI）原油の先物が、ニューヨーク・マーカンタイル取引所（NYMEX）で取引され、その価格が世界の原油取引価格を左右する重要な指標となってきた。同時に、WTI 価格が国内外の証券取引状況、為替レート、金（ゴールド）価格などと並んで、世界の金融投資を左右するものとなってきた。

また、ICE フューチャーズヨーロッパ（ICE Futures Europe：旧ロンドン国際石油取引所）はエネルギー関係に特化した世界的な取引市場としてよく知られている。ここでは、イギリス領北海油田で産出される「北海ブレント」原油の先物が取り扱われている。この北海ブレントも WTI 原油に並んで、国際原油価格の重要な指標となっている。そのほかにも石油ガス、天然ガス、電力の先物およびオプションなどの金融派生商品、さらには、ヨーロッパ気候取引所（ECX）の炭素取引可能クレジットも取り扱われている。

以上のようなエネルギーを取り巻く世界の政治・経済情勢や国内経済政策動向の変化から、国際エネルギー資源市場は競争性が高まると共に、1970 年代や 80 年代に比べるとはるかに市場原理に基づいた価格形成が進んでいる。

エネルギー資源の需要についても、原油にのみ依存する経済体質から、他の化石資源、さらには電力への多様化が進んできた。これにより、原油単独で見ると、その経済に占める必需性が低下することになってきた。その結果、1970 年代の石油危機のような事態は起きない経済体質、すなわち、原油価格変動に対して、より頑強性を持った経済構造に変わってきている。このことを端的に表すのが図 6-3 である。これは、国際原油価格に対する GDP の価格弾力性（原油価格の％変化に対する GDP の％変化）を先進各国について算定したものである（前田 2007）。ここでは第一次石油危機の直前から 2000 年代半ばにかけての価格弾力性の推移が示されている（数値自体は便宜上 40 倍されている点に注意）。石油危機以降、ほとんどの国で、価格弾力性が低下ないしは低位で推移していることがわかる。

図 6-3 実質 GDP の国際原油価格弾力性（× 40）：経年変化

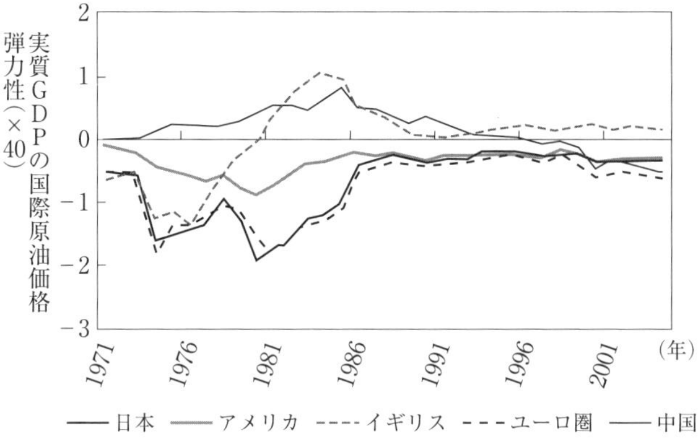

出所：前田（2007）。

5　エネルギー政策の考え方

　以上、エネルギーを考える際の技術的基本事項とエネルギーを取り巻く経済情勢・歴史的背景を概観してきた。これを整理してみると次のようにまとめることができるであろう。

・エネルギーは現代社会において必要不可欠な財となっている。
・同時に、エネルギー財は物理的にはさまざまな形態を取り、需要と供給の両面において、経済活動に複雑な形で組み込まれている。
・それにもかかわらず、エネルギー資源、特に原油は、有限であるばかりでなく、政情不安を抱える地域に偏在し、その結果、国際政治情勢に左右される地政学リスクにさらされている。

　これらをさらに一言でまとめるならば、「安価で安定したエネルギー源を確保することこそが、先進各国にとって最重要課題の一つとなってきた」と言えよう。この考え方は**エネルギー・セキュリティー**と呼ばれる。

　上記の問題の背景に鑑みれば、エネルギー・セキュリティーの向上に寄与する要因としては、次のようなものが考えられる。

　①中東を含めた国際政治と外交上の安全保障
　②化石資源、とりわけ原油依存からの脱却

③国内エネルギー産業の強化

①は主として政治の問題であるので、本章ではこれ以上詳しくは扱わないこととする。②の具体的な方法は、

・エネルギー源の多様化
・エネルギー利用の効率性向上および省エネ

が考えられる。

　③の具体的方法は、

・既存エネルギー供給産業の国際競争力強化
・代替エネルギーの開発育成

が考えられる。このうち、前者の競争力強化は、たとえば電力産業であれば、コストと安定性の両面から最適な電源構成を作ること、また、発送配電すべてにおいて効率を向上させることによって達成されよう。その意味で、これらは上記②の具体的な方法（多様化と効率化）と基本的に同じ考え方となる。

　③の後者の代替エネルギーとは、たとえば電力であれば、現在主流である水力、火力、原子力に代替する再生可能エネルギーを導入することである。また、新しい火力発電方式や原子力発電方式を開発することも含まれる。これは、電力産業内におけるエネルギー源の多様化とも言える。また、一般の産業においても、エネルギー源の多様化は数多く考えられる。たとえばガソリンの代わりに石油以外の資源から作られる液体燃料（GTL：ガス・トゥ・リキッド）を開発することなどである。

　こうして見てみると、エネルギー・セキュリティーを高める方法は、マクロ経済から産業・一般消費に至るあらゆるレベルで、エネルギー源の多様化と高効率化を進めることであると言えよう。

　多様化を進めるには、これまでとは違う高コストの代替財を使用する、新しい代替エネルギー源を開発する、など多くの方法があるだろう。同様に、効率化のためには、設備投資や技術開発が必要となる。すなわち、多様化と効率化には、コストがかかるのである。エネルギー・セキュリティーの追求は経済性との兼ね合いのもとで進めなければならないということでもある。

6　電気事業の特質

　電力はエネルギーの中でも高度な技術と設備を必要とする高級なエネルギーである。この産業のあり方は一国のエネルギー政策の一部として重要な位置を占めている。第4節で述べたように、その政策は時代と共に変化している。以下ではこの点を詳しく見てみよう。

　電気事業を行うには、そのサービスの提供（電力供給）に際して巨大な設備が必要となる。その設備を稼働させるには、燃料費と設備保守運転費がかかる。すなわち、電力生産のコストは次のようになっている。

　〔電力生産総コスト〕＝〔総設備コスト〕＋〔燃料・運転コスト〕

これを単価（1生産単位当たりのコスト）に直してみると、次のようになる。

　〔電力生産単価〕＝〔総設備コスト／総生産量〕＋〔燃料・運転費単価〕

ここで右辺第1項に着目してみよう。これは総設備コストを総生産量で割ったもので、総生産量が増えれば増えるほど、小さな値となる。第2項は生産量によって変化することはない。このことから、次のことがわかる。

- 総生産量が多ければ多いほど、電力生産単価は低下する。
- その低下の度合いは、総コストに占める総設備コストの割合が大きいほど大きなものとなる。

　一般に、巨大な設備を必要とする産業を**設備産業**という。そのような産業では、生産量が多くなるほど生産物1単位当たりのコスト（単価）が低下することになる。この性質は**規模の経済性**と呼ばれている。

　電力産業は典型的な設備産業であり、それゆえ、規模の経済性も強く働くと考えられる。そこで、電気事業者としては、できる限り保有設備の稼働率を高め、生産量を増やすことによって、生産単価を低下させ、利潤（＝料金－生産単価）を高めたいと願うであろう。

　いま、一つの地域に電力会社が乱立し、需要家を奪い合う競争をしていたとしよう。その場合、どういうことが起きるであろうか。上記のように、一つひとつの会社は規模の経済性を追求するために、生産量の拡大を重要な戦

略とする。地域が限定されていれば、それは値下げ競争による単純なシェア争いとなる。そして、シェア争いの結果、1社だけが残り、他の会社はすべて倒産する。このような状況を**自然独占**と呼ぶ。

こうした独占に至る過程において、社会全体として過剰な設備投資がなされる。また、1社独占になったあとは、競争的な状態が消失する。その結果、その会社が独占企業として、生産効率の向上を怠るようになるかもしれない。すなわち、規模の経済性自体は良いことであるが、その帰結として発生する自然独占は、電力供給産業全体の効率性を阻害し、社会全体にとって不都合を引き起こすことになると考えられる。

そこで、政府のやるべきことは、以下の二つである。

　①自然独占によって残った1社について、独占を認めると同時に、需要家に対する供給を義務とする（供給義務）。
　②価格の安易な値上げを認めず、料金設定を許認可制とする（料金規制）。

先進各国の多くは、この二つの規制方針を盛り込んだ法律を持っている。わが国では、電気事業法（1964年法律第170号）がそれである。

料金規制については、より具体的な考え方が規定されている。それは、発電単価（＝設備単価＋燃料・運転費単価）に「適正利潤」を上乗せしたものを電気料金とする、という基本原則である。これを**総括原価方式**という。

こうした電気事業に対する具体的な規制の形態は、実際のところ、世界各国で異なっている。たとえば、フランスでは、電気事業そのものが、長らくフランス電力公社（EDF）という国営企業によって担われてきた。現在は株式の民間保有もなされているが、実質的に国営は変わっていない。イギリスでは、同様に長らく国営であったが後述するように、現在は民営化されている。アメリカでは、民営と地方自治体運営が混在している。

わが国では、第二次世界大戦以前は時期によって民営と国営の両方の時代があった。しかし、大戦以降は一貫して、完全民営となっている。それでも電気事業法の監督下に入り、地域独占を認められた特殊な企業となっている。

7　規制緩和と自由化の考え方

　以上が電気事業の経済的な特質とそれに対する伝統的な規制の構図であった。しかしながら、こうした伝統的な構図には、1990年頃から変化が生じることとなった。その契機は1970年代終わり頃から登場した新たな経済理論であった。それは、上記の自然独占の捉え方を変えるものである。

　自然独占は、規模の経済性とその財の必需性という、産業の技術的特性の結果である。政策当局から見れば、このこと自体は良いことであるが、独占を放置すると、その事業体は非効率的な経営に走るだろう。よって、独占を容認する代わりに、規制を行うものとするのである。

　この考え方の背景には、独占企業は非効率的な経営をするもの、という大前提がある。もし、この大前提が適切でないとしたら、そもそも規制は必要ないということになる。そこで論点は、独占企業がその独占の地位に胡坐をかき続けることができるかどうかということになる。もし、独占の地位に安住できないのであれば、非効率的な経営をしている余裕はなく、その地位を奪われないようにコストを圧縮し経営資源の利用効率を上げる努力を続けることであろう。そうなれば、政策当局としては規制の必要はなくなる。

　独占企業がその地位に安住できないための必要十分条件は、その企業にとって代わる潜在的な企業が多数ありえることである。これは、その産業の市場に対して、他企業が自由に新規参入することができ、また自由に退出することができるということである。

　設備産業において、新規参入を行うには初期設備投資が必要である。このことが、新規参入を阻む参入障壁となってきた。しかし、もし、その投資のための資金調達が容易であるか、あるいは、設備自体をレンタルするなどして調達することが可能であったなら、そうした参入障壁は事実上ないに等しくなる。

　また、新規参入者が既存事業者とのコスト競争に負けて、その産業から退出するとしよう。その場合、その企業は保有設備を処分することになる。それが、特殊なサービスにしか用途がない巨大設備であると、その高値での売却が難しく、初期設備投資の資金を回収できなくなってしまうかもしれない。

このような回収できない投資を**サンクコスト**という。サンクコストの可能性が予想されると、そもそも企業は新規参入に二の足を踏むであろう。逆にサンクコストがまったくなければ、参入障壁も低くなると言える。

事業の開始に当たって、新規参入の障壁がなく、サンクコストもまったくないような財・サービス市場では、企業にとって参入・退出がまったく自由になる。このような市場を**コンテスタブル・マーケット**と呼ぶ。

コンテスタブル・マーケットで事業を行っている企業は、たとえ1社独占であっても、潜在的な参入企業との競争にさらされ続けていることになる。そのため、常にコスト効率的な運営をせざるを得ない。このような「コンテスタブル・マーケット理論」は、W.J. Baumol らによって1970年代後半に提唱された（Baumol, et al. 1988 としてまとめられている）。この経済理論を背景として、公益企業についての規制政策の転換が始まったのであった。

規制政策の転換は、厳密には二つの段階が考えられる。一つは、技術的特性として参入・退出が容易であるか否か（参入障壁とサンクコストがあるか否か）を判定し、容易であるならすべての規制を撤廃する。もう一つは、参入障壁とサンクコストを引き下げる政策によって、参入・退出を促進し、究極的に自由化する。前者が「規制緩和」、後者が「自由化」である。

1970年代に、まずアメリカで航空事業が大幅な規制緩和へと政策転換された。航空会社は機体をレンタルすれば容易に事業が始められ、不採算になれば、そのレンタル機を返却して会社を解散するか、会社ごと別の航空会社に売却してしまえばよい。そう考えると、航空事業は典型的なコンテスタブル・マーケットになっていることになる。

同じことが電話についても行われた。アメリカでは、電話の発明者グラハム・ベルが設立したベル電話会社を前身として、アメリカ電話電信会社（AT＆T）が全米の電話事業を独占していた。これが1984年に解体され、8つの地域電話会社と長距離電話に特化する新AT＆Tに分割された。分割して長距離サービスや地域サービスに特化した会社にすれば、それぞれはコンテスタブル・マーケットにさらされると考えられたのである。

このような公益事業の規制緩和や国営あるいは準国営企業の分割民営化は、世界的な潮流となり、わが国では、国有鉄道や電信電話公社の分割民営化が

1980 年代を通して推進されることになる。

　そうした中で、公益事業規制緩和・再編成の最後の対象として、エネルギー産業、特に電気事業が浮上してくる。電気事業全体で見てみれば、サンクコストは大きいかもしれないが、発電部門だけで見てみれば、航空機と同じではないだろうかというのである。また、送電・配電部門も、もしかしたら、適切な政策により、コンテスタブル・マーケットになるかもしれないという。

　イギリスでは、「1983 年エネルギー法」で発電分野の規制緩和が行われる。続いて、「1989 年電気法」で、国営電力会社が、発・送・配電および地域供給会社の 4 つの部門に分割され、原子力部門を除いて完全に民営化された。

　アメリカでは 1978 年カーター政権での「国家エネルギー法」と「公益企業規制政策法」、1991 年ブッシュ政権での「国家エネルギー戦略」、1992 年「エネルギー政策法」を通して、エネルギー産業の規制緩和が推進されてきた。中でも電力については、卸電力市場の整備と競争促進、送電アクセスの推進、独立系発電事業者に対する証券取引委員会の規制緩和などが推進された。

8　わが国の電気事業規制と改革

　前節で述べたような世界の潮流の中で、わが国の電気事業も当然規制緩和と自由化の論争にさらされることになる。ただ、先に述べたように、日本の電力会社はもともと完全民営企業であったため、単なる民営化だけでは規制緩和とも自由化とも見なされないという暗黙の出発点があったと言える。代わりに論点となったことは、次の 2 点であったと言えよう。それは、

- ・地域独占を緩め、新規参入を許容すること（わが国特有の自由化論）
- ・発電、送電、配電の各部門、あるいは各部門内の事業の切り分けを行うことにより、各部門の特性に適した規制と競争促進を行うこと（分離分割論）

である。前者の自由化は、まず高圧電力の供給について新規参入を認められ、順次低圧へとその新規参入許可の範囲が広げられていくという形で進行している。電気事業法が 1995 年、1999 年、2003 年と相次いで改正され、そのたびに、自由化の範囲が拡大されてきている。また、2003 年の改正では、「卸

電力取引所」の創設が盛り込まれ、同年に一般社団法人日本卸電力取引所が設立された。

　一方、分離分割については、電気事業法改正と並行する形で、政府内で検討が続いてきた。総合資源エネルギー調査会電気事業分科会は 2003 年 2 月の答申で、発送電一貫体制の堅持と、あわせて送配電部門の公平性・透明性向上の必要性を結論付けた。

　以上のような経緯を経て、電気事業に対する規制政策論議は、一応の決着を見たはずであった。それを大きく覆したのは、2011 年 3 月 11 日東日本大震災に伴う原発事故であった。この事故を契機にして、電気事業のあり方が再度議論の的となった。その議論の方向は、次の 3 点にまとめられよう。

　　①電気事業法のさらなる改正
　　②原子力発電の位置付けの変更
　　③原子力に代替する再生可能エネルギーの導入促進

　①については、2013 年 4 月に閣議決定「電力システムに関する改革方針」（平成 25 年 4 月 2 日）がなされ、次の 3 点を柱として電力システム改革が行われることとなった。

　　1. 広域系統運用の拡大
　　2. 小売及び発電の全面自由化
　　3. 法的分離の方式による送配電部門の中立性の一層の確保

　さらに、これらを 3 段階に分けて実施することとし、第 1 段階は広域系統運用機関の設立を中心とする改正電気事業法成立（2013 年 10 月）、第 2 段階は電気の小売業への参入の全面自由化を中心とする同改正法成立（2014 年 6 月）がなされた。最終段階として、政府は 2020 年に分社化によって発送電分離を行うことを 9 電力会社に義務付ける法改正案を閣議決定（2015 年 3 月）の後国会に提出し、その改正法は同年 6 月に成立した。

　②については、政治的・社会的に極めて複雑かつ広範な議論になっている。そもそも、わが国の原子力発電は、政府の強い主導のもと国策として推進される一方で、実際の運営は完全民営の電力会社によって担われる、という極めて特殊な形態になっている。通常の運営に加えて、事故が起きた場合の責任も一義的には電力会社に課される。しかし、実際問題として、事故が起き

た場合の全責任（とそれに伴う賠償）を一電力会社が担いきるというのは不可能なことかもしれない。2011年3月の原発事故はこうした国策・民営という不思議な形態の抱える矛盾をまさに露呈させたと言ってよい。

　震災直後から2012年の間、時の政権はわが国の原子力全廃方針を打ち出した。その後の政権交代により、この方針は転換しつつあるが、社会的には未だ着地点の見えない論争となっている。また、事故の賠償と廃炉（事故を起こした原子炉の解体と廃棄）の作業・費用負担を完全民営の企業が担い続けることが不可能であることも明白になってきた。2012年7月には事故当事者の東京電力は実質的に国有化されることとなった。その国有状態をいつまで続けるべきかについても未だ着地点の見えない論争である（2015年8月時点）。

　③については、「固定価格買取制度（Feed-in Tariff：FIT）」が2012年7月に導入された。これは、各種の再生可能エネルギーによる発電電力を、固定価格で電力会社に買い取らせることのできる制度である。その買取り価格は、政府の調達価格等算定委員会によって決定される。制度開始当初は、たとえば、10kW以上の太陽光発電電力は20年間にわたり42円／kWhで買い取ることと定められた。他の再生可能エネルギー発電源についても、発電kWと期間によって細かく買取り価格が定められた。

　こうした買取り価格は電力会社の発電コストよりも明らかに高いものであるが、その高い部分は、電力会社は電気料金に上乗せして回収することができる。すなわち、電力会社の買取り量が増えれば増えるほど、一般消費者にとっての電気料金は高いものとなっていく仕組みである。

　このような仕組みから、制度開始当初から高すぎる買取り価格は一般消費者に不当に高い負担を強いるものであるとの批判もあった。制度開始後2年経った時点で、買取り価格は見直され、当初の価格よりも安く設定されることとなった。今後、さらなる改正が行われていくものと思われる。

　以上の①〜③を一つのパッケージとして見てみると、規制強化と競争の推進が随所で混在し、複雑に絡み合っていることがわかる。そういう点で、現在のわが国の電気事業は極めて特殊な状況に置かれていると言える。

9　電源構成の考え方

　電力の技術的な仕組みは第2節で見たとおりである。本節では、これを経済的な効率性の観点から見てみたい。
　議論を簡単にするため、電源として、天然ガス火力と原子力のみがあり、この二つを組み合わせて電気を作るとしよう。ここで
　　　・天然ガス火力発電の場合は、燃料単価が高いが、設備単価は安い一方で、
　　　・原子力発電の場合は、燃料単価は安いが、設備単価が高い、
という違いがあるとする。
　一般に、1日の電力の需要は時間によって変化する。その様子は、図6-4のように表される。これを**ロードカーブ**という。
　こうした需要の時間変化に対して、最小コストで電力供給を行うには、次の数理計画問題（応用数学の問題として定式化されたもの）を解けばよい。

発電総コスト＝
　　すべての時間帯の〔天然ガス火力の供給量〕×〔天然ガス燃料単価〕の総和
　　＋〔天然ガス火力の発電容量〕×〔天然ガス設備単価〕
　　＋すべての時間帯の〔原子力の供給量〕×〔原子力燃料単価〕の総和
　　＋〔原子力の発電容量〕×〔原子力設備単価〕
→最小化
　　ただし、　時間帯ごとに、〔需要〕≦〔各発電機の供給量〕の総和
　　　　　　 時間帯ごとに、〔各発電機の供給量〕≦〔各発電機の発電容量〕

　こうした数理計画から、次のことがわかる。
　「原子力発電を常時稼働させる一方で、天然ガス火力は需要が増える時間帯にだけ稼働させるのがよい。」
　これを図で概念的に表すと、図6-5のようになる。
　このように常時稼働する電源を**ベース電源**、需要のピークに対応するため

図6-4 ロードカーブのイメージ

図6-5 最適な電源構成

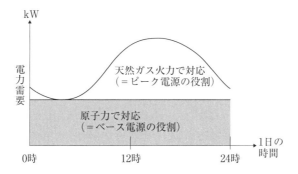

に稼働される電源を**ピーク電源**と呼ぶ。一般に、設備単価の高い（設備にお金がかかる）電源をベース電源とし、逆に設備は安いが燃料費の高い電源はピーク電源とするのがよいとされる。

電源として、石油火力発電を加えると、原子力がベース電源、天然ガスが**ミドル電源**となり、石油火力がピーク電源となる。このようにして、設備単価と燃料単価によって電源を積み重ねることを**電源構成**または**ジェネレーション・ミックス**と呼ぶ。電力業界では、最適なジェネレーション・ミックスを指して「ベスト・ミックス」という言い方をすることも多い。

上記で例示したようなロードカーブは、実際には、日々変化する。実際の電源構成は、そうしたロードカーブを将来十数年分想定したうえで、決めていくことになる。また、実際には、上記のように設備単価と燃料単価だけで

はなく、送配電を含めた電力系統全体の運用状況や保守点検計画、設備投資計画、燃料価格の不確実性、さらには、環境への影響の配慮など、多くの要素を勘案する。応用数学の問題としては、極めて難しく、学術的にも奥深い問題となっている。

10　環境問題の浮上

　歴史的にいわゆる「エネルギー政策」と呼ばれるものは、第5節で見たように、経済性の考慮のもと、エネルギー・セキュリティーを高めることと同義であった。その根本は1970年代から変わってはいない。第4節で見たように、エネルギーを取り巻く国内外の情勢は大きく変化している。それでも、そして、だからこそ、エネルギー・セキュリティーの重要性は変わらなかったと言えるだろう。しかしながら、1990年代中頃から、もう一つ重要な論点が浮上してきた。それは**気候変動問題**を中心とする環境問題である。

　気候変動問題については、第7章で詳しく取り扱われている。簡単に予習をしておくと、次のようになろう。気候変動問題の要因は温室効果ガスであり、その中心は二酸化炭素である。この二酸化炭素の人為的な発生源として最も大きいのが、化石資源、すなわち石油、石炭、天然ガスの燃焼である。また、酸性雨の原因物質である硫黄酸化物の主たる発生源は石炭の燃焼である。したがって、現代的な環境問題の原因の多くは化石燃料の燃焼ということになろう。

　こうして考えてみると、化石燃料消費の抑制は、エネルギー・セキュリティーの向上に寄与すると同時に、気候変動や酸性雨の解決にもなる。すなわち、エネルギー政策と環境政策は化石燃料消費の削減という解決策を共有していると言える。その意味で、両者は一体となりうるのである。

　一方で、エネルギーの場合は、これまでの節で見てきたように、外交上の安全保障問題が関係し、先進国 vs. 中東という国家間の利害対立がある。これに対して、環境問題の場合は国家間の利害対立はあるものの、それは発展途上国も含んで、より複雑に絡み合うものとなっている。

　また、経済学的な観点でも、エネルギーの場合は経済取引の中に十分に組

み込まれているものであり、それ自体で市場メカニズムが働きやすい分野に変化してきている。これに対して、環境問題の場合はその根本に「外部性」という要因があり、市場メカニズムが働かないことこそが原因とされる。

このように考えると、エネルギーと環境（特に気候変動）は、原因と解決策が似ているようで、微妙な論点の違いがあるものであることがわかる。その違いを踏まえたうえで、上述のように、1990年代中頃から両者の政策は互いに密接に関係するものと考えられるようになってきた。すなわち、エネルギーと環境に関わる政策は一体となって、次の3点を同時に追求するべきものと考えられるようになった。これらは、しばしば 3E と呼ばれる。

・エネルギー・セキュリティーの確保（エネルギーの安定供給）
・経済成長の達成
・地球環境の保全（気候変動の抑制）

2011年の原発事故以降は、安全の確保を加えて 3E ＋ S と言うこともある。

ただ、現実のエネルギー政策と環境政策は、このように整理された形にはなっていないことがしばしばである。その原因は、それぞれの政策を所管する官庁が歴史的に異なるからである。わが国の場合、前者は経済産業省、後者は環境省である。こうした状況は他の先進国でも同様である。アメリカでは、エネルギー省という巨大官庁が大きな権限を持っている。その一方で、環境政策全般は環境保護庁（EPA）が所管となっている。

さらに、わが国においては、エネルギー政策と環境政策のこの割り切れない関係は、2011年3月の原発事故を境に、一層複雑になっていると言える。その議論の的は、第8節でも述べた原子力発電の位置付けである。原子力発電は、第2節で見たようにウランを燃料とし二酸化炭素を一切発生させない発電方式である。同時に、第9節で見たように、技術的には電源構成の中でもベース電源として用いられ、本来電力システムの中の中心的な存在である。それゆえ、原発事故以前は、原子力発電はエネルギー・セキュリティー向上、経済性の確保、気候変動問題解決の3点に同時に寄与するものと考えられてきた。しかし、このような考え方は原発事故により、大きく転換を迫られることとなったのである。今後のわが国のエネルギー政策と環境政策の方向性は、原子力発電の位置付けがどのように決着するかにかかっていると言える

だろう。

11 まとめ

1. エネルギーは多様な形態を持つ、有形あるいは無形の財・サービスであり、現代社会にとって必要不可欠なものである。中でも、1次エネルギーとしては、石油をはじめとする化石燃料、2次エネルギーとしては電力が、重要な位置を占めている。
2. エネルギーは、国内外の政治経済情勢に強く影響される。そのため、経済と両立する形で、エネルギー・セキュリティーを高めることが長年のエネルギー政策課題であった。
3. エネルギー・セキュリティーを高める方法は、マクロ経済から産業・消費活動のあらゆるレベルで、多様化と効率向上を行うことである。
4. エネルギー政策の一環として、電気事業に関する経済政策は重要な役割を担っている。
5. 1990年代中頃から気候変動をはじめとする地球環境問題が、政策上重要な論点として浮上してきた。エネルギー・セキュリティーの確保、経済成長の達成、地球環境の保全は「3E」、さらに安全確保を加える場合は「3E + S」と呼ばれ、エネルギー政策をより複雑にしている。
6. 東日本大震災(2011年3月11日)に伴う原発事故は、わが国のエネルギーに対する社会一般の見方を一変させ、政治的・社会的により一層複雑かつ広範な政策論争につながっている。

◈統計資料など

- 全世界のエネルギー情勢をまとめる統計は、経済協力開発機構(OECD)と国際エネルギー機関(IEA)の年次で公表する各種の統計集が最も包括的で信頼性の高いものとなっている。
- 国内では、一般社団法人エネルギー経済研究所(http://eneken.ieej.or.jp/)が上記OECD/IEAの統計も含めて、国内外の統計データを整備し、公表している。

❖練習問題

1．世界各国の電気事業政策を整理し、比較対照せよ。
2．世界各国の原子力政策を整理し、比較対照せよ。
3．各種の電源について、その特徴を整理し、比較対照せよ。

❖さらなる学習のために

　エネルギー問題とその政策は、その話題が多岐にわたり、全体を把握できるような書物は多くはない。松井（2000）、富舘・木船（1994）はオーソドックスなトピックでまとまっている。植草編（2004）はエネルギー産業の様子についてまとめられている。林編（1990）は、公益事業論についてまとめられていて参考になる。
　最新の電気事業改革の動向は経済産業省の HP が参考になる。

❖参考文献

植草益編著（2004）『エネルギー産業の変革』NTT 出版。
富舘孝夫・木船久雄（1994）『最新・エネルギー経済入門』東洋経済新報社。
林敏彦編著（1990）『公益事業と規制緩和』東洋経済新報社。
前田章（2007）「GDP の国際原油価格弾力性についての一考察」『経済分析』179 号（内閣府経済社会総合研究所）、pp.72-95。
松井賢一（2000）『エネルギー経済・政策論』嵯峨野書院。
Baumol, W.J., J.C. Panzer, and R.D.Willig（1988）*Contestable Markets and the Theory of Industrial Structure*, Harcourt Brace Jovanovich Publishers.

［前田　章］

第7章 環境問題と政策

本章では、環境と経済に関わる問題について考えてみたい。いわゆる環境問題と言われるものであるが、実際のところ、その内容は広範かつ複雑である。本章では、問題の全体像を俯瞰しつつも、これが経済学の中でどのように位置づけられるか、そしてそれに対してどのような経済政策がありうるかについて議論を絞りたい。

1　環境問題の概観

環境問題に類するものは決して近年に限ったものではなく、太古の昔からあった問題であると言ってもよい。たとえば、中世のヨーロッパの都市では、上下水道が十分に整備されておらず、衛生上大きな問題があった。これが疫病発生の温床となり、一旦疫病が流行すると都市の存立にも関わるほどの重大な問題となった。ペストなどの大流行とそれによる人口の激減は、世界史上の重要な史実としてよく知られていることである。

都市の衛生状態を悪化させたのは、当然、都市に密集する住民やそこを行きかう人々である。衛生を管理するために、都市インフラの整備や市街区域の浄化など、打つ手はたくさんあったはずである。こうした中で、都市内部の汚染が疫病の流行につながったとすれば、それは公衆衛生の問題であると同時に、環境管理の問題であったと言える。同じことは、記録に残っていなかったとしても、おそらく有史以来多くの都市や集落で起きていただろう。

近世になって、工業生産が環境に悪影響を及ぼす物質を副産物として生産

し始める。そうした副産物は大きく2種類に分類できる。一つは、自然界には通常存在しない（あるいは通常は微量にとどまる）有害物質である。もう一つは、それ自体本来有害とは言えないが、量が大量になると生態系や人体に影響を及ぼし始めるような物質である。

前者の物質として挙げられるのは、鉛や水銀やカドミウムなどから成る化合物、光化学エアロゾル、各種の発がん性物質、硫黄酸化物（SOx）、窒素酸化物（NOx）などである。後者の物質の例は、フロンや代替フロンなど人工的ではあるが化学的に安定な物質、二酸化炭素やメタンなど自然界にもともと存在する物質である。

こうした物質は、大気や水を通して拡散する。前者の有害物質の場合には、この拡散を**汚染**と呼ぶ。物質の発生源が限定されていて、それによる悪影響がその周辺に限定され、しかも直接的である場合を**公害**と呼ぶ。

発生源が多数で、それによる悪影響が地理的に広範囲に渡る場合、より一般的に**地域環境問題**と呼ぶこともある。ここに言う「地域」が、行政的な区域をまたがるようなものとなる場合、具体的には州境や国境をまたがる場合、「越境」という言葉に置き換えられることも多い。

本来有害ではない物質の場合は、「汚染」とは言えない。しかし、これらがわれわれ人間の生活に悪影響を及ぼすこともある。たとえば、フロンは上空の大気中でオゾン層を破壊する。オゾン層は紫外線の遮断に役立っているので、その減少は全生態系に対して脅威となり、当然人類にとっても脅威となる。

二酸化炭素やメタン、代替フロンは地球全体を覆っている大気に蓄積される。その濃度の高まりは、大気圏から宇宙への熱放射を減少させることになり、それが地球表面の温度上昇につながる。いわゆる**温室効果**である。もともと地球はこの効果によって守られているのだが、その効果が強くなりすぎると、地球全体の気候に影響を及ぼすことになる。この現象は一般的には**地球温暖化**と呼ばれることも多いが、これは必ずしも正確な言葉とは言えないだろう。地球表面の平均気温が上昇することだけを考えれば温暖化であるが、局地的にはむしろ寒冷化したり、あるいは、気温にとどまらず、湿度や降雨パターン、風向の変化を伴ったりする。さらには海流の変化や海面の上昇を

伴い、それがさらなる気象の変化をもたらす。そのため、学術的には**気候変動**と呼んだ方がより正確と言える。オゾン層破壊と気候変動（あるいは地球温暖化）は、どちらも地球全体に関わることであるので、**地球環境問題**と呼ばれる。

2　地域環境問題と地球環境問題

　地域的な環境問題についてもう少し詳しく見てみよう。

　公害問題は、世界の工業国のほとんどで、その国の急速な工業化の過程で経験されていることである。先に挙げた有害物質による水質あるいは大気の汚染とそれによる健康被害が社会問題となるのである。わが国では、戦前から戦後高度成長期にかけていわゆる**四大公害病**と呼ばれるものがあった。熊本水俣病、新潟水俣病、イタイイタイ病、四日市ぜんそくである。こうした公害は、今日、先進国ではほとんど姿を消したと言ってよいだろう。多くの訴訟や行政的な対応を通して、事態が改善されてきたからである。

　一方、現在でも先進国とその周辺である程度継続しており、単に公害という以上に大きな問題として残っているものがある。それは、硫黄酸化物や窒素酸化物に関係する問題である。これらの物質は物理的に大気を汚し、ぜんそくなどの健康被害を引き起こす（いわゆる古いタイプの公害である）が、その大気汚染の範囲が広くなるともっと深刻な問題につながる。

　硫黄酸化物の一つである二酸化硫黄（SO_2）は水（H_2O）と反応すると硫酸（H_2SO_4）になる。誰もが知っているように、これは強酸性の劇物である。つまり、大気に二酸化硫黄が放出されて雨が降ると、硫酸が降ってくるのである。同じように窒素酸化物と水が反応すると硝酸（HNO_3）ができる。これは工業的には火薬の原料となるものである。

　このように硫黄酸化物や窒素酸化物が大気中で水分を含み強酸性の雨となって降ってくる現象を**酸性雨**と呼ぶ。硫黄酸化物や窒素酸化物は火山灰などにも含まれているので、自然現象としても酸性雨はありうる。しかし、石炭燃焼など人為的な要因による酸性雨は自然現象の水準をはるかに超えることになり、人間生活と生態系に大きな影響を及ぼすことになる。

特に、石炭による火力発電は大量の石炭燃焼を伴うので、そこから発生する硫黄酸化物や窒素酸化物は広域に渡る。これが国境や州境を越えて他国や他州に被害をもたらす。

　酸性雨問題を含む大気汚染に対しては、アメリカ連邦政府は1960年代から連邦**大気浄化法**を制定して規制に取りかかっている。この連邦法は酸性雨に限らずあらゆる大気汚染を規制の対象に入れたもので、しかも、その後幾度か改正され、より包括的なものになっていく。1990年改正大気浄化法の第4編は酸性雨対策として**二酸化硫黄排出許可証取引制度**を定めた。同様の制度が全米レベルのみならず、州レベルでも導入され、大気浄化政策はより高度な形になっている。

　以上のような局所的で、いわば伝統的とも言える公害や、酸性雨を中心とする越境的な環境問題は、原因物質自体がそもそも人体に悪影響を及ぼす化学物質である。それゆえ、社会問題や政治問題になりやすい。これに対して、気候変動（あるいは地球温暖化）は、まったく別次元の問題となっている。

　気候変動は、地球物理学的な原理としては比較的シンプルである。前節で簡単に述べたように、二酸化炭素をはじめとする温室効果ガスの大気中濃度の上昇が、地球から宇宙への熱放射を減少させてしまう現象である。

　温室効果ガス（GHG：greenhouse gas）と呼ばれているものは、二酸化炭素が主ではあるが、実のところはそれだけにとどまらない。二酸化炭素のほか、メタン、亜酸化窒素（一酸化二窒素）、ハイドロフルオロカーボン類（HFCs）、パーフルオロカーボン類（PFCs）、六フッ化硫黄の6種類がある。

　これらの6種類の温室効果ガスは、温暖化に寄与する度合いが異なる。その寄与度は**地球温暖化係数**として算定されている。これは1グラム当たりどれだけ温暖化に寄与するか、を二酸化炭素と比較して数値化したものである（たとえば、二酸化炭素の寄与度を1として、メタンは21、亜酸化窒素は310、ハイドロフルオロカーボン類やパーフルオロカーボン類は、物質によって異なるが、数百から1万程度、六フッ化硫黄は23,900とされている）。

　これらの温室効果ガスは、その発生源や利用用途は大きく異なる。言うまでもなく、二酸化炭素は石油、石炭、天然ガスなどの化石燃料、あるいは生物や植物に由来する燃料資源（バイオマス燃料）を燃焼することによって発

生する。その点で、エネルギー消費と密接に関連している。これに対して、たとえば、亜酸化窒素は麻酔効果のある物質で、医療用の麻酔に用いられている。六フッ化硫黄は電気・電子機器の絶縁材として用いられる物質である。ハイドロフルオロカーボン類は冷媒や溶剤などに使われる。

温室効果ガスの発生源や用途が異なるということは、それぞれ別の産業や関係者を背景に持っているということである。そのため、当然、規制の対象やふさわしい方法も異なる。また、その規制の物理的範囲も、一国にはとどまらず、全世界が対象にならざるを得ない。こうして気候変動は、原因から見ても影響の範囲から見ても、それ以前の公害問題や地域環境問題とは比べものにならないほど、広範で複雑な問題となっているのである。

3 気候変動問題の経緯

気候変動問題に対する社会一般の強い関心は、1997年の**気候変動に関する国際連合枠組条約**（UNFCCC：United Nations Framework Convention on Climate Change）（通称：気候変動枠組条約）第3回締約国会議（京都会議）を契機にしていると言ってよいだろう。それ以前は、気候変動とか温暖化と言っても一部の気候専門家、環境問題専門家などしか知らなかったことであった。特に、京都会議で**京都議定書**（Kyoto Protocol）が採択されたことは、日本国内の環境問題に対する意識を大きく変えたと言ってもよいかもしれない。

2007年には、**国連気候変動に関する政府間パネル**（IPCC）と元アメリカ副大統領アル・ゴアが、気候変動に関して啓蒙活動に貢献したとしてノーベル平和賞を受賞した。翌年2008年には、後述するように京都議定書の「第1約束期間」が始まった。同年7月には北海道・洞爺湖での先進主要国会議にて、京都議定書の次（いわゆる「ポスト京都」）が話し合われた。こうした地球環境問題関連のニュースがしばしばトップニュースの扱いを受けるようになり、国際政治の重要議題の一つになっている。

このように環境問題が国内で一般的な関心を集め、さらには国内問題にとどまらず対外交渉の材料にも格上げされるような状況は、なにも日本に限ったことではない。海外でも状況は同じである。ただ、専門家限定の議論を飛

び出して政治性の高い話題となったのは、欧米先進諸国の方がはるかに早かったと言うべきだろう。以下、そうした経緯を詳しく見てみたい。

　国際政治の場に地球環境問題が登場してくる最初の時点はどこかと言えば、おそらく、1972 年とするのが適当であろう。この年 6 月、スウェーデン・ストックホルムにて**国連人間環境会議**と題するハイレベル政府間会合が開催された。そこで採択された**人間環境宣言**および**環境国際行動計画**をもとにして、1972 年 12 月、**国連環境計画**（UNEP）が設立される。ここで対象とされた環境問題は、国連加盟国が直面するあらゆる環境関連の問題であり、必ずしも気候変動には限定されない。すなわち、人口爆発、資源枯渇、生物多様性、森林破壊、南北格差など、多岐に渡っている。

　国連とは別のところでは、1968 年に国際的な民間有識者組織**ローマクラブ**が作られた。これが将来の全世界の直面する諸問題を検討するプロジェクトを立ち上げ、具体的な分析をマサチューセッツ工科大学（MIT）の学者らに依頼した。その報告書は 1972 年 3 月に『**成長の限界**（*The Limits to Growth*）』と題して発表される。

　その内容は、1900 年から 1970 年にかけての人口成長や経済成長の趨勢がこのまま続くと、資源枯渇と環境汚染により食料は不足し南北格差は深刻になり、やがて世界は破局を迎える、という極めて悲観的なものであった。そして、この報告書発表の直後に第一次石油危機が勃発し、この報告書の結論はさらなる注目を集めることとなった。

　アメリカでは、1977 年に第 39 代合衆国大統領に就任した J. カーターが環境問題に積極的に取り組み始める。カーターは 1977 年 5 月に『環境教書』で、政府が長期的な環境問題についての研究に取り組むことを表明する。その研究の結果として、1980 年 7 月に、環境問題諮問委員会と国務省が、報告書『**西暦 2000 年の地球**（*The Global 2000: Report to the President – Entering the Twenty-First Century*）』を発表する。

　国連の場では、UNEP の下に、1984 年、**環境と開発に関する世界委員会**（通称：ブルントラント委員会）が設置される。そして、この委員会が 1987 年に報告書 *Our Common Future* を発表する。この報告書の中で、初めて**持続可能な発展**（Sustainable Development）という概念が提案された。その後、こ

の概念は地球環境問題のみならず、世界規模の経済成長と発展に関する議論で中心的な考え方となるのである。

この報告書発表の翌年1988年6月にカナダ・トロントにてサミットが開かれたことを契機に、報告書関係者がサミット後に会合を開く。この会議は「変動する大気（Changing Atmosphere）」と題され、気候変動問題を全面的に議題に挙げた世界初の国際会議となる。この時点をもって、気候変動問題が国際政治の場に躍り出たと言ってよい。

「変動する大気」の後、同年11月、UNEPと同じく国連の専門機関である世界気象機関（WMO）が共同で専門調査組織を設立する。これが先に挙げたIPCCである。

IPCCは1990年8月に調査の結果を評価報告書（Assessment Report）として公表する。この中で、人間活動に起因する温室効果ガスの増加が、不確実性と地域差はあるものの、21世紀末までに気温の上昇や海面上昇などの影響を及ぼす可能性があることを指摘した。その後、第2次〜第5次報告書（それぞれ、1995年、2001年、2007年、2014年）が公表されることとなる。

IPCCの最初の評価報告書の後、1992年6月に**環境と開発に関する国際連合会議**（UNCED）（通称：国連地球環境サミット）が開催され、その直前の条約交渉会議で採択された気候変動枠組条約（UNFCCC）が署名された。

気候変動枠組条約の主たる内容は、先進各国と旧東欧の経済移行国に対して、1990年代末までに温室効果ガスの排出量を1990年水準に戻すことを目指していくこと、開発途上国に気候変動に関する資金援助や技術移転などを実施することを求めるものであった。そしてこの条約は、155ヵ国が署名し、各国の批准を経て、1994年3月に発効した。

この条約が発効した後に、その条約締約国会議（COP：Conference of Parties）が、1995年から開始される。そして1997年12月の第3回締約国会議（COP3）にて議定書が採択される。これが「京都議定書」である。その後の各国の批准を経て、2005年2月に議定書は発効した。

京都議定書では2008年からの5年間が第1約束期間とされ、その期間の温室効果ガス排出量に上限規制が設けられた。第2約束期間とされた2013年からの5年間については、数値目標の合意ができず、今後の課題とされた。

その後、2009年の締約国会議（COP15）では、産業化以前からの気温上昇を2℃以内に抑えることを長期目標にすること、また、各国は自主的な排出削減目標・行動を条約事務局に提出し努力することなどが合意された（コペンハーゲン合意）。さらに、2012年の締約国会議（COP18）では、京都議定書第2約束期間を延長し、2013年から2020年の8年間とすることも合意された（ドーハ合意）。ただし、日本は議定書から離脱することを決めている。

その後の締約国会議においては、2020年以降の国際枠組みとして、各国の自主的な取組みを基本とした共通ルールの策定が議論されている（2015年3月現在）。今後実効性のある合意がなされるか否かは国際政治情勢次第と言える。

4　経済学の枠組みと環境問題

以上のように現実の環境問題を概観したところで、こうした問題を経済学の枠組みの中でどのように捉えることができるか考えてみよう。以下では、汚染物質や温室効果ガス（より一般的に「環境負荷物」と言ってよい）の排出といった事象を、より一般的に「環境の利用」と言い換え、理論的な取り扱いをしてみたい。

一般に、経済社会は財やサービスを生産する生産者とそれらを消費する消費者から成っていると考えられる。彼らは財やサービスを生産または消費する過程で、それに付随して「環境利用」を行うことになる。ここに言う「環境を利用する」とは、天然資源や自然環境を経済活動に生かすことで、具体的には次のようなことである。

　①天然資源を消費すること
　②自然の浄化作用を利用すること
　③快適さやアメニティを享受すること

以下、順次見ていこう。

①に言う天然資源とは、わかりやすい例では、石油・石炭・天然ガスのような化石性資源である。これを燃料にしてエネルギーを得る。木材なども同様に燃料になる。

表 7-1　気候変動問題の経緯

1968 年		ローマクラブ設立される
1972 年	3 月	ローマクラブが『成長の限界』を発表
	6 月	国連人間環境会議で人間環境宣言、環境国際行動計画が採択される
	12 月	人間環境宣言、環境国際行動計画をもとに国連環境計画（UNEP）が設立される
1977 年		カーター政権、『環境教書』で長期的環境問題の研究への取組みを表明
1980 年		アメリカ環境問題諮問委員会と国務省が『西暦 2000 年の地球』を公表
1984 年		UNEP の下に「環境と開発に関する世界委員会」（ブルントラント委員会）が設置される
1987 年		ブルントラント委員会の報告書 Our Common Future で「持続可能な発展」という概念が提案される
1988 年	6 月	「変動する大気」会合（気候変動問題を議題にした初の国際会議）
	11 月	国連気候変動に関する政府間パネル（IPCC）が設立
1990 年	8 月	IPCC が初の「評価報告書（AR）」を公表
1992 年	6 月	「環境と開発に関する国際連合会議」（国連地球環境サミット）で「気候変動枠組条約」が署名される
1994 年	3 月	気候変動枠組条約が発効
1995 年		気候変動枠組条約締約国会議（COP）が始動
1997 年	12 月	第 3 回締約国会議（COP3）が京都で開催。「京都議定書」が採択（2005 年 2 月発効）
2008 年		第 1 約束期間開始（2012 年 12 月まで）
2009 年		COP15 コペンハーゲン合意（2℃目標、自主的な排出削減目標・行動など）
2012 年		COP18 ドーハ合意（京都議定書第 2 約束期間の延長など）

　燃料としての利用以外にも、天然資源を利用する例はいくらでも挙げることができる。われわれが生きていくうえでなくてはならない水は、自然の水を飲料水や工業用水に加工して使っている。その意味で、**水資源**という言い方をしてもよいだろう。同じように、われわれが当たり前と思っている空気、日光、土壌なども、天然の資源と言ってよい。

　②に言う自然の浄化作用の利用とは、自然を廃棄物処理場として利用するということである。もっと言うなら、ゴミ箱として使うということである。自然は汚れても時間の経過とともに元どおりきれいになる作用を持っている。廃棄するものは、汚いものとは限らない。二酸化炭素はそれ自体有害物質ではないが、化石性資源の燃焼の副産物として発生し、ほかに利用のしようが

ない。放出された二酸化炭素は、一部は大気中に累積し、一部は植物に固定され、一部は海洋に吸収される。

こうした自然の廃棄物処理場としての利用は、太古の昔からなされている。工業社会になり、廃棄物の種類が多くなると同時に、その廃棄の方法も生産プロセスの一部分になってきた。

③の快適さやアメニティとは、美しい自然を眺めて、美しい自然に触れて、幸福感に浸るといったことである。自然の中には、生物種なども含まれる。動植物に触れる機会を持つことも、自然の利用の一部である。こうした美しい自然には人の心を豊かにする作用があるというのは、誰もが認めるところであろう。

以上のような「環境の利用」を通して得られる効用や利潤を**便益**（benefit）と呼ぶことにする。これは貨幣的な価値として測ることができる。この点について若干補足しておこう。

①の資源消費や②の廃棄物処理によって得られる生産者利益は基本的に金額表示される。そのため、生産者にとってのその便益は、すでに貨幣単位で測られていると言うことができよう。

一方、一般消費者が資源利用や廃棄物処理を行うことによって得られる便益は、どのように測ることができるのであろうか。市場で取引されている財であれば生産者の場合と同じくすでに貨幣単位で測られていると考えてよいかもしれない。しかし、これには、たとえば、裏山や共有地から資源を取ってきたり、ゴミを捨てたりすることも含まれている。そうした市場取引に明示的に含まれていないものの価値は、個人的な「満足」や「効用」としてカウントされる。また、③の快適さやアメニティは、人間一人ひとりの感覚に作用するもので、生産者利益のようにお金で測れるようなものではない。そうした本来貨幣価値になっていないような満足や快適さに対しても、なんとか貨幣価値に換算することができるような方法はないだろうか。

そこで、経済学では、「どれだけのお金なら払ってもよいか」という仮想的な値段をつけることを考える。これを**支払意思額**（willingness to pay）という。この考え方と方法を用いれば、環境利用による満足や快適さは、貨幣的な価値に変換することができるのである。その詳細については、紙面の制

図 7-1　環境利用による社会的便益

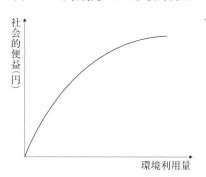

約から本書では十分に説明を尽くすことができない。より専門的な経済学の教科書を参照されたい。

　さて、環境の利用を通して得られる以上のような便益は、環境利用を行う個々人に対してもたらされるものである。個々人が享受するものという意味で、より正確に**私的便益**（private benefit）と呼ぶことにしよう。そうした私的便益を足し合わせたものは、社会全体が総体として享受する便益となる。これを**社会的便益**（social benefit）と呼ぶ。これらは、利用量の増加に伴って増加するものであり、上述のように貨幣価値として表示されるものである。社会的便益について、その様子を図示してみると、図7-1のようになる。

5　費用便益分析の考え方

　環境利用について、さらに話を進めよう。前節で記したように、環境を利用することは、その利用者に便益を与える。こうした利用には、一方で副作用も伴う。これについて前節の①〜③を引き続き用いて考えてみよう。

　①の天然資源の消費よりもまず、②の自然の浄化作用の利用から考えるとわかりやすいかもしれない。環境を廃棄物処理施設として利用することは基本的に環境の破壊や劣化につながる。前述のように自然環境それ自体は浄化作用を持っているので、時間とともに回復し再生する。こうした浄化作用には当然キャパシティーがあり、それを超えるような状態になると、環境の破

壊や劣化は後戻りできない事態になる。

　このような環境の破壊や劣化が起きると、これまでどおりの環境利用とその便益の享受ができなくなってくる。これを以下では**損失（ダメージ）**と呼ぶことにしよう。

　上記①に戻ると、その場合の「資源消費」というのも「損失」にあたることになる。枯渇性資源を使い尽くしてしまうと、数年後や子孫の世代には困った事態になるであろう。その意味で、後々の資源利用を難しくするという点で、損失と言ってよい。

　資源が再生可能資源の場合は、消費によってなくなってしまっても、自然に回復する。しかし、その回復のペースを超えるスピードで搾取してしまうと後戻りできない状態になる。これは、上に述べたキャパシティーを超える利用と同じである。

　③の快適さやアメニティの享受の場合、美しい自然を眺めているだけであれば問題はない。しかし、自然公園を多くの人々がどやどやと踏み荒らすようになると、廃棄物処理のケースとまったく同じになる。

　以上をまとめると、環境利用には損失（ダメージ）が付き物である、ということである。そこで、次なる論点は、損失の度合いの定量的な表現方法である。環境利用に伴う良い面は、便益という貨幣的価値で測ることのできる尺度に直された。しかもそれは利用の量に関係付けられた。まったく同じような考え方を、損失についても適用することができないであろうか。

　損失の中心的内容は、環境の破壊と劣化である。簡単な例は、森林が破壊されて消失したとか、大気や水質が汚染されたということである。こうしたことは、本来、物理的な尺度で測られる。たとえば、森林であれば、面積や木材のトン数で測ることができるだろう。また、大気や水質の場合は、空中浮遊物や水中不純物の気中（水中）含有量で測られる。

　気候変動の場合、地球表面全体の気温（全球平均気温）が上昇し、それに伴って世界各地の降水、気温、湿度のパターン、海流や海面レベルが変化する。これらはすべて科学的に数値として測ることができる。

　しかし、こうした科学的に計測可能な環境の「損失」が、なぜ問題なのかということをもう一度考えてみる必要があるだろう。こうした損失はわれわ

図 7-2　環境利用に伴う社会的費用

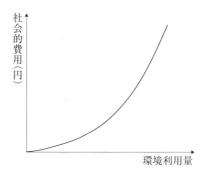

れ人間の健康を害し、生活の質を低下させ、生産の効率を落とす。直ちに害となって表れてくることもあるし、場所や時間を隔てて表れてくることもある。特に、気候変動の場合は、数十年、数百年という時間を経て、世界中のあらゆるところでの生産活動と消費活動に悪影響を及ぼすことになるかもしれない。いずれにせよ、環境の損失が問題となるのは、人間生活にマイナスの影響を与え、経済社会を脅かすからであると言うことができる。

以上のような経済社会へのマイナスの影響は、一般消費者への被害や生産者の経済活動への損害として表れることになる。これらは貨幣的尺度で測ることができる。環境損失という物理的尺度は、経済社会への貨幣的損害額という形で考えることができるのである。貨幣的損害額は、「コスト」と言い換えてもよい。これを**環境利用に伴う**「**社会的費用**（social cost）」と呼び、環境利用によって副次的に発生するマイナス影響（損失）を金銭的価値に換算し集計したものと考えることにしよう。これを図示すると、図7-2のようになる。

さて、以上の議論から言えることは、環境利用には、良い面（社会的便益）もある一方で、悪い面（社会的費用）もある、ということである。便益と費用の性質から、利用量を増やすと便益も増えるが、費用も増える。特に費用の方は、利用量の増大に伴って加速度的に増えていく。そこで、環境は利用しないという手はないが、利用しすぎることも得策ではない。すなわち、環境利用には、最適な利用量というものがあるのである。では、そうした最適

図 7-3 排出による便益と費用

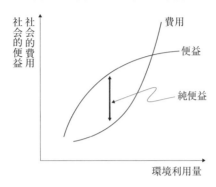

図 7-4 純便益の最大化

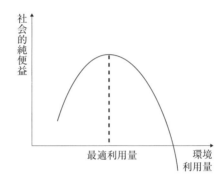

利用量とはいかなるものであろうか。

便益も費用も、上述の考え方に基づけば、貨幣換算されることになるので、この二つは容易に比較可能である。具体的には、両者の差をとって、**社会的純便益**（social net benefit）を考えることができる。そうすると、われわれは次のように考えることができる。

・「社会的に最適な環境利用量」とは社会的純便益を最大にする環境利用量である。

ここで社会的便益と社会的費用は、図7-1、図7-2のようになっていることを思い出そう。その差の様子は図7-3のようになる。そこで、その差たる

「純便益」に着目すると図7-4のようになる。このようにして最適な環境利用量が算定されることがわかる。

以上のように、便益と費用を勘案する考え方は、**費用便益分析**（CBA: Cost-Benefit Analysis）と呼ばれている。環境問題を経済学的に考えるということは、環境利用量にCBAの考え方を適用するということであると言い換えてもよい。

6 気候変動政策のモデル分析

前節で見たような費用便益分析の考え方は、近年、特に気候変動政策問題において広く受け入れられるようになっている。気候変動問題は、国際間の利害が衝突するため、合意形成を行うことが容易ではない。そのため、専門家による費用便益分析の結果が客観的な資料の一つとして、政策形成の際に考慮に入れられるようになってきているのである。

気候変動政策問題に費用便益分析の考え方を当てはめ、実際に計算するには、大規模なコンピュータ・モデルを用いる。以下、これについて見てみよう。

これまで見てきたように、温室効果ガスの主たる発生源は、エネルギー消費である。そこで、エネルギーと生産活動の関係をコンピュータ・モデルに組み上げる。これは**エネルギーモデル**と呼ばれる。1本の生産関数で表すような小さいものから、数万本の方程式で組み上げる大規模なモデルまでさまざまである。また、目的によって、一国を対象とするものと、世界全体を対象とするものとに分けられる。世界全体を対象とするものは「世界エネルギーモデル」と呼ばれる。

エネルギーモデルは、エネルギー資源の消費量とそれに伴う温室効果ガス排出量を算定する。同時に、エネルギー資源消費に要するコストや排出削減に要するコストも算定する。そこで、これらを組み込んだ形で経済成長を表すモデルを作れば、エネルギー需給のみならず、温室効果ガスの排出を算定するコンピュータ・モデルができるはずである。

経済成長を表すモデルは**経済成長モデル**と呼ばれている。世界全体を対象

図7-5 統合評価モデルの基本構造

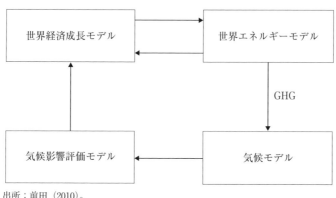

出所:前田 (2010)。

とするものは「世界経済成長モデル」である。このモデルとしては、次のような数学的定式化を用いるのが最も一般的である。これは**ラムゼーモデル**と呼ばれている。

〔社会厚生〕
　＝〔今年の効用〕＋〔来年の効用の現在価値〕＋〔再来年の効用の現在価値〕
　　＋〔再々来年の効用の現在価値〕＋……
→最大化
　ただし、次のような制約条件に従う。
　　・効用は社会全体の消費によって決まる
　　・生産から消費を差し引いたものが貯蓄となる
　　・貯蓄は投資に回り、生産設備を作る

　次に、エネルギー資源消費によって発生した温室効果ガス (GHG) の行き場所を考えてみよう。大気に放出された温室効果ガスは次第に蓄積され、温室効果を引き起こすことになる。これは、純粋に地球物理学的、あるいは気象学的な現象である。このような気候変動の地球物理学的なメカニズムをモデル化したものを**気候モデル**と呼ぶ。こうしたモデルを用いれば、温室効果ガス排出から地球全体（全球）の気温上昇を計算することができる。

図 7-6　世界の総炭素排出量［Gton/年］：DICE モデルによる計算

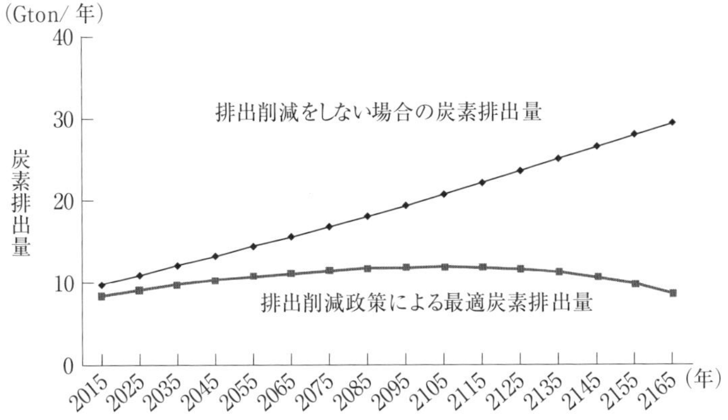

(Gton/年)

炭素排出量

排出削減をしない場合の炭素排出量

排出削減政策による最適炭素排出量

出所：前田（2010）。

　最後に、全球平均気温の上昇が経済に及ぼす悪影響を算定することができれば、経済活動自体が巡りめぐって経済自身に損害をもたらす構図が記述できることになる。このような気候と経済のリンクは特に名前がついてはいないが、ここでは**気候影響評価モデル**と呼ぶことにする。
　以上のように、「世界経済成長モデル」に、「世界エネルギー・モデル」と「気候モデル」、さらに「気候影響評価モデル」を組み合わせることによって、総合的に気候変動の費用便益分析を行うモデルが完成する。このようなモデルは、**統合評価モデル**と呼ばれている。その基本的な仕組みは図 7-5 のようになっている。

　このようなモデル分析の考え方を初めて提示し、その研究分野を確立した学者としては、スタンフォード大学の故マン教授（Manne and Richels 1992）とイェール大学のノードハウス教授（Nordhaus 1994, 2008）が挙げられる。特に、ノードハウスの「the Dynamic Integrated model of Climate and the Economy」通称 DICE モデルは、最も先駆的な統合評価モデルとして知られている。そのコンピュータ・プログラムは著書や web 上で公開されており、誰でもこれを使った計算ができるようになっている。

本章では紙面の制約でDICEモデルについてこれ以上詳しく記すことはできないが、参考までに、このモデルの計算例を図7-6に示しておこう（数値は公開されているDICEモデルのプログラムを使って筆者が計算したもの）。

7 経済政策の必要性

さて、CBAの考え方に従って、社会的に最適な環境利用の水準（たとえば、最適な二酸化炭素排出量）が算定できたとしよう。そこで次に問題となることは、これをどうやって実現するのかということである。

アダム・スミスは、個人の自由な経済活動に任せておけば、彼らは神の手に導かれるようにして、より良い経済社会を実現すると考えた。よく知られた**見えざる手**（invisible hand）である。実際、現代の自由主義経済体制は、この考え方に基づいている。アダム・スミスの考えどおりであるなら、社会的に最適な環境利用量も神の手が導いてくれるということになる。しかし、本当にそうであろうか。

環境は特定の誰かに所有されているものではない場合がしばしばである。大気や河川は国民なり人類なりの共有物であって、決して誰か特定の人の所有に帰するものではない。そこで、工場の排気や排水によって、大気や河川が汚れたとしても、自分自身の所有物が汚染されたというわけではない。

逆に、自身は排気や排水を行わなくても、他人がそうした行為によって、大気や河川の汚染を引き起こすかもしれない。大気と河川が自分の所有物ではないのであるから、それを止める権限は自分には与えられていない。

このように、社会の共有物で、誰かの所有に帰するものではない物の場合、その利用に伴う汚染は、その責任を誰か特定の人に帰することができないという状態になる。

もう少しわかりやすい例で考えよう。人が普通に生活をしていれば、家庭ゴミが出るが、これを処理しないといけない。公共のゴミ箱は、自治体が指定する場所や公共の場に設置されている。自治体がしっかりとゴミ回収し、清掃をしてくれれば問題はないが、もし、その頻度や程度以上にゴミが増えていったらどうなるであろうか。公共のゴミ箱はいっぱいになり、まわりは

汚物で溢れかえってしまう。しかし、そうなっても、多くの人は、自分の責任ではないと考えるであろう。ゴミの処理は自治体に任されているのであって、自分の一存で掃除をするわけにもいかない。実際、自分ひとりの手に負えるような量ではないだろう。

　環境の汚染は共有物の汚染であって、その責任は一人ひとりの責任というよりは、社会全体の責任と言うべきである。個人の意識としても、汚染の責任は自らの利用のみならず、他の多くの環境利用者の利用によるものである。よって、自分ひとりに責任を押し付けられても困るし、また、他人の利用を非難する権利や権限も自分にはないと考えるだろう。

　このように、責任の所在が不明確な場合、個々人は、環境利用に伴う損失のほんの一部が自身の負うべき責任であると認識するか、あるいは、損失の責任全体が自分には無関係と考えるかもしれない。その結果、個々人の環境利用意思決定の際には、社会全体が負担する「社会的費用」が判断材料とならなくなってしまう。そうした場合、すべての経済主体は、過剰な環境利用をしてしまうことになり、社会全体で見てみても、社会的に最適な環境利用量よりも多くの環境利用を行うことになる。

　このことは、しかし、われわれの直感に極めてよく合っている。共有の牧草地があり、そこで牛飼いたちが自分の牛に草を食ませるとしよう。草が生えてくるスピードよりも速いペースで草を食ませてしまうと、牧草地は荒れ果てて使い物にならなくなってしまうかもしれない。しかし、一人ひとりの牛飼いたちはそんなことお構いなしである。牧草地は実際、たちまち荒地になってしまう。このような現象を、生物学者ハーディンは**共有地の悲劇**（the tragedy of the commons）と呼んだ（Hardin 1968）。共有地は、共同管理が必要であると言うのである。

　各人の自由な意思決定の結果である社会全体の環境利用量が、社会的な観点からは過剰になってしまう根本原因は、「社会的費用」の存在である。社会全体では本来、社会的便益とともに考慮されるべきものであるが、個々人の利用量の意思決定では無視される。このような、社会全体には存在するにも関わらず、個々人の意思決定には反映されない要因のことを**外部性**（externality）と呼ぶ。

8　政策手段

　経済社会の中になんらかの外部性があると、それが原因で、社会的最適性と個々人の最適性が一致しない（つまり、「見えざる手」が働かない）状態になる。この状態を、**外部不経済**（external diseconomy）と呼ぶ。環境の利用はそうした状態の典型的な例であると言ってよい。外部性の存在こそが環境問題の根本と言える。そうであるならば、環境問題を解決するには、なんらかの方法で外部性の影響を補正してやればよい。ここに至って、政策が必要となってくるのである。

　外部性の影響を補正する方法は、いくつか考えられる。一つには、各人の自由な意思決定に委ねられるような環境利用を一切禁止し、社会的最適利用量を強制することである。具体的には、環境の利用を法令によって規制することになる。

　二つ目は、各人が自由な意思決定を行う際に外部性が考慮されるようにすることである。外部性の実体は社会的費用である。そこで、私的純便益の中に、社会的費用と同等の要素を組み込んでやればよい。そうすれば、再び「見えざる手」が機能することになる。

　三つ目は、個々人の自由な意思決定プロセスそのものを、別のものにすりかえることである。行動様式を変えさせると言ってもよい。ただ、そうは言っても、一つ目のように法令による規制という手段を使わずに、個々人の行動様式を変えさせることは容易ではない。そこで、政策の議論以前に、社会のあり方を議論する必要があるだろう。

　以上の三つの方法は、具体的には次の手段に対応している。

　　①**直接規制**：
　　　　直接的排出規制、行政指導、基準設定など
　　②**経済的手段**：
　　　　環境税、補助金、排出許可証取引制度
　　③**自主的取組み**：
　　　　自主協定、自主行動計画など

直接規制とは、法的な手段によって規制を課すことである。英語では、

command-and-control を略して CAC と呼ばれる。各種の公害防止に関係する法規制がこれにあたる。たとえば、直接的排出規制として、汚染物質排出を直接的に規制する法律を制定するなどといった方法である。こうした方法は、日本においては長らく環境政策の中心であった。明文化された法律の条文によらなくても、役所の行政指導などもありうる。また、直接的に環境規制を行わなくても、関連する生産活動に規制の枠をはめたりすることもありうる。省エネルギーの度合いや水質のレベルに目標基準を設けるなどがその例である。

経済的手段とは、個々の経済主体の自主的な経済的意思決定の中に、外部性を織り込む手段である。英語では、economic instruments あるいは、「**市場に基づく手段（market-based instruments）**」略して **MBI** とも呼ばれる。

自主的取組みとは、企業が自主的に環境改善努力をすることを期待するものである。英語では、voluntary agreements とも呼ばれる。ただ、そうは言っても、上述のように、なんの規制にもよらず行動様式を変えさせるというのは、資本主義経済社会においては現実的ではない。そこで、現実的には政府と企業の間で協定を結ぶなどといった形態を取る。その際、協定を順守している限り、環境とは別のところでなんらかのメリットが得られるようにしておく。こうした協定は実際にイギリスの気候変動政策の中に取り入れられている。

経済学に基づいた政策としては、2 番目の経済的手段、すなわち MBI が重要である。残念ながら、これらの詳細について解説することは、本書のレベルを大きく超えることになる。読者が将来より深く経済理論を学んだあとに、再びこうした話題に出会うことを期待したい。また、本章で取り扱った事項は、前田（2010）で詳しく議論されているので、そちらも参照されたい。

9 まとめ

1. 工業社会の進展と共に経済活動が必然的に自然環境の悪化や劣化を招くような事態が発生している。中でも、温室効果ガスの発生により引き起こされる気候変動（地球温暖化）は、現在社会において、国境を越えた

地球規模の環境問題となっている。
2. 環境問題の本質は、「外部性」にある。生産者や消費者は環境の利用（環境負荷物の排出など）から個々人のレベルでは便益を受けている一方で、環境の悪化や劣化を通して、社会全体として、なんらかの損害を受けている。しかしながら、後者は、個々人の経済活動の際に明示的に考慮されることがない。
3. こうした外部性を補正することが「政策」の役割である。経済学としては、「市場に基づく手段（MBI）」、具体的には、環境税、補助金、排出許可証取引制度などによって、外部性の補正が可能であると考える。
4. 適正な環境利用や環境負荷物排出の水準を評価するには、費用便益分析の考え方を用いる。超長期の気候変動政策評価には、コンピュータ・シミュレーションによる「統合評価モデル」が有用である。

❖統計資料など

気候変動問題に関する最新の情報は IPCC のウェブページ（http://www.ipcc.ch）に公表されている。国内では環境省、外務省、経済産業省それぞれのウェブページで動向が逐次公表されている。

本文で言及されている DICE の詳細についてはイェール大学のノードハウス教授のウェブサイト（http://www.econ.yale.edu/~nordhaus/）から辿ることができる。

❖練習問題

1. 特定の国や地域で実施されている環境政策を取り上げて、それがどのような政策手段となっているか考察せよ。
2. 気候変動を巡る外交交渉の最近の動向を調べ、論点を整理せよ。

❖さらなる学習のために

本文中でも言及した前田（2010）は、環境問題の経済政策を体系的に捉えた入門書となっている。

そのほかに、環境経済学のテキストとして比較的読みやすいものとしては、植田（1996）、栗山・馬奈木（2008）、細田・横山（2007）などが挙げられる。

海外に目を向けると環境経済学の洋書は非常に多く、内容も充実している。翻訳さ

れているもので比較的読みやすいものとしてはコルスタッド（2001）が挙げられる。

❖参考文献

植田和弘（1996）『環境経済学』岩波書店。
栗山浩一・馬奈木俊介（2008）『環境経済学をつかむ』有斐閣。
コルスタッド，C. D.（2001）『環境経済学入門』（細江守紀・藤田敏之監訳）有斐閣。
細田衛士・横山彰（2007）『環境経済学』有斐閣。
前田章（2010）『ゼミナール環境経済学入門』日本経済新聞出版社。
Hardin, G. (1968) "The Tragedy of the Commons," *Science,* Vol. 162, pp.1243-1248.
Manne, A. and R. Richels (1992) *Buying Greenhouse Insurance: The Economic Costs of CO_2 Emission Limits*, MIT Press.
Nordhaus, W.D. (1994) *Managing the Global Commons: The Economics of Climate Change*, MIT Press（室田他訳『地球温暖化の経済学』東洋経済新報社、2002 年）.
Nordhaus, W.D. (2008) *A Question of Balance: Weighing the Options on Global Warming Policies*, Yale University Press.

［前田　章］

第8章 産業に関する経済政策

1 はじめに

　経済成長や経済発展は、各産業の構成比率が一定のまま、相似拡大的に実現するというものではない。日本経済がその工業化のプロセスを軽工業から開始し、重化学工業化を経て、加工組立産業へとその比重をシフトさせてきたことは、よく知られている事実である。こうした産業のダイナミクスに政策がどのように関わりうるのかということが、本章のテーマである。

　産業に関する経済政策と言っても、ほとんどすべての経済政策は産業に何らかの影響を与えると考えられるが、この章ではその中でも特に、特定の産業に対して直接的に影響を与えようとする政策を中心的に取り上げることにする。このような政策は**産業政策**（industrial policy）と呼ばれる。また、産業政策は、特定の産業構造を持つための政策的介入と見なすことができるので、産業構造の選択についても述べることにしよう。さらに、現代日本の産業が抱える諸問題についても触れることにしたい。

　実は、産業政策について語ることはそれほど簡単なことではない。標準的な経済学では、政府による産業への介入はよほどのことがない限り、経済厚生を悪化させるものと考えられてきたし、アメリカでも日本経済の台頭に直面するようになるまでは産業政策は行われてこなかった（実際には、それに近いことをやっていたのだが）。したがって、読者には意外に感じられるかもしれないが、産業政策は日本やアジア諸国に特有なものと見なされ、経済学的にも異端扱いされてきたのである。しかし、日本の場合には、戦後経済が

産業に対する統制色の非常に強いところから出発し、産業政策が一定の成功を収めてきたという見方が一定程度存在している。また、1980年代に入ると、日本ばかりでなく、東アジア諸国が政府の産業介入によって経済発展してきたという見方が広がり、日本の産業政策に対する関心も高まることになった。

しかしながら、標準的な経済理論の枠組みの中で正当化することが難しかったことから、産業政策とは何なのかをめぐっては議論が大きく分かれ、その定義すらきわめて難しいとされてきた。高名な経済学者が「産業政策とは通産省が行う政策である」と言っていたほどである。以下では、このような状況の中で産業政策の理論という分野を切り開いた伊藤・清野・奥野・鈴村（1988）に主として依拠しながら、産業政策と産業構造について解説することにする[1]。

同書によれば、産業政策とは「一国の産業（部門）間の資源配分、または特定産業（部門）内の産業組織に介入することにより、その国の経済厚生に影響を与えようとする政策である」。この文の中に出てくる「産業組織（industrial organization）」とは、簡単に言うと、産業を構成する企業や企業グループのことであると考えればよい。読者の大学にもおそらく、産業組織を分析する産業組織論という授業があるだろう。

改めて整理すると、本章では以下の諸問題を扱うことにする。

　①日本の産業はどのように発展してきたのか（主に戦後）。
　②特定産業の保護育成は可能なのか。
　③どのような産業構造に向けて転換を行うことが一国経済にとって望ましいのか。
　④通産省（現在の経産省）の行ってきた産業政策は、戦後日本の産業構造転換に影響を与えることができたのか。
　⑤衰退産業に対して行われる産業調整政策には意味があるのか。
　⑥これからの日本経済にとって、産業政策はどのような意味を持ちうるのか。

---

1) 実は、特定産業の保護育成という考え方は、フリードリヒ・リスト以来、幼稚産業保護論として古くから経済学に存在する考え方でもある。したがって、以下で述べることは、幼稚産業保護論の現代的な焼き直しと言うこともできる。

⑦現代日本の産業はどのような課題に直面しているのか。

2　戦後日本の産業政策

　財閥解体や農地改革など、第2次世界大戦の直後にGHQ占領下で行われた改革は、自由で競争的な市場経済の創出を目指すような性格を持っていたが、日本政府が行った産業政策は戦時中の統制経済に後戻りするような統制色の強いものであったと言われる。

　そのよく知られた例が1946年から48年にかけて行われた「傾斜生産方式」である。これは、戦後経済の立て直しのために、石炭産業と鉄鋼業を戦略的産業として、これに資金、輸入原材料、外国為替などを優先的に配分するというものであった。1947年に設立された「復興金融公庫」は、こうした産業に重点的に資金を投下した。この政策は、石炭の増産や鉱工業生産の増加という効果を持ったものの、復興金融公庫による過剰なまでの資金投入がインフレーションをもたらすという副作用を伴った。こうした中で来日したドッジは1949年、インフレを収束するとともに、統制色をなくし、より市場メカニズムに依拠するような政策（「ドッジ・ライン」）を提言した。これによって、復興金融公庫の新規貸出も停止されることになった。

　しかし、日本政府はその後再び産業に対する統制色の強い政策を異なる形で実行するようになる。当時は1ドル＝360円という為替レートが円を過大評価しているという認識が一般的で、国際競争力を持った企業を選別的に育成するための合理化が必要だという認識から、1949年12月、通産省は「産業合理化審議会」（1964年には、1961年に発足した産業構造調査会と統合して産業構造審議会と改名）を設立した。ここにおいて、産業政策の策定に際して、民間企業と意見を交換するような仕組みが確立することになった。産業合理化審議会の資金部会は、各企業の設備投資計画を需要面・資金面からチェックするなどして介入を行った。戦後日本の産業政策は、政府の原局と業界団体、審議会が組み合わさったシステムによって、各産業別の情報共有と利害調整が行われるものとして特徴づけられることが多いが、そのような仕組みの原型が創られたと言ってよいであろう。それはまた、戦前の物資統制のた

めの仕組みを原型としていたのである。

　1950年の朝鮮戦争による特需のおかげで、日本経済は国際収支の制約からある程度解放されることになり、急成長を遂げるようになったが、その中でも特に重化学工業部門の拡大が積極的に促進された。たとえば、復興金融公庫の資産と負債を受け継いで発足した「日本開発銀行」は重点産業に対して市場金利よりも低い融資を行うことで事実上の補助金を与え、輸出振興のために「日本輸出入銀行」も同様の政策を行った。

　こうした中で日本経済は各産業が自立的に発展することが可能な段階を迎え、1950年代後半からは高度成長の時代となる。1960年代になると、欧米諸国から日本に対する貿易自由化の要求が高くなり、政府は基本的にこれに応じる政策をとっていくことになるが、こうした趨勢の中でも、日本政府はいくつかの産業について自由化を遅らせるなどして産業の保護を行った。たとえば、自動車の自由化が1965年まで遅らされたことはよく知られている。コンピュータ産業についても、1972年には周辺機器のみが自由化され、すべてのコンピュータ関連の貿易が自由化されたのは76年であった。総じて、この時期には政府の産業への介入は直接的なものではなくなったと言うことができよう。

　1973年の第1次石油危機は、高度成長に終止符を打つことになった。また、1979年の第2次石油危機と合わせて、日本経済は急激なエネルギー・コストの上昇に直面し、日本の産業は大きな構造転換を迫られた。この転換を一言で表現するならば、重化学工業から組立加工産業への構造換転と言うことができるだろう。しかしこの転換はその背後で、もはや競争力を失った衰退産業の調整という問題も発生させることになった。

　1978年には「特定不況産業安定臨時措置法」（特安法）が成立し、不況カルテルの合法化や、過剰設備廃棄のための銀行融資を保証する基金の設立などの手段を用いて、「特定不況業種」の産業調整をスムーズに行うことが目指された。特定不況産業として指定された産業には、アルミニウム精錬、合成繊維、造船などが含まれる。

　1970年代からは情報化の進展を睨んで、国家主導での技術開発プロジェクトも行われるようになった。最も有名なのは、将来のコンピュータ・シス

テムの要となることが予想される超 LSI を開発する目的で、1976 年に発足した超 LSI 技術研究組合である。これには、工業技術院電子技術総合研究所と日本電信電話公社のほか、民間企業からは富士通、日立、NEC、三菱電機、東芝が参加し、総予算 700 億円の 4 年計画の大プロジェクトであった。この共同研究は、製造技術の標準化や、微細加工の新製造技術を生み出す。1980 年代後半には、日本は DRAM を中心とした半導体デバイスの市場で、大きなシェアを占めるに至るが、この研究組合がその基盤を創ったと言われている。

　しかし、こうした共同研究プロジェクトは成功例の方が珍しい。通産省は 80 年代以降にも IT 産業をフォーカスした国家プロジェクトをいくつか主導してきたが、そのほとんどが失敗しているからである。たとえば、1982 年から 13 年間にわたり約 570 億円を投じた「第 5 世代コンピュータ・プロジェクト」、1985 年から 5 年間で 250 億円を投じた「シグマ計画」、1992 年からの 10 年間で約 500 億円を投じたリアル・ワールド・コンピューティングというプロジェクトなどが挙げられる。その理由については後に述べるが、暫定的に言っておくならば、IT の世界では技術変化のスピードが速いうえ、世界で標準が決定される中で「日本発」にこだわることに限界があるということがある。

　以上、戦後日本の産業政策について概観してきたが、こうした政策が有効であったかどうかは研究者の間でも意見が分かれるところである。極端な例として、三輪・ラムザイヤー（2002）は、そもそも通産省が「産業政策」を行うための政策手段を持っていなかったとして、産業政策が行われたこと自体を否定している。そこまで極端な立場をとらなくとも、産業政策の有効性を実証することはきわめて難しい。戦後の日本経済は大きく発展を遂げたが、それを可能にした要因が数多く存在するからである。たとえば、人口の増加とピラミッド型の人口構成による「人口ボーナス」の効果は非常に大きかったであろうし、農村から都市への大規模な人口移動や活発な企業家精神など、数えあげればきりがないのである。このような中で産業政策が有意に日本の産業発展と産業構造の転換に作用したかどうかということを確かめることはきわめて困難であると言えよう。

3 産業の保護育成政策

前節では、戦後日本の産業政策と産業発展について概観したが、本節と次の節では、産業政策に関する理論についてまとめておきたい。

3.1 政府は特定産業を育成することができるのか

まず初めに、政府が何らかの形で政策的に介入することによって、そうしなければその国が持つことにはならなかっただろう産業を政策的に育成することが可能なのかという問題を考えてみよう。このような問題を考えることが意味を持つのは、政府の介入は一時的であるが、一定期間の後にはその産業が政策的介入なしに自立できるようになる状況を考察するときのみである。このような条件が満たされるケースの1つとして考えられるのは、産業に対して「実行を通じた学習（learning by doing）」の効果が作用するような場合である。実行を通じた学習とは、一定規模の生産活動を行うことによって学習効果が作用し、費用条件が改善されることを意味している。

では、実行を通じた学習が作用する場合にどのようにして政府の政策的介入が効果を持つことになるのかを、もう少し具体的に見てみることにしよう。ここでは簡単化のために小国を考えることにしよう。また、現在時点と将来時点という2つの時点を考えることにしよう。この国における、ある産業の状況を描いた図8-1を見ていただきたい。簡単化のために競争市場を考えている。この図の中で一国の需要曲線はDであり、財の世界価格は$\bar{p}$である。現在時点における国内の供給曲線はS_1で表されている。図から明らかなように、供給曲線S_1の縦軸の切片は世界価格$\bar{p}$よりも大きいので、自由貿易のもとでは、現時点において、この財は国内では生産されず、すべてが輸入されることになる。しかし、現在時点である一定の生産量、たとえば$\bar{x}$を生産するならば、実行を通じた学習の効果が作用し、供給曲線がS_0へと下方シフトすると考えよう。このときに政府の政策的介入によってどのようなことができるだろうか。

図 8-1　特定産業の保護育成政策

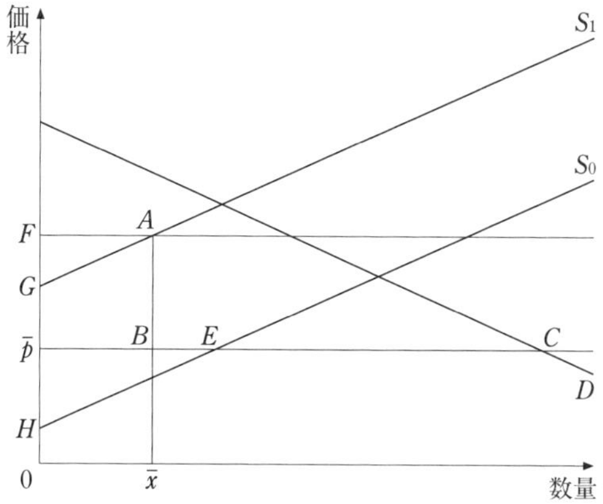

　答えは明らかに、現時点で $\bar{x}$ を生産できるような政策的介入を行うことである。このための手段としては、いろいろなことが考えられるが、まず最も分析が簡単な手段としては補助金がある。図の中の線分 AB の大きさに相当する従量補助金を導入するならば、国内供給曲線は S_1 から AB 分だけ下方シフトするだろうから、価格は世界価格のままでも国内の生産量は $\bar{x}$ となるであろう。国内消費は $\bar{p}C$、輸入量は BC となっている。現在時点でこうすることで、将来時点における供給曲線は S_0 となるので、補助金政策を打ち切ったとしても、国内生産は $\bar{p}E$ の大きさで維持することができる。こうして、この産業は自立することに成功したのである。このような一時的な産業保護政策としては、上で説明した補助金政策だけでなく、輸入数量規制や関税も考えることができる。むしろ、補助金支出が多額に上り、政府が賄うことができないと考えられる場合には、こうした代替的手段を取ることになるかもしれない。こうした手段によって同様のことが実現できるのは容易に示せるはずなので、各人の練習問題とする（ただし、輸入規制や関税のもとでは国内価格が世界価格と乖離するので、消費者余剰の変化も考慮しなければならなくなることに注意を要する）。

3.2 幼稚産業保護はどのように正当化されるのか

では、このような政策的介入は社会的に望ましいことなのだろうか。ここでは、まず標準的な経済学の分析ツールである余剰分析から考えてみることにしよう。

まず観察しておくべきことは、補助金政策を行う場合、国内価格は海外価格と一致しており $\bar{p}$ で変化しないので、消費者余剰には政策の前後で変化がないことである。そこで、最初の補助金にかかるコストと、現在時点と将来時点の生産者余剰のみに着目すればよいことになる。最初に政府は補助金を支出することになるが、この額は $F\bar{p}BA$ となる。しかし、その結果として生産者余剰が FGA だけ生じているので、現在時点でのコストは $G\bar{p}BA$ となる。この結果、将来時点では生産者余剰が $\bar{p}HE$ だけ生じる。したがって、$\bar{p}HE$ の割引現在価値が現在時点でかかるコストよりも大きいならば、この政策には意味があることになる。

しかしこのような分析に対しては、次のような反論が考えられる。それは、もし企業が上記のような得失を計算できるのならば、彼ら自身が現在時点でコストを支払って、政府が政策介入するのとまったく同じことを実現できるはずなので、政府が政策介入をする必要がないというものである。実際、仮に企業が現在時点で $\bar{x}$ だけの生産を行うことで、将来時点で $\bar{p}HE$ だけの余剰が獲得できることを知っているのならば、そうするだろう。この場合に現在時点で企業が負うことになるコストは、先ほど計算した、政府補助金－生産者余剰（＝$G\bar{p}BA$）と完全に一致するのである。したがって、政府が政策的介入を行わなくても企業は現在時点で $\bar{x}$ の生産を行うことになるだろう。

これに対しては、次のような反論が考えられる。まず、情報の不完全性である。すなわち、企業（生産企業や融資する金融機関）が現在時点で $\bar{x}$ の生産を行うことで、将来時点で供給曲線がどのようにシフトするかがわからないということである。しかしその場合には、政府が正確な情報を伝達しさえすればよいということになるが、そもそも、政府の方が民間よりも情報優位にあるということも確かなことではない。次に、資本市場の不完全性がある場合である。この場合、企業が現在時点での損失を埋めるための借り入れを行えないかもしれない。しかし、その場合には、資本市場を完全にするような

政府介入が行われるべきであろう。

では、民間企業の意思決定では、この産業が立ち上がることがないのであれば、こうした政策介入が正当化されるような状況としてはどのようなことが考えられるだろうか。

第1は、将来得られる社会的利益が企業（群）が得ることができる私的利益を超える場合があるということである。たとえば、供給曲線 S_1 から S_0 へのシフトが費用削減的な研究開発投資によって実現されると考えてみよう。よく知られているように、研究開発の成果は知識であり、排除不可能性という公共財的な性格を持っていると考えられる。そのような影響を最小化しようとするための制度が知的財産権制度であるが、それでも一度生み出された知識や技術が次第に他企業へと漏出すること（スピルオーバー）は避けられないであろう。このような状況では、自分が費用を負担したとしても、自分にはそれによって得られる将来の果実の一部しか戻って来ないことになる。これは、理論的には「公共財の自発的供給」と呼ばれるような状況であり、個々の企業は公共財に対する貢献を十分に行わない可能性がある。それは現在の文脈では、十分な研究開発投資を行わないという「市場の失敗」が発生するかもしれないということを意味している。このような場合には、政府による補助が正当化されるかもしれないのである。このような議論をより一般化して言うと、現在時点での生産が将来に及ぼす外部経済（これを専門用語では「動学的外部経済」という）が存在する場合に、特定産業の保護育成を行うことが正当化される可能性があると言い直すことができよう。

第2の正当化は、第1の正当化のロジックをさらに突き詰め、必ずしも動学的外部経済がない状況でも同様の議論を行えるというものである。前小節のモデルの設定は、現在時点で一定のコストを支払う結果、将来時点で社会的便益が発生するというように、異時点間の資源配分を考慮するものであった。しかし、現在時点で支払う一定のコストは、将来時点から見れば、生産量にかかわらず支払わなければならない一種の固定費用として現れるにすぎない。ある産業を立ち上げるために、生産量にかかわらず支払わなければならないコストを、産業設立のためのセットアップ・コストと呼ぶ。この用語を用いるならば、次の2つの条件が満たされる状況では保護育成政策が正当

化されると考えてよい。

1. 保護育成政策がない場合には、個々の企業が産業設立のセットアップ・コストを私的に負担しなければならないために、その結果得られる利潤を考慮しても、私的には参入のインセンティブがない。
2. 保護育成政策をとることで得られる社会的便益はプラスとなる。

　特定産業の保護育成政策の第3の正当化は、マーシャルの外部経済がある状況である。マーシャルの外部経済とは、ある産業の総生産量が増大するにつれて、外部経済が発生し、産業内の各企業の費用が低下することである。どうしてそうなると考えられるのかを、もう少し具体的に見ておこう。
　たとえば、自動車組立産業を考えてみよう。自動車組立産業が発展し、生産量が増大するとともに、自動車組立に必要な周囲の産業——部品メーカーや材料メーカーなど——のネットワークが形成され、発展を遂げていくことになるだろう。こうしたネットワークの発展によって分業の利益がもたらされ、自動車組立産業にとっての費用が低下することになるというのが、マーシャルの外部経済である。
　ここで、マーシャルの外部経済が作用することがわかっている産業への新規参入を考えている企業が2社存在しているとしよう。どちらの企業も1社だけで参入した場合には、マーシャルの外部経済の作用が十分でなく、1社だけの参入は損失をもたらす可能性が高い。しかし、2社が参入した場合には、マーシャルの外部性の作用が十分なものとなり、両者とも大きな利益を獲得することができる。参入しない場合は利潤ゼロである。
　こうした状況は、図8-2のようなゲームで捉えることができる。このゲームは、プレーヤーたちにとって、相手プレーヤーの行動と調整して自分たちの行動を選択することが利益になるとともに、特定の行動調整の仕方が他の行動調整の仕方よりも両者の利益が高くなるという構造を持っている。このようなゲームを「コーディネーション・ゲーム」という。このゲームには、(参入しない，参入しない) と (参入する，参入する) という2つのナッシュ均衡が存在する。明らかに (参入する，参入する) の方が両者にとって望まし

図 8-2 コーディネーション・ゲーム

		企業 2	
		参入しない	参入する
企業 1	参入しない	0, 0	0, −2
	参入する	−2, 0	1, 1

い均衡であるが、それが選択される保証はない。

　この単純なゲームには、この産業が立ち上がることから利益を得ることになるかもしれない消費者は明示的に現れていないが、この産業が立ち上がることで、社会的な便益はプラスになるとしよう。この場合、政府が役割を果たすことができる可能性がある。

　たとえば、政府は参入することに対する補助金を与えることで、ゲームの利得を変化させることができるだろう。その場合、一方の企業に対して補助金を与え、この企業が参入するならば、それに対する他方の企業の最適反応は参入することになるので、必ずしも両方の企業に補助金を与えなくてもよいかもしれない。いずれにせよ、こうして両者が参入する選択をしたならば、その後は補助金を引き上げても、産業は維持されることになる。

　もう 1 つ考えられる単純な介入の仕方は、政府が各企業に対して、相手企業が参入する意図を持っていることを伝達し、各企業が直面する戦略的な不確実性を削減することであろう。実のところ、このような調整者の存在がよりよい均衡をもたらすことを純粋に理論的に証明することは困難である。しかし、実験研究などではその有効性を示すことができるし、現実の場面ではそのような調整者の役割は重要だと考えられる。

4　産業構造の選択は一国に何をもたらしうるのか

　前節では、政府の政策的介入によって特定産業を立ち上げることが可能かもしれないということを見てきた。それでは、そのようなことをする目的は一体どこにあるのだろうか。

　前節でも述べたように、標準的な経済学の見解を維持するならば、それは

「市場の失敗」によって、本来立ち上げることが望ましい産業が企業の私的インセンティブによって立ち上がらないときに、そのような政策的介入が望ましいものとされることになる。しかし、ここで少し現実に近づけて考えるならば、戦後の日本の産業政策が、個々の産業について、上述したような経済厚生の計算によって行われてきたとは考えにくい。むしろ、将来の世界の産業のあり方に対する予測を形成したうえで、特定産業を「有望視」し、それを育成することが国益となるという観点から、産業政策が行われてきたというのが真相に近いのである。

産業政策を担当してきた通産省の生の声を聞いてみよう。昭和39年度の『通商白書』は次のように述べている。「産業構造の高度化とは、経済的に最も望ましい産業構造への接近である。そして、一般に、この最適産業の基準として、需要面での所得弾力性基準と供給面での生産性基準の二つがあげられる。すなわち、需要面からみれば、所得弾力性の高い産業の伸長が産業構造の高度化のために望ましく、また、供給面からみれば、生産性上昇率の高い産業ないし技術発展の可能性の大きい産業が望ましいのである。」また、当時の日本にとって「産業構造高度化の最も大きな課題は、重化学工業化であるといっても過言ではない」としている。

しかし、このように一国にとって望ましい産業構造というものが存在するのだろうか。また、他方において、後進国が先進国が得意としてきた産業での国際競争力を時間とともに高めて、しばしば貿易摩擦を生じさせるという観察事実が存在している。日本もこうしたプロセスを辿ってアメリカにキャッチアップしてきたし、現在、日本がアジア諸国の追い上げを受けていることは周知の事実であろう。こうしたことが生じるのはなぜなのだろうか。

伊藤・清野・奥野・鈴村（1988）の第7章によって、この問題を理論的に考察してみよう。そこでの結論によれば、外国が多く需要するような財を輸出し、外国が安価に供給できるような財を輸入するような産業構造を持つ方が、その国のGDPを高くするということが言えるのである。

今、単純化のために、日本と外国の2国が存在するとしよう。また、両国間で貿易がバランスしているとしよう。この仮定は、戦後日本の経済発展を考えるうえで、それほど的外れではないし、バランスしていなくても同様の

議論の展開が可能だからである。貿易バランスが成立することから、

$$日本の輸入 = 外国の日本からの輸入$$

が成立しているが、他方で

$$平均輸入性向 = \frac{輸入}{GDP}$$

が成立しているので、次の式が成立することになる。

$$\frac{日本の GDP}{外国の GDP} = \frac{外国の日本の財に対する平均輸入性向}{日本の外国の財に対する平均輸入性向}$$

　この式は、日本の平均輸入性向が小さいほど、また、外国の日本の財に対する平均輸入性向が大きいほど、外国と比較して日本の GDP が大きくなることを示している。

　たとえば、今、日本とアメリカという2国があり、3つの財がある状況を考えてみよう。日本は第1財に、アメリカは第3財に比較優位を持ち、第2財については両国の競争力が拮抗しているとする。つまり、日本は第1財と第2財を生産し、アメリカは第2財と第3財を生産している。こうした設定のもとで、問題はよりクリアに定式化できる。すなわち、日本は比較優位を持つ第1財の生産コストを低下させるような経済発展を遂げるべきなのか、それともアメリカと拮抗している第2財の生産コストを低下させ、産業構造を第2財にシフトさせるような経路を辿るべきなのかという問題である。

　分析の詳細は伊藤・清野・奥野・鈴村（1988）に譲るが、このとき、第1財の生産コストの低下を通した経済発展よりも、第2財の生産コストを低下させる経済発展の方が、相手国の輸入性向を増加させて、自国の GDP を顕著に高める可能性があることを示すことができる。実際、戦後日本は繊維産業などに比較優位を持つ中で、鉄鋼業や自動車産業など、諸外国と拮抗するような産業へと産業構造を移行させていく発展経路を辿った。このような産業構造シフトの経路が日本の GDP を顕著に高めた可能性がある。財の数が3つというのは、ここでの説明上の便宜であって、実際には、現在は両国が生産していないような潜在的な財が存在するであろうし、そうしたケースもモデル化することができる。この場合、日本の産業構造のシフトに対して、

アメリカは新たな財の生産へとシフトすることで対抗する可能性が高いだろう。

経済発展過程については、従来から、「経済発展とともに農業を中心とした産業構造から工業・サービス業を中心とした産業構造になる」という経験則が「ペティ＝クラークの法則」として広く知られている。また、工業部門内部で見ても、経済発展とともに重工業化が進展することが、「ホフマンの法則」として知られている。これは、どの国でも安価に生産できるような財の生産から、外国の支出性向がより高い財へと生産をシフトさせようとして努力してきた結果として捉えることができるだろう。こうした経験則は、上述した理論が示唆するような仕方で各国が発展を遂げていく場合に観察されるパターンと考えることができるのである。

さらに、赤松要や小島清といった日本の経済学者たちによって、「雁行形態論」として知られている議論もなされている。これは簡単に言うならば、経済発展とともに、高所得国は低所得国、中所得国のキャッチアップを受け、高所得国の現在の主力産業が中所得国の主力産業となっていくというものである。このパターンが、雁が群をなして飛行する様子と似ていることから、雁行形態論と名付けられたわけである。仮に、前節で示唆されたように、政府が特定産業の保護育成を行うことができるならば、各国政府は自分にとって有利な産業構造を獲得するための政策介入を行うかもしれない。もし複数の政府がこうした努力を行っているならば、それは比較優位産業の獲得をめぐるゲーム的な相互作用となるだろう。こうしたゲームの結果として、雁行形態が出現している可能性も十分にあるのである。

5　産業調整政策について

これまでは、ある特定産業を保護育成することで、産業構造の転換を促すという、ある意味でポジティブな政策について述べてきた。しかし、国民の利益のために一定の産業構造を目指すことは、衰退産業からの撤退を進めるための産業調整というネガティブな側面をも有している。また、実際にも第2節で述べたように、1970年代後半には特定不況産業安定臨時措置法（特安法）が制定されて、特定不況業種に指定された産業において、設備廃棄のための

カルテル結成が合法化されるなどの、産業調整政策が行われてきた。本節では、このような政策の意味と、それを評価する際に必要な観点について説明してみよう。

　産業調整の問題を一言で経済学的に述べるならば、資本や労働などの生産資源を衰退産業から引き上げ、より競争力のある産業へとスムーズに移転させるということにほかならない。このことは、通常の新古典派の均衡モデルをそのまま単純に適用するならば、あまり問題とならないことに注意すべきである。新古典派の市場メカニズムの描像によれば、外部性がない経済においては、労働や資本の初期賦存量を所与として市場を開くならば、市場メカニズムが作用する結果、パレート効率的な資源配分が実現するとされている（厚生経済学の第一基本定理）。均衡状態は常に効率的な資源配分を実現しているので、そこでは失業者は存在しない。そこで、経済の条件が変化したとしよう。たとえば、ある財の価格が変化した結果、一国が直面する交易条件が変化したと考えてみよう。こうしたとしても、通常の経済モデルでは、古い均衡から新しい均衡へのシフトが生じるだけで、その間に発生する調整過程で何が生じるのかが見えないからである。

　市場均衡の理論はこのような意味で非時間的な存在だが、現実の経済は時間軸を持ち、常に変動している。しかし、そのことによって理論が無用になるわけではない。現実の経済において生じている変動は、市場を通じて、（理論が想定するような）より効率的な資源配分へと常に資源を再配分する方向で生じていると考えることができるからである。こうした観点からは、たとえば企業倒産や（一時的）失業といったことも、経済全体としての効率を上げるために必要な適応プロセスと見なされうる。企業経営が悪化して市場からの退出を余儀なくされることで、そこに保持されていた資本や労働といった資源が「解放」され、それらがより効率的な新産業へと振り向けられることになるからである。とするならば、市場経済において改めて産業調整政策を遂行する必要性はどこにあると考えられるだろうか。答えは、現実においては、こうした調整がスムーズに行われない可能性があるということである。この場合には、産業調整政策は現実の政策として、意味を持ちうる。

　しかしここでも、たとえば特安法に基づく政策が成果を挙げたかどうかと

いうことの評価を正確に行うことは容易ではない。すなわち、完全に市場メカニズムに産業調整を任せた場合と、政府の介入のもとに産業調整を行った場合で、どちらがスムーズな産業調整を実現できたかということを数値に基づいて評価することはかなり困難である。

しかしもう1つ考慮しなければならない論点がある。一般に、ひとたび政府が制度を創出して介入を始めると、それを停止するのにかなりの時間を要することになるかもしれないという問題である。たとえば、1950年代のエネルギー革命のもとでの石炭産業をめぐる産業調整の問題を見てみよう。

エネルギー革命のもとで国内の石炭産業は深刻な不況に陥り、合理化と産業調整が求められることになったが、こうした状況に対応して、政府は1955年に石炭鉱業合理化臨時措置法を制定、1963年から第1次石炭政策を実施した。この政策の当初の目的は高能率炭鉱の育成と低能率炭鉱の閉山というスクラップ・アンド・ビルドにあったが、1969年からの第4次石炭政策以降は、石炭産業のゆるやかな撤退を目指す方向で方針転換した。さらに、第1次石油危機後の第6次石炭政策では、エネルギー安定供給の一環として石炭を可能な限り位置づけるよう、再度方針転換し、1986年から始まった第8次石炭政策で再び国内石炭産業を縮小するよう、三たび方針転換した。こうして、この政策は状況変化とともに、次々と政策目的を変更しながら、なんと2001年度末まで継続することになる。

農業も含めて、産業の調整支援という政策には、急激な変化が地域や社会にもたらす甚大なコストの軽減という側面もあるので、一定の合理性があることは確かである。また、衰退産業の撤退で被害を被る人たちは通常集中して存在し、利益団体を構成しやすいため、民主主義のもとで、有力な力となりやすい。しかし、それがかえってより大きなコストを社会全体にもたらしうるということも考慮に入れなければならないのである。

6　現在の日本の産業構造

ここで、現在の日本の産業の様子について確認しておきたい。そのためには、まず産業の分類について知っておくことが必要である。国際的な産業分

類として使用されているものとしては、国連が定めている国際標準産業分類（ISIC）というものがあるが、日本では総務省統計局が、ISICとの比較可能性に配慮しつつも、独自に日本標準産業分類（JSIC）というものを定めている。しかし、情報通信分野の産業進化や経済のサービス化など、時代とともに新たな産業が現れたり、これまでは単にサービス業とされてきたものの特定部分が重要性を増したりするので、その実態を把握するために、産業分類を定義し直す必要が生じることになる。このため、ISICもJSICも頻繁に改訂されている。このことはもちろん経済の実態把握に役立つことであるが、一方で経済活動別の統計を時系列で比較することを難しくもしている。表8-1は、JSICとISICの大分類の比較である。

まず、日本の産業構造がどうなっているのかを確認しておこう。産業構造を見るには、2つの方法がある。1つは、就業者数が各産業にどのくらいの割合で就業しているのかという比率を見る方法であり、もう1つは、各産業の付加価値が付加価値合計に占める割合を見る方法である。就業者比率を見る具体的方法の1つは、国勢調査によって、15歳以上の就業者数が第1次産業、第2次産業、第3次産業のそれぞれにどのくらいの割合でいるかという比率である（表8-2）。ここでの産業分類はかなりおおまかなものであり、第1次産業には「農業」、「林業」、「漁業」が、第2次産業には「鉱業」、「建設業」、「製造業」が、第3次産業にはそれ以外の産業が含まれる。

表8-2からは、次のことが読み取れる。第1に、第1次産業の比率は2005年を除いて一貫して減少し続けていることである。第2に、第2次産業の比率については、より複雑な動きが見られるが、明確に読み取れることは、1975年（昭和50年）をピークとして徐々に減少が続いていることである。第3に、第3次産業の比率は一貫して増加し続けている。こうした傾向は先進国に共通して見られるものである、上述したペティ＝クラークの法則が成立していることがわかる。また、ほぼ同様の傾向は、内閣府の「国民経済計算」によって提供されている、GDPに占める産業分類別の内訳によっても読み取ることができる。

一国の豊かさの指標として1人当たりGDPがとられることが多いが、これは生産性と強く結びついている概念である。しばしば、一国の生活水準の

表 8-1　日本標準産業分類と国際標準産業分類

日本標準産業分類（2007 年改訂）	国際標準産業分類（2007 年改訂）
A 農業、林業	A 農業、林業及び漁業
B 漁業	
C 鉱業、採石業、砂利採取業	B 鉱業及び採石業
D 建設業	F 建設業
E 製造業	C 製造業
F 電気・ガス・熱供給・水道業	D 電気、ガス、蒸気及び空調供給業
	E 水供給、下水処理並びに廃棄物管理及び浄化活動
G 情報通信業	J 情報通信業
H 運輸業、郵便業	H 運輸・保管業
I 卸売業、小売業	G 卸売・小売業並びに自動車及びオートバイ修理業
J 金融業、保険業	K 金融・保険業
K 不動産業、物品賃貸業	L 不動産
L 学術研究、専門・技術サービス	M 専門・科学・技術サービス業
	N 管理・支援サービス業
M 宿泊業、飲食サービス業	I 宿泊・飲食サービス業
N 生活関連サービス業、娯楽業	R 芸術・娯楽及びレクリエーション
Q 教育、学習支援業	P 教育
P 医療、福祉	Q 保健衛生及び社会事業
Q 複合サービス業	
R サービス業（他に分類されないもの）	S その他サービス業
	U 治外法権機関及び団体
S 公務（他に分類されるものを除く）	O 公務及び国防、共生社会保障事業
T 分類不能の産業	T 雇主としての世帯活動及び世帯による自家利用のための区別されない財及びサービス生産活動

表8-2 産業3部門の就業者比率の推移

(%)

年次	第1次産業	第2次産業	第3次産業
1960	32.7	29.1	38.2
1965	24.7	31.5	43.7
1970	19.3	34.0	46.6
1975	13.8	34.1	51.8
1980	10.9	33.6	55.4
1985	9.3	33.1	57.3
1990	7.1	33.3	59.0
1995	6.0	31.6	61.8
2000	5.0	29.5	64.3
2005	5.1	25.9	67.3

向上を考える場合に、生産性の上昇率が重要な意味を持つと言われるのは、このためである。こうした観点と産業構造の変化を結びつけて考えてみよう。

全産業の労働生産性については、次の恒等式が成立する。

$$\frac{Y}{L} = \sum_i \frac{L_i}{L} \cdot \frac{Y_i}{L_i}$$

ここで、L は労働者数、Y はすべての産業の付加価値合計を表しているので、Y/L は全産業の労働生産性である。添字 i は産業 i を表しており、Y_i は産業 i の付加価値額、L_i は産業 i の労働者数である。この式が言っていることは、全産業の労働生産性は、各産業の労働生産性をその産業の就業者比率で重みづけした加重平均であるということである。したがって、たとえば第3次産業の就業者比率が上昇するならば、第3次産業の労働生産性が全産業の労働生産性の決定にとっての重要性を増すことがわかる。

ところで上の就業者比率や、名目 GDP 比で見ると、製造業の比率は低下傾向にある。実質 GDP 比で見た製造業の比率も、産業部門のばらつきがあるものの、やはり総じて低下傾向にあるが、その変化はより緩やかになっている。これは、製造業の生産性が上昇していることを反映している。一般に先進国ではどの国でも生産性の向上を顕著に示しているのは、製造業であることが知られている。サービス業の GDP 比率（名目と実質）は上昇傾向が継

続しているが、サービス業の生産性上昇はそれほど高くない。これは、サービス業が労働集約的であり、規模拡大とともにより多くの就業人口を引きつける傾向にあるためと考えられる。たとえば、日本生産性本部が出している『労働生産性の国際比較2011年版』によると、1991年から2009年までの生産性上昇率（トレンド）は、サービス業で1.0%であったのに対して、製造業では2.5%であった。

　このことは、何を意味しているだろうか。まず第1に、これは全産業の生産性を上昇させるためには、経済活動全体の中でのシェアを大きくしているサービス業の生産性を上げることがきわめて重要であることを示唆している。これは上記の式によっても明らかだが、日本が比較優位を持つ製造業などの貿易財産業はサービスをかなりの比率で中間投入財として投入していることが知られており、サービス部門の生産性が低いことは、日本の製造業の競争力にもマイナスに作用する可能性もあることが指摘されている。

　第2には、産業空洞化との関連である。産業空洞化はよく聞く言葉だが、明確に定義することができる経済学的現象というよりは、一国経済の生産性上昇を支えてきた産業部門が海外に出ていってしまうことに対する懸念と言うべきである。たとえば、宮川（1998）はこれを「基本的にはこれまで日本経済の成長を支えてきた自動車、電機など生産性の高い産業が、国内での生産、投資の拡大を控え、海外での生産活動や投資活動を積極化させることに対して、懸念の意味を込めた表現」であるとしている。このことが国内の全産業の生産性にとって悪影響を与え、ひいては1人当たりGDPにとって悪影響を与える可能性があることは、上の式からも明らかであろう。もちろん、製造企業が海外での生産活動や投資活動を活発化させていったとしても、それは国内での活動と補完的である可能性もあり、それが直ちに国内の雇用の減少や成長基盤が失われることを意味しない。このため、産業空洞化という現象は実証的にも多くの精査を必要としている。

7　現在の日本の産業が直面する課題

　第2章でも述べたように、現在の日本経済は大きな転換期のただ中にある。

このことは、日本の産業が、世界と日本の大きな環境変化に中長期で適応していく必要があることを示している。ここでは、こうした転換期の中で日本の産業が直面する課題について述べておくことにしよう。

今日、日本経済が直面している世界的な環境変化を歴史的文脈に置いてみると、次の2つのことを常に念頭に置いておくことが重要だと思われる。第1は、日本がキャッチアップ経済からフロントランナー経済に移行したということである。第2は、中国をはじめとする東アジア諸国の急速な工業化によって、日本は従来型のフルセットの産業構造からの転換を余儀なくされつつあることである。以下、この2点が持つ意味について、もう少し詳しく見ていくことにしよう。

7.1 キャッチアップからフロントランナーへ

周知のとおり、日本経済は、本格的な市場経済への移行を開始した明治時代以来、戦後の高度成長期に至るまで、欧米諸国をキャッチアップする立場に置かれていた。このことは、次の2つの側面から見ることができる。

第1は、戦後の高度成長期が個々の産業における技術のキャッチアップのプロセスであったということである。日本は長い間、自らが革新的な新技術を生み出すというよりも、むしろ、ほとんどの産業部門において欧米諸国で開発された技術を輸入して導入する立場にあった。平成7年版の『科学技術白書』によると、技術貿易収支比（技術輸出額/技術輸入額）は1971年の時点で0.20であり、技術貿易が大幅な入超であったことを示している。

第2には、産業構造の面でのキャッチアップである。第4節で述べたように、世界の比較優位の構造の中で国が特定の産業構造を選択するような政策を展開していくことは少なくとも「理論的には」可能であり、通産省の産業政策が本当に効果があったのかどうかは別としても、日本があたかもそれをなぞるかのような産業構造の転換を行ってきたことは事実である。すなわち、日本経済は先行する欧米諸国の産業構造を後追いするような形で、欧米諸国が備えているようなタイプの新産業の育成に着手し、自国にとって有利な産業構造を獲得してきたわけである。

キャッチアップの段階では、企業は基本的に既存技術を前提として、資本

や労働の投入を拡大していけばよい。すなわち、キャッチアップの段階では事業の事前の不確実性は大きく削減されることになるので、資源配分の計画も比較的に容易である。

金融取引の側面からその意味を考えるならば、このことは、金融機関にとっての事前の不確実性が大幅に削減されることを意味している。日本の金融システムが「銀行を中心とするシステム」であったことはよく知られているが、銀行は預金者に対して預金という安全資産を提供しつつ、預金をリスクのある貸し出しに振り向けるという「資産変成（asset transformation）」を行っており、もともとあまりリスクの高い貸し出しには向いていない。このため、銀行の場合には、もともと事前の不確実性に対する判断にはあまり強くなく、むしろ融資後の経営者のモラル・ハザードのモニタリングに強いという特徴を持っている。こうした観点から見てみると、日本の銀行を中心とした金融システムは、キャッチアップ段階に相性のよい金融システムだったことがわかる。

また、キャッチアップ段階では、新たに登場しつつある技術について、海外の先行企業の技術動向に関する情報を入手することで、産業がどのような新技術へと向かっているのかを比較的容易に予測することが可能となる。ここにおいて、官僚主導で産業内での技術進化に関するロードマップを描き、それを産業全体で情報共有することが大きな役割を果たしうることになる。第3節で述べたような情報共有や調整者の役割を日本の官僚システムが果たしていたとするならば、これもキャッチアップ段階に好都合だったと言えよう。

しかしながら、日本経済はおそらくは1980年代にキャッチアップ期を終了し、フロントランナー段階に移行した。たとえば、上述した平成7年版の『科学技術白書』によれば、技術輸出額は1984〜1985年度に技術輸入額を上回る伸びを示し、その後、短期間の低迷期を経て、再び急増している。この結果、技術貿易収支比（技術輸出額／技術輸入額）は、1984年度には0.99にまで上昇しているのである。キャッチアップ段階とは対照的に、フロントランナー段階では、自らが新技術を生み出し、不確実性がきわめて高い状況の中でそれを製品化していく必要が生じてくる。このことは何を意味しているのだろうか。

第1の側面は、従来型の日本の銀行を中心とした金融システムが不得意である、事前のプロジェクト審査が重要になってくることである。すでに述べたように、銀行という金融機関はもともと預金者に安全資産を提供するものなので、不確実性の高い融資には向いていない。不確実性が高い融資を大量に行い、銀行が過度のリスクを負ってしまったことで、バブル崩壊後に日本の金融システムが長いこと機能不全に陥ったことは記憶に新しいであろう。むしろ、不確実性の高いプロジェクトへの融資としては、アメリカで見られるベンチャー・キャピタルのような金融の仕組みが適合的である。日本が果敢に新技術に挑戦していくならば、このような役割を果たす資金の流れを積極的に作り上げていく必要があるのである。

　フロントランナー経済の第2の側面は、政府が特定の技術や産業を選別して推進したり育成するような産業政策を行うことが極度に難しくなることである。仮に少数の官僚や専門家たちが近未来の技術や産業の動向を「予測」したとしても、それが的中する確率が低くなるからである。こうして、従来の産業政策を可能にしていた基盤が失われることになる。1980年代以降に通産省が主導した大規模な共同研究開発プロジェクトの多くが失敗に終わったことの背景には、このような事情がある。政府が技術開発に関与することは極端に難しくなっていると言えよう。

　このような状況では、経済の中で広範囲に「試行錯誤」や「実験」が行われることを積極的に促す仕組みが必要となってくる。実際、市場経済の最も重要な利点は、たとえそのほとんどが間違った方向を指向していたとしても、多くの試みが並行して行われることで、その中から成功するものが出現することにある。McMillan (2002) は、フォン・ノイマンが「世界市場にコンピュータは5台あれば足りる」と言い、ビル・ゲイツが「誰にとっても640KBで十分なはず」と述べた例を挙げ、天才ですら技術発展の方向を見誤る可能性があることを示している。それにもかかわらず今日のコンピュータ産業の発展があるのは、市場経済の中で、多くの予測に基づく行動が並行して行われ、誤った予測の結果がチェックされるからなのである。

　こうした状況にもかかわらず、現在の日本では草の根レベルでの実験の活発化の兆しがなかなか見られていない。たとえば、試行錯誤や実験の1つの

表れと解釈することができる開業率を見てみよう。企業ベースの開業率とは、おおまかに言えば、ある特定期間において、新規に開設された企業数を期首においてすでに存在していた企業数で割ったものである。近年、開業率は若干上向きであるものの、アメリカ、イギリス、フランスの開業率が10％程度で推移しているのに対して、日本の開業率は4％で推移しており、低位にとどまっていると言うことができる（『平成19年版中小企業白書』）。今後、日本の経済システムがどのような形で試行錯誤や実験をその内部に取り込んでいくのかに注目する必要がある。

7.2 比較優位構造の転換

寺西（2003）は、日本の経済システムを歴史的観点から検討する中で、「わが国が極東アジアの地においてアジアで唯一の工業化国であった地理的条件」を重視し、このことが日本が最近まで、すべての近代産業をセットで備えるという「フルセット型」の産業構造を持つ要因となってきたことを主張している。寺西氏によれば、この構造は、歴史的には3つの契機によって形成されてきた。第1は第1次世界大戦でヨーロッパ諸国からの重化学工業製品の輸入が途絶したため、鉄鋼、造船、電気機械、化学工業品などの輸入代替が推進されたことである。第2は、第2次世界大戦中に日本が自給自足経済を形成したことである。第3は、戦争終了時に存在した重化学工業企業が戦後も産業利害の調整システムの中で温存されたことである。もちろん、貿易理論的に考えれば、こうしたフルセットの産業構造は到底効率的なものと言うことはできない。

しかし1980年代に入ると、中国をはじめとする東アジア諸国が工業化を推進し、これまでの「日本は東アジアで唯一の工業国」という構図が崩れ始める。それとともに、経済合理性の観点からは、比較優位を意識した産業構造への転換を図ることが日本経済にとって重要な課題になりつつあるのである。

ただしこのことは、たとえば上で説明したような産業分類表の中で、どの産業部門に日本が比較優位を持つのかという単純な観点で考えられるべきではない。現に、日本はアジア諸国への対外直接投資を1つの動因としながら、東アジアとより密接な国際分業構造を構築しつつあるという見方ができるか

らである。このことは、産業内貿易を増加させることになるので、東アジアと日本との比較優位構造は従来の産業単位では推し量ることができないような複雑な状況を呈することになる。むしろ、現在生じている東アジア諸国との国際分業構造の深化は、従来の日本のフルセットの産業構造を、日本を含めた東アジア全体へと拡張しつつあると言うことすら可能であろう。『通商白書』では、この動向に対する分析が継続的に行われている。今後とも、東アジア全体との分業構造がどのように発展していくのかに注視していく必要がある。

7.3 市場と政府の補完性

　フロントランナー経済への移行と、アジア諸国の台頭の中での複雑な比較優位構造の出現という環境変化は、政府の産業をめぐる政策に対しても大きな含意を持つものである。戦後の高度成長はキャッチアップ型の成長であり、この間の日本政府の民間部門に対する政策的関わりは、相対的に見通しのきく単純な状況の中で行われてきた。すでに見たように、戦後の日本の産業政策は「社会主義的」な要素を強く持ったものであるが、それがまがりなりにも通用してきたのは、キャッチアップと東アジアで唯一の工業国という前提条件があったからであった。しかし、現在の日本をとりまく環境変化はすでにその前提条件が崩れてしまっていることを示している。

　それでは、政府は産業に対してどのような関わり方をするべきなのだろうか。明らかに、戦後高度成長期のような産業に対する関わり方はもはや有効でない。将来の技術や産業に関する不確実性が高い状況では、すでに述べたように、市場の実験を有効に活用するとともに、その資源配分機能を高めることがより重要になってくるだろう。

　このような言い方をすると、政府の役割を小さくし、市場を重視するという新自由主義的な政策を連想するかもしれないが、必ずしもそうではない。従来の経済学では、第2次世界大戦後の冷戦という時代背景もあり、政府と市場は対立的に考えられすぎてきた嫌いがある。このために、一方の陣営は「市場の重視と小さな政府」をスローガンとし、他方の陣営は「市場の抑制と大きな政府」を掲げるという構図が長い間存在してきた。すなわち、市場

と政府は代替的な関係にあると考えられてきたのである。しかし、今日の経済学では政府が市場の機能を高めるためにアクティブな介入をすることが必要であるとの考え方が出始めている。たとえば、金融論では、資本市場が機能するために、政府は市場インフラの整備や維持を状況に応じて積極的に行う「市場の門番」でなければならないという考え方が一般的となってきている。市場と政府は必ずしも「代替的」なものではなく、「補完的」なものとなりうるのである。同じことは、その他の財市場についても言うことができる。

上述したマクミランは、市場はいつでもどこでも十分に機能するものではないことを強調し、市場が十分に機能する条件として、次の5つの条件を挙げている。

①製品やサービスの価格や品質に関する情報が円滑に流れていること。
②市場の中で競争が十分に作用していること。
③ほとんどの場合にほとんどの人々を信用できること。
④外部性が抑えられていること。
⑤財産権が十分に保護されていること（ただし、知的所有権についてはその保護が強すぎてもいけないこと）。

今日ではインターネットの出現によるコンテンツ市場の拡大の例のように、新産業の発展が急速で法整備が十分に追いつかないようなケースも目立っている。上記のような市場機能を高める条件を整備するために、政府は常に市場の動向をウォッチして、必要な公共政策を講じる必要があるのである。

もちろん、このような方向に公共政策の舵をとっていくには、国民的な合意形成が必要とされる。この問題は第12章で論じられることになろう。

8　まとめ

最後に本章の議論を要約しておこう。
①戦後の日本経済では通産省が主導する産業政策が有効であったとする通念が存在している。
②少なくとも理論的には、政府が政策的に特定産業を保護することは可能で

あり、特定の産業構造を選択することで、GDPの水準を高くすることが可能である。

③現在の日本経済は、キャッチアップとアジアで孤立した工業国という経済環境が大きく変化した状況の中で、新たな産業構造への適応が必要とされている。

④その中で、試行錯誤や実験など、市場経済の長所をよりうまく活用する仕組み作りが必要とされている。

❖統計資料など

　　日本の産業をめぐる諸政策は主として経済産業省によって策定されているので、同省および同省の研究所である経済産業研究所のウェブページで、新しい動向や政策課題に関する多くの情報にアクセスすることが可能である。もちろんこの中には、本章でたびたび引用した『通商白書』が含まれる。

❖練習問題

1. 内閣府の「国民経済計算」のウェブページにアクセスし、GDPとその支出項目に関するデータを入手してみよう。
2. *Column 4* に基づいて、近年のGDP成長率に対する各支出項目の寄与率を計算してみよう。

❖さらなる学習のために

伊藤元重・清野一治・奥野正寛・鈴村興太郎（1988）『産業政策の経済分析』東京大学出版会。
　　――本書の理論部分は同書に多くを負っている。日本の経済学者たちが、日本特殊的と見なされてきた産業政策という問題に理論的に挑戦したもので、その内容は今日でも古くない。理論的なことに関心を抱いた読者はぜひとも、この本に直接当たっていただきたい。

❖参考文献

伊藤元重・清野一治・奥野正寛・鈴村興太郎（1988）『産業政策の経済分析』東京大学出版会。

小宮隆太郎・奥野正寛・鈴村興太郎編（1984）『日本の産業政策』東京大学出版会。
寺西重郎（2003）『日本の経済システム』岩波書店。
宮川努（1998）「産業構造の変化・産業空洞化と日本経済」小宮隆太郎・奥野正寛編『日本経済21世紀への課題』東洋経済新報社。
三輪芳郎、J・マーク・ラムザイヤー（2002）『産業政策論の誤解——高度成長の真実』東洋経済新報社。
McMillan, J.（2002）*Reinventing the Bazaar : A Natural History of Markets*, New York: W.W.Norton & Company（瀧澤弘和・木村友二訳（2007）『市場を作る』NTT出版）.

［瀧澤弘和］

Column 4 ◇ 各産業の成長寄与率の計算の仕方について

本文において、全体の労働生産性が各部門の労働生産性を当該部門のシェアでかけたものの和として表現されることを用いたが、ほぼ同様の式の変形を用いて、全体の成長率に各部門がどの程度寄与しているのかを計算することができる。

t期のGDP（または付加価値合計）をY_t、$t-1$期のGDP（または付加価値合計）をY_{t-1}とし、$\Delta Y = Y_t - Y_{t-1}$とすると、t期における成長率は$\Delta Y/Y_{t-1}$と書くことができる。第i産業の付加価値についても同様の記号を用いて、t期の第i産業の付加価値を$Y_{i,t}$、$t-1$期の付加価値を$Y_{i,t-1}$とし、$\Delta Y_i = Y_{i,t} - Y_{i,t-1}$とすると、

$$Y_t = \sum_i Y_{i,t} \Leftrightarrow \Delta Y = \sum_i \Delta Y_i$$

が成立しているので、全体の成長率は次のような恒等式で表現されることがわかる。

$$\frac{\Delta Y}{Y_{t-1}} = \sum_i \frac{\Delta Y_i}{Y_{i,t-1}} \frac{Y_{i,t-1}}{Y_{t-1}}$$

左辺の全体の成長率は、第i産業の成長寄与率を表現する右辺の各項の合計として表現できるのである。この式を見ればわかるように、第i産業の今期における寄与率は、前期におけるシェアと今期の成長率をかけたものである。

この手法は、GDP成長率に対する各支出項目（民間消費、投資、政府支出、純輸出など）の寄与率を計算するためにも用いることができる。GDPとその支出項目に関するデータは入手しやすいので、表計算ソフトを用いて、各項目の寄与率を計算してみるとよい。

［瀧澤弘和］

Column 5 ◇ 国同士の競争という概念

　経済のグローバル化に伴い、経済摩擦が頻発する中で、「国同士が貿易を通して競争している」とする主張がしばしば聞かれるようになった。しかし、ノーベル経済学賞を受賞したクルーグマンが再三強調してきたように、この観念は経済学的に誤っているだけでなく、保護主義的政策を助長するなど、政策的に有害な影響を与えることがある。

　今日グローバル化の中で、各国に拠点を置く企業は海外市場での激烈な競争に巻き込まれている。各国の企業同士は第3国の市場で競争することも頻繁である。こうした事情が国家同士の競争のイメージへと移転しているのかもしれないが、リカードの貿易モデルを思い起こせばわかるように、国同士で行われる貿易にはそれぞれに売り手と買い手が存在し、売り手と買い手は競争関係ではなく、協力関係にある。貿易はゼロサム・ゲームではないのである。

　なぜ、貿易理論のこのような含意はわかりにくいのだろうか。リカードの比較生産費説のモデルのように、2国、2財、1生産要素（労働）からなるケースを考えよう。日本とアメリカでワインとパンを生産している企業がそれぞれに存在しているとする。それぞれの財の生産費は、その財を生産するために必要な労働量で表されている。もし両国が同じ国である場合には、明らかにそれぞれの産業で生産性の高い企業が競争の勝者となるだろう。

　次に両国が別々の国である場合を考えよう。この場合、両国が同一の国である場合と異なるのは、(1) 各国で通用する通貨が異なっているということと、(2) 生産要素が容易に移動可能でないということである。実は、各国通貨は基本的にそれぞれの国で消費するときのみに使用できるクーポンのような存在である（ヒース 2012）。したがって、通貨が共通であるときには、両国の同業者は競争状態に置かれることになるが、異なるときには基本的には輸入するためには相手の通貨を持たなければならず、そのために輸出して相手国通貨を稼いでいる必要がある（貿易はバランスしていなければならない）。また、労働は国内でスムーズに移動可能だが、相手国に移動することは容易でない。こうした2つの仮定が成立する状況では、各国で比較生産費（2財の相対コスト）が異なるときに、両国間で貿易が行われ、各国は比較優位がある財に特化して輸出を行うというのがリカードの比較生産費説の教

えるところである。こうして「絶対優位」という単純な概念ではなく「比較優位」というわかりにくい概念に置き換わる背景には、通貨の相違と生産要素の移動の困難ということがあると考えられる。

ところが現代の実際の経済を見てみると、ドルが基軸通貨として多くの国に受容される状況では、たとえば日本がアメリカ国債を購入し続けることで、貿易バランスが成立していない。また、生産要素の移動もある程度容易になってきているし、企業の海外直接投資なども活発に行われるようになっている。リカードのモデルが現実に当てはまるのかどうかがかなりわかりにくくなっているのは、こうした背景があるのではないだろうか。

理論的には、こうした要因は複雑化要因となりうる。しかし、クルーグマンは、アメリカや日本のように海外活動の比率が国内の経済規模に比べて小さい国の場合には、こうしたことは生活水準にほとんど影響を与えることがないことを示している。各国の生活水準の向上率は、その国の生産性の上昇率で決定されていると言って、差し支えないのである。本文で、生産性について詳しく触れた背景には、こうした事情が存在する。詳しくは、クルーグマン（2000）の議論をご覧いただきたい。

参考文献

ヒース，J.（2012）『資本主義が嫌いな人のための経済学』（栗原百代訳）NTT出版。

クルーグマン，P.（2000）『良い経済学　悪い経済学』（山岡洋一訳）日経ビジネス文庫。

[瀧澤弘和]

第9章 農業政策

　農業については、なぜ日本に農業が必要なのか、なぜ農業を保護するのか、という農業の存在理由や政策の目的について、議論されないまま政策が論じられることが多い。しかし、地方の商店街がシャッター通り化しても、中小の商家に補助金は交付されないのに、農家にはなぜ手厚い保護が与えられるのだろうか。また、保護に正当な理由や根拠があったとしても、実際の農業政策はその目的を達成しているのだろうか。本章ではこのような問題を考察していく。

1　世界の食料・農産物市場の特徴と食料危機の可能性

　他の財と異なり、食料は人の健康・生命維持に不可欠である。しかも、1年間十分に食べたから翌年は食べなくてもよいというものではない。1週間でも供給が途絶してしまうと飢餓が生じることになる。

　穀物、砂糖、野菜、果物、畜産物などの農産物のうち、食料として最も基本的で重要なものは、米、麦、とうもろこし、大豆などの**穀物**である。穀物は直接食用になりカロリーの供給源となるほか、家畜の餌になって畜産物も供給するものであることを忘れてはならない。

　穀物の国際価格が高騰すると、必ず食料危機が唱えられ、警鐘を鳴らす専門家がメディアに登場する。その一方で、世界の食料需給は逼迫しないという主張を行う専門家もいる。どちらが正しいのだろうか。

　食料危機は生じないという主張の根拠として、世界に耕作されていない農

地が豊富にあることや窒素肥料の多投により単位面積当たりの収量（単収）は増加する点が挙げられる。しかし、農地が豊富ならば、農産物価格が上昇すると作付け農地も増加するはずなのに、そうはならない。ブラジルにはセラードという広大な未開発の土地があるが、生産物を港まで運ぶ道路などのインフラが整備されなければ、農地として利用できない。窒素肥料もエネルギーの制約があるので無制限に生産できない。しかも、窒素肥料を多投したりすれば、地下水汚染など環境に甚大な影響を与えるので、持続的な生産は不可能となる。

では、食料危機は起こるのだろうか。需要は確実に増加することが見込まれている。世界の人口（胃袋）は20世紀初めの16億人から2010年には69億人となり、2050年に92億人となると推計されている。さらに、途上国が経済成長して所得が増加すると、穀物自体の消費に代わり、肉や乳製品などの畜産物の消費が増える。このため、畜産の飼料として使用される穀物需要が増加する[1]。石油の価格が上昇していくとバイオマス燃料の生産のための農産物需要も高まる。これに対して供給については、農地面積の拡大はほとんど期待できないうえ、これまでの人口爆発を支えた穀物単収の伸びは1960年代の3.0％から1970年代2.0％、1980年以降1.5％と低下している。世界の需要増に供給が追いつくことが困難であれば、食料価格は上昇することになり、食料危機が発生することになるだろう。

しかも、需給が過剰供給基調であったとしても、世界の穀物価格は年によって高騰することがある。自動車は生産の約50％が貿易されるが、穀物輸出は生産のわずか15％程度にすぎない。しかも、供給は天候により大きく変動する。このため、わずかの不作であったとしても、輸出量が減少する結果として国際価格は大きく上がる。1973年には3％の生産減少が穀物価格を3〜4倍に高騰させた。

加えて、各国政府の政策が穀物の国際価格の変動の拡大に寄与していることも、この市場の特徴の1つである。国際穀物市場が次の2つの理由によって、各国の国内市場と分断されるからである。

---

[1] 1kgの生産に、鶏卵では3kg、鶏肉では4kg、豚肉では7kg、牛肉では11kgのとうもろこしが必要。

第 1 に、政府は供給者である農家の所得確保のために農産物市場に介入する。国際価格が低迷しているとき、各国は農家所得確保のために高い関税や補助金などで自国の農業を保護しようとする。しかし、このことがかえって農産物の国際価格の低迷を後押しすることになる。実際、先進国が農業保護を増大させた 1980 年代には、国内の高価格支持政策で生産が刺激され、国際市場への供給が増える一方、輸入制限や高関税などの高い輸入障壁で、国際市場で流通する農産物への需要は減少した結果、国際価格は低迷した。

　第 2 に、政府は国民生活や生命健康の維持という観点から農産物市場に介入する。国際価格が高騰するとき、政府は国民の生命維持に不可欠な食料・農産物について、輸出税や輸出禁止で国内消費者への供給を優先しようとする。その結果、世界の穀物市場では各国の国内需要を満たした残りしか供給されないことになり、これはさらに国際価格を高騰させることになる。農産物の国際価格上昇は、食料を購入することが困難な貧しい国民を多く抱える途上国でより深刻な問題となる[2]。

　このように考えると、世界市場の食料・農産物市場は常に不安定要素を抱えており、穀物価格高騰による食料危機の可能性を否定することはできないと言えるだろう。

2　農業保護の根拠

　世界では穀物価格高騰による食料危機の可能性は否定できない。しかし、途上国と異なり所得の高い日本ではどうだろうか。日本で農業を保護する根拠は何だろうか。

2.1　食料安全保障

　農林水産省は今後、穀物価格が上昇傾向で推移し、2020 年には 2008 年比

---

[2] 2008 年に起きた穀物価格高騰について、輸出制限を実施中の途上国を取材した日本のメディアは、「不思議なことに途上国では穀物価格の高騰は起こっていない」と報道した。しかし、途上国は、自国から農産物が輸出されると、自国での供給が減少して国内の価格が国際価格と同じ水準まで上昇し、貧しい国民が食料を購入できなくなるから、輸出制限を行うのである。途上国で穀物価格が上昇していないのは当然のことである。

で実質 3 〜 14％上昇するという予測を発表している。このことは日本に食料危機を起こすのだろうか。

　2008 年には小麦などの国際価格が 2006 年秋に比べ 3 倍以上高騰したが、国内の食料品の消費者物価指数はわずか 3％上昇しただけだった。このときもメディアは食料危機が起きると盛んに報道したが、そのような実感を持った人は少なかったはずだ。これは、国際価格が低いときも、これに高い関税（キログラム当たり定額の従量税）が課されているので国内価格はすでにかなり高いものとなっており、国際価格が高騰しても国内の価格上昇率は小幅にとどまることや、最終飲食料費に占める輸入農産物の割合が 1.6％（2005 年）と低いことによる。つまり、途上国に比べ日本のような所得の高い国では、国際価格上昇の影響は少ない。途上国で起こるような食料危機は日本では生じないだろう。

　日本で生じる可能性の高い食料危機とは、東日本大震災で起きたように、お金があっても、物流が途絶して食料が手に入らないという事態である。最も重大なケースは、世界全体では食料供給が十分あったとしても、日本周辺で軍事的な紛争が生じてシーレーンが破壊され、海外から食料を積んだ船が日本に寄港しようとしても近づけないという事態である。

　日本が戦争に巻き込まれることが可能性としては少ないからといって、防衛力を持つ必要がないという人は少ないだろう。可能性としては少なくても被害が甚大であれば、その備えが必要となる。日本のような食料輸入国で軍事的な危機が生じているときには、食料の輸入も行えないので、必ず食料危機も発生する。これに対処するためには、一定量の備蓄と国内の食料生産能力を確保しておかなければならない。このようなロジックが**食料安全保障論**の背景にある。

　農業機械を動かすのに必要な石油の輸入ができなくなれば農業生産が行われなくなるので、食料安全保障の主張には意味がないという主張が時々行われる。しかし、これは「生産要素間の代替性」を考慮しない議論である。農業の生産要素のうち、除草剤や農業機械は労働で、化学肥料は堆肥で代替できる。農薬、化学肥料、農業機械がなくても戦前まで農業は営めたのである。

　しかし、太陽光、水、土は、農業にとって不可欠かつ代替不能な生産要素

である。石油がなくても作物は育つ。しかし、光と水と土がなければ作物は育たず、農業はできない。このうち、太陽光は資源的には無限と考えてよいが、地下水、土は再生産の過程が遅く、ほとんど再生不能な資源と言ってよい。

水の確保に困難を抱える国が多い中で、わが国は水資源に恵まれるとともに、40万km、地球の10周分にも及ぶ水路が張り巡らされている。問題は農地資源である。農業と工業が異なる大きな点は、農業では土地が生産に決定的に重要な役割を果たすことである。植物が生育できる団粒構造と言われる保水性と通気性を持った表土は、表面から30cmしかなく、この生成速度は1cmに200〜300年かかる。

戦後、人口わずか7,000万人で農地が500万ヘクタール以上あっても飢餓が生じたことはベンチマークとして記憶されておいてよい。農地は1961年に609万ヘクタールに拡大し、その後も公共事業等により105万ヘクタールの農地造成を行っている。つまり合計して農地は714万ヘクタールあるはずなのに、452万ヘクタール（2014年）しか残っていない。農地改革によって小作人に譲渡した193万ヘクタールや、現在の水田総面積246万ヘクタールを上回る260万ヘクタールもの農地が、半分は耕作放棄で山林に戻り、半分は宅地などへの転用によって消滅したからである。

現在の農地では、肥料や農薬も十分にあり、天候不順もないという条件に恵まれた場合に、イモと米だけ植えてやっと日本人が生命を維持できるだけである。不作になれば、餓死者が出るだろう。しかしながら、農地が452万ヘクタールしかないという結果は、日本の農政が食料安全保障を主張しながらも、それに不可欠な農地資源の確保を怠ってきた結果と言うことができよう。

2.2 食料自給率向上

1918年、米価高騰の中、米移送に反対して暴動を起こしたのも、1993年の平成の米騒動の際にスーパーに殺到したのも、主婦だった。本来食料安全保障は消費者の主張であって、農家や農家団体の主張ではない。

それなのに、農家団体である農協の強い要求により、2000年に今後10年で40%の**食料自給率**を45%に引き上げる計画が閣議決定されている。消費

者団体よりも農協の方が、食料自給率の向上、食料安全保障の主張に熱心である。民主党政権になってから、これは50％に引き上げられ、自民党政権になった2015年、これは非現実的であるとして、45％に引き下げられた。

食料自給率向上目標はもう15年近く掲げられているが、一向に上がる気配さえ見えないどころか、2010年度には40％から39％に低下している。しかも、農林水産省は、自給率を下げてもよいという政策を採っている。

自給率低下は食生活の洋風化のためであるというのが農林水産省の公式見解である。しかし、国内で供給できる米の需要が減少し、外国から輸入する麦（パン、スパゲッティ用）の需要が増加することを見通していたのであれば、米価を下げて米の需要を拡大し、麦価を上げて麦の消費を抑制すべきだった。ところが、1960年から2000年にかけて米価は4倍以上に引き上げられたのに対し、麦価は据え置かれた。国産米冷遇、外国産麦優遇という自給率を低下させる政策が採用されてきたのである。このため洋風化によるパンなどの消費が増加しただけではなく、洋風化とは関係ないラーメンやうどんなどの麦製品の消費も好調である。

また、WTOドーハ・ラウンド交渉やTPP交渉で、農業界の意向を受けた政府は、高関税の大幅な削減を回避する代償として、低い関税率で輸入される関税割当て数量（ミニマム・アクセス）を拡大するという対処方針を採っている。これは食料自給率を確実に低下させる。農業界が食料自給率目標を犠牲にしてまでも守りたいのは、高い関税に守られた国内の高い農産物価格である。

食料自給率とは、国内で生産されている食料を、輸入品も含めて消費している食料で割ったものである。したがって、飽食と言われる現在の食生活を前提とすると、分母が大きくなるので、食料自給率は下がる。逆に、餓死者が出た終戦直後の食料自給率は、海外から食料が入ってこないので100％である。分母の消費の違いによって食料自給率は上がったり下がったりする。現在の国内生産でも、30年前の消費を前提にすると、食料自給率は上昇する。他方、国内消費以上に生産を行って輸出をすれば食料自給率は100％以上となるが、米の減反のように国内の消費に合わせて生産を縮小させるという政策が採られてきた。

本来、食料安全保障とは、海外から食料を輸入できなくなったときでも、国内で農産物を生産して国民の生存を維持できるかという問題である。このとき、牛肉も刺身もたらふく食べている現在の食生活を維持できないのは当然である。その食生活を前提とした現在の食料自給率はまったく意味を持たない。畑に花を植えることは、食料自給率の向上にはまったく貢献しないが、農地資源を確保できるので食料安全保障には貢献する。しかし、花農家に対して農業保護政策はない。他方で、米、麦などの土地利用型農業に対しては、関税や補助金などさまざまな農業保護政策が講じられている。自給率向上の主張の背後にあるのは、土地利用型農業に対する農業保護の要求なのである。

2.3 多面的機能

農業保護の第3の根拠として、農業の多面的機能と言われる外部経済効果が挙げられる。**多面的機能**とは、農業は農産物供給だけではなく、水資源の涵養や洪水の防止など市場では取引されないプラスの外部経済効果を生じているというものである。

しかし、農業のすべてが多面的機能を持っているのではない。わが国の畜産の多くは、海外からとうもろこしなどの穀物を輸入し、これを飼料として与えることによって、家畜を飼育している。これは大量のふん尿によって国土を窒素で汚染してしまい、健康被害を生じてしまうおそれがある。つまり、外部不経済を生じる農業もあるのである。環境への影響を考えると畜産物を輸入した方がよいという意見もある。

農業界が主張するわが国の多面的機能のほとんどが、水資源涵養、洪水防止といった水田の機能である。しかし政府は、水田を水田として利用しないどころか、水田を潰す減反政策を40年も採り続けている。水田面積は戦後一貫して増加し、減反政策を開始した1970年には344万ヘクタールに達したが、減反の導入後は一貫して減少し、現在では246万ヘクタールとなっている。

WTO交渉で、2000年日本は、多面的機能は農業生産と結びついていることから、（削減しなくてもよい）緑の直接支払い[3]について、生産と関連してはならないという要件を見直すよう提案した。しかし、米などの高い関税を

維持できるかどうかがわが国農業界の重大関心事項となったため、2002年農林水産省はこの提案を取り下げてしまった。

なお、農業界は農業生産が拡大すれば多面的機能も向上すると前提して議論しているが、農薬を多投する場合、農業生産の拡大は環境への負荷を増大してしまう。場合によっては、農地を林地に戻したり、ある農業や農法は縮小したりする方が多面的機能には役立つ。しかし、このような議論は農業界ではタブーである。

以上をまとめると以下のようになる。食料自給率目標は別として、食料安全保障論、農業の多面的機能という農業保護の理論的根拠はそれなりに意味のあることである。しかしながら現実には、これまで農政が食料安全保障や多面的機能という理念から政策を導いたことはない。そうした根拠は、農業界が農業保護を維持したり増やしたりしようとするときだけに利用されてきた。だから、農業界は、高い農産物価格やそのために必要な関税という形の農業保護を確保しようとすると、それと矛盾する食料自給率向上や多面的機能という主張は捨ててしまうし、食料安全保障の基礎となる農地を転用・潰廃しても平気なのである。現実の日本の農業政策は、農業保護の理論的根拠からはかけ離れた結果を生み出してきたと言うことができるだろう。

3　人口減少時代における食料安全保障の難しさ

人口が減少すると、国民1人当たりの農地面積は拡大して、食料安全保障の観点からは好ましい影響が見られそうである。しかし、そうはならないということをここで述べておこう。国民1人当たりの農地面積が増加しても、1人の国民が今以上に国内で生産される米の消費を増やし、輸入している麦の消費を減らすことはない。食料消費のパターンが変化しないなら、人口減少による国内の食用の需要の減少にあわせて、農業生産が行われる以上、不

3）WTO農業協定では補助金を交通信号方式で分類した。「緑」は金額を削減しなくてもよいし、増額してもよい補助金、「黄色」は一定額まで削減しなければならない補助金、「赤」は出すことを禁止する補助金である。

要となった農地は耕作放棄され、木が茂って、やがて農地ではなくなってしまう。

　平時には農業生産はそのときの需要に規定される。需要がないものは生産されない。米の潜在的な生産能力は1,400万トン程度あるが、800万トンしか需要がないので、水田の4割を減反している。これは耕作放棄につながっていく。日本のような農産物輸入国では、国産農産物に対する需要は、農産物全体に対する需要量から輸入量を差し引いたものであり、それが生産力・供給力を規定することになる。

　しかし、緊急時には作られるもの、あるいはあるものしか食べられないので、消費は生産、供給に規定されることになる。つまり、緊急時の消費が、平時における消費量から輸入量を差し引いた需要に対応した、生産・供給力に規定されることになるのである。ここに輸出需要を考えられない輸入国における農地資源確保、食料安全保障の困難さがある。

　高齢化・人口減少時代の米の総消費量はどうなるだろうか。米の国民1人当たりの消費量は過去40年間で118kgから58kgへ半減した。高齢化・人口減少は消費の減少に拍車をかけることになる。仮に今後40年で1人当たりの消費量が現在の半分になれば、2050年頃には米の総消費量は今の800万トンから330万トンになる。これに対応して減反は200万ヘクタールに拡大し、米作は50万ヘクタール程度で済んでしまう。

　これは米に限らない。これまで政府による食料安全保障の主張は、高い関税で農業の国内市場を守ろうとするものだった。しかし、高齢化・人口減少は国内市場を縮小させる。これは日本農業のさらなる衰退を招き、農地資源を減少させて食料安全保障を危うくさせる。緊急時の消費を規定する国内の生産力が大幅に減少してしまうからである。

4　日本農業のポテンシャル

　農業全体が衰退する中でも、2010年に農産物販売額が1億円を超えている経営体は5,577もある。これ以下の販売額の層が軒並み減少する中で、この階層だけは5年前より9.5％も増加している。これらは、ビジネスとして

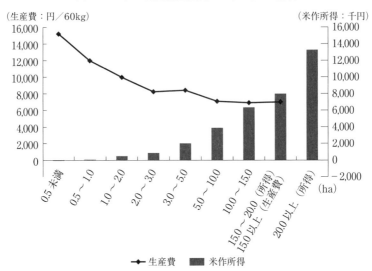

図9-1 米の規模別生産費と1戸当たり所得

出所：農林水産省「農業経営統計調査　平成25年　個別経営の営農類型別経営統計（経営収支）―水田作経営―」及び「農業経営統計調査　平成26年産　米生産費」

農業を捉えている企業的農家である。

　どの産業でも、事業体の収益は、価格に販売量を乗じた売上高から、コストを引いたものである。したがって、収益を上げようとすれば、価格を上げるか、販売量を上げるか、コストを下げればよい。成功している農家は、このいずれかまたは複数の方法を実践している。

　価格を上げるためには、有機農産物への取り組みや農産物の加工・直接販売などで、品質を向上させたり、付加価値をつけたりする方法がある。販売量については、市場全体の供給量に対して個々の農家の生産・販売量は小さいので、個々の農家が販売を増やしたからといって、市場価格が下がることはない。これは農家にとってはメリットである。農産物1トンのコストは、以下の式のように、農地面積当たりの肥料、農薬、農機具などのコストを単収（面積当たりの収穫量）で割ったものである。

$$1\text{トン当たりのコスト} = \frac{\text{コスト}}{\text{収穫量（トン）}} = \frac{\text{コスト／農地面積}}{\text{収穫量（トン）／農地面積}}$$

したがって、コストを下げようとすれば、規模拡大や安い農業資材の購入で農地面積当たりのコストを下げる（分子を下げる）か、品種改良で単収を上げれば（分母を上げれば）よい。

　成功している事例を挙げよう。農家は農地をなかなか貸したがらない。このため、農産物の集荷業に参入することで地域の農地情報を集め、規模拡大に成功している農家がある。さらに、外国から中古機械を輸入して生産コストを抑えている農家。特殊な栽培方法によって、通常の6倍以上の単収を上げている自然薯農家。栽培期間の短い野菜品種を導入して、1年で何作も行い、年間での単収を上げている農家。スーパーのレジ袋からゴボウが飛び出るという不便さを解消するため、ゴボウを半分に切ってスーパーへの売上げを伸ばした農家。野菜の苗作りに特化し、わずか数ヘクタールの農地で高収入を上げる農家。生鮮野菜の価格が下がったときには加工して販売する農家。

　食の外部化（外食、惣菜産業の伸長）が進展している。単独世帯にとっては、キュウリ、ニンジン、キャベツなどを丸ごと買って調理するより、外で調理したものを買う方が無駄がなく、安上がりになる。供給面では、スーパーでは売れない曲がったキュウリも、切ってしまえば普通のキュウリと同じなので、外食、惣菜産業を販売の主たるターゲットにする経営方法もある。逆に、単独世帯の内食コストを下げるために、小玉の野菜を販売して成功している農家もある。

　農業界が嫌うグローバル化を利用して成功した農家もある。国によって嗜好が違う。長いもは長いほど滋養強壮剤としてよいと考えられている台湾で、日本では長すぎて評価されない長いもが輸出され、高値で取引されている。日本では評価の高い大玉のリンゴをイギリスに輸出しても評価されず、苦し紛れに日本ではジュース用にしか取引されない安い小玉を送ったところ、やればできるではないかと言われたリンゴ農家がある。リンゴを栽培すると大玉も小玉もできる。大玉を日本に、小玉をイギリスに出荷することで、価格を上げることに成功しているのだ。

国際分業で成功した例もある。ある農家グループは、南北半球の違いを利用して、ニュージーランドがキウイを供給できない季節に、キウイを国内で生産・販売している。日本の労働コストは高い。このため、労働を多く必要とする苗までの育成を外国に生産委託して輸入し、国内で花に仕立て上げる例もある。ある農家は海外へ輸出していることを国内でのブランド力の強化に利用している。

　このように、企業的な生産者は独自の創意工夫によって大きな収益を上げている。それだけではない。日本自体も農業のポテンシャルを生む自然条件を備えている。都市の空き地を放っておくと雑草が生えてくるように、日本は作物の生育に適しているのである。

　しかし、日本は土地も狭小で農業には向かず、特に傾斜地や、一筆の区画が小さく不整形な農地の多い中山間地域での農業の可能性は小さいと考えられている。しかし、中山間地域は必ずしも条件が不利ではない。高収益を上げられるワサビは標高が高くて冷涼な中山間地域に向いている。日中の寒暖の差を活用し、新潟県魚沼のように品質・食味のよい米の生産も行われている。花の色も鮮明になる。中山間地域では、気候や地理的条件を活かした製品差別化、高付加価値化が可能である。宅地化が進み、狭小な農地しかない東京都は、農業には不利であるが、巨大市場の真ん中にいるメリットを活かし、日本一の小松菜の生産地となっている。

　自然や生物を相手とする農業には、季節によって農作業の多いときと少ないとき（農繁期と農閑期）の差が大きいため、労働力の通年平準化が困難だという特徴がある。工場のように、毎日同じ数の従業員を働かせ、同じ数のテレビや自動車を生産することはできない。米作で言えば、田植えと稲刈りの時期に労働は集中する。したがって、農繁期に合わせて雇用すれば、他の時期には労働力を遊ばせてしまい、大きなコスト負担が発生する。都道府県の稲作の平均的な規模は1ヘクタール程度である。平坦な北海道では農地の区画も大きく、大規模米作農業の展開が可能と考えられやすい。しかし、田植えと稲刈りを短期間で終えなければならないので、夫婦2人で経営できる農地は10ヘクタール程度となってしまう。

　これに対し、中山間地域では標高差を利用すれば田植えと稲刈りにそれぞ

れ2〜3カ月かけられる。これを活用して、中国地方や新潟県の典型的な中山間地域において、夫婦2人でも10〜30ヘクタールの耕作を実現している例がある。この米を冬場に餅などに加工したり、小売へのマーケティングを行ったりすれば、通年で労働を平準化できる。もちろん平野部でも早生、中生、晩生などの品種を組み合わせることによって、さらに大規模で低コストの農業が可能になる。また、米作の農閑期に野菜、果樹の栽培を行う複合経営によっても、労働を平準化できる。畜産を行えば、家畜のふん尿をたい肥として米作に活用でき、肥料代を節約できる。

　高低差だけではない。日本は南北にも長い。日本のように砂糖の原料として、サトウキビとてん菜を同じ国で作れる国は珍しい。同じ野菜を作っても南から北まで作物生育期間は、ずれる。ある外資系企業は九州から北海道まで7カ所の野菜農場を持ち、農場間で従業員と機械を移動させ、労働の周年雇用と機械の稼働率向上を実現し、コスト低減を図っている。

　輸出可能性を考えよう。中国最大の内政問題は、都市部と農村部の1人当たりの所得格差が3.5倍に拡大しているという「三農問題」である。これを需要面で見ると、わが国に近い臨海部に日本の高品質農産物を購入できる富裕層が存在しているということである。また、中国の農家1戸当たりの農地面積は日本の3分の1にすぎない。中国農業の競争力は安い農村部の労働に支えられている。中国が三農問題を解決していくと、農村部の労働コストが上昇していく。また、人民元は将来切り上がるだろう。これらは中国産農産物の価格の上昇につながる。品質的には高い評価を得ている日本の農産物の価格競争力が高まるのである。

5　農業衰退の原因となった農業政策

　1960年からこれまで、GDPに占める農業生産は9.0％から1.0％へ減少し、65歳以上の高齢農業者の比率は1割から6割へ上昇した。

　高齢化が進んで人手不足だからという理由で、農業が雇用の受け皿として注目を浴びている。しかし、農業のGDPを就業人口で割れば、農業者1人当たりの平均所得は年間187万円、1月当たりでは15万5,000円にすぎない。

人手不足ではなく、過剰就労している人たちが高齢化しているのが実態である。農業の収益が低いから、農家の跡継ぎも農業をやろうとはしないし、新規就農しようという人も出てこない。高齢化はその結果なのである。農業の収益を上げることに成功できない現状では、農業での雇用創出は困難である。これまで保護してきたのに、なぜ農業は衰退するのか。それは保護の方法が間違っているからである。ここではその理由を見ていくことにしよう。

5.1 価格政策

わが国の農政は、農業の中で最も重要な品目だった米を中心に推進されてきた。1918年の米騒動以前は、政府自身による国内市場への介入はなく、大阪堂島市場で米の先物取引が行われていた。しかし、米騒動後の反動で米の投げ売りが行われ、価格が下落したことから、米穀法が制定され、市場を前提としたうえで政府が介入する間接統制が導入された。その後、戦時下に制定された**食糧管理法**によって、直接政府が米を買い入れ、消費者に均等に売り渡すという配給制度（直接統制）が導入された。同法は消費者保護の立法だったが、1960年代以降、生産者米価引き上げによって農家所得・収益を確保しようとする生産者保護政策に転換された。

高い米価によって、本来ならば退出するはずのコストの高い零細農家も、小売業者から高い米を買うよりもまだ自分で作った方が安いので、農業を継続してしまった。零細農家が農地を出してこないので、専業農家に農地は集積せず、規模拡大は進まなかった。主業農家の販売シェアは、野菜や酪農では8割、9割を超えているのに、米だけが4割にも満たない。農業で生計を立てている農家らしい農家がコストを引き下げて収益を上げようとする途を、農政が阻んでしまったのである。

米価引き上げによって、消費は減り生産は増えたので、米は過剰になり40年も減反している。食管制度が1995年に廃止されて以降、米価は生産量を制限する**減反政策**によって維持されている。減反は生産者が共同して行うカルテルである。これまで、累計総額7兆円の補助金が、他産業なら独禁法違反となるカルテルに、農家を参加させるためのアメとして、税金から支払われてきた。

図 9-2　日・米・中のコメの単収推移比較

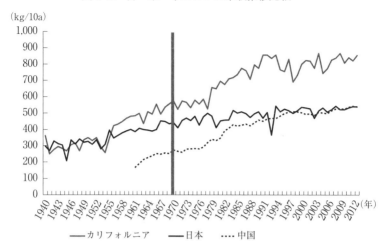

注：中国：得られた「もみ」データに 0.73 をかけて玄米換算。
　　カリフォルニア：得られた「精米」データに 100/89 をかけて玄米換算。1970 年から減反政策が実施された。
出所：日本は農林水産省、中国は FAOSTAT、カリフォルニアは USDA より。

　政府は食料自給率向上を掲げているが、水田全体の 4 割に達している 100 万ヘクタールの減反で 500 万トン以上の米を減産する一方、500 万トン超の麦を輸入するという食料自給率向上とは反対の政策が採り続けられている。

　減反はコスト削減にも悪影響をもたらした。総消費量が一定のもとで単収が増えれば、米生産に必要な水田面積は縮小するので、減反面積を拡大せざるを得なくなり、農家への減反補助金が増えてしまう。このため、国や都道府県の試験場による単収向上のための品種改良は、行われなくなった。

　今ではカリフォルニアの米単収より、日本米の平均単収は 6 割も少ない。50 年前には、日本の半分程度だった中国にも、並ばれてしまった（図 9-2）。減反を廃止して、単収がカリフォルニア米並みになれば、コストは 1.6 分の 1 に低下する。すでに、カリフォルニア米の単収を上回る品種が民間で開発され、一部の主業農家によって栽培されている。しかし、兼業農家に苗を供給する農協は、生産増加による米価低下を恐れて、このタネを採用しようとはしない。

消費が減少しても、減反をこれ以上拡大できないので米価は低下する。このため、米を作ると赤字になるコストの高い零細農家は農地を手放している。しかし、受け手の主業農家も、米価の低下によって地代負担能力が低下しているため、農地を引き取れない。両者の間に落ちた農地が**耕作放棄地**である。畑地も含め、40万ヘクタールに及ぶ耕作放棄地は埼玉県の全面積に匹敵する。

なお、花、野菜や果樹を除いて、他の農業も米ほどではないにしても、価格支持の要素は存在する。OECDによると、日本の農業保護額のうち8割は、高い価格によって消費者が農家に所得移転している部分で、財政負担の部分は2割にすぎない（2013年）。国内の高い価格を維持するためには、高い関税が必要となる。ただし、酪農や肉用牛などについては、ある程度の高い価格を維持しながらも、農家の保証価格と市場価格との差を財政で補塡するという政策をとったために、需要に与える影響を限定的なものにすることができ、結果としてこれら産業は発展した。

5.2 農地政策

農地改革は、戦前の農政官僚の小作人解放という夢をかなえたものだった。しかし、1ヘクタール規模の零細な自作農を創設したことは、かえって零細な農業構造の解消という戦前からの農政のもう1つの課題の解決を困難にしてしまった。

食糧管理制度と並ぶ、農政のもう1つの柱である**農地法**は、農地改革の成果を維持するために作られた。「**自作農主義**」という農地法の思想は、農地改革の耕作者に所有権を与えるという「所有、経営、耕作（労働）」の三位一体の農民的土地所有が最も適当であるとしたものである。このため、農業経営や農地の耕作は従業員が行い、農地の所有は株主に帰属するという、株式会社のような農地の所有形態は、法律の目的や原則から認められないことになった。こうして自作農主義は多様な農業者が農業に参入する途を閉ざしてしまった。

農業に新しく参入しようとすると、農産物販売が軌道に乗るまでに機械の借入れや生活費の確保などで最低500万円は必要であると言われる。しかし、友人や親戚から出資してもらい、農地所有も可能な農業生産法人である株式

会社を作って農業に参入しようとしても、この会社は株式譲渡制限を伴うものでなければならず、また、農業者や農業関係者が出資額の半分以上を所有しなければならないなどの厳しい要件が農地法によって課されている。規制緩和によって、賃貸借により法人が参入することは容易になったが、機械に多額の投資を行って参入しても、地主から返してくれと言われれば、農業から撤退せざるを得ないし、他人の土地であれば、土壌改良や基盤整備などの土地投資を行おうとはしない。賃貸借には限界があるのである。

要するに、ベンチャー経営者が起業するときに通常行うと考えられる、出資による参入を農政は認めていないのである。このため、新規参入者は銀行などから借り入れるしかないので、失敗すれば借金が残る。そもそも農業は生産が自然条件によって左右されたり、価格が大きく変動しやすいというリスクの高い産業である。にもかかわらず、出資というリスク軽減方法を認めない農業政策によって、農業は参入リスクがより高い産業となっているのである。

農家の子弟だと、たとえ都市に住んでいようと、農作業に耐えうるような身体的・精神的な条件を持っていないものであろうと、相続で農地は自動的に取得できるし、耕作放棄してもかまわない。それなのに、農業に魅力を感じて就農しようとする人たちには、農地取得を困難にして、農業という「職業選択の自由」を奪っている。農業の後継者難という言葉を農業界はよく口にするが、新規参入を困難にしているのは、自らの既得権を維持するための農地政策に原因があることを自覚している人は少ない。

また、農地法のもう1つの目的は、農地転用を規制することによって、食料安全保障に必要な農地資源を確保しようとするものだった。しかし、農地法による転用規制の運用が緩和されてきたことに加え、「農振法」（農業振興地域の整備に関する法律）による**土地利用規制（ゾーニング）**という制度を作ったものの、市町村長に農地の線引き（ゾーニング）を任せているため、選挙民である農家が転用したいと希望すれば、線引きが容易に変更されてしまっている。こうした運用によって、農地資源は大量に転用、放棄され続けてきた。

5.3　農協

　農協は協同組合なので、本来農業者が自由に加入・脱退できる自主的な組織である。しかし、政府は全農家を加入させ、農産物や農業資材の販売、貯金の受け入れをはじめとする幅広い事業を行った戦時中の統制団体を、1948年に衣替えさせて農協とした。戦後の食糧難の中で、農家が高いヤミ米として流通させてしまう米を政府に集め、消費者への配給制度に載せるために、統制団体を政府への供出機関として利用する必要があったのである。このような経緯から、農業に占める米の地位が低下し続けたにもかかわらず、JA農協は米肥農協と言われるほど、米農業や米農家の戸数維持への関心が強い。

　JA農協は、行政の下請け機関となるとともに、行政と同じく全国、都道府県、市町村の段階で構成される上意下達の組織となった。また、欧州諸国の農協が、酪農、青果のように作物ごと、生産資材購入、農産物販売という機能ごとに設立されたのに対し、日本の農協は、作物を問わず全農家が半強制的に参加し、かつ多様な事業を行う総合農協となった（日本にも酪農協のように一部にJAではない専門農協がある）。

　総農地面積が一定で1戸当たりの規模が拡大すると、農家戸数は減少する。組合員の圧倒的多数が米農家で、農家戸数を維持したい農協は、農業の構造改革を農家の選別政策と呼んで、これに反対した。同じく農業収益を上げるとしても、農家戸数の減少を伴う規模拡大を通じたコストダウンよりも、米価を上げた方が、多数の兼業農家を維持することができるというメリットがある。兼業農家の維持は、政治力の維持に加え、農外所得や農地転用利益の農協口座への預け入れによって農協経営の安定・向上につながるからであった。

　図9-3が示すように、米の需要曲線が非弾力的であるので、価格を上げても需要量は大きくは減少しないため、価格に需要量を乗じた売上高は価格引き上げにより増加する（$OP_1 \times OQ_1 > OP_2 \times OQ_2$）。農協の米販売手数料が売上高に比例的である以上、生産を縮小して価格を高く維持し、売上高を増加させた方が、農協経営にプラスになる。「豊作貧乏」の逆である。農協経営が米価水準と密接に関連しているため、農協は生産を抑制する減反政策を支持し、価格引き下げにつながる関税引き下げには強く抵抗する。

図 9-3　米価引き上げによる農協収益の向上

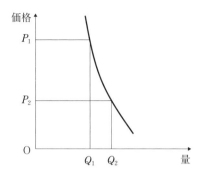

　農協には、職能組合にもかかわらず、農民以外の地域住民も組合員となって農協を自由に利用できるという准組合員制度がある。また、生協のような他の協同組合と異なり、農協は金融事業（農協では「信用事業」という）を兼務できる。生命保険会社が損害保険業務を行ったり、損害保険会社が生命保険業務を行ったりすることは、認められてこなかったが、従来から農協は生命保険も損害保険も対象とする共済事業を行うことができた。他の事業に加え、信用事業と共済事業を兼業できることは、わが国のどの法人にも見られない大きな特典である。農協は正組合員である兼業農家の所得や資産を運用したばかりではなく、准組合員となるよう地域住民を勧誘し、住宅ローン、自動車ローン、教育ローンの貸付や生命保険、建物保険、自動車保険の提供によって、収益を向上させた。
　米価政策・減反政策による零細な兼業農家の維持が、准組合員制度、信用事業および共済事業の兼務という農協に与えられた大きな特典と相まって、農協を「脱農化」によって大きく発展させた。しかし、このように農協が発展する一方で、構造改革の遅れた農業は、農業収益の低下、耕作放棄地の増加に見られるように、衰退の一途をたどっている。その原因の多くは、以上見てきた農政自体にあったのである。

6　農産物貿易自由化と柳田國男

　日本民俗学の父、『遠野物語』の著者である柳田國男（1875-1962）は、1900年、東京帝国大学法科大学卒業後、農商務省（現在の農林水産省と経済産業省の前身）に入省した。自らの家庭での不幸な経験から、農村・農家の貧困を解決しようと志したと言われる。

　明治の農政思想には2つの流れがある。1つは大農論であり、アメリカのような大規模農場を育成すべきであると主張した。これに対し、農業の現状を維持しようとする勢力は小農主義を主張した。勢力的には小農主義が圧倒的多数であった。地主勢力としては、多数の小作農がいることにより、労働生産性が低くても、単位土地面積当たりの生産性が高ければよかったからである。

　柳田は、大農でも小農でもない中農養成策を論じ、当時の学界や官界で有力であった農本主義的な小農保護論に異を唱えた。現に存在する「微細農」ではなく、農業を独立した職業とならしめるような規模を持つ2ヘクタール以上の農業者の育成を主張した。日本が零細農業構造により世界の農業から立ち遅れてしまうことを懸念し、農業構造の改善のためには農村から都市へ労働力が流出するのを規制すべきではなく、農家戸数の減少により農業の規模拡大を図るべきであると論じた。

　当時の水田小作料は金納制ではなく物納制であった。地主の倉庫には収穫物の半分の米が集まった。寄生化していた地主勢力は、農業の生産性を向上させて農業所得を増加させるという方法ではなく、米の供給を制限することにより米価を引き上げ、彼らに集まった米を売却し所得の増加を図ろうとした。具体的には、米の輸入を制限しようとしたのである。

　地主勢力は帝国農会という圧力団体を組織し、国防強化を口実として食料の自給、米の高関税が必要であると主張して運動を展開した。日露戦争の戦費調達を理由として、これは実現され、日露戦争後も米関税は恒久関税として維持された。

　当時の農業界は、アメリカ農業に比べると規模が小さく競争できないので農業保護関税が必要だと主張した。これに対し、柳田は農業改良、つまり生

産性向上が必要であると主張した。国防のために食料を自給すべきであるといっても、消費者や労働者の家計を考えるのであれば、外国米を入れても米価が下がる方がよいと言う。わずか0.3～0.4ヘクタールほどの農地を耕して半年分の米をやっと収穫できる零細農家の眼中には、「市場もなく貿易もなし」「何の暇ありてか世界の大勢に覚醒し、農事の改良に奮起することを為さん」として、零細農家ではなく、規模の大きい中農を育成すべきだと言うのである。

農産物貿易の自由化に関する議論は、現在も100年前と変わりない。地主勢力の農会組織を戦後受け継いだ今日のJA農協は、高い価格を維持できる高関税を強く求めている。供給を制限して米価を維持するために、規模拡大や単収向上という生産性向上に反対することも同じである。JA農協の政治団体であるJA全中は、地主勢力の政治団体だった帝国農会の後継組織である。

農家1戸当たりの農地面積は、日本を1とすると、EUが6、アメリカが75、オーストラリアが1,309である。柳田の時代と同じく、今日でも、日本農業はアメリカやオーストラリアに比べて規模が小さいので、コストが高く競争できないという主張がなされる。

確かに規模は重要である。しかしこの議論は、各国が作っている作物、単収、品質の違いを無視している。この主張が正しいのであれば、世界最大の農産物輸出国アメリカもオーストラリアの18分の1なので、競争できないはずである。しかし、9割が草しか生えない農地であるオーストラリアとアメリカでは土地の肥沃度が大きく異なる。アメリカは小麦、大豆やとうもろこしといった穀物生産、オーストラリアは牧草による畜産が主体である。米作主体の日本農業に対する脅威は主として中国から来るものだが、その中国の農家規模は日本の3分の1にすぎない。また、同じ作物でも単収や品質に大きな格差がある。フランスの小麦の単収はアメリカの2.3倍なので、フランスの100ヘクタールの農家の方がアメリカの200ヘクタールの農家より効率的である。

米にはジャポニカ米、インディカ米の区別があるほか、同じジャポニカ米でも、品質に大きな差がある。国内でも、同じ品種のコシヒカリで、新潟県魚沼産と一般の産地では、1.7～1.8倍の価格差がある。国際市場でも、日

図 9-4　日本産と中国産、カリフォルニア産の米価の推移

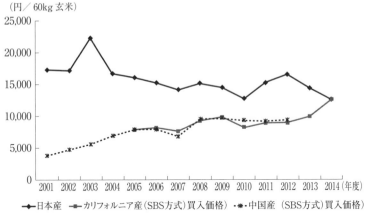

出所：農林水産省資料より筆者作成。

本米は最も高い評価を受けている。現在、香港では、商社からの卸売価格は、キログラム当たり日本産コシヒカリ 380 円、カリフォルニア産コシヒカリ 240 円、中国産コシヒカリ 150 円、中国産一般ジャポニカ米 100 円となっている。

　研究者の中には品質の劣る海外の米と日本米の価格を比較して、TPP に参加すると米は壊滅的な打撃を受けると主張する者もいるが、1,000 万円もするベンツのような高級車とインドのタタ・モータースの 30 万円の軽自動車を比べるようなものである。同じく 4 つの車輪がついていても、ベンツはタタ・モータースに脅威を感じない。わが国は、ベンツもフォードも輸入しながら、トヨタ、ニッサン、ホンダなどを輸出している。仮に外食用の一部に 10 万トンが輸入されたとしても、100 万トンの高品質米を輸出すれば、食料自給率は向上する。アメリカは 350 万トンの米を輸出する一方で、タイからジャスミン米という高品質米を 80 万トン輸入している。また、穀物で育てた高品質の牛肉を輸出する世界第 4 位の輸出国であると同時に、オーストラリアなどからハンバーグ用の低級牛肉を輸入する世界最大の輸入国でもある。要するに、品質の劣る低価格米を恐れる必要はないのである。これが品質に差がある場合の "産業内貿易" である。

　2014 年度、米の内外価格差は解消し、逆転した。米のミニマム・アクセ

スは77万トンであるが、そのうち10万トンは主食用として日本の市場に入れている。内外価格差があれば、必ず全量輸入される。しかし、2014年度は1万2,000トンの輸入にとどまった。特に、最終入札となった2015年3月は、政府が88,610トンの枠を提示したにもかかわらず、216トンの落札にとどまった。図9-4が示すとおり、内外価格差が解消したのだ。

かつて大量に輸入された中国産米は価格競争力を失い、2013年度以降輸入されていない。2014年度のカリフォルニア米の輸入価格は12,582円である。2014年9月から国内の米価は傾向的に低下しており、2015年8月で11,928円である。内外価格差は解消したどころか、完全に逆転した。さらに、従来、品質格差を反映して、日本市場で国産米はカリフォルニア米よりも2〜3割ほど高く評価されてきた。国産米は表面的な数字以上に大幅に割安になっている。

この国産米の価格は減反によって形成されているものである。国際価格よりも低い価格を減反で維持する必要はない。輸出すれば、より高い価格を得られるからである。減反がなくなれば、生産も増え、農家の所得は増える。

しかし、ようやく内外価格差が解消したのに、政府は減反強化という逆の政策を進めている。エサ用の米生産を膨大な減反補助金で振興し、主食用米の供給を減少させて、米価を引き上げようとしている。この結果、2015年9月国産米価は13,178円に上昇した。

7　農政改革の方向

それでは現在の日本の農業にはどのような政策が求められているのだろうか。農政改革の方向について述べてみよう。

7.1　農地制度の改革

ヨーロッパには農地法に類する法制度はなく、**ゾーニング**（土地利用規制）だけで農地を守っている。「農振法」のゾーニング制度を抜本的に変更・強化して、その代わりに「農地法」を廃止するという大胆な規制緩和を実現してはどうだろうか。こうすれば、農家の子弟以外の人も企業も自由に農業に

図 9-5　農業就業人口、JA 正組合員数、准組合員数の推移

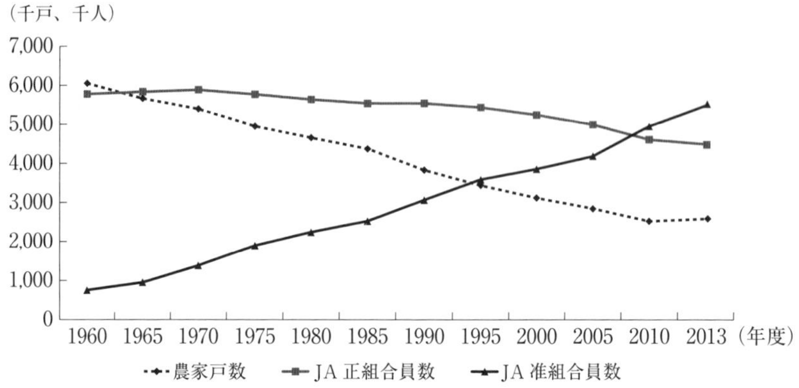

（千戸、千人）

･･･農家戸数　─■─ JA 正組合員数　─●─ JA 准組合員数

注：2012 年度の総農家戸数は 2010 年度の数値を代用している。
出所：農林水産省「農林業センサス」「総合農協統計表」。

参入できるし、信託方式など農地の有効利用につながるさまざまな手法を活用できることとなり、食料安全保障に不可欠な農地資源も維持できる。せめて、資本金が一定額未満のベンチャー的な株式会社には、農地の所有権を認めるべきではないだろうか。

　ゾーニングが十分でなく農家による農地の転用期待をなくすことができない間は、転用期待で農地を農地として利用せずに耕作放棄している者や、産業廃棄物の処理場として不当に農地を使用している者に対する経済的なペナルティの導入も必要である。農地保有のコストを高めるため、耕作しない者に対する「固定資産税の宅地並み課税」を行うべきである。

　ただし、農地制度を改革し、ゾーニング規制をしっかりしたものにしても、農業の収益が向上しない限り、確保された農地の中で耕作放棄が増加する。農業収益を向上させるためには、「直接支払い」を通じた構造改革が必要となる。これについては後に述べることにしよう。

7.2　農協制度の改革

　JA 農協の未来は、兼業農家の保護ではなく、「地域協同組合」としての役割にあるのではないだろうか。混住化の進展と農協の勧誘によって、准組合

員の数は年々拡大して、とうとう 2009 年に准組合員数が正組合員を上回り、2013 年度末では、組合員 1,015 万人中准組合員は 558 万人で、正組合員 456 万人を 102 万人も上回っている。図 9-5 から准組合員が急速に増加していることがわかる。農家戸数の減少によって、この傾向はさらに進展するだろう。市町村合併で行政が撤退した中山間・過疎地域では、買い物難民や生活弱者が発生している。こうした地域の相互扶助を行う協同組合であれば、准組合員を正組合員にすることに理解が得られるだろう。具体的には、生活物資の供給、集落の維持、公共サービスの提供など、地域コミュニティの中核的役割を発揮することが期待される。

　JA 農協はこれまで独占禁止法の適用除外、法人税の軽減や固定資産税の非課税といった多くの優遇措置を受けてきた。その特典を引き続き与える代わりに、バスの運行のような公共サービスも含めた地域住民へのサービスの提供を行う"地域"協同組合として活動させてはどうか。都市でも、住民が老人中心のマンションが多くなっており、デイケアなど、地域協同組合の果たす役割も十分に存在するはずだ。

　具体的には、農業協同組合法と地域協同組合法の 2 法を制定し、職能組合としての専門農協と JA 農協が転化した地域協同組合の 2 つを作る。新しく作られる農協には、生協と同様、信用事業の兼務や准組合員制度は認めない。作物別の農産物販売組合、農業資材の購入組合などの専門農協である。全国の農産物をジャパン・ブランドとして輸出する輸出農協が作られるかもしれない。現在の農協でも、農業で十分活動しているところは、農業部分を切り離して、新農協法のもとで農協として再出発すればよい。農協ごとに特色あるビジネスモデルを確立し、お互い競争できるようにするのである。また、農協の地域制限を撤廃し、農協が相互に乗り入れできるようにし、農家が複数の農協を活用できるようにする。

　地域協同組合は、これまで JA が行ってきた信用・共済事業や地域住民への生活資材供給を行う。しかし、農業関係事業は行わない。農家は、融資を受けようとすれば、地域協同組合の信用事業から受ければよいし、生命保険や自動車保険に入ろうとすれば、地域協同組合の共済事業を利用すればよい。農家が JA の事業の中で最も期待してきたにもかかわらず、利益を生まない

という理由で縮小されてきた営農指導事業については、アメリカやオーストラリアのように、都道府県の農業改良普及事業を充実したり、先進技術についてはオランダのような民間のコンサルティング会社を活用することによって、対応すべきである。

7.3　価格支持から直接支払いへ

　関税による価格支持と農家への**直接支払い**という補助金の交付は、どちらが望ましいのだろうか。さまざまな直接支払いがあるが、ここでは、価格低下で影響を受ける農家の所得を直接補償する政策のことをいう。すでに欧米では価格支持という消費者に負担をかける農業政策から、納税者負担による直接支払いへの移行が行われている。

　誰にも効果が一律に及ぶ価格政策と異なり、直接支払いは、問題となる対象に直接作用することができる。現在日本では、中山間地域の傾斜農地などと平場の農地との条件不利性を補正するため、筆者が担当課長として2000年度から導入した「中山間地域等直接支払い」、民主党が2010年度から導入し、2014年度半減され、2018年度には廃止される予定の「戸別所得補償」、自民党が2014年度から導入した「多面的機能直接支払い」がある。しかし、「戸別所得補償」は、零細農家も含め、減反目標数量を守る農家を受給資格者としたため、欧米のように価格を下げて直接支払いを行うのではなく、価格を維持しつつ直接支払いを行うことになった。「多面的機能直接支払い」も高い国内価格の根拠が多面的機能だとすれば、農家は高い価格と直接支払いの二重の保護を受けること（国民は消費者負担と納税者負担という二重の負担をすること）になる。

　ミクロ経済学で通常用いられるような小国の貿易モデルを用いて考察をすることにしよう（図9-6）。この財の国内における需要曲線を DD、供給曲線を SS_0、世界価格を W_p とする。供給曲線 SS_0 には多面的機能や食料安全保障といった外部性が考慮されていないが、これらを考慮した供給曲線は SS_0 の下に描かれることになる。これを $S'S_0'$ とする。これら2つの供給曲線の上下の差はそれぞれの供給量に対応する限界的な外部性の便益であり、両曲線に挟まれた部分の面積は外部性の便益の大きさを与えてくれる。たとえば

図9-6　関税か直接支払いか

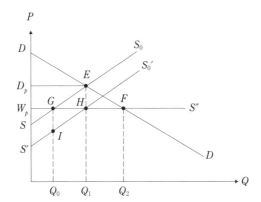

領域 $SS'IG$ は生産量が Q_0 のときの外部性の便益である。

　まず自由貿易で何が起こるかを考えよう。関税も直接支払いもない状況である。このとき、小国の仮定より価格は世界価格と一致して W_p となり、トータルの取引量（＝需要量）は F 点で決まるが、国内の供給量は Q_0 である（輸入量は $Q_2 - Q_0$）。すでに述べたように、これに対応する外部経済効果の大きさが四角形 $SS'IG$ である。その結果、トータルの余剰は四角形 $DFGS$（消費者余剰 DFW_p と生産者余剰 W_pGS の合計）に外部経済効果の大きさを加えた領域 $DS'IGF$ となる。

　これに対して、1単位当たりに D_pW_p の関税を賦課した場合には、価格は D_p となり、国内供給量は供給曲線上の E 点で決定される。この関税の水準では、国内供給ですべての需要が満たされ、輸入はゼロなので関税収入もない。消費者余剰 DED_p、生産者余剰 D_pES に外部性の領域である四角形 $SS'HE$ を加えると、四角形 $DS'HE$ となる。

　上の2つのケースの社会的総余剰を比較すると、三角形 EHF が三角形 GIH よりも大きいときには、関税で国内農業を保護するよりも、関税も直接支払いもない自由貿易の方が、余剰が大きい。このときには、貿易の利益が外部経済効果を上回る。貿易の利益 ΔEHF は、内外価格差（EH に相当）が大きければ大きいほど、需要の弾力性（この大きさは HF に関連している）が大きければ大きいほど、大きくなる。

しかし、これらのどちらとも異なり、最適な政策は自由貿易を行い貿易の利益を享受したうえで、直接支払いを交付して外部経済効果を十分に発揮させる政策である。関税をゼロにするとともに、$EHS'S$ だけの直接支払いをすることで市場での供給曲線を $S'S_0'$ にシフトさせる。このときの直接支払い総額は、Q_1 での外部経済効果と一致する。すなわち、外部経済効果と直接支払いは相殺されるので、総余剰は消費者余剰（三角形 DW_pF）＋生産者余剰（三角形 $W_pS'H$）＝四角形 $DS'HF$ となる。

この直接支払いを構造改革につなげられないだろうか？

減反を 5 年間程度かけて段階的に緩和し、米価を徐々に下げていけば、コストの高い兼業農家は耕作を中止し、農地をさらに貸し出すようになるだろう。そこで、一定規模以上の主業農家に対して、面積に応じた直接支払いを交付し、地代支払い能力を補強すれば、農地は主業農家に集まり、規模は拡大しコストは下がる。今でも 10 ヘクタール以上の規模の農家のコスト（自家労働費は除く）は米価の約半分の 1 俵（60kg）当たり約 7,000 円である。

新規参入者やこれから規模を拡大しようとする者に対しては、暫定的に直接支払いの対象とし、一定期間後の目標面積を提示させ、（借りようと努力したにもかかわらず土地所有者が貸さなかったといった不可抗力による場合を除き）目標を達成しなかった場合には、直接支払いを返還させるという仕組みとすればよい。

農地が少数の主業農家に集まれば、農地がいろいろな場所に点在しているため、機械の移動などに労力がかかる零細分散錯圃[4]という問題も解決に向かい、コストはさらに下がる。

減反を止めれば、単収向上への制約もなくなる。これから農業技術の研究者は思う存分に増収型の品種改良に励むことができる。カリフォルニア米並

---

[4] 零細分散錯圃は 1 つの場所に農地がまとまって存在していれば自然災害を一気に受けてしまうため危険分散を図るとともに、上流と下流に各農家の水田を分散させ公平な河川水の利用を行わせるとの観点から編み出された知恵であった。しかし、この古い時代の知恵が農業の近代化、合理化を著しく阻害している。現在比較的規模の大きい農家でも、点在している農地を借りて規模拡大しているために、耕作地が点在している。2006 年の農林水産省の調査によれば、調査経営体 202 の平均を見ると、経営面積は 14.8 ヘクタール、これが 28.5 カ所に分散しており、1 カ所の面積は 0.52 ヘクタール、最も離れている農地と農地の間の距離は 3.7 キロメートルとなっている。

みの単収[5]となれば、1俵当たり7,000円のコストは3,750円へと低下する。日本の米は世界で最もおいしいという評価がある。現在の価格でも、台湾、香港などへ輸出している生産者がいる。品質の良さに価格競争力がつけばさらに輸出が期待できる。

　直接支払いは規模拡大を推進するだけではなく、それ自体もコストを下げる。主業農家のコストが下がり収益が増えれば、地代が上昇し農地の出し手の兼業農家も利益を受ける。農家戸数の7割を占める1ヘクタール未満の米作農家の収益は赤字である。これに対して20ヘクタール以上の農家の収益は1,400万円である。すべての農家が1ヘクタール未満の場合より、20ヘクタール以上の農家を育成し、この収益を農地の出し手も含めて分配した方が、すべての農家が利益を得る。パレート効率的な状態への移行である。

　納税者の負担は増えるのだろうか。実はその逆である。減反政策は約4,000億円の納税者（財政）負担によって農家に補助金を交付して生産を減少させ、主食である米の値段を上げて消費者に約6,000億円の負担をさせている。約2兆円の米農業に対して、国民は納税者として消費者として約1兆円の負担をしている。減反廃止により米価は12,000円から8,000円に4,000円（60kg当たり）低下する。米の流通量600万トン、主業農家のシェア40％とすると、必要な直接支払い額は1,600億円となり、減反政策の場合より納税者負担は減少する。消費者負担はなくなるので、国民負担は8,000億円以上軽減される。生産者も、消費者も、納税者も利益を得る。

　農協は6割の生産シェアを持つ兼業農家がいなくなれば食料供給に不安が生じると主張する。しかし、この50年間で酪農家戸数は40万戸から2万戸へ減少したにもかかわらず、生乳生産は4倍に増加した。零細農家が退出した後の農地は主業農家が引き取って、より効率的に活用するので、食料供給にいささかも問題は生じない。

　減反廃止により日本米の価格が8,000円に低下し、三農問題の解決による農村部の労働コストの上昇や人民元の切り上げによって中国産米の価格が1万3,000円に上昇すれば、商社は日本市場で米を8,000円で買い付けて1万

---

5) 日本の1.6倍。

3,000円で輸出すると利益を得る。この結果、国内での供給が減少し、輸出価格の水準まで国内価格も上昇する。いわゆる「価格裁定行為」である。これによって国内米生産は拡大するし、直接支払いも減額できるだろう。想定外の価格低下が起きた場合には、直接支払いを増額すればよい。

7.4 海外市場の開拓と食料安全保障

　アメリカは日本よりも農産物輸入額は多いがそれを上回る輸出を行うことによって、100％を超える自給率を達成している。アメリカは世界最大の農産物輸出国であると同時に、世界最大の農産物輸入国である。どの国も得意なものを輸出して不得意なものを輸入している。また、輸出に向けられる米だけに補助金を交付すればWTOが禁止している補助金になるが、減反を廃止して輸出も可能になるような価格水準とし、国内用、輸出用に限定しないで直接支払いをすれば、それは輸出補助金に該当しない。アメリカやEUは、このような直接支払いで農業の国際競争力をつけている。

　農政も海外市場の開拓に努めるべきである。関税が引き下げられる中で、動植物の検疫措置が農業保護のために使われるようになっている。中国からは大量の農産物が輸入されているが、わが国から中国に輸出できる未加工の農産物は、米、リンゴ、ナシに限られている。米についても2007年4月に輸出解禁となったばかりであり、依然として厳しい検疫条件が要求されている。農政は発想を大胆に転換し、組織・人員をこれまでとは別の対象に使うべきである。

　1993年のEUの穀物価格引き下げ（29％引き下げて直接支払いを導入）は飼料用の需要という新しい需要を取り込むことになった。この結果、アメリカからの輸入飼料用穀物を域内穀物で代替したことなどから、穀物消費量は23.5％も増加し、膨大に積み上がっていた在庫量は3,330万トンから270万トンまで92％も減少した。価格を下げると、別の需要を取り込むことができるようになる。日本にとってそれは「輸出」である。

　米だけではない。和牛肉は、コウベ・ビーフという名前がつくなど世界で味の良さが評価されている。かつては、わが国の牛肉生産のうち6〜7割程度が、酪農家の乳牛が出産する雄子牛の肥育などの乳用種だった。1991年

の牛肉の輸入自由化に対応するため、これまで、乳牛に和牛の精子を人工授精し、F1（乳牛と和牛の交雑種）を生産して肉質の向上に努めてきた。近年、和牛自体の受精卵を乳牛の子宮内に移植して和牛を生産する方法が普及してきている。和牛の生産は自由化前の18万トン程度の水準から最近では23万トン程度に拡大している。今後さらに和牛生産を増加すれば、輸出を拡大できる。

牛乳についても、20年以上も前から北海道の生乳は都府県に船で輸送されている。過去最大だった2003年で生乳53万トンである（2010年は39万トン）。これ以外に、北海道でパッキングした飲用牛乳が都府県に移出されている。こちらは、過去最大だった2008年で33万トンである（2010年は28万トン）。全国の生乳生産量800万トンの約1割が北海道から都府県へ移送されている。日本から、近隣の韓国、台湾、中国への牛乳の輸出ができないわけがない。

野菜、果物については、すでに先進的な農業者が積極的に輸出を展開している。小麦に代表される北海道の畑作物は、日本の国内ではコストが低いが、国際的にはコストが高い。北海道の小麦の生産コスト（トン当たり12万円）は輸入小麦の価格（3万〜5万円）を大幅に上回っている。北海道の畑作を野菜作に転換させ、本格的に輸出の途を探るべきである。小麦などへの生産を誘導することとなっている現在の作物に応じた直接支払いを改め、農地の上に何を作付けしても単一の額の直接支払いを交付するという仕組みに転換することによって、このような作物転換を推進することができる。食料安全保障のためには、農地資源を維持することが重要で、何を植えるかは重要ではない。小麦のような国際競争力のない作物に、その内外価格差に相当する多額の財政負担を行ってまで、北海道の畑作を維持する必要はない。構造改革や直接支払いによって、高品質のわが国農畜産物に価格競争力がつけば、鬼に金棒である。

日本ではこれまで国内の食用の需要しか視野になかったことが、農業生産の減少をもたらしてきた。日本の人口は減少するが、世界の人口は増加する。しかもアジアには所得増加にも裏打ちされた拡大する市場がある。高齢化・人口減少時代に、日本農業を維持・振興しようと考えるならば、輸出により

海外市場を開拓せざるを得ない。農業に限らず、人口減少への対応策はグローバル化である。

　消費者負担型農政の問題は、高い価格を消費者に負担させるので消費が減ることである。政府からの直接支払いという補助金でコストを下げていけば、国内生産を維持し食料安全保障や多面的機能を確保したうえで、関税撤廃による安い農産物価格のメリットを消費者は受けることができる。貿易を自由化したうえで直接支払いによって国内生産を維持すること。これがアメリカやEUが採用している最善の政策である。

　自由貿易のもとでの農産物輸出は、人口減少時代に日本が国内農業の市場を確保する道である。これは食料安全保障にも通ずる道でもある。すでに述べたように、食料安全保障の確保のためには、平時の需要に応える生産力が緊急時の供給力となるという難しい問題を解決する必要がある。人口減少により国内の食用の需要が減少する中でも、平時の需要にあわせた生産を行いつつ、食料安全保障に不可欠な農地資源を維持しようとするならば、自由貿易のもとで輸出を行い、平時の需要を大きくしなければならない。しかし、国内農業がいくらコスト削減に努力しても、輸出しようとする国の関税が高ければ輸出できないことにもなる。つまり、農業界こそ貿易相手国の関税を撤廃し輸出をより容易にするTPPなどの貿易自由化交渉に積極的に対応すべきなのである。

　平時には、小麦や肉を輸入して、米を輸出する。輸入ができなくなった食料危機時には、輸出していた米を国内消費に仕向けるのである。つまり、輸出は食料安全保障に必要な農地資源を維持するだけでなく、保管経費が不要な備蓄としての役割を果たすのである。食料安全保障は自由貿易によってこそ達成される。

❖統計資料など
- 日本の農業の姿を見るためにチェックしておくとよいウェブサイト。
  http://www.canon-igs.org/
- 日本農業を見るうえでの主要な統計は以下を参照。

http://www.maff.go.jp/j/tokei/index.html

❖練習問題
1．欧米の農業政策と日本の農業政策の違いについて整理しなさい。
2．日本で、欧米のような直接支払いがなかなか導入されないのは、なぜか？
3．「多少価格が高くても、国内農業を保護すべきだ」とか、「農業と工業は違うので、保護すべきだ」という主張について、どのように考えますか？

❖さらなる学習のために
　暉峻編（2003）は、日本の農業の歴史について、海外でも紹介されている名著である。岸（1996）も、ジャーナリストの視点から、戦後の農業を紹介した名著である。農業史に興味のある読者はぜひ参照されたい。
　岩本（1976）、小倉（1987）、柳田（1904）は、農業や農政の先人たちの思考の跡である。今日にも、輝きを失っていない思想が多い。
　OECD（2002）は、OECDのエコノミストたちにより、世界の農政改革の方向性を示した、画期的な文書である。マーニェ（2003）を参照しながら、読まれたい。
　山下（2015）は、農業に対する新しい技術導入の可能性や今後の食料消費の動向などを踏まえ、日本農業が農政の桎梏から解き放たれたときに、どのような可能性があるのかを述べている。同じく、農業の展望については、大泉（2014）と本間（2014）を参照されたい。
　山下（2009b）は、食料安全保障だけではなく、食の安全性についても、平易に記述している。食の安全性に関心のある人は参照されたい。

❖参考文献
岩本由輝（1976）『柳田國男の農政学』御茶の水書房。
大泉一貫（2014）『希望の日本農業論』NHKブックス。
小倉武一（1987）『日本農業は活き残れるか』農山漁村文化協会。
岸 康彦（1996）『食と農の戦後史』日本経済新聞社。
後藤康夫（2006）『現代農政の証言』農林統計協会。
佐伯尚美（1989）『農業経済学講義』東京大学出版会。
暉峻衆三編（2003）『日本の農業150年』有斐閣。
東畑四郎・松浦龍雄（1980）『昭和農政談』家の光協会。
中村広次（2002）『検証・戦後日本の農地政策』全国農業会議所。
日本農業研究所編纂（1979、1980、1981）『農林水産省百年史』。
日本農業年報第22集（1973）『農協25年 ── 総括と展望』お茶の水書房。

日本農業年報第 36 集（1989）『農協 40 年 ── 期待と現実』お茶の水書房。
本間正義（2014）『農業問題』ちくま新書。
マーニェ，マーエ（2003）『現代農業政策論』食料・農業政策研究センター。
柳田國男（1904）『中農養成策』柳田國男全集、第 29 巻、ちくま文庫所収。
山下一仁（2004）『国民と消費者重視の農政改革』（RIETI 経済政策分析シリーズ 9）東洋経済新報社。
山下一仁（2009a）『農協の大罪』宝島社新書。
山下一仁（2009b）『フードセキュリティ』日本評論社。
山下一仁（2010）『農業ビッグバンの経済学』日本経済新聞社。
山下一仁（2013）『日本の農業を破壊したのは誰か ──「農業立国」に舵を切れ』講談社。
山下一仁（2014）『農協解体』宝島社。
山下一仁（2015）『日本農業は世界に勝てる』日本経済新聞出版社。
OECD（2002）*Agricultural Policies in OECD Countries: A Positive Reform Agenda.*
Yamashita, Kazuhito（2015）"Japanese Agricultural Trade Policy and Sustainable Development," International Centre for Trade and Sustainable Development.

［山下一仁］

第Ⅲ部

経済政策への視角

第10章
戦後日本の経済システムの理論的把握

　これまでは、主に標準的な経済理論を用いて経済政策を論じてきた。標準的・伝統的経済理論は主として市場メカニズムの働きに焦点を当てたものであり、市場がもたらす結果が政策次第でどのように変わるのかについて大きな示唆を与えてくれる。しかし、現実の経済には市場メカニズム論だけでは割り切れない部分が存在している。どの国の経済システムも、過去において作り上げられてきた政策や制度が歴史的に蓄積してできたものであり、市場理論だけでは説明できない部分が残るからである。

　近年では非市場的制度が経済のパフォーマンスに与える影響が重視されるようになっており、ゲーム理論を用いて非市場的制度の理論的解明を試みるアプローチがいろいろと提案されている。比較制度分析と呼ばれるアプローチもその1つである。このアプローチを採用することにより、各国の経済システムが持つ独自性を、歴史的側面をもある程度まで考慮しながら、把握することが可能になるのである。

　日本経済は、第2次世界大戦中の総動員体制の影響を大きく受け、戦後の高度成長の中で欧米諸国の経済システムとは異なる独自の経済システムを作り出してきた。しかし1990年代までには、すでにこの経済システムの制度疲労が誰の目にも明らかになっていた。現在では戦後日本の経済システムを形づくっていた要素はさまざまな領域において変容を遂げつつあるが、変化のスピードはそれほど速いものではない。

　本章では、まず比較制度分析のアプローチについて説明し、それを用いて戦後日本の経済システムがどのように特徴づけられるのかについて理論的に

説明を試みる。続く第11章ではさらに、日本の経済システムが現在どのような方向に変容しようとしているのかについて考察する。

1 比較制度分析のアプローチ

1.1 経済システムという経済の捉え方

　標準的・伝統的な経済学は、需要と供給が出会う場として市場を捉え、投入物を産出物に変換する生産関数として企業を捉えているため、国ごとに市場や企業のあり方が異なるという事実を十分に考慮することができなかった。これに対して**比較制度分析**は、各国の経済システムをさまざまな「制度の集まり」と見なすことで、経済システムの多様性とそのダイナミクスを分析しようとするものである（青木・奥野 1996；青木 1995）。

　経済システムという考え方を説明するために、たとえば経済システムの中で重要な核をなしている金融と労働という2つの市場の仕組みに着目してみよう。

　金融システムのあり方は、アメリカと日本でだいぶ異なる形態をとっている。アメリカでは資本市場を中心にして、それを支えるような諸金融機関（証券会社や投資銀行など）が発達した金融システムが形成されているのに対し、日本では主に銀行が金融仲介を行う金融システムになっている。前者は「資本市場中心のシステム」、後者は「銀行中心のシステム」としばしば呼ばれ、それぞれ異なった制度的特徴を持っている。

　また、労働市場に着目するならば、アメリカでは労働者の流動性が比較的高く、新卒や転職者も含めて1つの労働市場が成立しているが、日本では新卒者のための労働市場の比重が非常に大きく、労働者は一度就職した企業で一生働くことが期待されているため、中途採用の労働市場はそれほど大きくない（少なくとも1980年代まではそうであった）。

　このように、アメリカ経済と日本経済はともに市場経済を基盤として成立しているにもかかわらず、金融や雇用・労働などにおいて経済取引を成立させる仕組みには大きな違いがある。なぜそうなのだろうか。現実の市場は標準的・伝統的経済学が想定してきたような完全なものではなく、市場には情

報の非対称性などの要因が取り巻いている。このため、市場の機能を十全に発揮させるためには、それを支えるさまざまな制度が必要とされるのである。こうして市場を支えるさまざまな制度には多様なあり方が可能なのだが、その中でも一定の制度の群がお互いに強化し合うことでシステムを構成する傾向が生み出されることになる。このようにして、一国の経済は諸制度の集まりとして、それぞれある程度自律的なシステムを形成している。これが「経済システム」なのである。

各国経済を経済システムとして捉える際に重要なポイントをさらに補足しておこう。金融について、アメリカ的な金融システムのあり方をX、日本的な金融システムのあり方をX'と書き、労働市場についてアメリカ的なあり方をY、日本的なあり方をY'と書いて、理論的に可能な組み合わせが4通りしかないと仮定しよう。(X, Y)、(X, Y')、(X', Y)、(X', Y')である。このうち (X, Y) はアメリカの経済システムで成立しており、(X', Y') は日本の経済システムで成立しているものだが、(X, Y') や (X', Y) のような性格を持った経済システムは存在しうるのだろうか。

経済システムが安定的な状況にあると想定すると、こうした制度配置が存在するとは考えにくい。なぜならば、歴史的に進化を遂げて安定的な状態に辿りついた状況を想定するならば、経済システムを構成している諸制度はお互いにフィットしたものになっている可能性が高いからである。このことを、比較制度分析では、**制度的補完性**という言葉を用いて表現する。すなわち、XがYに対して制度的に補完性を持つとは、Xという制度の存在がYという制度の働きを強化するという関係にあることをいう。こうして、経済システムは、基本的にはお互いに補完的な各領域における諸制度が集まり、配置されたものとして捉えることができるのである。

1.2 制度の重要性

経済システムをこのように制度の集まりとして捉え、制度が経済的パフォーマンスにとって重要であるとする見方の理論的背景について、さらに敷衍しておくことにしよう。

先にも若干触れたことだが、標準的・伝統的な経済学は経済を論じる際に、

企業を生産関数（つまり経営者や労働者といった実体を持たないもの）と見なし、もっぱら市場メカニズムという制度の働きの分析に注目してきた。このアプローチで得られた金字塔とも言える成果は、「競争均衡はパレート効率的である」という「厚生経済学の第一基本定理」である。多くの経済学者は、この定理をアダム・スミスによる「見えざる手」を厳密な仕方で証明したものと見なしてきた。一言で言うならば、市場メカニズムは効率的な資源配分を実現するメカニズムなのである。

　これに対して、企業内での資源配分のメカニズムは市場メカニズムと異なる独自のものであることに注目し、企業組織が現実の経済の中で大きな役割を果たしていることに着目したのが、1991年にノーベル経済学賞を受賞したロナルド・コースである。彼は「企業の本質」という1937年の論文の中で、次のような問いを発した（Coase 1937）。すなわち、もし市場メカニズムが最も効率的な資源配分メカニズムであるならば、なぜすべての生産要素が市場メカニズムに依存して結合されるのではなく、市場メカニズムとは異なる資源配分メカニズムを内包した企業という実体が存在し、そこで資源配分がなされているのかという問題である。コースは、行われる取引の性質によって、取引費用を小さくするように市場と企業という2つの制度が選択されるのだと考えた。このようなコースの視点は、その後、オリバー・ウィリアムソンらによって引き継がれて、経済取引を実現するさまざまな制度を取引費用の観点から説明する「取引費用の経済学」を生み出してきた。

　しかし、それにも増して重要なのは、1970年代以降、取引当事者間に存在する情報の非対称性が経済取引にもたらすマイナスの影響を分析する「情報の経済学」が登場してきたことである。その最も有名な例は今日、「アカロフのレモン」として縮約して呼ばれることの多い「逆選択（adverse selection）」のモデルである（*Column 6* を参照）。このモデルはそれ自体では、情報の非対称性が存在するときに市場が失敗することを示すものである。しかしそれは同時に、われわれがその悪影響を回避し、取引を成立させるためにさまざまな制度を設置していることに対する説明をも提供してくれる。たとえば、金融取引においても借り手と貸し手の間に情報の非対称性が存在している。このために、情報開示制度の整備や、銀行による借り手の情報生産

（資金調達者に対するコストをかけた調査）などが行われることになる。

　1980年代にはゲーム理論が、取引費用の経済学も情報の経済学も統一的に表現できるモデル言語を提供することになり、組織の経済学、契約の経済学といった分野を成立させることになった。比較制度分析は1980年代から1990年代にかけて、このようなプロセスと同時並行的に、また組織の経済学、契約の経済学と互いに影響を与え合いながら、ゲーム理論を用いて日本の経済システムを分析する中で発展していった（青木1995；青木・奥野1996；青木2003）。そうすることで、以前にはしばしば文化特殊的で理解しがたいとされてきた日本の経済システムの背後にある合理性に関する理解が蓄積されてきたのである。

　今日では経済の理解にとって「制度が重要である（institutions matter）」という標語は、経済学の中でもかなり浸透してきたと言うことができる。実際、ロナルド・コースのノーベル経済学賞受賞（1991年）を皮切りに、経済発展にとっての財産権制度確立の重要性に着目し経済史の新理論を展開したダグラス・ノース（1993年受賞）、コースを引き継いで取引費用の経済学を開拓してきたオリバー・ウィリアムソン（2009年受賞）などがノーベル経済学賞を受賞するに至っている。また、このリストには、現場に分散した知識をいかに有効利用して資源配分をコーディネートするのかということこそが、真に重要な経済問題であると捉えたフリードリヒ・ハイエク（1974年受賞）も加えてよいかもしれない。さらに、制度設計のためのゲーム理論的研究（メカニズム・デザイン）も含めると、2000年以降で10名を超える研究者が制度の経済学関連でノーベル経済学賞を受賞している。

2　ゲーム理論と比較制度分析の諸概念

2.1　ナッシュ均衡

　比較制度分析というアプローチを理解するにあたっては、ゲーム理論を理解しておくことが重要な意味を持つ。そこで、以下に非常に単純なゲームを用いて、ゲーム理論的分析がどのようなものなのかを解説するとともに、比較制度分析で頻繁に用いられる概念について説明することにしたい。

表 10-1　道路通行ゲーム

		プレーヤー 2	
		左側	右側
プレーヤー 1	左側	1, 1	0, 0
	右側	0, 0	1, 1

　ゲームとは一般的に言うと、複数の主体の行動が組み合わさることで結果が決まり、その結果のもとで各人が利得を得るような状況をモデル化したものである。そこでは、相手プレーヤーの行動選択の如何によって、自分の最適な行動が変わってくる状況が生じうることが重要である。したがってゲーム的状況では、自分の行動を選択するために、お互いに相手の行動を読み合うことが必要となる。

　たとえば、1本の道路を反対方向から走行してきてすれ違う2台の自動車（プレーヤー1とプレーヤー2）を考えてみよう。このとき、それぞれの自動車の選択肢として「右側を走行」、「左側を走行」の2つの選択肢が存在すると考えよう。両方が「右側」や「左側」を選択した場合にはスムーズに通り抜けできるので両方とも1点ずつ獲得するが、「右側」と「左側」という組み合わせの場合には、問題が生じて両方とも0点ずつになると考えよう。このゲームは、表 10-1 のように表現すると見やすいだろう。

　この表の各マスは、プレーヤー1とプレーヤー2がそれぞれ選択した選択肢の組み合わせに対応しており、そこに書かれている2つの数字のうち左の数字がプレーヤー1の利得を、右の数字がプレーヤー2の利得を表している。相手が「左側」を選択するならば、自分も「左側」を選択した方がよく、相手が「右側」を選択するならば、自分も「右側」を選択する方がよいというように、自分の最適な行動が相手の選択に依存していることがわかる。また、このようなことがお互いに成立しているので、最適な選択を行うためには読み合いが必要であることがわかるだろう。

　ゲーム理論で今日に至るまで最もよく使用される概念は**ナッシュ均衡**（Nash equilibrium）である。これは、「相手プレーヤーの選択肢を所与として最適な行動を選択しているということが、すべてのプレーヤーについて成立

しているような選択肢の組み合わせ」のことである。2プレーヤーの場合には、単に「お互いに相手に対して最適な行動をとっている状態」と言ってよい。このゲームの場合には、ナッシュ均衡は（左側，左側）と（右側，右側）の2つである（後に見るように、確率的なプレーの仕方も考えると、実はもう1つのナッシュ均衡が存在する）。

ナッシュ均衡は、多くの経済学者によって、現実の人々がゲームを実際にプレーした場合にどのような行動パターンが観察されることになるのかに関する予測を与えるものと考えられてきた。その理由は、ひとたびナッシュ均衡がプレーされるようになると、どちらのプレーヤーも自分だけ異なる行動を選択して逸脱するインセンティブがないからである。ナッシュ均衡の持つこの性質は、自己実効性（self-enforcing property）と呼ばれている。

2.2 戦略的補完性、複数均衡、歴史的経路依存性

さて、ここで上記のゲームを使って、それが社会の中の多くの人々にプレーされる状況を考えてみることにしよう。今、社会の中で上記のゲームが繰り返しプレーされていると想像する。ただし、ここで繰り返しということの意味は、同じ人と何度も同じゲームをプレーするということではなく、そのたびごとに社会の中の異なる人とランダムに出会い、このようなゲームをプレーすることを意味している。

このときに、あなたは右側通行と左側通行のどちらを選択するだろうか。それは、社会の中でどれだけの人がどちらを選択しているかに依存する。このことを見てみるため、社会の中で左側通行を選択している人々の割合をp、右側通行を選択している人々の割合を$1-p$としてみると、あなたが左側通行を選択する場合の利得の期待値（期待利得）はp、右側通行を選択する場合の期待利得は$1-p$となるので、$p > \frac{1}{2}$のときには左側通行を選択した方がよく、$p < \frac{1}{2}$のときには右側通行をした方がよいことがわかる。$p = \frac{1}{2}$のときにはどちらでも同じ期待利得になるのでどちらでもよい。次に、今調べたあなたにとっての最適行動を、左側通行をとる「確率」に翻訳してみよう。具体的には、qであなたが左側通行を選択する確率を表し、さまざまなpの値のときに、どのようなqの値を採用するのがいいのかを考えるのである。

図10-1 最適反応とナッシュ均衡

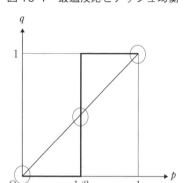

先に述べたように、$p > \frac{1}{2}$のときには左側通行を選択した方がよいので$q = 1$、$p < \frac{1}{2}$のときには右側通行をした方がよいので$q = 0$、$p = \frac{1}{2}$のときにはどちらでも同じなので、qは0と1の間のどんな数値でもよい。この結果をグラフにまとめてみたのが図10-1である。図中の太線が、pの各値に対するあなたの最適行動を表現している（これは最適反応のグラフと呼ばれる）。あなたも社会の中の1人なので、ナッシュ均衡においては、あなたの選択する左側通行の確率qと社会の中で左側通行をしている人々の割合pの値は等しくなっているはずである。この条件は図中の45度の線で示されている。また、pを所与にしたときにqは最適になっているべきである。つまり、ナッシュ均衡はあなたの最適行動を示す太線と45度線の交点として表現される。

この図からわかるように、ナッシュ均衡は3つ存在している。すべての人が右側通行を選択する状態（$p = 0$)、すべての人が左側通行を選択する状態（$p = 1$）と、半数の人が左側通行を選択する状態（$p = \frac{1}{2}$）である。しかし、今回新たに出現した$p = \frac{1}{2}$というナッシュ均衡は安定的でない。というのは、少しだけそこから外れてpが$\frac{1}{2}$より小さくなると、右側通行の方がよくなり、社会の中で左側通行を選んでいる人々の割合pはますます小さくなっていくからである。同じことは、pが$\frac{1}{2}$より大きくなった場合にも当てはまる。

この図において最適反応のグラフは右上がりになっている。このようなゲームのことを**戦略的補完性**（strategic complementarity）を持つゲームとい

う。このことは、社会の中で左側通行を選択している人の割合が多くなればなるほど、左側通行を選択することがよいことを示している。戦略的補完性を持つゲームでは、図 10-1 のようにナッシュ均衡が複数存在する可能性が高くなる。

以上のことは、制度分析においてどのような意味を持つのだろうか。第 1 に、あるゲーム的状況で成立するナッシュ均衡という概念は、社会の中で安定的に成立する制度の非常に重要な側面を表現しているということである。ここでは、制度一般の定義という難問には立ち入ることはしない。しかし、制度が持っている重要な性質は、それが安定的ならば人々がそこで指定されている一定の行動パターンから逸脱するインセンティブを持たないようになっているということである。したがって、制度をゲームの均衡と見なして分析することにも十分な意味があるだろう。

第 2 に、1 つのゲームに**複数均衡**が存在するということは、われわれの社会の中で多様な制度が存在することに対応していると考えられることである。実際、このモデルは、日本やイギリスのように左側通行が成立している国もあれば、アメリカや大陸ヨーロッパのように右側通行が成立している国も存在することを表現しているように思われる。

第 3 に、このモデルが社会における初期時点での p の値によって、左側通行と右側通行のうちどちらの制度が成立するのかが変わりうることを示しているということである。つまり、p が最初の時点で $\frac{1}{2}$ よりも大きい社会では左側通行が成立することになり、p が最初の時点で $\frac{1}{2}$ よりも小さかった社会では右側通行が成立するようになるだろう。制度がある過去の時点で持っていた性質の影響を受けるという、このような性質のことは**歴史的経路依存性**（historical path dependence）と呼ばれている。

本小節で説明した戦略的補完性のような関係は、経済システムを構成している諸制度同士の間でも存在することが想像できる。それこそが先に説明した制度的補完性である。

3 戦後日本の経済システムとその理論的把握

　以上のような枠組みのもとに、戦後日本の経済システムの特徴を捉える努力をしてみよう。ここで「戦後日本の経済システム」と呼んでいるのは、第2次世界大戦中の戦時体制にその起源を持ちつつも、戦後の経済復興と高度成長の中で徐々にその姿を明確にしていった経済システムのことを意味している。それは1980年代までの日本経済に典型的に見られたものと言ってよいであろう。

　この経済システムの形は1990年代以降徐々に崩れつつある。しかし、経済システムは、戦時経済のように歴史的に特殊な時期を除くならば、過去のあり方を一挙に変えて変化するものではなく、歴史的経路依存性を持ちながら徐々に変化していくものである。したがって、今後の日本の経済システムを展望するためにも、明確な形で理論的に分析されてきた戦後日本の経済システムの特徴を把握しておくことが必要である。

　あらかじめ経済システム全体の見取り図を与えておこう（図10-2を参照）。経済システムの主要な特徴をなすものとして、以下では、(1)企業組織のあり方、(2)企業の資金調達の仕方とガバナンスの形態、金融市場のあり方、(3)企業の採用する雇用システムと労働市場のあり方、(4)企業同士の関係（サプライヤー関係など）、(5)企業と政府の関係を取り上げる。これらのうち(2)から(5)の項目はいずれも企業とそれを取り巻く主体との関係として図示することが可能である。以下、(1)から順に見ていくことにしよう。

3.1　情報共有型コーディネーション・システムとしての日本企業

　戦後の典型的な日本企業は、一言で言うと、各従業員や各部門の専門的技能に基づいた個別の業務遂行よりもむしろ、社内での情報共有に基づいて各従業員や部門が密接なコーディネーションを行うことを重視するようなものであった。また、そのような業務遂行の形態に適合的な情報システムを内包してきたと言える。その中では、文脈に合わせた業務遂行が求められるため、各従業員はどこでも通用する専門的技能よりもむしろ、その企業でしか通用しない「企業特殊的技能（firm-specific skill）」への人的資本投資を行うよう

図 10-2 経済システムの簡単な見取り図

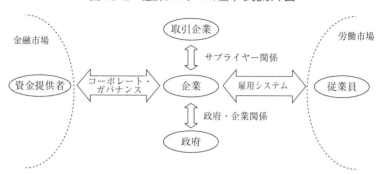

に促される。昇進の過程でより多くの種類の職務を経験する「ジョブ・ローテーション」もまた、会社全体の業務を見渡し、情報共有を容易にできるようにするための技能への投資を促すものと見なすことができる。仕事の責任、権限はそれほど明確でなく、ホワイトカラーとブルーカラーの区別もアメリカと比較すると曖昧である。

　これに対して、1980年代までの典型的なアメリカ企業では、情報共有よりむしろ各人が得た情報に基づき、それを専門的に処理したうえで業務遂行することが求められるようなものであった。その技能は通常、当該企業だけで通用するようなものであるよりはむしろ、同一の職種であればどこでも通用するような専門的技能＝「一般的技能（general skill）」である。社内においても仕事の分担、責任が明確に区別されている。

　もちろん、こうした特徴づけは単純化であり、日本企業も今日ますます専門的技能に基づく情報処理を重視するようになってきているし、アメリカ企業もまた ICT を用いて情報共有に力を入れつつある。しかし、それでもなお、情報共有と分権的情報処理のどちらにウェイトを置くかの違いは存在していると考えられる。

　問題を理論的に考えれば、企業が内包する情報システムはその企業が属する産業の特性に従って最適な形態のものが選択されるはずである。たとえば自動車生産のように、部門間の密接なコーディネーションが業務遂行上で必要な産業では、情報共有型の情報システムがよいだろうし、IT 企業のよう

に各人がそれぞれ専門的技能によって業務遂行した方がよいような産業では、分権的な情報システムの方がよいだろう。

しかしながら、上記の日本企業とアメリカ企業に関する一般的な観察が含意していることは、日本でもアメリカでも、産業の如何を問わずに同質的な情報システムが採用されているかのように見えることである。これはどうしてなのだろうか。この問題を解くには、他の制度との補完性に目を向けなければならない。

3.2　企業システム——J-均衡とA-均衡

経済システムの中でどのような特性を持った企業が分布しているのかを「企業システム」と呼ぶことにしよう。すると、上述したように、日本の企業システムでは、企業は産業を問わず情報共有を重視した情報システムを採用し、アメリカの企業システムにおいては、企業は産業を問わずに分権的な情報システムを採用しているように思われる。そこで、前者のような企業システムのあり方をJ-均衡、後者のような企業システムのあり方をA-均衡と呼ぶことにしよう（"J"や"A"は日本とアメリカを示唆している）。

ここでそれぞれを均衡と呼んでいるのは、情報共有型の情報システムが効率的な産業と分権的な情報システムが効率的な産業とが存在する状況で、各企業がどのような情報システムを採用するのかを決定するようなゲームを分析すると、このゲームが複数均衡を持ち、その中には、産業の如何を問わずにすべての企業が情報共有を特徴とする均衡（J-均衡）とすべての企業が分権的情報システムを特徴とする均衡（A-均衡）が存在することがわかるからである。ここで、そのゲームの詳細を論じることは大変なので、それよりはこのような均衡がなぜ維持可能なのかを直観的に考えてみることにしよう。

もし日本企業がすべて情報共有を特徴とする情報システムを採用している状況が成立しているならば、そもそも企業に就職する際に、人々はそのような企業に就職してから企業特殊的技能を身につけるのに役立つようなタイプの情報処理能力に投資をすることになり、会社の中でそのような人同士のマッチングが成立することになるだろう。ここで、アメリカ企業で必要とされるようなプロフェッショナルな専門的技能を獲得するための情報処理能力

に投資して就職したとしても、日本企業の中では他の人々とのミスマッチが発生してしまい、その人自身の利得も下がってしまうことになる。同様のことが、A-均衡についても成立しているのである。

このような状況が成立しているとき、大学教育のあり方もそれぞれの社会で異なるものになるだろう。日本の企業は、何か専門的な知識を深く狭く獲得した労働者を採用して即戦力として使うよりは、一般的な情報処理能力を身につけた人を新規採用し、入社後に OJT（On-the-job Training）によって企業特殊的技能を形成することに重点を置く。したがって、日本の大学教育でも、このような一般的な情報処理能力を身につけることが強調され、将来、企業に入った後に文脈に応じた技能に容易に転形されるような可塑的な能力の形成が行われている。これに対して、アメリカの大学では、入社後に即戦力として使えるような人材を生み出すために、徹底的な専門的知識の獲得に焦点を当てた教育が行われる。

ところで、このゲームを分析してみると、産業ごとに、それに適した異なる情報システムが採用される均衡も存在することがわかる。この均衡は明らかに、J-均衡や A-均衡よりもパフォーマンスが高い均衡である。この均衡はパレート効率的な均衡なので、これを P-均衡と呼ぶことにしよう。実は P-均衡も安定的な均衡であり、理論モデルの観点からは、A-均衡や J-均衡にある程度の大きさのショックを与えて攪乱してやると、P-均衡に到達することが可能であることがわかっている。

だとすれば、仮に1980年代までの日本とアメリカの企業システムが J-均衡と A-均衡にあったとしても、その後の環境変化によって、より効率的な P-均衡に移行する可能性があることになる。現在、それが生じているかどうかはきわめて興味深い問題である。

3.3　日本企業の雇用システム

日本の企業システムの特徴は、各企業の雇用システムにも影響を与えている。日本の雇用システムといっても、現実には大企業と中小企業、正規従業員と非正規従業員で異なるが、ここでは大企業の正規の男子雇用者を念頭に置いて、その特徴を列挙してみる。

▶終身雇用

　終身雇用とは、労働者がひとたびある会社に就職するとそこで一生働くし、企業の側もその人を一生雇用し続けるという雇用慣行である。それは明文化されたものとして存在しているわけではなく、労使双方の間で、相手の行動に対する期待によって成立しているので、相手の行動を予想しつつ互いに最適な行動をとっているゲームの均衡のようなものとして維持されている。したがって、従業員と企業が終身雇用制度に沿って行動するインセンティブが決定的に重要である。すなわち、従業員の側の行動を考えると、一度企業に入社すると、定年まで同じ会社にとどまった方が有利であることが、終身雇用の維持に役立っているはずである。また、企業の側からすると、新卒採用という制度を採用し、途中で従業員をレイオフしないというインセンティブが存在していると考えられる。このインセンティブの問題については、後で再度取り上げることにしよう。

▶年功賃金と退職金

　年功賃金とは同一企業での勤続年数が長くなるほど、賃金が増加するような賃金体系である（欧米では過去の職歴を反映したトータル年功が見られるのに対して、日本では同一企業内での勤続年数のみをカウントする企業内年功が見られるのが特徴である）。標準的・伝統的な経済理論によれば、労働者の実質賃金は限界生産性（労働量を1単位増加した場合の生産物の増加分）に一致しているはずである。一般に勤続年数が長ければ、経験が豊富になり生産性が上昇している可能性があるし、昇進の可能性も考慮すると、標準的な経済理論の中でも勤続年数とともに賃金が高くなる可能性がある。しかし、厳密な意味での年功賃金とは、これらの要因を差し引いたとしても賃金が勤続年数に応じて増加していくことを意味している。

　労働生産性の計測が困難なため、厳密なことはわからないが、日本の場合には、賃金プロファイルの傾きは限界生産性の上昇カーブよりも大きく、若年期には生産性よりも低い支払いを受け、ある年齢以上になると生産性以上の報酬を受け取るという構図が成立していると考えられている。さらに、最後に大きな額の退職金が待ち受けているということも日本企業の報酬体系に

特徴的なことである。

▶昇進制度と人事管理

　日本企業で職務区分が曖昧であることはすでに述べたが、このシステムのもとで従業員に十分なインセンティブを与えるためには、できるだけ恣意性の少ない評価システムを持つことが必要になってくる。このために、日本企業は人事部門の権限が非常に強いという特徴を持っている。

　また、日本企業における幹部選抜は、アメリカなどに見られるスター・システムと呼ばれる方法と比べると時期が遅いのが特徴である。これは、十分な時間をかけて多方面から人事評価を行うという機能を持つとともに、従業員間の競争のインセンティブを、選抜が行われるまでの長い期間、維持し続けることを重視しているものと考えられる。また、トップ・マネジメントが内部昇進によって選抜されるのも日本企業の特徴で、アメリカなどのように経営者候補者たちが独自の労働市場を形成しているのとは対照的である。これも、従業員の努力のインセンティブを高める効果を持っていると考えられる。

▶企業特殊的技能への投資

　小池和男氏による一連の研究によると、生産労働者の作業を「通常の作業」と「異常と変化への対応」に分けて考えたときに、日本では後者が重要視されているという（小池 1991）。たとえば1980年代のアメリカの自動車工場では、ラインに異常が発生しても現場労働者がラインをストップする権限を持たず、権限を持っている専門家が専門的技能を用いて異常に対処することが一般的であった。これに対して日本の場合には、現場の労働者が異常への対応を行うことが多い。このことが可能となるのは、個々の生産労働者が、使用している特定の機械に関する知識や技術、問題が生じたときにどこで誰に聞けばよいかといった企業内組織に関する知識などを広く持っているからである。このような技能は企業特殊的である。

　日本企業では、企業特殊的技能に対する要請が大きいため、この技能に投資するインセンティブを維持することが重要になってくる。

▶雇用システムにおける制度的補完性

　以上見てきたような日本企業に典型的な雇用システムの諸側面は、互いに他を強化するような関係にあると考えることができる。すなわち、それらは制度の補完性を持っているのである。その関係を簡単にまとめると、以下のようになる。

　　①年功賃金と退職金の存在は、従業員が同一企業に定年まで就業しようとするインセンティブを強化する。
　　②企業特殊的技能への投資に対する従業員のインセンティブを高めるために、企業の側も終身雇用や遅い昇進という制度を維持しようとすることになる。

　このようにして、終身雇用制度、昇進制度、年功賃金、企業特殊的技能への投資などは、お互いに他の制度を支える役割を果たしているのである。
　さらに、企業は既存の従業員のインセンティブを損なわないように、高いポストへの中途採用者の受け入れも行わなくなるかもしれない。既存の従業員の昇進への意欲を削減する可能性があるからである。多くの企業がこのような雇用システムを採用すると、外部労働市場のあり方も影響を受けることになるだろう。すなわち、新卒採用が支配的となり、終身雇用が行われるようになると、中途採用市場が十分な厚みを持った市場として機能しなくなり、転職が困難になるのである。このことが翻って、各従業員の長期就業へのインセンティブを高めることになる。

3.4　長期のサプライヤー関係
▶ 1980年代における自動車組立企業の比較

　企業間の取引形態についても、1980年代までは日米で顕著な差が見られた。80年代に国際競争力を顕著に高め、アメリカの自動車産業を苦境に陥れた日本の自動車産業の例を見てみると、このことは一層明確になるだろう。
　日本の自動車産業では70年代、80年代に製品差別化が急速に進行し、1つのラインで多種多様な製品をフレキシブルかつ効率的に生産するためのシ

ステムが工夫されていった。カンバン方式、ジャスト・イン・タイム方式などの部品供給システムの導入である。これらの方式は「リーン生産方式」という名のもとに概念化され、80年代後半からはアメリカの自動車業界も積極的に導入するようになったため、その後はそれほど顕著な違いは見られなくなっている。

　1980年代のトヨタとGMを比較してみよう。1984年の時点でトヨタに部品を供給する企業の数は270社だったのに対し、GMは12,500社から部品供給を受けていた。また1988年の時点では、GMは労働者数58.3万人で売上高が1,236億ドルであったのに対して、トヨタは約6.5万人で477億ドルを売り上げていた。この数字の背後にあるのは、次のような組立メーカーと部品メーカーとの間の企業間関係の相違である。トヨタが部品の多くを外注し、シャーシやエンジンなど主要部品の生産とその組立に特化していたのに対して、GMは多くの部品を内製していると同時に、加工度の低い部品や原料の供給を多数の企業から受けていた。

　1980年代における日本の組立メーカーと部品メーカーとの関係の特徴は、それが長期固定の関係にあることであった。部品メーカーは、直接部品を納入する1次下請け、それに部品を卸す2次下請け等々と階層化されているが、このような構造の1つの含意は、1次下請けの数を絞ることで、組立メーカーが部品メーカーとの間の長期的関係のメンテナンスに十分な努力を割くことができることである。これに対して、アメリカの自動車メーカーでは、市場でのスポット取引に比較的近い形での部品供給が行われていた。

▶ホールドアップ問題

　効率的な企業間取引の妨げとなる本質的要因に関しては、通常「ホールドアップ問題」という名でよく知られている問題として十分な理論化がなされている。**ホールドアップ問題**とは一言で言うと、①契約先の企業との関係だけでしか価値を生み出さないような事前投資が必要とされ、②取引にまつわる契約を事前に完全に詳細に書くことができないときに、企業が十分な量の事前投資を行わないという問題である。すなわち、それは取引企業の間でのみ価値を生み出し、他の企業との取引において実現される価値が低下してし

図 10-3　ホールドアップ問題

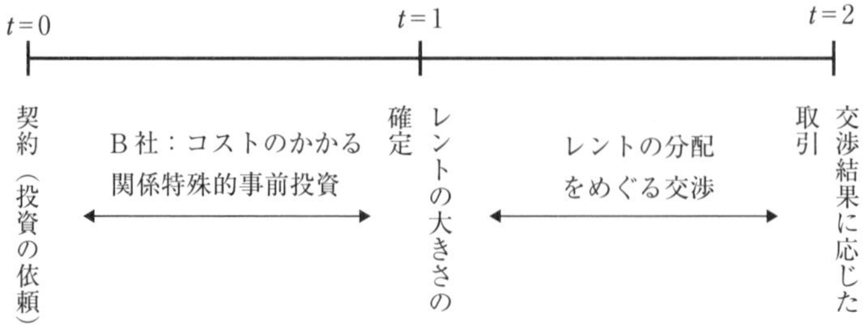

```
t=0                    t=1                    t=2
 |———————————————————————|———————————————————————|
 契約    B社：コストのかかる  レ   レントの分配     取  交渉結果に応じた
 （投資の 関係特殊的事前投資  ン   をめぐる交渉     引
  依頼）                    ト
                           の
                           大
                           き
                           さ
                           の
                           確
                           定
```

まう「関係特殊投資（relation-specific investment）」と、事前に完全な契約を書くことができないという「契約の不完備性（contractual incompleteness）」とが組み合わさることで発生するものである。そのロジックは以下のようなものである。

　たとえば、企業Aと企業Bが契約を締結し、取引をする状況を考えてみよう（図10-3を参照）。契約関係に入った後で、企業Bがこの両者の関係の中でのみ大きな価値を持つような関係特殊的な事前投資をするとする。そしてその後に、この関係特殊投資の結果として両者の間にレントが創出され、その額が明らかになったとしよう。しかし、契約の不完備性のために、この余剰の分配の仕方について、予め両者の間で実効性のある契約を書くことができないとしよう。このときには、レントの額が明らかとなった時点で両企業間でレントの分け合いに関する交渉が行われることになるだろう。しかし、この段階ではすでに企業Bは投資を行い、それを取り戻すことができない（このことをサンクされているという）としたら、事前投資のおかげで増加したレントの増分のうち大半を、この交渉の中で企業Aに譲らざるを得なくなるだろう。企業Bはこのことを予見するだろうから、関係特殊的な事前投資を控える方がよくなる。せっかく事前投資をしたとしても、それが生み出す価値の一部しか自分のものにならないからである。つまり、事前投資の水準は効率的な水準を下回ることになるのである。

　ホールドアップ問題の例として必ず教科書で触れられるのが、1920年代に自動車の車体を木製から金属性に変更するプロセスで、GMと車体会社の

フィッシャー・ボディとの間に発生した事案である。GMは新工場を建設し、フィッシャー・ボディに対し、GMの新工場に隣接して新工場を設置するように要請した。しかし、フィッシャー・ボディはこの要請を断わった。それは、GMとの関係のみで価値を持つ関係特殊投資であり、投資が行われた後に、その投資の成果の多くがGMに取り上げられることを恐れたからである。

通常、ホールドアップ問題の解決策として挙げられるのは、所有による解決である。企業Aと企業Bが別会社であることが、このような問題を生んでいるのだから、統一してしまうという解決策である。実際、上述したGMとフィッシャー・ボディの関係も、GMによるフィッシャー・ボディの合併という解決がなされたのであった。

▶長期関係によるホールドアップ問題の解決

しかし、日本企業における組立メーカーと部品メーカーとの関係は、別の道があることを示しているように思われる。それは、ホールドアップ問題の定式化で考えられているような、一度限りの関係ではなく、取引関係を比較的固定的で長期的なものにすることによって、「協力」を実現する（この場合には必要な関係特殊投資を行うとともに、これに十分報いるレントの分け前を実現する）という知恵である。そのロジックは理論的には、関係的契約（relational contracting）の理論によって説明される。

企業は通常、お互いの取引のために明示的でフォーマルな契約を締結するだろう。しかし、固定した当事者間で将来にわたって関係が継続すると想定されるときにはむしろ、両当事者は相手を信頼して業務を遂行するのが常である。フォーマルな契約に基づく業務遂行と、信頼に基づく業務遂行の関係はどのようなものだろうか。おそらく、取引当事者がフォーマルな契約に違反しないという程度の行動をとった場合のパフォーマンスは、信頼に基づく業務遂行が行われている状態と比較すると著しく落ちるはずである。お互いにとって、インフォーマルな信頼に依存した業務遂行が行われている状態は、フォーマルな契約のみに基づいた業務遂行と比較すると望ましい状態である。この状態から、一方が信頼関係を破り、信頼関係が崩壊したときに初めて、フォーマルな契約が登場するのが普通であり、フォーマルな契約に訴えて紛

争解決するのは「最後の手段」なのである。繰り返し囚人のジレンマでモデル化された状況とこの状況にはかなり似た点がある (Column 7 を参照)。フォーマルな契約に違反しない限りでの行動を選択することは、囚人のジレンマでは「裏切り」であり、相手を信頼して行動することは「協力」することにあたる。

　フォーマルな契約に書くことができるのは、たとえば裁判所のような第三者に対して「立証可能な (verifiable)」事態が発生したときに当事者がとるべき行動にすぎない。仮に書面契約の中に、第三者にとって立証可能でない事態についての取り決めを書いておいたとしても、こうした事態が発生したときに、当事者が契約書どおりの行動をとらなかったことに関して、裁判所が判断を下せない可能性もある。しかし、関係的契約では、たとえ立証可能でなくとも、契約の両当事者がともに観察可能な変数を契約条項に含めることができる。関係的契約の遵守は、フォーマルな契約におけるように、法システムに支えられた実効性に依存するものではなく、一方の当事者が約束を破った場合、約束を破られた当事者が、たとえば関係を断ち切ったり、フォーマルな契約に違反しない程度の行動をとったりするなどして、相手方を「罰する」行動に出ることができることによって担保されるからである。こうした状況では、相手がこの合意どおりに行動したか、合意を破ったかが当事者間でわかればよいのだから、両者に観察可能な変数でありさえすれば、立証不可能な変数でも合意に入れておくことができるのである。

　関係的契約において一方の当事者が約束違反を行った場合、当事者たちはただちに関係を完全に断ち切ってしまうのではなく、フォーマルな契約に基づく関係に回帰することになるのが通常である。すでに述べたように、フォーマルな契約に基づく関係は、関係的契約が守られている状態に比べると両方の当事者にとってより悪い状態である。したがって、自分が約束を破った場合、約束を破られた相手がフォーマルな契約関係に回帰する戦略をとることが予想されるとき、約束を破ることは得策ではない。仮にその場は得をしたとしても、将来のことを考えると損することになるからである。

3.5　日本企業のコーポレート・ガバナンスとメインバンク・システム
▶コーポレート・ガバナンスとは

　標準的・伝統的な経済学の回答によれば、企業は株主のものであるとされる。この見解（株主価値説）によれば、**コーポレート・ガバナンス**とは、株主利益の増進という目的に一致させるために、経営者の行動をいかにコントロールするかという問題になる。しかしながら、株主価値説は経済学的には決して自明な見解とは言えない。株主が提供する出資金は、企業活動のために不可欠な生産要素であったとしても、その中の1つにすぎないし、従業員の人的資本こそ企業活動にとって不可欠と見なされる状況も多いだろう。また地域や取引相手など、企業活動を実質的に可能にし、その企業の活動に利害関係を持つステークホルダーはほかにも存在する。

　経済学の歴史を通じて、コーポレート・ガバナンスに対する見方には、「株主価値説」と、多様なステークホルダー全体の利益を考慮した経営が望ましいとする「ステークホルダー社会説」とが対立してきたし、その論争は今日も続いている。

　株主価値の立場に立つ経済学者によれば、経営者を株主の利益に沿って行動させるための仕組みの設計こそがコーポレート・ガバナンスの問題である。たとえば、経営者に株価を上げるインセンティブを与えるような報酬契約を締結することや、取締役会を通じて経営者の行動をモニタリングさせるなどのことが必要である。しかし、標準的・伝統的な経済学の見解によれば、コーポレート・ガバナンスの問題は究極的にはコーポレート・コントロール権市場の存在によって解決されると考えられている。そのメカニズムは、以下のようなものである。

　もし企業経営が効率的になされていなければ、株価はそうでない場合に比べて低くなるはずである。そこで、外部投資家がこのことに気づけば、投資家は株式市場でその企業の株式を買って企業を乗っ取り、経営陣を入れ替えるなどして、効率的な企業経営を復活させ、株価を上昇させて、キャピタル・ゲインを手に入れることができるだろう。このような可能性があることによって、経営陣には株主利益に沿った経営を行うインセンティブが働くとされるのである。実際にはアメリカの経済システムでも、このようなメカニズ

ムが十全には働いていないとする証拠は多く存在しているが、日本と比較した場合には、このようなメカニズムに対する信頼性は高いものと思われる。

▶**メインバンク・システムと状態依存型ガバナンス**

戦後日本の企業の場合には、GHQ の株式民主化によって一時期、個人株主の株式保有率が増大したものの、すぐに株式の持ち合いが進行するようになった結果、上記のようなコーポレート・コントロール権市場が機能する余地はほとんどなかった。その代わりに、企業のガバナンスにおいて重要な役割を果たしたのが、**メインバンク・システム**であった。

メインバンクの素朴な定義は、企業の借入残高の中で最も高いシェアを持つ銀行である。しかしメインバンクは企業との間で、貸借関係という金融面だけに限らず、情報や経営面にわたる幅広い関係を持っているのが通常である。具体的には、次に挙げるような関係である。①企業は一般に決済口座をメインバンクに集中させるので、メインバンクは企業の資金ポジションの変化をモニターすることができ、他の金融機関では手に入れることのできない情報を得ることができる。②メインバンクは安定株主として企業の株式を保有し、安定株主として機能する他の金融機関をとりまとめる機能を果たす。③企業が国内で社債を発行するときには受託業務を引き受ける。海外で社債を発行する場合にも、海外の証券子会社を通じて保証などの重要な役割を果たす。④メインバンクは役員や監査役の派遣などを通して経営参加も行っている。

しかし、メインバンク関係にとって重要なことは、これらの関係が企業の財務状況によって変化することである。企業の財務状況に問題がない場合には、メインバンクの役割は目立たないが、財務状況が悪化し、メインバンクの再融資が必要とされるような状況に立ち至ると、メインバンクは株主としての権利を行使し、経営陣の解任などの行動に出ることになる。また、最終的に企業を清算すべきか、救済すべきかを決定するのもメインバンクである。このようにして、メインバンク・システムは当該企業の財務的状況に応じたガバナンスを行っている。これを「状態依存型ガバナンス (contingent governance)」という。

▶チーム生産と状態依存型ガバナンス

　実は、職務区分や責任が明確でない日本企業での業務の遂行は、経済学で「チーム生産」と呼ばれる状況に似ている。チーム生産とは、チームの全構成員の努力が組み合わさって全体としての成果を生み出すが、個々の構成員の努力水準は観察できず、全体の成果だけが観察可能であるような状況である。各構成員が努力するにはそれに応じたコストの負担が各自に必要とされるものとすると、このような場合、チーム全体の成果を構成員で分割するような賃金スケジュールをどのように工夫したとしても、各人の努力水準は最適な水準を下回ってしまう。これをチーム生産におけるモラル・ハザードの問題という。誰しも、皆で一緒に重いものを運ぶ経験をしたことがあるだろう。このときに、自分がどれだけ力を入れているのかがわからなければ手を抜きたくなるのを感じたことがあるのではないだろうか。チーム生産で発生するモラル・ハザードは、本質的にこのような経験と同じである。

　チーム生産におけるモラル・ハザードには完全な解決策はない。しかし、次善の解決策の1つとして、以下のような状態依存型のガバナンスが有効であることが知られている。そこでは、チームの業績を観察することができるモニターが果たす役割が重要である。この状態依存型ガバナンスでは、①業績がよいときには、業績が上がれば上がるほど、それをチーム構成員の所得とすることを許すが、②一定の業績水準を下回るときは、チーム構成員に一定水準の賃金しか与えず、外部投資家と業績を監視するモニターに残余請求権を移行させ、③業績が非常に低いときには、モニターの判断によってチームの解散を行う。上述したように、企業の財務状況に応じてさまざまな役割を演じるメインバンクの役割は、このモデルにおけるチームの生産量のモニターのような役割と類推的である。

　この状態依存型ガバナンスは、①チームが解散したときに被る構成員の損失が大きければ大きいほど有効であり、②モニターが得る期待所得の金額が大きすぎず、小さすぎない金額の範囲にとどまっているときに有効であることが理論的に知られている。解散時のチーム構成員の損失が大きいということは、先に述べてきたように、中途労働市場が薄く、転職が困難な状況であると解釈することができる。したがって、日本的な労働市場のあり方はメイ

ンバンク・システムにおける状態依存型ガバナンスのあり方と補完性を持っていると言うことができるのである。

さらに、メインバンク・システムは、次のような意味で、日本の企業システムと補完的であった。上述したコーポレート・コントロール権市場の存在によるコーポレート・ガバナンスでは、アウトサイダーによる企業の乗っ取りの脅威が不断に存在することになるので、経営者が従業員を長期雇用するというコミットメントは事実上不可能となる。これに対して、メインバンク・システムのもとではその企業と無関係な当事者が突然出現して会社を乗っ取るということはまずないので、企業の長期雇用へのコミットメントが容易になるのである。

3.6　銀行中心の金融システム[1]

金融取引とは、異時点間・異状態間の資金の交換である。金融取引も交換である以上、交換の利益を目指して自律的に交換が行われるなど、通常の財・サービス取引と一定の共通点を持っている。しかし、取引に時間的要素が含まれることで、金融取引固有の困難が発生する。それは、「情報の非対称性」（逆選択とモラル・ハザード）と「契約の不完備性」である。このため、どの先進国経済も情報の非対称性や契約の不完備性がもたらす問題に対処するための一連の制度を必ず備えている。

資金提供者と資金調達者との間で金融取引を実現するのに、2つの主要なルートが存在する。それは、証券会社や投資銀行が証券発行において重要な役割を果たす「資本市場を経由したルート」と、資金提供者と資金調達者の間に銀行が介在することで「資本市場を経由しない」ルートである。これら2つのルートは同じ機能を果たす2つの方法であるから、お互いに代替的な関係にある。また、どちらのルートを主要な金融取引のルートとするのかで、そのルートでの金融取引を支える補完的制度の組み合わせも異なったものになる。このため、1つの経済システムの中ではどちらかのルートへの偏りが見られるのが通常である。すでに述べたように、資本市場を経由したルート

---

[1] この小節の内容については、村瀬（2006）に多くを負っている。関心を持った読者は、ぜひ、同書にあたってほしい。

を中心とする金融システムは、「資本市場中心の金融システム」と、銀行を介在したルートを中心とする金融システムは、「銀行中心の金融システム」と呼ばれている。

　銀行中心の金融システムでは、一般に情報開示制度はあまり発達しておらず、資金提供者の側が費用をかけて情報生産を行うことになる。このシステムでは、究極的な資金提供者は銀行に預金をする人々であり、資金調達者は企業であるが、1人の資金調達者に対して多数の資金提供者が存在する場合の情報生産には2つの潜在的問題が発生する。第1は、資金調達者に対する情報は、資金提供者のうち誰か1人が獲得した場合に他の資金提供者にとっても有用となるという公共財的性格を持っているため、個々の資金提供者には、自分でわざわざ費用をかけて情報生産しようとせずに、他の人の情報生産に「ただ乗り（free riding）」しようとするインセンティブが存在することである。第2に、個々の資金提供者が情報生産を行うとき、社会的観点からはコストが重複してしまうという問題である。

　メインバンク・システムは、これら2つの問題を解決する仕組みとしても理解することができる。メインバンクは、個々の資金提供者から情報生産者としての役割を委託されて、代表してモニタリングを行っている。しかし、銀行がそのような役割を果たすインセンティブを持つのは、個々の資金調達者に対して「独占的」な地位を保ち、その企業の情報を内部化して、それを占有することができるからである。このために、メインバンクと企業との関係は長期的で固定的なものとなる傾向を持つのである。

　戦後日本経済に見られたようなタイプの金融システムには、それ特有の社会的便益と社会的コストが存在する。まず便益から見てみよう。便益の第1は、企業に対するモニタリング・コストを社会的に節約することが可能になるということである。資金調達者に対する情報生産は、投資プロジェクトや信用度の評価といった事前のモニタリング、経営活動の監視という中間段階のモニタリング、財務状況に応じて一定の措置をとるための事後的モニタリングという複数のステージが存在する。アメリカ的な金融システムでは、各段階で異なる専門的な金融機関がモニタリングの役割を果たしているが、日本の金融システムでは、3つのモニタリングがメインバンクに統合されてお

り、モニタリングのコストを節約することができるのである。

　第2の便益は、銀行が個々の企業との長期的関係にコミットするために、一時的な財務困難に陥っているが長期的には存続した方が社会的に望ましい企業を救済することが可能になることである。多様な専門化された金融機関が1つの資金調達者と向き合うアメリカ型の金融システムでは、このような企業の救済のために資金提供者間でコーディネーションをすることが難しく、救済されない可能性が高い。日本のような金融システムでは、このような社会的コストを軽減しやすいのである。

　しかし、この同じ金融システムは同時に社会的コストをもたらす可能性を生じさせる。それは第1に、銀行が企業との長期的関係にコミットしていることにより、長期的な事業の見通しに欠け、市場から退出した方がよいような場合にも、事業清算という意思決定をすることが困難となり、追い貸しなどによって非効率な企業を存続させてしまう可能性があるからである。このことは、バブルが崩壊した後に不良債権を抱えた銀行がなかなかその処理に乗り出せず、日本経済の立ち直りを遅らせることになった要因の1つでもあった。

　また第2に、このような金融システムは、リスクを銀行に過度に集中してしまうということである。銀行の事業形態は、資金提供者である預金者に対して、元金と固定した利子が保証された安全資産を提供する一方で、それをリスクのある資金調達者に貸し出すというものである。通常は、多数の資金調達者に対して貸し出しを行うことでリスクを分散して大数の法則を働かせることができ、全体としてのリスクを一定に保つことができる。しかし、1990年代初頭のバブル経済の崩壊のときのように経済全体を揺るがすマクロ・ショックが発生した場合には、預金者に対して安全資産を提供しながら、リスクのある貸し出しを行っている銀行が一手にリスク負担を抱えこむことになるのである。

3.7　戦後日本の経済システムにおける政府・企業関係

　以上のような戦後日本の経済システムにおいて、政府はどのような役割を果たしてきたのだろうか。戦後日本の政府・企業関係の最大の特徴は、官僚

組織が企業や業界団体との長期的関係を保持してきたことである。また、アメリカのように、事前に明確に決定したルールに基づいて行われる「ルールベースの行政」というよりもむしろ、事後的に利害関係者の調整を図る裁量の余地を活用しようとする行政スタイルが貫かれてきたことも特徴である。

青木（1992）によると、日本の官僚組織の構成単位は、「原局」と「調整局」に分類できる。原局は業界団体や企業と接しており、その政治的要求の窓口となる部署である。調整局は原局間の調整において重要な役割を果たしている。たとえばかつての大蔵省で言えば、銀行局が原局であり、主計局が調整局ということになる。

原局は規制などの手段を通して業界への新規参入を制限しており、企業が一定のレントを獲得することを可能にしているので、企業の側も原局による行政指導に従うインセンティブを持っている。また、このような関係に基づいて、官僚組織・業界団体・企業は、新技術や業界の動向などに関する情報を常時交換して、さまざまな政策に役立てることが可能となった。

このようなシステムのもとで、政府は業界に対して一定の「秩序」をもたらすとともに、さまざまな産業に対する資源配分に関して影響力を行使することができた。また、そのことを通して、高度成長に貢献するとともに、急激な産業構造の変化がもたらすショックを和らげる「安定化」の役割を果たしたと考えられる。

たとえば、「秩序」をもたらした例としては、「護送船団方式」と呼ばれてきた大蔵省による金融行政が挙げられる。これによって、戦後日本はきわめて安定した金融システムを維持することとなった。3.5節において状態依存型ガバナンスの理論的説明を行った際、状態依存型ガバナンスが有効に作用するのは、モニターの得るレントが大きすぎず、小さすぎないことが重要であることを述べた。このことはメインバンク・システムが機能するために、大きすぎず、小さすぎない程度のレントがメインバンクにもたらされる必要があるということを意味する。大蔵省による金融行政は銀行に発生するレントを調整することによって、メインバンク・システムを補完する役割を果たしたとされている。

産業に対する資源配分の調整の例としては、通産省による「産業構造調整

政策」の例が挙げられよう。これは石炭や鉄鋼など、石油ショックによって競争力を失った産業を「構造不況業種」に指定し、不況産業の過剰設備の調整を促進し、倒産や解雇に伴う労働不安、地域不安の解消に一定の効果を挙げたとされている。

4　おわりに

　以上、比較制度分析のアプローチから、戦後日本の経済システムについて理論的な解説を行ってきた。比較制度分析の最も重要な貢献の1つは、従来は文化的特殊性で語る以外になかった日本の経済制度のさまざまな側面をゲーム理論や組織の経済学の普遍的な言葉で語ることで、その合理性を世界中の経済学者に理解してもらうことができるようになった点である。実は、日本の経済制度を分析することで、それが欧米の制度にも見出されるということも珍しくなかったのである。

　さて、本章で説明してきた戦後日本の経済システムはその後、大きな曲がり角に直面し、変化を続けている。次の章ではその様子を見ていくことにしよう。

❖練習問題
1. 身近にあるゲーム的状況の例を挙げてみよう。
2. 図10-1「最適反応とナッシュ均衡」において、初期点が $p > 1/2$ のときに左側通行が多くなっていき、$p < 1/2$ のときに右側通行が多くなっていくのはなぜか。その理由を説明してみよう。
3. 歴史的経路依存性を示していると思われる現象の例を挙げてみよう。

❖さらなる学習のために
伊天谷研一（2011）『図解で学ぶゲーム理論入門』日本能率協会マネジメントセンター。
　　——今のところ、ゲーム理論について体系的に書かれた最もわかりやすい入門書。トピックごとに見開きページでまとめられているので、大変読みやすい。一方で、簡単

にわかった気にさせてしまうという問題もある。
青木昌彦（2014）『青木昌彦の経済学入門——制度論の地平を拡げる』ちくま新書。
　——比較制度分析の創始者自身による、制度分析のアプローチの一般的な解説書。制度派の思考方法は本書を読むとわかりやすいだろう。制度論の射程は、資本主義論から法、認知、歴史をカバーするまでに広いものである。その学際的な広がりを楽しんで欲しい。
青木昌彦・奥野正寛編著（1996）『経済システムの比較制度分析』東京大学出版会。
　——本章の内容は主に、この本に基づいている。比較制度分析ではゲーム理論が主要な分析ツールとなるが、それが具体的にどのように使われるのかも含めて、比較制度分析のアプローチを学びたい人に勧めたい。

❖参考文献

青木昌彦・奥野正寛編著（1996）『経済システムの比較制度分析』東京大学出版会。
青木昌彦（1992）『日本経済の制度分析——情報、インセンティブ、交渉ゲーム』筑摩書房。
青木昌彦（1995）『比較制度分析序説——経済システムの進化と多元性』講談社学術文庫。
青木昌彦（2003）『比較制度分析に向けて（新装版）』（瀧澤弘和・谷口和弘訳）NTT出版。
小池和男（1991）『仕事の経済学』東洋経済新報社。
村瀬英彰（2006）『新エコノミクス 金融論』日本評論社。
Coase, R.（1937）"The Nature of the Firm," *Economica*, Vol. 4, pp.386-405（宮沢健一・後藤晃・藤垣芳文訳「企業の本質」『企業・市場・法』東洋経済新報社、pp.39-64）.

［瀧澤弘和］

Column 6 ◇ アカロフの中古車市場のモデル

　ここで本文中に「アカロフのレモン」として紹介されている Akerlof (1970) のエッセンスをわかりやすく解説してみたい。今、市場で取引される中古車には「良いタイプ」と「悪いタイプ」の2種類が存在し、それぞれの割合が半々であると考えよう。個々の中古車の売り手は、それが良いタイプか悪いタイプかを知っているが、買い手はその情報を持っていないとする（情報の非対称性）。

　また、良いタイプの中古車については、売り手にとっての価値は 80 万円、買い手にとっての価値は 120 万円であり、悪いタイプの中古車については、売り手にとっての価値は 20 万円、買い手にとっての価値は 30 万円であるとしよう。ここで、売り手にとっての価値はコストと考えてもよく、たとえば売り手にとっての価値が C 万円で、P 万円で売却できた場合の売り手の利得は $P-C$ 万円となる。また買い手にとっての価値とは、その中古車の価値を金銭的に示したものであり、それが V 万円である買い手が P 万円で購入した場合の買い手の利得は $V-P$ 万円となる。

	売り手の価値	買い手の価値
良いタイプ	80 万円	120 万円
悪いタイプ	20 万円	30 万円

　まず情報の非対称性がなく、完全情報が成立しているケースから考えてみよう。この場合には、売り手だけでなく買い手も良いタイプの中古車か悪いタイプの中古車かがわかるので、良いタイプの中古車の市場と悪いタイプの中古車の市場の2つの市場が成立することになる。上に述べた仮定から、良いタイプの中古車については、80 万円と 120 万円の間で価格が成立し、悪いタイプの中古車については 20 万円と 30 万円の間で価格が成立し、両方のタイプの中古車で取引が成立することがわかる。

　もとの仮定に戻り、買い手は中古車のタイプに関する情報を知らず、それぞれが半々の割合で存在することだけを知っているものとしよう。このとき、買い手は目の前の中古車に対して、たかだか 75 万円（1/2 × 120 + 1/2 × 30）しか払いたくないと思うだろう。しかし、これでは良いタイプの中古車を持っている売り手は自分の商品を売りに出すとかえって損をしてしまうこ

とになる。

　したがって、市場から良いタイプの中古車が消えてしまう。その結果買い手は、市場で売りに出されている中古車はすべてが悪いタイプの中古車だと推測するようになるだろうから、30万円しか払おうとしないだろう。こうして悪いタイプの中古車のみが市場に出回ることになる（逆選択）。

　この状況を打破するために、良いタイプの中古車を持つ売り手は、車両が故障した場合に向こう1年間は無償で修理するなどの保証を付けて、自分の中古車を売りに出すことを検討するかもしれない。これは、悪いタイプの中古車を持っている売り手には真似ができないサービスなので、良いタイプを持つ売り手がその自動車が良いタイプのものであることをシグナルすることを意味している。

　McMillan（2002）は、インドの牛乳市場で、まさにこれと同様の現象が発生し、それがいかにして解決されるに至ったかを詳細に述べているので、ぜひ参照されたい。

参考文献

Akerlof, G.（1970）"The Market for Lemons: Qualitative Uncertainty and the Market Mechanism," *Quarterly Journal of Economics*, Vol. 84, pp.488-500.

McMillan, J.(2002) *Reinventing the Bazaar: A Natural History of Markets*, W. W. Norton & Co.（瀧澤弘和・木村友二訳（2007）『市場を創る』NTT出版）.

［瀧澤弘和］

Column 7 ◇ 繰り返し囚人のジレンマ

囚人のジレンマというゲームは、2人のプレーヤーが「協力」、「裏切り」という選択肢を持つゲームである。両方が「裏切り」を選択すれば、両者とも0の利得を得るが、両者が「協力」を選択すれば、両者とも1の利得を得ることができるのでその方がよい。しかし、相手が協力を選択しているときには、裏切ることで2の利得を得ることができる。また、自分が協力を選択しているときに、相手が裏切りを選択すると利得は−1になってしまう。このゲームのナッシュ均衡は両者が「裏切り」を選択するというものであり、非効率的な結果となってしまうのである。

表　囚人のジレンマ

		プレーヤー2	
		協力	裏切り
プレーヤー1	協力	1, 1	−1, 2
	裏切り	2, −1	0, 0

しかしこの結果は、2人のプレーヤーがゲームをいつまでも繰り返せると想定するときには変化する可能性がある。このゲームには時間の経過が含まれるので、1期間先の利得を現時点の利得に換算するために乗じる割引因子という概念が必要になってくる（割引因子が大きいということは、将来の利得を重視しているということを意味している）。2人のプレーヤーに共通な割引因子を $0 \leq \delta < 1$ としよう。

繰り返し囚人のジレンマのナッシュ均衡は多数存在するが、δ が十分大きいとき、以下のような「トリガー戦略」の組み合わせがナッシュ均衡となる。

① 最初は協力を選択する。また、それまでに両者がずっと協力を選択していた場合には、協力を選択する。
② 一度でもどちらかが裏切りを選択した場合には、その後は何があってもずっと裏切りを選択する。

お互いにトリガー戦略を採用する状態がナッシュ均衡になることを示すた

めには、相手がトリガー戦略を採用しているときに、自分もトリガー戦略を採用することが最適な戦略になることを示せばよい。

相手がトリガー戦略を採用しているときに、自分もトリガー戦略を採用すると、ずっと（協力，協力）という行動の組み合わせが実現することになり、このゲーム全体の利得は割引因子をδとするとき、

$$1 + \delta + \delta^2 + \delta^3 + \cdots = \frac{1}{1-\delta}$$

となる。

これと異なる利得を得る戦略は、どこかで自分から裏切る戦略であるが、どこで裏切り始めたとしても、ずっとお互いに協力する状況と比較するには、そこから後を比較すればいいので、最初に裏切りを選択したとしてみよう。この場合、最初に「協力」によって得られる利得の1よりも大きな2という利得を得られるが、相手はトリガー戦略を採用しているので、その後はずっと「裏切り」を選択してくることになる。このときにできるだけ高い利得を得ようとするには、こちらも「裏切り」を選択する以外にない。つまり、トリガー戦略と異なる戦略でできる限り高い利得を得るためには、最初に裏切り、その後もずっと裏切るという戦略をとることが必要である。このときの利得は、

$$2 + 0 + 0 + \cdots = 2$$

となる。

以上のことから、

$$\frac{1}{1-\delta} \geq 2 \Leftrightarrow \delta \geq \frac{1}{2}$$

となるときに、(トリガー戦略，トリガー戦略) という組み合わせはナッシュ均衡となることがわかる。つまり、両プレーヤーが十分将来を重視するようなプレーヤーであるならば、囚人のジレンマを無限回繰り返すことによって、協力が実現するのである。

［瀧澤弘和］

第11章

日本の経済システムはどこに向かうのか
——システム変化の視点

1 経済システムの変化に関する観点

1.1 制度変化をもたらす要因

　前章では、制度をゲームの均衡と見なす立場を説明したうえで、戦略的補完性のあるゲームの場合、複数均衡が存在する（＝複数の制度が存在しうる）可能性が高くなることを説明した。また、ゲームがさまざまな人々とランダムにマッチされて繰り返しプレーされ、徐々に最適な戦略を採用する人口比率が大きくなっていく状況についての考察も行った（ランダムなマッチングとは、他のどの人とマッチする確率も等しいということである）。この分析では、複数均衡が存在する場合には、その社会が初期時点でどのような戦略分布を持っていたかによって、どの均衡へと収束していくのかが異なりうることも説明した。これは制度が歴史的経路依存性を持っていることを意味しているということであった。

　同じような分析枠組みは制度間の移行の考察にも用いることができるので、それを説明しておきたい。表11-1は、前章で見た道路通行ゲームと同じく、通常「コーディネーション・ゲーム」と呼ばれるゲームだが、2つのナッシュ均衡――(A, A) と (B, B)――を比較すると、(A, A) では両プレーヤーが3点ずつ、(B, B) では1点ずつ獲得しているので、(A, A) の結果が (B, B) の結果をパレート支配していることになる。しかし、このような場合でも、一度パレート劣位の均衡である (B, B) の状態に陥ったならば、どちらのプレーヤーにとっても自分だけが戦略を変更しても得をすることにならないの

表 11-1　パレートの意味でランクづけ可能なコーディネーション・ゲーム

		プレーヤー2 A	プレーヤー2 B
プレーヤー1	A	3, 3	0, 0
プレーヤー1	B	0, 0	1, 1

で、そこから脱することは容易ではない。

　しかし、パレート劣位な均衡に陥ったときに、われわれはずっとその状態に甘んじなければならないのだろうか。当然のことだが、何らかの環境変化が生じることによって、ゲームの利得が変化する場合には、一方のプレーヤーが自分だけでも行動を変化させることで得をする状況が生まれるかもしれない。たとえば、(A, B) におけるプレーヤー1の利得が2になるような状況である。このような場合が生じるならば、プレーヤー2がBのままでも、プレーヤー1はAに行動を変化させることになるだろうから、(A, B) というプレーの仕方が選択されるようになる。そうすれば、プレーヤー2にとってもAの方が利得が高くなるので、最終的に両方のプレーヤーがAを選択し、(A, A) へと移行することが可能となる。また、一度 (A, A) が実現すると、この環境変化が逆戻りし、(A, B) におけるプレーヤー1の利得が0に戻ったとしても、(A, A) がプレーされ続けることになるだろう。このように変化した状態が元に戻ったとしても、すべてが元どおりにならないことを**履歴効果（ヒステリシス）**という。

　しかし多くの場合には、このような都合のよい利得変化を望むことはできない。そのときには制度の移行を望むことはできないのだろうか。このような問題を分析するために用いられてきた枠組みは、進化ゲーム理論と呼ばれるもので、時間とともに、ゲームのさまざまな戦略を採用する人口の割合が変化する様子を分析するものである。この枠組みでは基本的に、人口の中の各人は毎期ランダムに他の1人とマッチしてゲームをプレーする。その際に、人口のうち多くは前期にプレーした戦略をそのまま維持するが、一定割合の人々は戦略を選択し直す機会が与えられ、より利得の高い戦略に変更する。その結果、人口全体における戦略分布は徐々にその時点でより高い利得を持

つ戦略の方に向かって動いていくと想定されている。人々は徐々にしか戦略を変更できず、しかも選択の機会を与えられたときに、その時点の利得のみを気にかけるという意味で「限定合理的（boundedly rational）」であると仮定されているわけである。この基本的な枠組みにさまざまな要素を導入し、動学経路にどのような変化が生じるのかを分析することで、制度間（均衡間）の移行を生じさせる原因を同定することができるのである。

　Kandori, Mailath and Rob（1993）は、進化ゲームの枠組みの中に「突然変異（mutation）」を導入して分析を行い、制度間での移行が生じうることを示した。彼らが分析したモデルでは、戦略見直しの機会が与えられた際に、最適な戦略に限らずに可能な戦略の集合の中からランダムに戦略を選択する可能性を導入すると、一方の均衡から他方の均衡へと移行する可能性が生まれることになる。突然変異というのは生物進化のキーワードだが、それを人間社会でのインタラクションの文脈に移し代えて解釈すると、「実験」とか「試行錯誤」ということになるだろう。すなわち、社会の中で実験をする人や試行錯誤的に振る舞う人が一定程度存在することが、制度変化にとって重要だということになる。もちろん、ランダム・マッチングではなく、実験や試行錯誤に携わる人同士がマッチされる確率がより大きいならば、制度間の移行のプロセスが速められることは言うまでもない（Ellison 1993）。

　また、クルーグマンや松山の研究によれば、一部の人々が各戦略の潜在的な将来価値に関する完全予見を行って戦略選択を行うと仮定すると、この人々の最初の時点での予想に依存した動学経路が自己実現的に選択されることになる。すなわち、将来に対する期待が長期的均衡を決定する重要な要因となるのである（Krugman 1991; Matsuyama 1991）。より一般的な文脈に拡張して言うならば、人々の期待に働きかけ、人々の行動をコーディネートするという役割が、政府によって果たされることもあるだろう。

　さらに、奥野・松井（1995）は、同じゲーム的状況に直面しながら、当初は異なる2つの均衡状態にあった2つの社会が接触するというモデルを分析している。彼らの得た結論は、2つの社会が互いに交流を深めるとき、よりよい均衡（慣習や制度）へと移行する可能性があるということである。

　以上のような理論的考察の結果から、制度変化をもたらすものとして、①

人々の相互作用を取り巻く環境（利得）の変化、②試行錯誤や実験を行う人の一定割合の存在、③政府などによる人々の期待への働きかけ、④他の社会との交流などが存在することがわかる。

1.2　制度的補完性と経済システム改革

　前小節では、1つのゲームに複数均衡が存在する場合に、どのようにして均衡間の移行が生じうるのかを見た。しかしすでに述べたように、経済システムは1つの制度として成立しているのではなく、複数の制度が互いに補完性を持って共存することで成立している。このことは、経済システムの改革に対して、どのような含意を持つのだろうか。

　このような問題を取り扱った抽象的なモデルから言えることは、制度間の補完性の度合いが強いほど、1つの分野における制度変化が他の分野の制度変化を誘発しにくいし、最終的に経済システム全体の変革が達成されるまでのコストが高くつくということである。逆に、制度間の補完性が弱いならば、システム全体の変革はより容易に最適なものに近づくことになるだろう。前章で挙げた例に戻って、この点を解説しておこう。

　金融市場について、アメリカ的な金融システムのあり方を X、日本的な金融システムのあり方を X' と書き、労働市場についてアメリカ的なあり方を Y、日本的なあり方を Y' と書こう。(X, Y) はアメリカの経済システムで成立しており、(X', Y') は日本の経済システムで成立しているものである。このとき、日本の経済システムにおいて金融市場の制度が X に変わったとすると、(X, Y') が成立することになるが、もともと X' と Y' の間に強い補完性があったとすると、この新しい状態はもとの状態である (X', Y') よりも低いパフォーマンスを生み出す可能性が高い。また、(X', Y') の状態から (X, Y) に移行することを意図して、金融市場を X に変更したとしても、それに従って Y' が Y'' になるというような意図せざる変化を生み出す可能性もある。逆に、X' と Y' の補完性がそれほど高くなければ、(X', Y') は比較的容易に (X, Y') や (X', Y) へと移行しうるだろう。

　経済システムの変革がしばしば長期間のシステム移行のコストを生み出すことや、意図せざる結果を生み出すことは、このようにして理解することが

できる。また、意図したとおりの経済改革を行うためには、一部の制度の改革だけでなく、より広い範囲にわたって、コーディネートされた改革を行うことの必要性や、そのために強い危機感とコミットメントが必要になることも理解されよう。さらに、後に中国の例で見るように、(X′, Y′) の上に (X, Y) を層として重ねていくような制度変化のパターンもありうるかもしれない。

1.3　経済改革の歴史的事例

　20世紀は、社会主義革命、規制だらけの経済から規制の少ない経済への移行、社会主義経済から市場経済への移行など、経済システム改革の壮大な自然経済実験が観察された時代でもあった。McMillan（2002）はニュージーランド、ロシア、中国の経済システム改革の例を取り上げて、経済システム改革に対する教訓をまとめているので、その内容を簡単に紹介する。

　ニュージーランド経済は第2次世界大戦の時期から非常に規制の多い経済であったが、慢性的な低成長と持続不可能な財政不均衡に直面し、1984年から1992年の期間、徹底的な経済システム改革を行うことを余儀なくされた。改革の中身は大きく、①インフレ、財政赤字、貿易赤字、通貨危機に対処するためのマクロ経済改革と、②民営化や規制緩和など、市場をよりよく機能させるための改革とに分けられた。このうち、最も早く効果が現れたのはマクロ経済の安定化であり、財政均衡の達成とインフレの終息は早期に達成された。しかし、市場を機能させるための改革は、労働者や企業に大きな調整を強制するものであった。企業は最初のうちは、生産量の削減や製品構成の合理化、高コストの工場の閉鎖などの消極的な反応を示し、新製品への移行、新製品開発に必要な技術的研究、外部委託の利用と効率化などに着手して生産量を増加させるようになったのは、ようやく1990年代に入ってからだったという。

　1917年のロシア革命以来、社会主義計画経済を行ってきたソ連は1991年に解体し、ロシアはロシア共和国として市場経済への移行を迫られることとなった。その際、ロシア政府はアメリカの経済学者の勧めに従い、ビッグバン・アプローチと呼ばれるショック療法を採用した。たとえば、政府財政の均衡化、価格統制の撤廃、企業の民営化を急速に推し進めたのである。ロー

レンス・サマーズやジェフリー・サックスなどのアメリカの経済学者たちの考えでは、市場を創出しさえすれば市場はうまく機能するはずであったが、実際にはそうはならなかった。その根本的理由は、長期にわたって社会主義計画経済体制のもとにあったため、市場がうまく機能するように市場を支える諸制度がロシアには存在していなかったからだというのが、今日の経済学者の標準的な考え方である。

ロシアの市場経済移行とは対照的なのが中国経済の経済システム改革である。改革開放後の中国の経済システム改革の特徴は漸進主義である。ロシアとの対比で特に重要なのは、民営化と価格自由化に時間をかけたことであった。たとえば市場経済化の中でも、国有企業に対して従来どおり、生産物を公式価格で国に販売する側面は残し、追加的生産物を市場価格で販売できるようにした。その結果、二重価格が生じることになったが、市場価格の方が公式価格よりも高かったため、企業は既存の土台の上に新しい市場指向的な企業間関係を構築することができた。このように見ると、中国の経済システム改革は単に漸進主義というだけでなく、一国の経済システムの中に2つの異なるシステムを層のように共存させていたということが興味深い。

中国の移行経済に関して興味深いもう1つの側面は、当初まったく予想されなかったプレーヤーが経済システム改革のプロセスで重要な役割を果たしたことである。それは郷鎮企業という地方政府によって経営される企業で、その所有権に関する規定は曖昧なものであった。したがって株主コントロールのようなものも、買収の脅威なども存在しなかった。伝統的な経済理論の想定では、所有権はどんなインセンティブ契約にもまして強いインセンティブを与えるものとされており、郷鎮企業はその基準では成功しないと考えられているタイプの企業である。それが共産党指導部の予想もしなかったような急速な発展を遂げ、一時は工業生産量の半分を生産するまでになったのである。

マクミランは、ここから得られる教訓として、改革を完全に計画することができないということ、また、改革ではすべてをトップダウンで行う必要がなく、先入観に合わないようなボトムアップの解決策を進んで受け入れるべきだとしている。

2 日本の経済システムの歴史的生成

2.1 1920年代までの日本の経済システム

それでは20世紀の日本の経済システムの変化について見ていくことにしよう。

意外に思われるかもしれないが、1930年以前の日本の経済システムは、オーソドックスな経済学が描く市場システムに非常に近いものであったと言われている。たとえば労働市場は流動的であり、労働者が企業間を頻繁に移動することは普通であったし、賃金も伸縮的に変動していた。企業の資金調達も主に株式や社債の発行によっており、銀行貸付の比率は小さかった。それに対応して、コーポレート・ガバナンスも株主を中心とするものであった。財閥系企業の場合には、財閥が傘下企業のモニタリングを組織的に行い、非財閥系企業では商人や地主といった当時の資産家階級が大株主となって役員の地位を占めていたのである。これらの株主は高い配当を要求しており、内部留保率も大きくなかった。また、敵対的買収も珍しくなかったという。

このような経済システムが本格的に変化するようになったのは、次の項で見るように1930年代から1940年代前半にかけての急速な重工業化と戦時経済化が同時に進行するプロセスの中においてであり、そのときに戦後の経済システムへと引き継がれる重要な部分が形成されるようになったのである。

しかし1930年以前においても、日本経済はすでに産業構造を急速に転換し始めつつあり、このことが経済システムに一定のインパクトを与えていたことは注目に値する。明治・大正期の日本経済の発展を牽引していたのは繊維工業を中心とする軽工業であったが、第1次世界大戦の好況の中で重化学工業の拡大が開始したのである。工業生産に占める重化学工業の比率は、大戦後の不況による一時的後退はあったものの、1928年に30.7%、1930年35.5%、1936年49.3%と、急速に増大していった。急速な重化学工業化による熟練労働に対する需要増大は、熟練労働者の稀少性を高め、1920年代には一部の大企業では、熟練労働者の定着を促すために企業内に労使協議機関（工場委員会）を設置するようになった。つまり、急速な重化学工業化は労使関係の面などで戦前期の日本の経済システムに変更を加えつつあったと言え

よう。

　また、当時の社会経済情勢や思想状況も経済システム変革に対して大きな意味を持つことになったと考えられる。日本経済は第1次世界大戦によるブームが終了すると1920年から始まる長期の経済停滞に入っていくことになる。特に生糸市場の暴落によって農家所得は大きな打撃を受け、農村の窮乏はひどい状態にあった。1923年には関東大震災が発生し、当時の日本の国富の5.4％が失われるほどの被害を受ける。その処理のために発行した震災手形が不良債権となって、1927年には昭和金融恐慌が発生した。その後も1929年の世界恐慌の発生と1930年の金解禁によるデフレ政策は経済全体に大きなショックを与え、世界貿易が急激に縮小する中で、日本経済は1930年から31年にかけて昭和恐慌と呼ばれる深刻な不況に突入していくことになった。

　以上のような経済的背景の中で、自由な市場経済システムに対する失望が高まり、財閥などの資本家に対する大衆の不満が増大したことは十分理解できることであった。戦争への本格的突入以前に、従来の自由な市場システムを排して、官僚統制による経済システムに変革しようとする気運は十分存在していたのである。事実、昭和金融恐慌を受けて成立した1927年の銀行法は、銀行の合併を促進し参入規制を行うものであったが、そこには大蔵省の裁量的行政指導と許認可制という戦後に見られるような政府・企業関係の原型がすでに見られるのである。また、昭和恐慌を受けて31年に成立した重要産業統制法も政府の経済介入を強化するものであった。これによって事業経営が許可制となり、企業は政府の監督に従うことで、免税や助成金の交付などの恩恵を受けるといったような関係が形成されるようになった。

　したがって、戦時経済体制の本格的構築へと向かう以前の時期にも、自由な市場システムのマイナス面を修正しようとする仕方の中に、戦後の日本の経済システムに通じるような側面がうかがわれる。

2.2　戦時経済体制から戦後の経済システムへ

　1930年代に入ると、重化学工業化と戦時経済化が手を携えて進行することになる。戦時経済化は、1931年の満州事変、1937年の日中戦争、1939年

の第 2 次世界大戦を画期として深化していったが、以下では 1937 年以降と 1940 年以降に分けて説明することにする。

1937 年に日中戦争が開始されると、限られた資源を軍需生産に振り向けることが政府にとって最重要の課題となった。それはまた、軍需生産のための急速な重工業化のプロセスでもあったのである。軍需への資源の急速な再配分は、急激なインフレと大幅な経常収支赤字を発生させるようになったため、政府は経済統制を強化していくことになる。

1937 年には、輸出入品等臨時措置法、臨時資金調整法が施行され、1938 年には国家総動員法が施行されるなど、経済統制のための政策手段が急速に整えられるようになった。1938 年に物資動員計画が、1939 年からは貿易計画、資金統制計画、労務動員計画、交通電力動員計画、生産力拡充計画が機能を開始した。1937 年に設置された企画院が旧ソ連のゴスプランと同様な逐次計算によってこれらの計画を立案し、それを大蔵省や商工省などの諸官庁が実行した。その際、諸省庁は所管の業界団体を通して個別企業への長期資金や物資の割り当てを行うというスタイルを採用した。この時点では、統制価格のもとで各企業はある程度のレントを獲得できるような仕組みになっていたため、この生産計画はある程度うまく機能した。企業の利潤動機も否定されることはなかった。

第 2 次世界大戦が勃発し資源価格が国際的に高騰するようになると、政府はさらに経済統制を強化せざるを得なくなった。1940 年に発足した第 2 次近衛内閣による「経済新体制」である。その核は、企業改革と産業団体の強化であった。企業は経済新体制のもとで利潤動機を抑圧された。株主の権限が制限される一方で、経営者と従業員の地位を向上させるようなコーポレート・ガバナンスの改革が図られた。産業団体は、1941 年の重要産業団体令に基づく産業別の統制会という形で強化され、政府と企業の間に入って情報収集・計画作成・指令を担うことになった。

この間、急速な重工業化で増大する資金需要に応えるために、中・低所得層の預金資金の利用が必要となり、間接金融の比重が増大していった。しかし、従来から取引関係があったわけではない企業への貸出は銀行にとってもリスクが高いものであり、1942 年に全国金融統制会が設立されて以降は、

統制会の斡旋のもとに共同融資が行われるようになった。1943年に軍需会社法が成立した後には、各軍需会社に1行の金融機関が指定され、これが当該企業の資金供給を担当するようになる。これが戦後のメインバンクの原型となったと言われている。また、優秀な中小企業を特定の大企業の専属下請けとして指定し、両者の関係を長期的なものにする下請け制の整備も行われた。

日本は1945年8月に敗戦を迎え、GHQの統治下に入ったが、戦時中に統制経済を担った革新官僚たちの多くは戦後も残り、極度に混乱した日本経済の建て直しに当たっては戦前・戦時中の統制手法が用いられた。たとえば、物資需給計画や傾斜生産方式の立案と実施である。そこでは、戦時経済体制で設置された統制会を前身とする産業団体が資材の割り当てに大きな役割を果たすことになった。傾斜生産を可能にした金融制度も、戦時中の協調融資とほぼ同じ手法で実行された。GHQが経済民主化を意図して行った企業改革と労働運動支援は、大株主の地位を弱め、従業員の地位を向上させるものであったが、この改革の方向は、期せずして戦時経済体制と一致するものでもあった。戦後の企業別労働組合は戦時期に組織された産業報国会を基盤にしたものと言われている。

もちろん、戦時中の経済システムがそのまま戦後に引き継がれることになったわけでないことは言うまでもない。その詳細には立ち入らないが、戦時中に形づくられた経済システムの多くの特徴が戦後日本の経済システムにも引き継がれることになったこともまた確かなのである。

20世紀初頭の経済システムからの日本の経済システムの転換は何を示唆しているだろうか。第1に、自由な市場経済がもたらす社会的コストに対する認識が戦前期日本の経済システム転換の背景に存在していたということである。その際、市場システムに対する修正が官僚組織による統制という形態で行われた点に、日本の特徴があると言えよう。第2に、戦前の経済システムから戦時経済体制への経済システム変革を可能としたのは、きわめて大規模でコーディネートされたシステムワイドな制度改革であったということである。もちろん、このプロセスは決して平坦ではなかったが、戦争遂行という大目的を共有できる特殊な状況であったために、平時には不可能な変革へのコミットメントが可能となったのである。

2.3　1980 年代から今日まで

　1980 年代までは戦後日本の経済システムは概して、大きな綻びもなく機能してきたと言うことができる。80 年代には、日本経済は自動車や電機などの産業で圧倒的な国際競争力を見せたために、日本的経営や産業政策などの、日本の経済システムの特徴は国際的にも高く評価されるようになった。しかし、80 年代半ばから始まったバブル経済とその 90 年代初頭における崩壊は、日本経済に容易に立ち直ることのできない大きなダメージを与えることになった。いわゆる「失われた 10 年」の始まりである。

　バブルが崩壊した結果、担保主義によって貸出を拡大してきた銀行は地価下落による担保価値の急激な低下に直面することになり、巨額の不良債権を抱えるようになった。不良債権を抱えた銀行の経営悪化は特に 1997 年に表面化し、三洋証券、北海道拓殖銀行、山一證券の自主廃業といったように金融機関の破綻が相次いで、金融収縮を生み出した。金融機関はこのショックに対応して貸出抑制や貸出回収を行ったが、これが実物経済に対しても深刻な負の影響を与えることになる。一方、企業の側もバブル期に行った積極的な投資が負担となり、雇用、設備、債務の「3 つの過剰」の解消を迫られることになる。従来、日本企業は不況時でも解雇整理を極力避けて、残業時間の抑制などで対応していたが、強いリストラ圧力の中で、解雇整理を行わざるを得なくなる企業が目立つようになった。こうして、終身雇用という労働慣行が部分的に破綻し始めたのである。

3　現代日本の経済システムが直面する環境変化

　現在、戦後日本の経済成長を支えてきた経済システムが大きく変化しつつあることは言うまでもない。ここでは、この変化を促している長期的・構造的な要因に焦点を絞って論じることにする。

3.1　経済のグローバル化と世界的な分業構造の転換

　グローバル化という言葉を今日よく耳にするが、その意味は必ずしも明確とは言えない。グローバル化の 1 つの測度として貿易依存度が挙げられるこ

図 11-1　主要国の輸出比率（GDP 比）

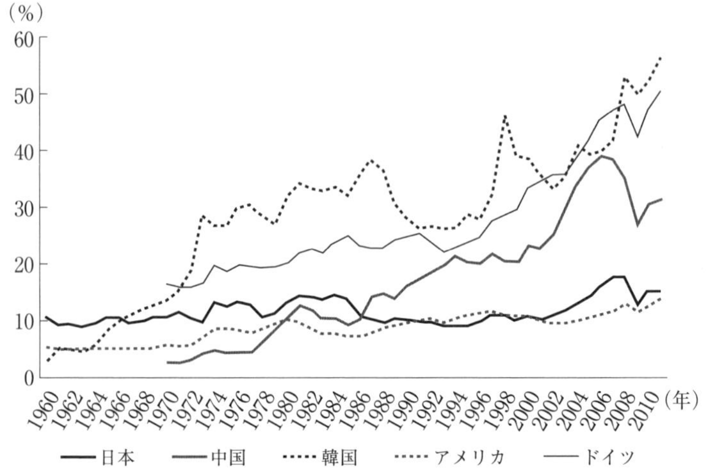

出所：世界銀行、World Development Indicators。

とがある。これは輸出額と輸入額の和や平均を GDP で割ったものである。また、もう1つのグローバル化の測度として、国際的な資本移動の規模が採用されることもある。以下、それぞれの測度を用いて、今日の状況について確認してみよう。

　貿易依存度という測度を用いる限り、日本を含めて主要先進国のグローバル化はいまだに戦前期の水準にも達していないことはよく知られている。たとえば、1910 年代末の日本の貿易依存度は 40％前後であり、第 2 次世界大戦前のピーク時には 45％前後に達していた。これらの数字には、旧植民国との半強制的な取引が含まれていることに留意したとしても、当時の日本は現在よりもずっと「グローバル化」していたことになる。

　図 11-1 は、主要国の輸出額の GDP 比を時系列で描いたものである（輸入額についてもほぼ同じトレンドが観察されるので、ここでは輸出依存度だけを示してある）。これを見ると、2010 年時点で貿易依存度が高い順に、韓国、ドイツ、中国、日本、アメリカの順になっており、日本やアメリカはそれほど貿易依存度が高くないことがわかる。その理由は、一般的に大国ほど貿易依

存度が小さく現れるためでもあるが、すでに日本を抜いて世界第2の経済大国となった中国と比較しても日本の貿易依存度は小さい。とはいえ、世界的に貿易依存度が漸増している傾向は否めない。

　しかしより重要なのは、日本経済が世界の中に占める位置が質的に変化してきたことである。韓国をはじめとするアジア諸国の経済発展や改革開放を掲げるに至った中国の急成長の中で、日本を取り巻く世界的な分業構造の転換が生じており、それに適応するような産業構造への転換が迫られているからである。

　日本は第1次世界大戦後、重化学工業化を達成する過程で戦争に突入した結果、すべての部品を自国内で調達せざるを得ない状況に追い込まれることになった。これは大変な努力を要するものであったが、結果としてほとんどすべての工業品についてその産業を国内に持つという「フルセットの工業化」を達成することができた（寺西 2003）。戦後の日本もまた、アジアで唯一の工業国であったという状況のもとで、フルセットの工業化体制を維持することができたのであった。しかし、中国や韓国の工業化に伴う世界的な分業構造の転換の中で、今日、日本経済がこのような体制を維持することは非常に難しくなっていると言える。

　すでに見てきたように、戦後日本の経済システムには自由な市場システムの働きによる資源配分の調整を部分的に抑制するような仕組みがビルトインされていた。たとえば銀行借入中心の資金調達は、企業と銀行の関係を長期的なものにしていたために、市場から退出すべき企業をも市場にとどめがちであった。また、政府と企業の長期関係もまた、市場の秩序と安定を重視する傾向を持ち、市場を通した淘汰のメカニズムを抑制しがちであった。このように、戦後日本の経済システムは、世界的な分業構造の転換が要請する日本経済の産業構造の転換の動きを遅くしがちであったと言うことができる。

　次に、国際的な資本移動の規模をグローバル化の測度とした場合には、今日のグローバル化はどう見えるだろうか。確かに世界的な金融自由化の趨勢の中で、国際的な資本移動の規模は増加している。国際的資本移動を世界GDPで割った比率は、1980年代前半には4％を下回る水準であったが、2006年には18％程度になっている。こうした中で大規模な資本移動が急激

図 11-2 持株比率の推移

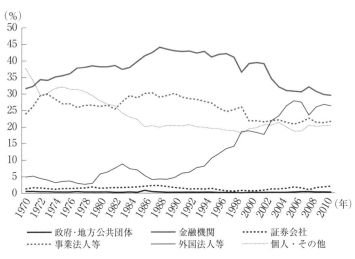

出所：東京証券取引所「株式分布状況調査」。

に生じ、1997年のアジア通貨危機や2008年のリーマン・ショックが示したように、国際的な金融危機が実物経済に悪影響を与える可能性が高まっている。金融自由化により国際的な資本移動に対する制約が少なくなったことは、アメリカ経済の経常収支赤字拡大と中国経済の経常収支黒字の拡大に見られるようなグローバル・インバランスをも拡大している。

日本経済の制度変化にとっての含意に焦点を絞るならば、図11-2に見られるように、1990年代以降、金融機関と事業法人の持株比率が低下する中で、海外投資家の持株比率が増加していることが重要である。これは、後に述べるように、日本企業のコーポレート・ガバナンスに大きなインパクトを与えている。

3.2 キャッチアップ段階からフロントランナー段階への移行

現代日本の経済システムが直面する第2の環境変化は、日本経済がキャッチアップの段階を終え、フロントランナーの段階へと移行したことである。戦後日本の経済システムは、日本企業が欧米ですでに開発された技術を採用

するとともに、それに改良や改善を加えることをサポートするという点では非常に有効であった。政府は常に企業や業界団体と相互に情報交換し、最先端技術に注視して、業界全体の新技術採用をサポートしていたし、メインバンクは新事業や新技術採用の審査よりも、経営者がきちんとプロジェクトを遂行しているかどうかという中間段階のモニタリングに力を入れていたからである。

　しかし今日では、日本経済は、自らの中からまったく新しい技術や製品、事業を生み出さなければならない段階に達したと言うことができよう。もちろん日本企業の中には、世界に先んじた革新的なイノベーションを行ってきたものも数多く存在する。しかし、これまで見てきたような、理論的に理解される限りでの日本の経済システムは、この点であまり得意であると言うことができない。

　たとえば、政府は常に新たな技術発展を注視し、その情報を業界団体と共有してはいるものの、多額の予算を用いて特定の技術開発にコミットするときには、しばしば大きな失敗を犯してきた。また、すでに述べたように、日本の場合にはモニタリングの各段階で異なる、専門化された金融機関が役割を果たすのではなく、メインバンクがすべてのステージでのモニタリングを行うことで、モニタリング・コストを社会的に節約してきたのであった。しかし、どの技術が有望であるかを判定し、それに対して資金を供給するためには、専門的な審査能力による事前的なモニタリングが必要となる。アメリカの金融システムの場合には、エンジェルやベンチャー・キャピタリストがそのような機能を担っている。ベンチャー企業の育成に必要とされる人的・制度的資源の面で日本のシステムにはまだまだ欠けているところがある。

3.3　ICTの発展とモジュール化

　今日世界で生じつつある技術発展の大きな流れが、従来日本企業の強みとされてきた部門間・企業間での密接なコーディネーションを十分活かすことができないような方向に進んでいる可能性があることも、これまで組立加工型の製造業で強みを発揮してきた日本経済にとって重要な環境変化と言えるかもしれない。

今日の技術発展の多くは、汎用技術としてのICTの利用に関わるものである。しかしICTの急速な発展を支えてきたのは、それに関連する重要な技術の多くがモジュール構造を持っているという事実であった。モジュール性（modularity）とはシステムが持つ性質のことであり、全体システムの機能がいくつかの相対的に独立した部分システム（モジュール）を通して実現されていることを意味する。モジュールが相対的に独立した自律的システムを形成しているのは、モジュール内部では要素間で複雑な相互作用が観察される一方で、それらの相互作用はモジュール内部にカプセル化されているからである。全体システムを機能させるために不可欠なモジュール同士の相互作用は、あらかじめ決められた標準インターフェイスを通して行われるものに限定される。たとえば、パソコンというシステム全体は、モニター、キーボード、マウス、パソコン本体などがモジュールであり、それらの間は標準的なインターフェイスに基づいて通信を行っている。

　モジュール化された製品は、標準的インターフェイスに従うというような設計上の制約に縛られるために、必ずしもシステム全体の観点からは最適なものとならない。しかし、モジュール部品はそっくりそのまま他のモジュール部品と交換することが可能であるため、モジュール単位での技術革新をシステム全体の革新に取り込むことが容易である。1970年代以来のICTの急速な発展は、ICTがこうした製品アーキテクチャを取り入れたことにあるとする説が有力である。

　日本企業はこれまでしばしば、モジュール化の設計思想とは対照的に、製品システム全体の最適化を図るために、部品相互間で非常に密接なコーディネーションを行ってものづくりを進めてきた。その背後には、これまで見てきたような、情報共有を基本とした日本企業の情報システムとしての特質があることは言うまでもない。日本企業が擦り合わせを要する分野で強みを発揮するとしばしば言われてきたのは、この理由によるものである。

　しかし、今日の技術発展は、このような組織能力がその強みを発揮しにくい方向に進んでいる。従来、擦り合わせの必要性が大きいものと見なされ、日本企業が優位を保ってきた半導体露光装置のような分野でも、システムが巨大化・複雑化するとともに、次第にそれをモジュール構造と見なして改善

していくことの方が優位性を発揮するようになっているという研究も存在している（中馬 2006）。

産業革命以後の機械化の歴史が示しているように、技術にできることと生身の人間にできることはしばしば代替的・競合的な関係にあり、人間が行ってきた作業の多くが機械に置き換えられてきた。しかし、現状の技術レベルを所与とすれば、両者にできることには本質的な差異が存在しており、両者を補完的に組み合わせることこそが必要とされていることも確かである（奥野・瀧澤・渡邊 2001）。たとえば、かつての人工知能研究は、人間の情報処理と機械の情報処理を代替的なものと捉え、人間の頭の中で行われている情報処理を機械の中で実現しようとしてきたが、今日では、サイボーグに見られるように、機械にできる情報処理と人間の情報処理を組み合わせる方向での技術発展が有望視されるようになってきている。

松谷（2010）は、今日の日本企業が規模の経済を利用したコストダウンを志向して行き過ぎた機械化に走り、かえって生産量の縮小に脆弱なビジネス・モデルになっていることを指摘している。過度な機械化は、現場の創造力をも弱める可能性がある。むしろ今日必要なのは、人間力と機械力の最適な融合であり、機械化の中で付加価値を高める人間力を十分に発揮させることである。今日の最先端のICTを使用した生産現場でも、それを有効に使用する一方で、人間にしかできない情報処理でそれを補完することで成功を収めている例が存在している。汎用技術としてのICTの賞味期限がまだまだ切れそうにない中で、今後ますますそのような知恵が必要とされるようになると言えよう。

3.4　少子高齢・人口減少社会のインパクト

少子高齢・人口減少社会への突入もまた、日本の経済システムに対して非常に大きなインパクトを持つだろう。その経路にはさまざまなものが考えられるが、ここでは年齢構成の変化が日本的経営に対して持つインパクトと、国内需要の縮小がもたらすインパクトについて見ることにしよう。

終身雇用や年功賃金という日本企業の雇用慣行を維持するインセンティブは、従業員の年齢構成がピラミッド型になっているときには強力だが、ひと

たびピラミッド型の人口構成が崩れると弱まってしまう。

　企業の側から見れば、年功賃金のもとで中堅以上の年齢比率が高まることは生産性に比較して見た賃金コストの上昇を意味することになる。年功賃金では、若年層に対しては限界生産性以下の賃金を支払い、年齢の上昇に伴って限界生産性以上の賃金を支払うとともに、多額の退職金が用意されているからである。このようなシステムは単純に維持することが困難となるだろう。こうして典型的な日本型の雇用システムは維持することが困難となる。

　また、第2章で見たように、少子高齢化と人口減少は国内の供給と需要の両面で経済規模縮小をもたらす傾向を持ち、日本経済の成長にとって大きな足枷となる。その結果、成長を志向する日本企業の多くはその販路を海外に求めざるを得ない。実際、「企業活動基本調査」によれば、製造業の海外生産比率（国内全法人ベース）はリーマン・ショックの影響を受けて2008年に減少したものの、再び増加する傾向を示しており、2011年度には18%となっている[1]。海外の現地法人の雇用者数も増加して、すでに500万人を超える規模となった。日本企業は、日本的な雇用慣行に触れたことのない優秀なグローバル人材を有効に活用するための人事制度などを整備する必要に迫られることになるだろう。

4　日本の経済システムの現状

　前章で述べたように、一国の経済システムの特徴は、経済の要にある企業がそれを取り巻く主体とどのような関係を取り結んでいるのかを見ることで把握することができる（図10-2参照）。すなわち、企業が株主や債権者と取り結ぶ関係はコーポレート・ガバナンスのあり方や金融市場のタイプを決定し、企業が従業員と取り結ぶ関係は雇用システムと労働市場のあり方を決定する。また、取引先企業との関係はサプライヤー・システムなど企業間の関係であり、政府と企業との関係が規制のあり方を決定しているのである。そこで、現在の日本企業が前章で描写したようなあり方からどの程度変化を遂

---

1) 国内全法人ベースの海外生産比率＝現地法人（製造業）売上高／（現地法人（製造業）売上高＋国内法人（製造業）売上高）×100である。

図 11-3　企業の負債に占める主要な調達手段の比重の推移

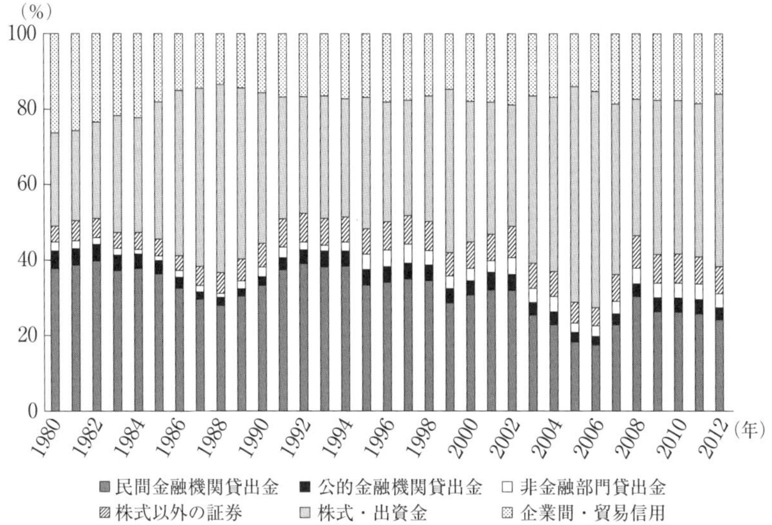

出所：日本銀行『資金循環統計』から作成。「貸出金」とあるのは、企業から見れば借入である。

げているのかを、企業と金融市場との関係、企業と労働市場との関係に絞って見ていくことにしよう。

4.1　金融市場サイドと労働市場サイド
▶企業の資金調達の変化

　企業の資金調達では何が起こっているのだろうか。まず、日本銀行が発表している「資金循環勘定」を用いて、マクロ的な状況から見ておこう。図11-3 は、民間非金融法人企業について、その資金調達を株式・出資金、株式以外の証券、企業間・貿易信用、非金融部門からの借入、公的金融機関からの借入、民間金融機関からの借入に分類し、それらの負債（ストック）に占める割合を図示したものである。これを見ると、1980年代に民間金融機関からの借入が減少し、株式の比重が増加していったものの、90年代前半にはこの傾向が一時的に逆転していることがわかる。また、銀行の不良債権が表面化した1997年以降は再び、民間金融機関からの借入の比重が徐々に

図 11-4　企業の負債・資本の構成に関する国際比較

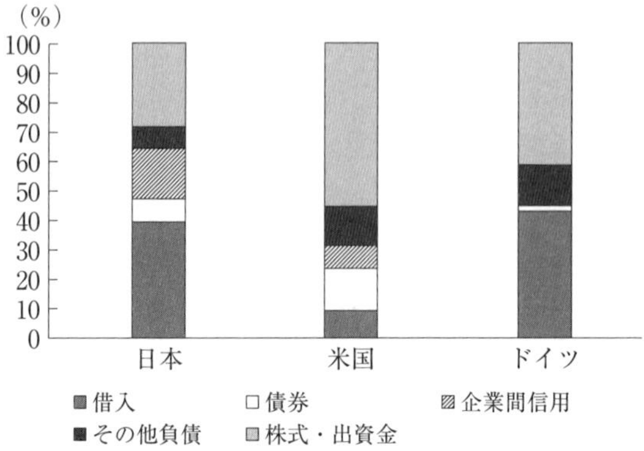

■借入　□債券　▨企業間信用
■その他負債　▤株式・出資金

出所：日本政策投資銀行（2004）から作成。

減少し、株式による調達の割合が増加している傾向が見られる。しかし、結果としてそれほど大きく後退しているわけではない。

渡辺・吉野（2008）はさらに細かく、業種や規模ごとの動向についても分析している。それによれば、1997年以降はほとんどの業種で金融機関借入を返済している。97年以降もプラスの資金調達を行っている非製造業やサービス業では、社債や増資による資金調達の増加はごくわずかでしかなく、金融機関借入の減少を補うほどのものにはなっていない。むしろ、主に内部留保や減価償却が金融機関借入の代替手段となっている。一方、資金調達に占める金融機関借入金の割合を顕著に低下させているのは、情報通信業、製造業、運輸業である。これらの企業では株式による調達を顕著に増加させてもいる。また、農林水産業や建設業といった産業では高い金融機関借入比率が続いている。

このように、企業の資金調達のあり方は、80年代以降の金融自由化とバブル経済の時期には、間接金融から直接金融へのシフトの傾向が見られたものの、その後のバブル崩壊や不良債権問題を契機として、業種や規模ごとに異なる変化の様相を見せていることがわかる。しかしながら、全体的な変化は緩慢である。日本企業の負債・資本残高に占める借入の割合は2003年3

図 11-5　雇用形態別の雇用比率の推移（男女計）

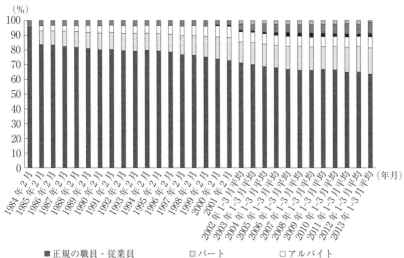

■ 正規の職員・従業員　　▨ パート　　□ アルバイト
■ 労働者派遣事業所の派遣社員　　■ 契約社員・嘱託　　▨ その他

出所：厚生労働省「雇用構造調査」。

月末の時点で 39.8％ほどであるのに対して、アメリカでは 2002 年 12 月末の時点で 9.6％、ドイツは 43.2％であり、アメリカと比較すると銀行中心の金融システムであることに変わりはないのである（図 11-4 を参照）。したがって現時点では、従来の銀行中心の金融システムから資本中心の金融システムに移行しつつあるかどうかについては、決定的な判断を下すことができない。

▶労働市場サイド

　すでに現在の労働市場の状況に照らしてどのような改革の方向があるのかは、第 4 章で説明したので、ここでは簡単に触れておくだけにしよう。図 11-5 は雇用形態別の雇用者数の推移を示したものである。これを見ると、正規雇用の労働者は 1985 年には 80％を超えていたが一貫して減少を続け、2013 年には 65％を割っており、パートや契約社員・嘱託の比率が増加している。厳密には供給者側の要因を考慮しなければならないが、これは明らか

に需要者側である企業によるこの間の雇用行動を大きく反映した結果である。

　また、成果主義的要素を導入している企業の割合は漸増しているほか、横軸に年齢を、縦軸に賃金をとった賃金カーブは顕著にフラット化していることが数多くの研究により報告されている。男性標準労働者、大卒、産業計、規模計の数字を見ると（産業計、規模計とは産業別、規模別でないということである）、賃金カーブのピークは22歳を100とした場合、1990年は530.2だったが、2004年は385.0と1990年の7割程度にまで下がっている。

4.2　日本企業のコーポレート・ガバナンスの多様化

　次に、企業のコーポレート・ガバナンスに関する動向を見てみることにしよう。宮島とジャクソンは、銀行危機後の再編成が一段落したと見られる2002年度末の時点における企業を対象として、そのコーポレート・ガバナンスや雇用システムに関するスナップショットを描き出している（Jackson and Miyajima 2007; 宮島2011）。この分析は、財務省財務総合研究所が東証1部・2部上場企業を対象に実施したアンケート調査結果に基づくもので、サンプル企業は回答のあった723の非金融事業法人である（ソニー、オリックスなどアメリカ型の取締役会の採用事例としてよく知られた企業はサンプルには含まれていない）。宮島とジャクソンは、表11-2の左側の列に掲げられている変数に注目してサンプル企業に対してクラスター分析を行い、3つの主要なコーポレート・ガバナンスのタイプを抽出した。これらの変数は、外部ガバナンス（個人株主、機関投資家などの外部者によるガバナンス）、内部ガバナンス（取締役会と経営陣のガバナンス構造）、内部組織構造（組織内の分権化の程度など）、雇用システムなどをカバーするものである。その背後にある問題意識は、すでに前章で述べたように、銀行借入に依存した、メインバンクによる状態依存型のガバナンスと長期雇用とが制度的補完性を持つというものである。

　この分析では3つのタイプが同定された。第1のタイプは、言うまでもなく伝統的日本企業群である。このタイプの企業の資金調達は借入に依存し、株式では外国人保有比率が低く、金融機関や事業法人といったインサイダーの保有比率が高い。また、長期雇用を維持している。第2のタイプは、タイ

表11-2 ガバナンス構造のクラスター分析

	ハイブリッド型企業			伝統的日本企業			合計
	タイプ I		タイプ II	J Firm	Paternalistic	Modified J	
	2a	2b	3b	1a	1b	3b	
I　資金調達・所有構造							
社債依存度	6.0%	10.0%	3.0%	1.0%	2.0%	1.0%	3.0%
銀行借入依存度	6.0	14.0	17.0	20.0	14.0	21.0	16.0
金融機関保有比率	45.6	42.5	22.1	23.1	19.9	21.5	27.1
事業法人保有比率	16.2	18.5	28.0	34.6	29.5	34.1	28.3
外国人保有比率	18.3	12.2	4.6	2.0	3.6	3.1	6.0
個人	19.2	25.9	44.6	39.5	46.2	40.7	37.9
II　コーポレート・ガバナンス改革に対する取り組み							
少数株主保護	7.8	6.8	5.7	3.4	4.7	5.1	5.2
取締役改革	13.9	13.6	10.6	9.4	9.6	10.5	10.9
情報公開	19.7	17.1	11.0	7.1	9.2	9.3	11.2
III　雇用システム							
分権度	2.6	2.7	2.2	2.4	2.3	2.3	2.4
長期雇用を維持する企業の比率	84%	100%	29%	100%	100%	100%	84%
成果主義導入企業の比率	100	10	100	0	0	100	45
ストックオプションの導入比率	45	35	56	0	46	0	28
組合が組織されている企業の比率	100	99	51	100	19	70	73
IV　雇用・パフォーマンス							
企業数	9.4%	14.7%	21.0%	26.2%	15.8%	13.0%	100%
平均従業員数	7,574	5,493	1,030	940	718	1,325	2,067
従業員基準のシェア	31%	36%	10%	11%	5%	8%	100%
標準化されたROAの平均	1.74	0.47	1.45	−0.72	1.22	−0.44	0.45

注：社債依存度、借入依存度は総負債に占める割合。個人の保有比率には経営者の所有比率も含まれる。コーポレート・ガバナンス改革に対する取り組みは、本文中で言及した財務省アンケート調査に基づく、コーポレート・ガバナンス・スコアの平均ポイントで、20点満点である。ROAは産業平均との差をとった標準化ROAの平均値である。
出所：Jackson and Miyajima（2007）．

プIハイブリッドの企業群である。このタイプの企業は、資金調達の仕方や株式の所有構造においては市場志向であり、高い社債依存度と高い外国人持

株比率を持つ。内部ガバナンスと雇用に関しては長期関係志向型を採用する一方で、積極的に成果給を進める企業（表中の 2a）とその程度が低い企業（表中の 2b）とに分けられる。第 3 のタイプは、タイプ II ハイブリッドの企業群である。これは、金融と雇用に関して、タイプ I ハイブリッド企業とは逆の構成を持つ企業で、銀行借入に対する依存度が高く、外国人保有比率が低い一方、雇用面では有期雇用、成果主義賃金、ストックオプションを積極的に利用している。

　ここで重要なのは、この調査で新たに発見された上述の 2 つのハイブリッド型のタイプの発生をどう解釈するかである。表から読みとれるように、企業数では伝統的日本企業群、タイプ I ハイブリッド企業群、タイプ II ハイブリッド企業群の順番だが、従業員数のシェアで見ると、タイプ I ハイブリッド企業群、伝統的日本企業群、タイプ II ハイブリッド企業群の順番となっており、タイプ I ハイブリッド企業群は日本企業で支配的な位置を占めつつある。また、この企業群に属する企業は、社齢が長く、輸出比率および R&D 比率が高い日本のリーディング企業でもある。タイプ II ハイブリッド企業群は、IT 関連産業、小売業などに多く見られ、創業者に率いられた社齢の若い企業が多い。伝統的日本企業は、建設、化学、電機、輸送機械に多い。

5　現在の変化をどう見るのか

5.1　変化の途上にある日本の経済システム

　以上で見てきたような現代日本の経済システム変化はどのように評価されるのだろうか。金融市場や労働市場で生じていること、上場企業のコーポレート・ガバナンスの分布で生じていることは、日本の経済システム全体が、緩慢だが着実に「変化」しつつあることを示している。しかしながら、それは単純にアメリカ型を志向した直線的な移行プロセスと見なすことはできないだろう。おそらく現在の状況は、日本企業がいまだに改革と実験の途上にあることを示している。

　アメリカ型への直線的な移行プロセスではないことは、たとえば、上述したクラスター分析において、アメリカ型のコーポレート・ガバナンスを明確

に採用している企業がほとんどないことに示されている。従業員比率で大宗を占めているタイプ I ハイブリッド企業群は、資金調達や外部ガバナンスにおいてこそ市場志向型ではあるが、内部ガバナンスや雇用システムもアメリカ型にしようと志向しているわけではない。たとえばトヨタのように、取締役には現場の知識が不可欠であるとして外部取締役を排し、外部監査役を導入したような例もある。また、成果主義は導入しながらも、従来の長期雇用は維持している点も重要である。

宮島（2011）が指摘しているように、異なるコーポレート・ガバナンスを持った企業は現在、それぞれに異なる課題を抱えつつ、組織的なファインチューニングを行っている段階である。したがって、現段階でこうした実験の道を閉ざしてしまうような一律の法的規制は得策ではないだろう。

5.2　株主とコア労働者によるレントの分け合い

実は、もともとイギリスやアメリカとは異なる企業経営観が支配的であったドイツやフランスといった国々でも、1990年代以降、株主からの圧力が強まる中で伝統的なコーポレート・ガバナンスの形態を変容させつつある。この点に関連して、イギリスとフランスで生じているコーポレート・ガバナンスの変化を比較した Deakin and Reberioux（2007）は興味深い。それによれば、労働法の規制が弱いイギリスでは、金融市場からの強い圧力に直面する上場企業は従業員に対する長期的コミットメントに意欲的でなく、コスト削減と労働強化に基づいて株主価値への道を進んでいるという。これに対して、フランス企業では労働規制が強いことが、経営陣にとって逆説的に「有利な制約」として機能し、企業内のコア労働力と株主との間でレントを分け合うパターンが定着しつつあるという。たとえばコア労働者の平均賃金はかえって上昇している。ただしそのダーク・サイドとして、非コア労働力がレントの分け合いから排除されていることも観察されている。

現在日本企業の多く（とりわけタイプ I ハイブリッドの企業）に発生していることも、これと類比的な現象と捉えられるかもしれない。すなわち、企業がレントを生み出すうえでコア労働力が必要不可欠な資源であるならば、それを企業内に保持し、彼らの労働意欲を高めることは企業の長期的利益を高

めることにつながる。したがってコア労働者を大切に遇することは株主にとっても得策なのである。タイプIハイブリッド企業群は、フランス企業のように平均賃金の上昇は観察されないものの、コア労働者に対する長期雇用の保証という形態でそのような道を進んでいる可能性がある。他方、レントの分け合いにあずかることのできない非コア労働力は、現在の日本企業では非正規労働者によって調達されていると考えられる。

非コア労働力がこうしたレントの分け合いにあずかることができないことは、正規と非正規の所得格差を生み出すことになって、日本の経済システムにとっては重大な政治的コストをもたらす可能性がある。今後の事態の推移に注目する必要があるだろう。

6　おわりに

前章と本章では、日本経済を経済システムという観点から捉えると、現在の日本経済についてどのようなことが見えてくるのかを学習してきた。現実の経済システムは伝統的な一般均衡の数理モデルが描いているように、さまざまな財・サービスの市場がシームレスにリンクしているようなものではない。現実には情報の非対称性や契約の不完備性が存在するため、市場がうまく機能するには市場以外のさまざまな制度が必要である。それらの諸制度はしばしば補完性や代替性を持っているため、整合的な経済システムが生成される傾向がある。日本経済の場合にはとりわけ、標準的・伝統的経済学のモデルに近似的に近いとされるアメリカ的経済システムとは異なるものであることが理解できたと思う。

現在の日本の経済システムは確かに、1980年頃までに典型的に見られたような戦後日本の経済システムとはいくつかの点で大きく変化しつつある。しかし、その変化が意外に遅いことも確かである。その理由は、経済システムは多くの制度的要素が互いに組み合わさることで構成されているからである。それらの制度的要素同士の多くは互いに他の機能を強化するような補完的関係にあるので、一部の制度だけをインクリメンタルに変化させても、コーディネーションの失敗のような事態が生じ、システム全体としてのコストを

発生させてしまう。そうした理由のために、「戦後の焼け野原」の再来を待望するような乱暴な議論もときどき見かけるのであるが、基本的に経済システムは歴史の中で徐々に変化させていく以外ないものなのである。

現在の日本経済の苦境の一部が、戦後日本の経済システムに典型的に見られたような整合的なパターンから逸脱し、改革と実験の道に乗り出したこと自体によってもたらされていることも確かである。しかし、われわれは一度乗り出した航海を「ノイラートの船」のように続ける以外にないのである。

❖統計資料など

図 11-1 で使用した世界銀行の World Development Indicators には、各国のさまざまな経済指標がデータベース化されているので、ぜひ一度は見ておくとよい。

図 11-3 の企業の調達手段の図は、日本銀行の『資金循環統計』から作成したものである。年々アップデートされているので、自分自身で最近のデータまで見て描画して欲しい。

図 11-5 では、雇用形態別に比率がどのように推移しているかを見たが、このような雇用構造に関するデータは、厚生労働省の「雇用行動調査」が参考になる。賃金カーブについては、日本労働組合総連合会（連合）のウェブページも参考になる。

❖練習問題

1. 経済のグローバル化は世界の経済制度を均一化するだろうか、それとも多様化を保持することになるだろうか。それぞれの主張を支持することになる証拠（論点）を探し、自分自身でどうなるのかを予測する論理を見つけなさい。
2. 各国の経済制度に相違が存在する理由を説明しなさい。

❖さらなる学習のために

野口悠紀雄（2010）『1940 年体制——さらば戦時経済（増補版）』東洋経済新報社。
　——戦後日本経済の形が実は戦前の戦時体制の中でつくられてきたことを明快に立証し、それが今日いかに適応不全を起こしているのかが説得的に書かれている。

岡崎哲二・奥野正寛編（1993）『現代日本経済システムの源流（シリーズ現代経済研究）』日本経済新聞社。
　——上の野口悠紀雄（2010）と同じく、現代日本の経済システムがどのように成立してきたかをテーマとしているが、分野ごとにそれぞれの専門家が執筆している。最終

章は奥野正寛氏による、比較制度分析からの日本経済の展望である。

❖参考文献

岡崎哲二・奥野正寛編（1993）『現代日本経済システムの源流（シリーズ現代経済研究）』日本経済新聞社。

奥野正寛・瀧澤弘和・渡邊泰典（2001）「人工物の複雑化と製品アーキテクチャ」『経済学論集』第73巻第3号、pp.103-129、東京大学経済学会。

奥野正寛・松井彰彦（1995）「文化の接触と進化」『経済研究』第46巻第2号、岩波書店。

中馬宏之（2006）「半導体生産システムの競争力弱化要因を探る――メタ摺り合わせ力の視点から」RIETIディスカッションペーパー、06-J-043。

寺西重郎（2003）『日本の経済システム』岩波書店。

日本政策投資銀行（2004）「企業の資金調達動向――銀行借入と代替的な資金調達手段について」『調査』第65号、日本政策投資銀行。

野口悠紀雄（2010）『1940年体制――さらば戦時経済（増補版）』東洋経済新報社。

松谷明彦（2010）『人口減少時代の大都市経済』東洋経済新報社。

宮島英昭（2011）「日本企業システムの進化をいかにとらえるか――危機後の企業統治の再設計に向けて」、RIETI Policy Discussion Paper Series 11-P-009、経済産業研究所。

渡辺善次・吉野直行（2008）「企業の資金調達の変化」『ファイナンシャル・レビュー』財務省財務総合政策研究所。

Deakin, S. and A. Reberioux（2007）"Corporate Governance, Labor Relations and Human Resource Management in Britain and France: Convergence or Divergence?" Paper prepared for the 10th Conference of the Cournot Centre for Economic Studies, *Does Company Ownership Matter? Efficiency and Growth*, Paris, November 29-30.

Ellison, G.（1993）"Learning, Local Interaction, and Coordination," *Econometrica*, Vol. 61, pp.1047-1071.

Jackson, G. and H. Miyajima（2007）"Introduction: The Diversity and Change of Corporate Governance in Japan," in Aoki, Jackson and Miyajima, eds., *Corporate Governance in Japan: Institutional Change and Organizational Diversity*, Oxford University Press, pp.1-47.

Kandori, M., G. Mailath, and R. Rob（1993）"Learning, Mutation, and Long Run Equilibria in Games," *Econometrica*, Vol. 61, pp.29-56.

Krugman, P.（1991）"History versus Expectation," *Quarterly Journal of Economics*, Vol. 106, pp.651-667.

Matsuyama, K.（1991）"Increasing Returns, Industrialization, and Indeterminancy of Equilibrium," *Quarterly Journal of Economics*, Vol. 106, pp.617-650.

McMillan, J. (2002) *Reinventing the Bazaar: A Natural History of Markets*, W. W. Norton & Company, NY (瀧澤弘和・木村友二訳 (2007)『市場を創る』NTT 出版).

［瀧澤弘和］

第12章　望ましい政策の実現がなぜ難しいのか

1　市場の失敗から政府の失敗へ

1.1　公共選択論とはいかなる学問か

　1989年のマルタ会談、1990年のドイツ再統一により東西冷戦が終結したことで、資本主義経済体制の社会主義経済体制に対する優越性は、誰の目にも明らかとなった。そして、いかなる社会体制のもとでも市場に頼ることなくして、経済状態を良好に保つことは不可能であるという事実を、ある人々は改めて再認識させられ、またある人々は否が応でも思い知らされたのであった。

　しかしながら、市場も失敗する場合があることを、われわれは等閑視すべきではない。不完全競争の状況、外部性や公共財が存在する場合、情報の不確実性や非対称性が存在する場合には、価格が操作されたり、社会的な限界効用・限界費用を示す指標として不適切なものとなったり、あるいは価格がそもそも存在しえなくなったりしてしまうのである。こうした機能不全を引き起こす市場の失敗を補正するために、政府介入は必要なのである。

　ところが、この事実を認めたうえでも、政府もまた失敗する可能性があるということを直視する必要がある。ここで、政府の失敗を以下の2類型に分類しておくことが有用である。

　第1の類型は「**意図しない政府の失敗**」と呼ぶべきものであり、景気判断の誤りや、旧借地・借家法のもたらした意外な効果などが例として挙げられる。後者に関しては、若干の説明の補足が必要かもしれない。旧借地・借家

法は、もともとは立場の弱い借地人・借家人を保護する目的の法律ではあったが、たとえば一度土地を貸したら最後、二度と地主の手には戻ってこないほどの行き過ぎた保護を正当化したものであったがゆえに、優良な借地や借家が市場に供給されなくなり、その結果、かえって借地人・借家人の利益を損なってしまったと言われている。この場合、国は借地人・借家人の利益を損なうことを目的としていたわけでは決してない。

しかし政府の失敗には、はじめから「失敗」を意図している類のものが少なからず存在する。それらが第2の類型化としての「**意図した政府の失敗**」である。有名なものとしては、**ブキャナン＝ワグナー仮説**（Buchanan and Wagner 1977）で分析されている例が挙げられる。よく知られているように、ケインズ的な有効需要管理政策では、景気後退に対処するために一時的な赤字財政が正当化される。このことはどのマクロ経済学の教科書にも書かれているが、短期的な赤字財政は長期的な均衡財政とセットになっているという点に、より多くの注意が向けられてしかるべきであろう。しかしこれらが二律背反にならないのは、政策運営が能力的・倫理的に卓越したエリートによってなされることで、景気後退時の財政赤字分が、やがて景気が好転した際の増税など、痛みの伴う政策転換に基づく黒字財政によって補填されるという前提があってこそであることに注意が必要である。なお、こうした前提は、ケインズが生まれ育ったケンブリッジのハーヴェイ・ロード6番地にちなんで、「ハーヴェイ・ロードの前提」と呼ばれている。

しかし、アメリカにおける大衆資本主義社会の現実を前にしたブキャナンとワグナーは、政策運営が選挙における得票を最大化しようとする政治家主導で行われている事実を直視し、不況期に政府支出の拡大や減税が行われていても、好況期には政府支出の削減や増税を行うことが困難であることから、国債残高の累増が生じると主張した。重要なことは、こうしたマクロ経済政策運営の偏向が、政府によりいわば確信犯的にもたらされたものであることである。

意図した政府の失敗について、もう1つ例を挙げよう。上記のマクロ経済政策の規範的目標が景気の安定化であることには疑いの余地はない。だが選挙の際の得票最大化を目標とする政府は、選挙の直前に景気を過熱気味にす

ることが、有利であると考えるかもしれない。古典的な**政治的景気循環論**（Nordhaus 1975）に従って、短期フィリップス曲線と長期フィリップス曲線の存在を仮定し、また期待インフレ率については、適応的期待形成を仮定するものとする。すなわち、現実のインフレ率が期待インフレ率よりも高い（低い）ならば、期待インフレ率は徐々に上昇（下落）し、やがて現実のインフレ率に収束するものとする。

　このとき、選挙が近づくと、政府は景気を刺激することでインフレ昂進と引き換えに失業率を低下させて、選挙の際の得票を最大化しようとするインセンティブを持つ。しかしこのときの失業率は完全雇用の際の失業率である自然失業率よりも低いため、長期間にわたってその水準を維持することはハイパーインフレを引き起こすことなしには不可能であり、選挙が過ぎれば失業率を自然失業率に戻さざるを得ない[1]。ただし、景気刺激策の結果、期待インフレ率が高止まりしていることから、さらに次の選挙までの選任期間中に期待インフレ率を下げる必要があり、より一層の景気抑制を図ることで、一定期間、今度は失業率が自然失業率を上回る事態を甘受することになる。そしてまた次の選挙が近づいたならば、以上の景気刺激のプロセスが繰り返される結果、時系列的に意図的な景気循環が引き起こされることになるのである。しかもこうした政治的景気循環を発生させることは政府与党にとって合理的なのである。

　この分析の中にはもう1つ注意しなければならない点がある。それは、特定の経済構造と期待形成に関する仮説を前提としているだけでなく、選挙の際に景気さえ良くなっていれば政府与党に投票してしまう（踊らされてしまう）、合理性を欠いた有権者像が想定されているように見えることである。もちろん、理想的な有権者像を前提にすべきだと言いたいのではなく、理論で想定される有権者像がどの程度現実の近似として適切なのかについても、理論的・実証的な検討が必要だということを指摘したいのである。

　以上のような問題意識に基づき、現実的な有権者像の問題も含めて、意図した政府の失敗のメカニズムを研究してきた分野が**公共選択論**である。公共

---

[1] 完全雇用のもとでも失業率がゼロにならないのは、より良い職探しのための摩擦的な失業が存在するからである。したがって、自然失業率に計上される失業は、すべて自発的失業である。

選択論とは、主としてミクロ経済学、ゲーム理論の分析手法を用いて、政治現象を解明し、政治と経済の相互依存関係を明らかにし、法制度、社会的規範の存立根拠を解明していく学問と定義できる。上記のブキャナン＝ワグナー仮説、政治的景気循環論は、ともに公共選択論における代表的な議論である。

1986 年にノーベル経済学賞を受賞したジェームズ・ブキャナン（James M. Buchanan）や、彼の盟友ゴードン・タロック（Gordon Tullock）が、公共選択論の生みの親と言えるが（Buchanan and Tullock 1962）、わが国で公共選択論を普及させた最大の功労者かつ実践者として、加藤寛の名前も挙げておきたい。

1.2　公共選択論における政治家・官僚像

ブキャナン＝ワグナー仮説でも政治的景気循環論でも、政府与党は選挙の際に得票を最大化する主体として扱われていた。公共選択論では、政党（政治家）は理想の政策を実現するために、政権を担当（選挙で当選）することを目指すのではなく、政権を担当（選挙で当選）すること自体を自己目的化している主体として捉えられている。こうした行動指針は到底規範的に正当化できるものではない。公共選択論では、政党（政治家）はかくあるべしなどと言っているわけでも絶対にない。ではなぜ、こうした規範的な観点からは到底容認できない行動仮説が、議論の前提とされるのであろうか。

われわれがここで忘れてならないことは、ブキャナン＝ワグナー仮説も政治的景気循環論も、ともに事実解明を目的としたものであったということである。換言すれば、現実のメカニズムを説明するに際して、理想的な政党や政治家を前提にしてうまくいくのかということである。政治を司る主体が高潔であって欲しいという願いとは裏腹に、あくまでも生身の政治家、そうした人々の集まった政党を現実として受け入れること、そこから説明を始めなければならないというのが公共選択論の出発点である。

そこで、公共選択論における典型的な政党観あるいは政治家像について、ダウンズの**二大政党間競争**（Downs 1957）のモデルを用いて詳しく説明したい。

図 12-1 において、有権者がその政治的立場に従って、横軸上を左から右

図 12-1 二大政党間競争

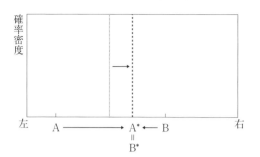

に一様に分布しているものとする。もちろん、一番左（右）に位置している有権者は、極左（右）思想の持ち主と考えてもらってよい。他方、政党はA党とB党の2つしかないものとし、選挙に際して各党は、政策綱領に記載する自らの政治的立場を、横軸上のいずれかに定めるものとしよう。また、有権者は自らの政治的立場に近い方の政党に投票し、棄権はしないものとする。ただし、仮に有権者から見て両政党との政治的立場の差が同じであった場合は、便宜上、半々の確率でどちらかの政党に投票するものとする。

今、政党A（B）の政治的立場が、図上のA（B）で示されている位置にあるとしよう。すると明らかに、政党Bに投票する有権者数が政党Aに投票する有権者数を上回り、政党Bが政権を握ることになる。ここで各政党は政権を担うために得票数（率）の最大化を図ると仮定するならば、政党Aは自らの政治的立場をより右寄りに変更することが合理的となる。同様に、政党Bについても得票数（率）最大化を図るためには、政治的立場をより左寄りに修正する必要が生じる。結局、政党Aにとって最適な位置A^*は、政党Bにとって最適な位置B^*と同一の、横軸の中点ということになる[2]。すなわち、二大政党間競争の結果もたらされたものは、両政党の政治的立場に差のない政策綱領ということになる。

---

[2] 二大政党間競争の例は、政党A, Bをプレイヤー、横軸の座標を各プレイヤーの戦略、得票率を利得と考えればゲームになっており、図中の（A^*, B^*）はこのゲームの唯一のナッシュ均衡であることを容易に確認できる。ここでナッシュ均衡とは、他のプレイヤーの戦略を前提とする限り、すべてのプレイヤーが互いに（利得を最大化するという意味で）最適な戦略を選び合っている状態を指す。

図 12-2　予算獲得最大化

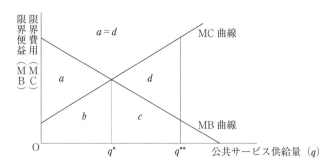

上記のモデルにおいては、両政党とも節操もなく自らの政治的立場を左右する主体と見なされており、政党 A（B）は図中の初期点の A（B）にとどまるとは考えられていなかった。政治家は自らの政治的信念を貫き、そうした人々が集う政党の理念は決してぶれないとする考え方は、現実を説明するうえでは有効でないと見るのが公共選択論の基本的立場なのである。

次に、ニスカネンの**予算獲得最大化仮説**（Niskanen 1971）で浮き彫りにされる官僚像に触れてみたい。

図 12-2 においては、縦軸に公共サービスの受益者に生じる限界便益と、公共サービスの供給の際に生じる限界費用がとられている。通常どおり限界便益（効用）逓減、限界費用逓増（収穫逓減）を仮定するならば、限界便益曲線は右下がり、限界費用曲線は右上がりとなる。この場合、社会的総余剰が最大化される公共サービス供給量は q^* となり、このときの社会的総余剰は図中の a となる。すなわち規範的には、公共サービス供給量は q^* に定められるべきである。

ニスカネンは、公共サービスの予算の具体的な中身を決定するにあたって、行政機関が議会に対して主導権を握っているものとし、さらに予算獲得最大化を官僚組織の行動原理として採用したうえで、公共サービス供給量が実際にどの水準に決まるのかを検討した。なお、こうした予算獲得最大化仮説の根拠としては、アメリカにおける実態を反映して、俸給、公職の役得、公的規制、権力、官職の任命権、部局のアウトプットといった変数が官僚の効用

関数の独立変数として考えられること、しかもこれらの変数は官僚組織の予算規模と連動しているとの彼の事実認識が挙げられる。

このとき、固定費用をゼロと仮定するならば、公共サービス供給のための予算額は限界費用曲線の下側の部分（台形）の面積ということになる。明らかに予算額は q の増加関数であるが、予算案が議会の承認を得なければならないことを考慮するならば、社会的総余剰の値が負になることは許されない[3]。したがって、社会的総余剰に関する非負制約のもとで、q を最大化した $q^{**}(=2q^{*})$ が選択されるとするのがこのモデルの解となる。なお、q^{**} のもとでは死重損失 d が発生し、$a+b+c-(b+c+d)=0$ から社会的総余剰はゼロとなる。

このようなモデルに登場する官僚像は、明らかに公僕のイメージからはほど遠い。しかし、官僚組織により選択・実現された公共サービスの供給量は、最適な水準をかなり上回っている（モデル上では2倍にもなる）ことを示す以上の結果は、政府規模の膨張のミクロ経済学的基礎付けを与えるものと言える。ここで問われているのは、「現実をより良く説明できる官僚像（官僚組織観）として適切なものは何か」であることを、再度想起すべきであろう。

以上見てきた公共選択論の古典的な議論から、われわれは何を学ぶことができるのかをまとめてみよう。まずブキャナン＝ワグナー仮説は、政策運営の近視眼的偏向を指摘するものであった。次に政治的景気循環論においては、今が選任期間内のどの時点であるかが政治的意思決定にとって本質的に重要であるという見方が示されていた。いずれも正しい政策が行われ難い根拠を、政治家の真の目的関数を同定することに基づいて示している点に特徴がある。このことは、特に二大政党間競争のモデルにおいて顕著であり、政党（政治家）は、政権を担当（選挙で当選）することを自己目的化している主体であると完全に割り切っている。同様に、予算獲得最大化仮説では、官僚機構（官僚）を公僕としてではなく、プリンシパル・エージェント・モデルにおける独自の目的を持ったエージェントと見なしている。

---

[3] たとえば、アメリカの行政予算管理局が作成する予算教書は、あくまでも議会に対する勧告にすぎないことに注意が必要である。

1.3　ゲームの解としての政府の失敗

　政府の失敗には意図しないものと意図したものの 2 つのタイプがあると述べたが、では 1990 年代の住専問題は一体どちらのタイプの失敗だったのであろうか。旧大蔵省、日本銀行、宮沢喜一首相（当時）は、94 年に東京協和・安全の 2 つの信用組合が破綻するより前の 92 年時点で、すでに住専問題の存在を認識していたとされる。だとすれば、意図しない政府の失敗との解釈には、無理があると言えるだろう。では意図した政府の失敗だったのか。96 年のいわゆる住専国会において住専法が成立し、結局、農協系金融機関救済を目的にした恣意的な公的資金の投入がなされたが、そのことで政府は国民から厳しい批判を浴びたし、98 年 10 月に行われた日本長期信用銀行の破綻処理に至っては、一歩間違えれば日本経済に対して深刻なダメージを与えかねない緊迫した状況すら招いていた。意図した政府の失敗と言うには、あまりにも一貫性のない弥縫策に終始していた印象を拭えない。

　これに対して奥野正寛と河野敏鑑は、政府部内（旧大蔵省、農水省、日銀、官邸間）での利害調整に手間取り、図らずも不良債権処理の先送りがゲームの解としてもたらされたということを、進化ゲームのモデルを用いて示した（奥野・河野 2007）。そして、伝統的な利害調整システム（「社会的立場」によって、責任のあり方を予め決定する仕組み）が自己拘束性を失い、紛争解決手段として無効になったことが、事態を深刻化させた原因であると主張した。こうした見方は、各プレイヤー間のゲームが行われる「場」として政府を捉えており、意図しない政府の失敗とも、意図した政府の失敗とも異なる、政府の失敗の新しい類型である**「ゲームの解としての政府の失敗」**を示しているものと言えよう。

　ただし、こうした第 3 の類型については、政府部内の戦略的相互関係が問題となり、望ましくない結果がもたらされる上記のタイプのほかにも、政府自体が 1 人のプレイヤーとして参加するゲームの中で、戦略的な行動を強いられた結果、望ましくない結果がもたらされる形式の、別なタイプのものを考えることもできる。この場合、政府の能力不足や無知に基づく誤った行動が失敗を招いた原因ではない点に注意が必要である。むしろこのケースでは、政府が戦略的状況を正しく認識でき、他のプレイヤーの行動を予測したうえ

で、自らの行動がもたらす最終的な帰結までをも考慮に入れることができるほどの、優れた能力を持っていることが前提となっている。この意味で、第1の類型の意図しない政府の失敗で前提とされたものとは異なる政府観に基づいているし、他方、もたらされた望ましくない結果を不本意ながら受け入れているにすぎないという意味では、第2の類型の意図した政府の失敗で前提とされたものとも異なる政府観に基づいている。以下、より詳しく説明してみたい。

よく知られているように、復興特別法人税が1年前倒しで2013年度末に廃止されたことにより、東京都の場合、法人実効税率は38.01％から35.64％に引き下げられた。しかし2014年3月現在で、アメリカ（カリフォルニア州40.75％）こそわが国より高いものの、フランス（33.33％）、ドイツ（全ドイツ平均29.59％）は依然としてわが国より低く、中国（25.00％）、韓国（ソウル24.20％）は20％台半ば、イギリス（23.00％）はさらに低く、シンガポールに至っては17.00％である[4]。したがって、法人実効税率のさらなる引き下げが必要との意見が一定の支持を集めている。

他方、アベノミクスにおける異次元緩和の効果などにより、日本経済はデフレをようやく脱却しつつあるが、それに見合った賃上げが、2014年の春に産業界に求められることとなった。もちろん、適正な投資が行われた効果に基づき労働生産性の上昇が実現して、はじめて賃金水準の上昇も可能になるというのが経済学的に正しい議論と言えるのだが、4月からの消費税率8％への引き上げが行われた状況下で、法人実効税率をさらに引き下げることは、その多くが誤解に基づくものであるとは言え、企業優遇・家計軽視と国民に受け取られかねないことから、政府による産業界への異例の賃上げ要請と相成ったのであろう。そして結果的に、2014年の春闘においては、大手企業から軒並みベア（ベースアップ）回答が得られることとなった。

以上の一連の動きを、2つのゲームを使って説明してみたい。表12-1は同時手番ゲームの利得表であり、プレイヤーが産業界と政府の2人ゲームを表している。また、産業界は「賃上げ（ベア）」と「賃金据え置き」の2つ

---

[4] 財務省ホームページ「国・地方合わせた法人税率の国際比較」（http://www.mof.go.jp/tax_policy/summary/corporation/084.htm；2014年8月27日）。

表 12-1　産業界と政府の同時手番ゲームの利得表

		政府	
		法人税率引き下げ	法人税率据え置き
産業界	賃上げ（ベア）	5, 10	−5, 5
	賃金据え置き	10, −5	0, 0

の戦略、政府は「法人税率引き下げ」と「法人税率据え置き」の2つの戦略を持っている。両プレイヤーの戦略の組み合わせは、$2 \times 2 = 4$（通り）あるが、おのおのの組み合わせに対応した4つの枠の中に、2つずつ数字が書かれている。左の数字は産業界の利得、右の数字は政府の利得を表している。

次に、両プレイヤーの利得が、表12-1のごとく定められている理由について解説したい。まず（賃金据え置き，法人税率据え置き）がベンチマークになっており、両プレイヤーの利得は共に0となっている。ここを起点にして、政府のみ法人税率を引き下げた（賃金据え置き，法人税率引き下げ）を考えると、政府は国民の批判を浴び、利得が−5に下がる一方、産業界は恩恵のみ被ることになり利得は10に増加する。他方、産業界のみ賃上げ（ベア）に応じた（賃上げ（ベア），法人税率据え置き）では、産業界としては譲歩した見返りを得られないことから利得は−5と下がる一方、政府は国民から一定の支持を得られることにより利得は5に上がる。最後に（賃上げ（ベア），法人税率引き下げ）においては、経済活動の活性化と購買力の増加が相互に補完し合いながら経済成長が促される好循環が実現されることで、両プレイヤーの利得はベンチマークのケースと比較して、共に増加することになる。

それでは、この利得表をもとに分析を行ってみよう。第1に、産業界にとっては、政府がいかなる戦略を採用しようとも、賃金据え置きを選ぶ方が賃上げ（ベア）を選ぶよりも利得が大きくなる。すなわち、産業界には支配戦略が存在する。他方、政府にとっての最適戦略は、産業界がどちらの戦略を選ぶかに依存して異なってくる。すなわち、産業界が賃上げ（ベア）を選ぶならば、政府は法人税率引き下げを選ぶべきであるが（10＞5）、産業界が賃金据え置きを選ぶならば、法人税率据え置きを選ぶべきである（−5＜0）。したがって、政府には支配戦略が存在しない。

このゲームは以下のように解かれる。まず、産業界が支配戦略である賃金据え置きを選択することは明らかであるが、政府もそのことを予測したうえで、賃金据え置きを前提にした際の最適戦略である法人税率据え置きを選択することになる。したがって、（賃金据え置き，法人税率据え置き）が実現する。これはナッシュ均衡であるが、（賃上げ（ベア），法人税率引き下げ）と比較すると、両プレイヤー共に利得が小さいという意味で、パレート劣位な結果がもたらされている。これは囚人のジレンマと非常によく似た結果であり[5]、効率性の損なわれた帰結が生じているという意味で、政府の失敗が起きているのである。このゲームにおいては（賃上げ（ベア），法人税率引き下げ）が実現する方が、政府の利得がより大きくなっており、政府はできることならそれを実現したいと考えているだろう。つまり上で得られた結果は、意図した政府の失敗とは言えないことが了解できるであろう。

ところで、こうした政府の失敗に対して、われわれはどのように対処したらよいのであろうか。第1の類型の意図しない政府の失敗に対しては、経済の実態に関する迅速で正確な情報の入手を政府に促し、また経済メカニズムに関する正しい知識を政府に伝える義務を経済学者が負っていることは言うまでもない。第2の類型の意図した政府の失敗については、確信犯である政府に理を説いても無益であると考えられるから、むしろ有権者の側が政府の政策の是非をしっかりと見極めることができるよう、経済学的知識の社会的普及を図る必要があり、このためにはマスコミの協力が欠かせない。また第3の類型のうちの、政府部内の利害調整の機能不全に対しては、少数の利害関係者の閉鎖的な意思決定方式の対極を成す、すべての利害関係者が公平に扱われる透明性の高い意思決定の仕組みを構築することが求められる。

では、表12-1で扱った最後のタイプの政府の失敗については、どうすればよいのであろうか。実は安倍政権は、ゲームのルールを巧妙に変えることで、このジレンマをうまく解消するに至っている。そしてその鍵は、復興特別法人税の1年前倒しの廃止であったと考えられるのだ。というのは、13年度末の廃止が決定されたうえで、春闘のタイミングで産業界に対して賃上

---

5) 囚人のジレンマの場合は、各プレイヤーが支配戦略を持っているが、本文中でも指摘したように、この例ではそうなっていない（政府は支配戦略を持っていない）。

図 12-3　産業界と政府の逐次手番ゲーム

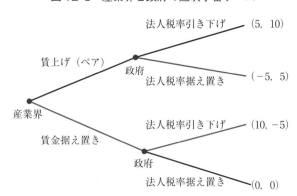

げ要請がなされたことで、政府から投げられたボールを受け取った産業界が、賃上げに協力するか否かはっきりとした選択を迫られることになったからである。もはやこのゲームは同時手番ゲームではなくなり、図12-3の逐次手番ゲームに変質している。

　まず産業界が、賃上げ（ベア）と賃金据え置きのどちらかの枝を選ぶ。次に、賃上げ（ベア）が選ばれた場合、賃金据え置きが選ばれた場合それぞれに対して、政府は法人税率引き下げの枝を選ぶのか、法人税率据え置きの枝を選ぶのかを決めなければならない。そうして行き着いた右端に、両プレイヤーの利得が記載されている。左側の数字が産業界の利得であり、右側の数字が政府の利得である。表12-1と比較するとわかるが、図12-3に記載されているゲームは、両プレイヤーが先手番と後手番に分かれていることだけが表12-1と異なっており、利得を含めてそれ以外の変更は一切加えられていない[6]。

　こうした逐次手番ゲームを解くためには、バックワード・インダクションと呼ばれる手法を用いる。まず産業界が仮に賃上げ（ベア）を選んだとすると、

---

[6] こうした逐次手番ゲームにおける戦略を考えるうえで、注意すべき点がある。先手番の産業界の戦略は、賃上げ（ベア）と賃金据え置きの2つであるが、後手番の政府の戦略は、法人税率引き下げと法人税率据え置きの2つではない。後手番の戦略はこの場合、産業界が賃上げ（ベア）を選んだときと賃金据え置きを選んだときそれぞれに対して、法人税率を引き下げるのか据え置くのかを指定するものでなくてはならないので、それらの組み合わせとして $2 \times 2 = 4$（つ）ある。

政府は法人税率引き下げを選ぶ方の利得が大きい（10＞5）ので、法人税率引き下げを選ぶ。反対に、産業界が賃金据え置きを選んだ場合は、政府は法人税率据え置きを選ぶ方の利得が大きい（－5＜0）ので、法人税率据え置きを選ぶ。以上のことを前提にするならば、産業界は賃上げ（ベア）を選べば自らの利得が5になることを予想でき、また賃金据え置きを選ぶならば利得が0になることを予想できるので、賃上げ（ベア）を選ぶことになる（5＞0）。結局それを受けて、既述どおりに政府は法人税率を引き下げ、産業界の利得は5、政府の利得は10となり、同時手番ゲームのときと比較して、両プレイヤー共に利得を増加させることになる[7]。

このように、政府が後手番を握れるならば、産業界の「回答」を見極めたうえで自らの態度を決定することができることから、同時手番ゲームでは不可能であった、産業界に対する木目の細かい戦略的対応が可能となる。そのための復興特別法人税の1年前倒しの廃止であったとする解釈は、安倍首相自身が肯定するかどうかとは無関係に成立するものである。

2　政府の失敗から民主主義の失敗へ

2.1　合理的有権者の神話の崩壊

以上の政府の失敗に関する議論は、政策決定の場におけるサプライ・サイドに主として焦点を当てているものと考えられる。以下ではディマンド・サイドに目を転じ、等身大の有権者像について検討してみよう。その際、カプランの議論（Caplan 2007）が大変参考になるので、以下紹介したい。

カプランは、「米国民と経済学者の経済意識調査（SAEE: Survey of Americans and Economists on the Economy）」（1996）のデータに注目した。この調査においては、経済学博士号取得者250人、一般の人々1,510人が無作為抽出され、4つのカテゴリーに分類された37個の質問を用いた面接調査をもとに、素

---

[7]「賃上げ（ベア）→ 法人税率引き下げ」は、部分ゲーム完全均衡の均衡経路である。ここで部分ゲーム完全均衡とは、ナッシュ均衡の中でも根拠のない脅し（ハッタリ）の類が一切含まれないものという意味で、「より一層合理化された」（ゲーム理論家は「精緻化された」と呼ぶ）均衡概念である。

人と専門家の経済問題に対する見解の相違が検証されている。

ただし、この調査の問題点は、経済学者には専門知識があるということのほかにも、安定した職と比較的高い所得に恵まれていることからくる利己的傾向や、市場の長所を評価する考え方と親和性の高い保守主義的イデオロギーがその見解に影響を与えている疑いがある。

そこで彼はまず、経済問題への見解を問う質問に対する各人の（点数化された）回答を被説明変数とし、人種、年齢、性別、職の安定度、所得水準・伸び、政党支持、イデオロギー、教育水準、経済学の専門知識の有無といった個人の属性を説明変数とした回帰分析を行った。そのうえで、こうして得られた係数推計済みの回帰式に対して、教育水準は大学院卒で経済学の専門知識があるとしたうえで、それ以外の説明変数には一般人の平均的な値を代入し、新たな点数化された回答を人工的に得た。こうして得られた回答は、「啓発された一般人の選好」と呼ばれている。つまり、経済学的知識以外の部分では、一般人と同じであると仮定したときの回答の仕方をシミュレートしたわけである。

ところで、一般人、啓発された一般人、経済学者の各回答を比較すると、啓発された一般人の選好は多くの設問で、一般人よりも経済学者の選好により近いことが判明した。以下では、典型的な回答例を取り上げながら、説明を試みたい。

まず図12-4が端的に示していることは、安定した職と比較的高い所得に恵まれている経済学者の方が、一般人と比較して税金に対してより寛容であるということであり、経済学者に利己的傾向があるとの見方は支持されない内容となっている。また、啓発された一般人の回答は、一般人よりも経済学者の方により近い。同様に、図12-5で示されている結果は、経済学者が保守主義的イデオロギーに影響を受けているとする見方と矛盾するものである。また図12-4の場合と同じく、啓発された一般人の回答は、一般人よりも経済学者の方により近い。

他方、一般人に関しては、経済についてバイアスを伴う一方的な思い込みを抱いている様子が見受けられる。たとえば、図12-6の一般人の回答からは、典型的な反市場バイアスを読み取ることができる[8]。しかし、啓発された一

図 12-4　経済がうまく機能しないのは「税金が高すぎる」から？（質問 1）

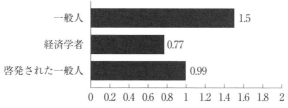

出所：カプラン（2009）、図 3-1。

図 12-5　経済がうまく機能しないのは「福祉サービスを受ける人が多すぎる」から？（質問 7）

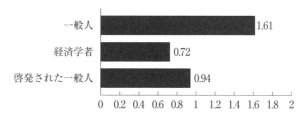

出所：カプラン（2009）、図 3-7。

図 12-6　経済がうまく機能しないのは「企業の利潤が多すぎる」から？（質問 12）

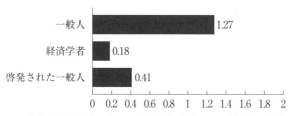

出所：カプラン（2009）、図 3-12。

図 12-7 「他国との貿易協定が国内の雇用に与える影響」は？（質問 25）

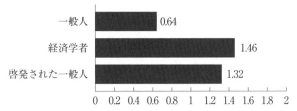

0 =「雇用を奪う」、1 =「大きな違いはない」、2 =「雇用創出につながる」

出所：カプラン（2009）、図 3-25。

図 12-8 経済がうまく機能しないのは「技術が労働者に取って代わっている」から？（質問 15）

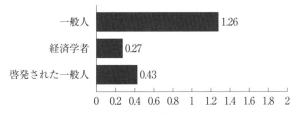

0 =「まったく関係ない」、1 =「軽微な原因」、2 =「重大な原因」

出所：カプラン（2009）、図 3-15。

図 12-9 「次の 5 年間で平均的な米国人の生活水準」は上がるか下がるか？（質問 34）

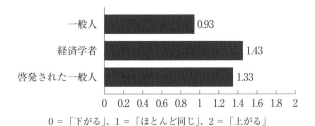

0 =「下がる」、1 =「ほとんど同じ」、2 =「上がる」

出所：カプラン（2009）、図 3-34。

般人からはそうした傾向は見出せない。

　続いて図12-7の結果は、いわゆる反外国バイアスの存在を示唆しており、一般人は外国の物・人に対する偏見を持っているとするカプランの主張をある程度裏付けているが、啓発された一般人からは経済学者と同様、そうした傾向を見出すことができない。

　さらに図12-8から読み取れることは、技術革新が労働者から仕事を奪うとの思い込み（雇用バイアス）が、一般人にのみ見受けられるということである。

　最後に、悲観バイアス、すなわち世の中は悪くなっていくという思い込みについては、図12-9を見る限り、啓発された一般人と経済学者の間にほとんど差が見出せない一方、一般人は両者と比較すると相対的にはより強いと言えそうである。

　以上の結果から、経済学的知識の欠如が主たる原因となって、一般人は経済に対する勝手な思い込みを信念として抱く傾向があり、しかもそうした信念にはある種の偏りが伴うことが示唆された。しかしそうだとするならば、現実の有権者はどうして合理性を欠いた信念を抱き続けることになるのだろうか。仮に、これがビジネス上の意思決定を問題にしているのであれば、たとえば、ある会社の社長が、将来の需要予測について常に過大評価し続けるということがあるかと言えば、それはないであろう。なぜならば、そのような認識の誤りを正そうとしない無能な社長は、いずれ会社に損害を与えるであろうことから、遅かれ早かれ解任されるはめになったり、そもそもその会社自体が倒産したりするからである。しかし一般の有権者が選挙の際に投票するような状況を想定した場合は、経済に対して合理性を欠いた思い込みを抱いていることが原因で、信用の置けない政党や候補者に投票してしまったからといって、はっきりと目に見える形で直ちに自らが損害を被るということはない。あるいは、仮に将来的に損害を被ったとしても、そのこと自体を認めようとしないかもしれない。人は誰しも、自らの信念の誤りをできれば認めたくはないだろうからである。

　では、こうした有権者像を前提にするならば、彼らの支持を得るために政

---

8) カプランは、他の類似の回答例と併せて、一般人には総じて、競争＝搾取という思い込みがあると結論付けている。

治家にできることは一体何なのであろうか。もちろん、政治家の技量の問題として、説得の際のフレーミングの巧拙が問われることは間違いないが、それを踏まえたうえで、経済学的には正しいことがいくら証明できても、有権者に不人気な政策への支持を表明することは、政治家にとって覚悟の要るリスクの大きな行為であろう[9]。ここに、民主主義の失敗への懸念が生じる最大の理由がある。

しかし、こうした民主主義の失敗を補正する主体を、有権者、政治家以外に求めるのは容易でない。わが国においてかつて、そして今でもエリートの代名詞となっているキャリア官僚に対して、その補正の役割を期待できるかというと、いろいろ問題が指摘できる。日本の官僚個人の能力が極めて高いことは、改めて述べるまでもなく周知の事実であろうが、集団として行動する際にも非の打ち所がないなどと考えている人は今日では稀であろう。すでに触れたニスカネン・モデルが、わが国にそのまま当てはまると考えるのは乱暴であるが、各キャリア官僚が省益に資するべく行動し、また個別の省益の最大化が必ずしも社会的厚生の最大化を意味するわけではないとする見方は妥当なものであろう。また、そもそも日本の統治構造を考えるうえで議院内閣制の前提に立つ限り、官僚が統治の主体となるのはおかしいのであって、首相や閣僚（政党政治家が中心）から成る行政府の権力を確立することが肝要である（飯尾 2007）。

また前節で、意図した政府の失敗に対処するには、マスコミの協力が欠かせないと述べたが、他方、マスコミの役割をあまり過大評価すべきではないとする見解も存在する（牧野 2012）。たとえば、わが国では、記者クラブの存在を通じて、そこに出入りを許される大手メディアの記者のみが、政府から「真正」情報を早めにリークしてもらえると言われている。もしこれが事実ならば、記者による独自取材で新聞の論説記事が書かれることが常態化している場合と比較して、マスコミの果たす社会的役割はかなり異なるものになるだろう。

残るは専門家や知識人（Said 1994）ということになる。カプランの議論の

---

9) 公的年金の支給開始年齢の 65 歳からの一律引き上げや、公的年金給付額の思い切った減額といった提案を思い浮かべれば十分であろう。

図12-10　プロスペクト理論の価値関数

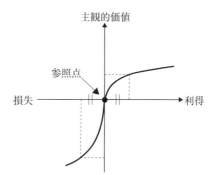

紹介で明らかになったとおり、専門家には自らの専門分野における正しい知識を社会全体に広める役割が期待される。ただ、労働力不足を移民で補うことの是非を問う問題を考えてみるだけでも、単なる経済問題として完結せずに、政治的側面や文化的側面を併せ持つ複雑な問題が多数存在することを認識せざるを得ない。こうした現実の持つ多面性を、専門家が必ずしも適切に配慮できるとは限らない点に注意が必要である。専門家とは異なる知識人の存在意義が、ここに見出せる。ただし、専門性を持ちつつも専門性にとらわれない総合的な判断ができる人物はそうたくさんいるわけがなく、仮にそうした人物がいたとしても、社会的影響力を持つかどうかはまた別問題であろう。

2.2　行動経済学の知見から得られる等身大の有権者像

　以上見てきたとおり、有権者には完全な合理性を仮定できない。しかしながら、このことはその行動を体系的に説明することが不可能であるということを意味するわけではない。ここでは、行動経済学の成果を援用して、等身大の有権者像が備える特徴をより一層明らかにすることにより、民主主義の失敗についての議論を補完したい。

　行動経済学の先駆けとも言うべき**プロスペクト理論**（Kahneman and Tversky 1979）によると、不確実性下の意思決定を考えるうえで重要なポイントは3つある。図12-10を参照されたい。第1は、参照点と呼ばれる出発点からの

相対的な変化が、意思決定に重要な役割を演じることである。これは図中の原点で表現されている。第2に、利益よりも損失の心理的影響が大きいこと（約2～2.5倍程度）に起因して、損失回避の性向が見られることである。これは図においては、利得方向の価値の絶対値よりも、損失方向の価値の絶対値の方が大きいことに示されている。第3に、利益局面でリスク回避的、損失局面でリスク愛好的であることを意味する感応度逓減である。これは利得方向において価値関数が凹関数であり（左上方向に膨らんでいる）、損失方向において価値関数が凸関数である（右下方向に膨らんでいる）ことに示されている。こうした理論によって、標準的な期待効用仮説では説明のつかない、たとえば、損失を取り返そうとするあまり、本来許容できないはずの過度のリスクを負担し、その結果、かえって損失を拡大する人間の愚行が説明できるのである。

　このプロスペクト理論を用いると、選挙において現職候補が有利か否かの問題について、新しい光を投げ掛けることが可能となる（Quattrone and Tversky 1988）。すなわち、経済状態が良い場合には、有権者によって現状が利益局面にあると認識される結果、リスクが小さい選択肢としての現職候補が選択される可能性が高く、現職候補に有利であるが、反対に経済状態が悪かった場合は、有権者によって現状が損失局面にあると認知されることから、リスク愛好的な投票が行われることになり、新人候補が有利となるのである。しかもこの場合、あたかも宝くじを購入するかのように、たとえ平均で比較する限り、新人候補への期待が現職候補より劣っていたとしても、万が一に賭ける意識の方が上回るということがありうるのである。

　さらに前項で触れた悲観バイアスと組み合わせると、一般的に有権者が過度なリスクを積極的に負担するような投票行動をとる可能性は、軽視できないものとなるだろう。極端な例としては、戦前のドイツでヒトラー率いるナチ党に、少なからぬドイツ国民が投票した例が挙げられる。当時のドイツはヴェルサイユ条約による第1次世界大戦の多額の賠償金を課せられ、領土も割譲され、典型的な損失局面にあったことを想起すべきである。

　また別の例として、2014年4月からの消費税率8％への引き上げに備えて、政府が企業向け減税に加えて5兆円規模の経済対策を実施し、景気の下振れ

リスクに対する過剰なまでの予防的措置を講じたことに触れておきたい。消費税率8％への引き上げによって、万が一、景気が腰折れした場合、損失局面に入ったと認知するならば、有権者は、遠い将来の自然増収に淡い期待をかけることで、さらなる消費税率の引き上げを「当分の間」拒絶するという選択肢を選ぶかもしれない。これはもちろん、金利急騰・国債価格暴落に関する過度のリスクの負担に直結する恐れがある。以上のことを考慮するならば、5兆円規模の経済対策は、プロスペクト理論の観点から賢明な措置であったと評価できよう。

最後に、**双曲型割引モデル**（Ainslie 1992; Loewenstein and Prelec 1992）にも簡単に触れておきたい。標準的な指数型割引モデルにおいては、今日と明日を比較した場合の割引率と、半年後と半年＋1日後を比較した場合の割引率の値は同じになっている。しかし、実際には前者が後者よりも大きいので、遠い将来の事柄に対しては冷静な判断を下せる人でも、間近に迫った事柄に対しては誘惑に負けたり、嫌なことを先送りしたりするような行動をとりうるというのが、このモデルの基本的考え方である。そして、こうした人間像を前提にすると、嫌なことを先送りしたいという有権者の心情を察知した政治家による、先送り行動の誘発が懸念されることになる。

3　新しい経済政策論の構築に向けて

これまでの議論を通して、政府の失敗や民主主義の失敗によって、望ましい政策の実現が容易でない理由を明らかにしてきた。本節では、望ましい政策の実現に向けた新たな試みを紹介することで、本章を締め括りたい。特に、適切なデフォルト・オプション（ナッジ）の設定によって、好ましい選択がなされるよう方向付けを行う、**リバタリアン・パターナリズム**に基づくセイラーとサンスティーンによる行動法経済学的な議論が注目に値する（Thaler and Sunstein 2008）[10]。

彼らが提示している例で最もわかりやすいのは、確定拠出型年金プランの

10）ナッジ（nudge）のもともとの意味は、相手を肘で軽く突いて注意を喚起することである。

例である。確定拠出型年金とは、将来の給付額を決め、そこから逆算して拠出額を決定する確定給付型年金とは対照的に、現役時に拠出額の方を確定して納め、その資金を運用したものを老後に給付するというタイプの年金制度である。この場合、従業員はこの制度に加入するか否か、賃金のうちどの程度の割合を拠出するか（拠出率）、資産をどのように運用するのかという意思決定を行う必要がある。もし人々が合理的ならば、さまざまな選択肢の中から自分にとって最も良い選択を行うと期待されるだろう。しかし、現実はそうではない。そもそも人間が合理的であるならば、人々は自分自身で必要な額の貯蓄を行うだろうから、年金制度など必要ないとも言える。

　セイラーとサンスティーンによれば、就職の際にわざわざ加入しなければならない場合と、加入をデフォルトとし、その後にいつでも脱退できる（これをオプト・アウトという）ようにする場合とでは、結果としての加入率が大きく異なってくるという。人間はこのように、何がデフォルトとして設定されているかによって、大きく行動を変化させるのである。この自動加入の仕組みに加えて、さらに、賃上げに連動して自動的に拠出率を引き上げるSMarT（Save More Tomorrow）と呼ばれる仕組みを組み合わせると、従業員の拠出率はずっと高くなることが知られている。要するに、ナッジを適切に設定すれば結果を善導できることが端的に示されているわけである。このように、人々の選択を構造化することを選択アーキテクチャと呼ぶ。この言葉を用いて言い換えるならば、確定拠出年金の例は、選択アーキテクチャが人々の行動を大きく規定することを端的に示しているのである。

　また、スウェーデンにおける年金制度改革の失敗の例も示唆的である。この改革では、人々に多くのファンドの選択肢が与えられ、自らのポートフォリオを自主的に組むことが奨励されたが、その結果として、多数の不適切な選択が行われたとされる。同様の現象は、ブッシュ政権下の薬剤費給付プログラムにおいても観察された。そこでは、高齢者に選択肢をできる限り多数提供することが、高齢者が適切な選択を行うことをかえって阻害したとされ、Thaler and Sunstein（2008）ではデフォルト・プランとしてのインテリジェント割り当てが推奨される。これは、過去の処方薬の利用履歴を参考に、その人向けのお薦めプランを提案するものである。もちろん、その人にとって

最良のものが選ばれる保証はないが、それほど的外れなものも選ばれないであろう。また、自分にとってより望ましいプランを選ぶ意欲と実力を併せ持った高齢者は、デフォルト・プランに従う必要はまったくない。

　合理性を仮定する限り、実現可能集合が広ければ広いほど、選ばれる選択肢はより好ましいものになる可能性が高い（最低でも、元の選択肢を選べる）ことから、実現可能集合は広いほど良いというのがこれまでの経済学の常識であるが、意思決定者（この場合は特に高齢者）の認知能力に限界があるとするとその限りではないというのが、以上の結果の意味するところである。

　セイラーとサンスティーンは自らの政策設計の立場をリバタリアン・パターナリズムと名付けている。パターナリズムとは政府が恩着せがましく、国民の選択肢を制限してしまうという考え方である。たばこやお酒といった嗜好品の年齢制限や麻薬の禁止などがわかりやすい例だろう。しかし、こうした考え方には根強い反対論がある。何が自分にとって良い選択肢であるかは、選択の当事者こそが最もよく知っているはずであり、政府の介入は余計なお節介だとして、選択の自由を尊重することを求める考え方である。このような考え方をリバタリアニズムという。リバタリアニズムは特にアメリカで支持者の多い考え方である。

　セイラーとサンスティーンの提案は、この２つの対立する考え方を止揚することを目指すものである。上述の例で示されているように、彼らの提案は、人間の合理性が限定的であることに配慮してデフォルトを設定する一方で、自分の意思決定に自信がある人々にはいつでもそこからオプト・アウトできるように構造化されている。前半の部分がパターナリズムに対応し、後半の部分がリバタリアニズムに対応していることは容易に理解できるだろう。

　最後に、ナッジを設定する主体（選択アーキテクト）が、必ずしも公共の利益を促進するとは限らない点にも注意が必要である。民間部門の選択アーキテクトが個別利益と株価の最大化を図り、公的部門の選択アーキテクトが、フレーミングの能力を駆使して有権者の意思決定を操作し、自らの党派の目的を達成しようと試みることは十分に考えられる。これに対して、セイラーとサンスティーンは、公的部門でも民間部門でも透明性を高めることによって、健全な競争を促し、利益集団の力を制限することは可能であると、至っ

て楽観的に述べている。

　ここにわれわれは、第1節で扱った公共選択論の古くて新しいテーマを、再度見出すことになる。しかし、彼らの提案は、選択の自由の尊重と緩やかなナッジの組み合わせといった、社会主義的な厳格な命令でも、新自由主義的なまったくの自由放任でもない、有望な第3の道を指し示すものとして評価できる。新しい経済（公共）政策論の構築は、今まさに始まろうとしているのである。

❖統計資料など

公共選択学会（The Japan Public Choice Society）http://www.publicchoice.jp/
日本公共政策学会（Public Policy Studies Association JAPAN）http://www.ppsa.jp/
Public Choice Society　https://publicchoicesociety.org/

❖練習問題

1．主要な政治的争点である新税の税率について、有権者の理想とする税率が3％以上9％以下に一様に分布しているものとする。また政党はAとBの2つのみとする。また有権者は、両政党のうち自らが理想とする税率により近い公約を掲げた政党を基本的には支持するが、両政党の公約とも自らの理想とする税率よりも1.5％を超えて乖離するとき、選挙の際に棄権するものとする。

　ここで選挙の際に各政党は、全有権者の自らに対する得票率を最大化しようとしているものとする。このとき、各政党が示す税率についての公約を各政党の戦略とすれば、ナッシュ均衡はどうなるのかについて説明せよ。ただし、税率の刻みはいくらでも細かくできるものとし、したがって税率は連続的に変更可能とする。

2．大規模被災地のある自治体の新しい首長が、その支持率の高さから連続3選確実とする。ただし、この自治体には、4選禁止の条例があるものとしよう。今、災害公営住宅の建設時期を、在任1期目、2期目、3期目の中から、この首長が意のままに選択できるとする。また、それに伴う機会費用を含めたコストの比は2：3：5とする。ただし、将来のコストの大きさは、1期先（2期目）、2期先（3期目）共に、現時点（1期目）においてはその半分程度にしか感じ

られないとするなら、首長は災害公営住宅をいつ建設すべきであろうか。(ヒント：将来の自分は現時点の自分とは「別人」であると悟る賢明さを、この首長が備えているものとせよ。)
3.「人々は、テロリズムが貧しく教育を受けていない人たちによって実行されると思い込んでいるが、それは、彼らがテロを他の種類の犯罪と同じものと考えているからである。私はむしろ、テロは選挙に類似しているというほうがもっと適切であると思う」(アラン・B. クルーガー (藪下史郎訳)『テロの経済学』東洋経済新報社、2008 年、194 頁)。

高所得で教育水準の高い人たちと、所得や教育で劣悪な環境にいる人たちと、どちらが選挙の際に投票に行こうとするであろうかを考えたうえで、上記の文章を論評せよ。

❖さらなる学習のために

川野辺裕幸・中村まづる編 (2013)『テキストブック公共選択』勁草書房。
——公共選択の主要テーマについて、まずはざっと学んでみたいという人にお薦めのテキスト。財政再建、税制改革、無駄な公共事業の削減、地方分権、医療サービスの適正化、選挙制度と投票行動、官僚制、農政、温暖化対策、金融危機への対処、立憲的政治経済学など、多岐にわたる話題を平易に解説している。

小西秀樹 (2009)『公共選択の経済分析』東京大学出版会。
——本格的なゲーム理論を用いて、年金、格差、財政再建、政府のあり方といった公共選択の具体的テーマに対して、理論的な検討を行っている。著者自身の研究成果も紹介されている上級者向けのテキスト。ゲーム理論を専攻している人にとっても、応用の仕方が参考になる。

大垣昌夫・田中沙織 (2015)『行動経済学——伝統的経済学との統合による新しい経済学を目指して』有斐閣。
——実験経済学や最新の神経経済学の成果にも触れている行動経済学の本格的解説書。プロスペクト理論や双曲型割引のみならず、限定合理性や社会的選好をも詳しく論じている。また規範的な行動経済学の可能性を模索している箇所に対しては、より一層吟味しながら読むと良いだろう。

セイラー, R., C. サンスティーン (2009)『実践行動経済学——健康、富、幸福への聡明な選択』(遠藤真美訳) 日経 BP 社。
——リバタリアン・パターナリズムの立場から、ナッジ (適切なデフォルト・プラン) を用いて人々を善導できるとする事例が多数紹介されている。本文で取り上げたもの以外にも、投資ポートフォリオの構築・管理、住宅ローンやクレジットカードの利用、臓器提供、環境問題、結婚の民営化⁉ などいろいろある。

クルーガー，アラン B.（2008）『テロの経済学』（藪下史郎訳）東洋経済新報社。
——テロリストは貧しい地域からやって来る無学な輩とする一般的な見方が誤りであることを、エビデンスに基づいて立証している。そして、テロリストはわれわれが考えているほど特殊な人間ではなく、むしろ選挙の際に投票する有権者に似ている側面があるとする指摘は、常識的な有権者像を再考するヒントを与えてくれる。

❖参考文献

飯尾潤（2007）『日本の統治構造――官僚内閣制から議院内閣制へ』中央公論新社。
奥野正寛・河野敏鑑（2007）「システム転換と利害調整に基づく先送り」林文夫編『経済制度設計』勁草書房、pp.253-287。
牧野洋（2012）『官報複合体――権力と一体化する新聞の大罪』講談社。
Ainslie, G.（1992）*Picoeconomics: The Strategic Interaction of Successive Motivational States within the Person*, Cambridge: Cambridge University Press.
Buchanan, J.M. and G. Tullock（1962）*The Calculus of Consent: Logical Foundations of Constitutional Democracy*, Ann Arbor: The University of Michigan Press（宇田川璋仁監訳、米原淳七郎・田中清和・黒川和美訳（1979）『公共選択の理論――合意の経済論理』東洋経済新報社）.
Buchanan, J. M. and R.E. Wagner（1977）*Democracy in Deficit: The Political Legacy of Lord Keynes*, New York: Academic Press（深沢実・菊池威訳（1979）『赤字財政の政治経済学』文眞堂）.
Caplan, B.（2007）*The Myth of the Rational Voter: Why Democracies Choose Bad Policies*, Princeton and Oxford: Princeton University Press（長峯純一・奥井克美監訳（2009）『選挙の経済学』日経 BP 社）.
Downs, A.（1957）*An Economic Theory of Democracy*, New York: Harper & Row（古田精司監訳（1980）『民主主義の経済理論』成文堂）.
Kahneman, D. and A. Tversky（1979）"Prospect Theory: An Analysis of Decision under Risk," *Econometrica*, Vol.47, No.2, pp.263-292.
Loewenstein, G. and D. Prelec（1992）"Anomalies in Intertemporal Choice: Evidence and an Interpretation," *The Quarterly Journal of Economics*, Vol.107, pp.573-597.
Niskanen, Jr., W.A.（1971）*Bureaucracy and Representative Government*, Chicago: Aldine-Atherton.
Nordhaus, W.D.（1975）"The Political Business Cycle," *Review of Economic Studies*, Vol.42, pp.1969-1690.
Quattrone, A.G. and A. Tversky（1988）"Contrasting Rational and Psychological Analyses of Political Choice," *The American Political Science Review*, Vol.82, No.3, pp.719-736.
Said, E.W.（1994）*Representations of the Intellectual: The 1993 Reith Lectures*,

Vintage（大橋洋一訳（1998）『知識人とは何か』平凡社）.
Thaler R.H. and Cass R. Sunstein（2008）*Nudge: Improving Decisions About Health, Wealth, and Happiness*, New Haven: Yale University Press（遠藤真美訳（2009）『実践行動経済学――健康、富、幸福への聡明な選択』日経BP社）.

［小澤太郎］

Column 8 ◇ 双曲型割引モデルについて

　人間は同じ大きさの効用であれば、それを現在得ることの方を将来時点で得ることよりも好むという性質を持っている。経済学ではこのことを割引という概念を用いて表現し、異なる時点が含まれる意思決定問題を説明する際の基本的枠組みとしてきた。

　今、時間が $t = 0, 1, 2, \cdots$ と流れていると考えよう。ここで $t = 0$ は現在である。効用の大きさが A のイベントを考え、それが $t = 1$ のときに発生するとき、$t = 0$ 時点ではそのイベントの効用は δ という一定の値をかけて δA になると考えるのが割引の考え方である。δ は割引因子と呼ばれ、0と1の間の数だと想定されるので、$\delta A < A$ である。

　伝統的経済学では、どの時点でも、1期手前に割り引く際の割引因子の大きさは一定であると考えてきた。これを指数型割引という。上の割引を次々と繰り返すことで、T 期後に発生する効用 A のイベントの現在時点での価値は $\delta^T A$ となる。

　しかし、さまざまな実験の結果、人間は（他の動物も）このような割り引き方をしていないことがわかってきた。割引因子の大きさは、その割引の時点が現在とどのくらい離れているのかで異なるのである。非常に特定的な関数形を用いると、たとえば T 期後に発生する効用 A のイベントの現在時点での価値は $A/(1+T)$ のように表現される。現在では、人間や動物の実際の割り引き方は双曲型であるとのコンセンサスが形成されている。

　双曲型割引モデルによって、人間がなぜ自ら決定したとおりに行動できないのかという問題が説明できるようになった。これは哲学の領域では「意志の弱さ」とか「アクラシア」とか呼ばれてきた難問である。

　次ページの図をご覧いただきたい。横軸は、原点Oに現在時点をとり、時間が経過していく様子を描いている。縦軸は効用の大きさである。今から時間 T_0 に大きな効用を与えるイベント E_0 があり、その少し前の時間 T_1 後により小さな効用を与えるイベント E_1 がある。両方とも、割引の影響を受ける。グラフには、現在からそのイベントが発生する時点まで、その時点における割り引かれた効用の大きさが描かれている。

　このどちらかを選択しなければならない場合に、経済主体はどちらを選択するだろうか。左側の指数型割引では、現在から時間が経過していく中で、

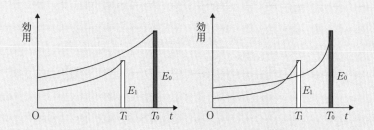

イベント E_0 をイベント E_1 より好むならば、そのことは時間を通じて決して変化することがない。しかし、右側の双曲型割引では、現在時点ではイベント E_0 をイベント E_1 より好むが、時間が経過し T_1 に近づくと、イベント E_1 の方を E_0 より好むようになっている。つまり、現時点ではイベント E_0 を選択しようと考えていても、そのときが近づくと選好の逆転が生じて、イベント E_1 というより小さな効用しかもたらさないイベントの誘いに負けてしまうのである。このように事前と事後で、望ましい意思決定が異なってしまうことは、より広い文脈で一般的に「時間的不整合性」と呼ばれ、多くの経済問題の説明に用いられている。

［瀧澤弘和］

補論

マクロ経済学の要点整理

1 国民経済計算の諸概念

1.1 国民所得の諸概念とその関係

ある国において、一定期間内に生産された財・サービスの付加価値額の合計を**国内総生産**（GDP: Gross Domestic Product）という。このように定義されたGDPの概念は、以下で述べる2つの等価なGDPの概念と区別するために、しばしば**生産面から見たGDP**と呼ばれている。

ここで、**付加価値**額とは生産額（売上高）から原材料費などの中間投入額を差し引いたもののことをいう。企業ごとに、売上高から原材料費を引いたものを考えればよい。図1を見ればわかるように、付加価値は、減価償却費を除けば、生産要素の提供者の所得（要素所得）となる部分である。また、粗付加価値から生産を継続するために必要な固定資本の減価償却額を差し引いたものを純付加価値と呼ぶ。

GDPや付加価値といった概念は生産物の市場価格をもとに計算されているため、間接税がかけられている場合には、市場価格はその分だけ、生産要素の提供者が実際に受け取る所得よりも高く評価されるし、補助金が付与されている場合には、その反対のことが起こる。すなわち、市場価格から（間接税－補助金）を差し引けば、実際に国民が受け取る所得額に近づくことになる。したがって、一国の付加価値合計であるGDPから一国全体の固定資本減耗と（間接税－補助金）を差し引いたものは、国民が受け取る所得と考えられる。この関係を表現したのが、**分配面から見たGDP**であり、それは

図1 付加価値の概念図

以下のように表現される。

GDP＝雇用者報酬＋営業余剰＋混合所得＋（間接税－補助金）＋固定資本減耗

　ここで雇用者報酬、営業余剰、混合所得の部分が、国民が受け取る所得部分である。雇用者報酬とは雇用されている人々が受け取る報酬額、営業余剰は基本的に企業の利潤、混合所得は個人企業の所得と考えて差し支えない。

　各事業者について、付加価値（VA）は「生産額（O）－中間投入額（I）」となるが、これを国内の事業者すべてについて加えたものがGDPであった。このプロセスを図2のように想像してみよう。そうすると、ある事業者にとっての生産額が他の事業者にとっての中間投入額となっているケースでは、相殺が生じることがわかる。このようなケースすべてについて相殺をして合計すると、海外から中間投入したものだけが相殺されず、国内の事業者が生産し、国内の事業者が中間投入する部分はすべて相殺されることがわかる。生産物のうち中間投入されないものを最終生産物と呼ぶので、このことは、GDPが最終生産物の生産額の合計から海外からの中間投入を差し引いたものであることを意味している。

　他方、国内の最終生産物がどのように需要されていくのかを考えると、民間最終消費支出、政府最終消費支出、国内総固定資本形成、在庫品増加、輸出などと分類できるだろう。しかし、この中には海外から輸入した最終生産物も含まれているはずなので、それを引けば国内の最終生産物の生産額合計となる。これからさらに海外からの中間投入額を差し引けばGDPとなる。

図2 付加価値の合計

$$VA_1 = O_1 - I_1$$
$$\vdots$$
$$VA_i = O_i - I_i$$
$$\vdots$$
$$VA_n = O_n - I_n$$

GDP＝国内の最終生産物の生産額合計－海外からの中間投入額合計

海外から輸入した最終生産物の価額合計と中間投入額合計は、合わせて輸入となる。

以上のことから、国内の最終生産物がどのようにして需要されていったかという側面によって、GDPを表現することが可能である。この概念が、**国内総支出**（GDE: Gross Domestic Expenditure）であり、しばしば**支出面から見たGDP**と呼ばれている。これは以下のように表される。

GDE＝民間最終消費支出＋政府最終消費支出＋国内総固定資本形成
　　　＋在庫品増加＋輸出－輸入

ちなみに、GDEは支出面ではあるが、このことはその額が実際に売れたということを意味しない。売れ残りの部分は在庫品増加の部分に含まれるからである。

以上述べたことから、3つの側面から見たGDPの概念が互いに等しいことがわかる。すなわち

生産面から見たGDP ≡ 分配面から見たGDP ≡ 支出面から見たGDP

という恒等式が成立している。これを**三面等価の原則**と呼ぶ。

GDPは一国の領土に即して、その中で行われる生産活動の結果を集計したものである。こうして得られた集計量を国内概念と呼ぶ。これに対して、一国の国民という概念に即して生産を集計することもできる。その様子は、表1で見るのが簡単だろう。

表1　国内概念と国民概念

	領土内	領土外
居住者	A	B
非居住者	C	—

　Aは、国内概念で定義された領土の中で、国民概念で定義された居住者によって生み出された所得を表している。同様に、Bは国民概念で定義された居住者が海外で生み出した所得を、Cは国民概念では居住者にならない人が、国内概念上の領土内で生み出した所得を示している。このように整理するとGDPはA＋Cであるのに対して、国民が生み出した価値である**国民総所得**（GNI: Gross National Income）はA＋Bである。したがって、GNI＝GDP＋（B－C）となる。B－Cは「海外からの所得の純受取」と呼ばれるものなので、次の式が成立する。

$$GNI = GDP + 海外からの所得の純受取$$

　GDPという概念は、①国内概念であり、②固定資本減耗を含んでおり、③市場価格で評価している。この3つの特徴のそれぞれについて対となる概念があり、それぞれに用途が異なる国民所得の概念が生み出される。すでに説明したことの重複もあるが、ここで説明しておきたい。

　まず、国内概念に対しては国民概念があることについてはすでに述べた。国民概念を国内概念から計算するには、上記のGNIとGDPの関係のように、海外からの所得の純受取を加えればよい。

　次に固定資本減耗の扱いであるが、固定資本減耗を含んだ概念は英語でgrossという形容詞が付され、日本語で「総」とか「粗」という言葉を含んでいる。これに対して、固定資本減耗を差し引いたものは、英語ではnet、日本語では「純」と形容される。たとえば、国民総所得GNIから固定資本減耗を控除したものは、**国民純生産**（NNP: Net National Product）と呼ばれ、

$$NNP = GNI - 固定資本減耗$$

と定義される。

　市場価格で評価された国民所得の概念は「市場価格表示」と呼ばれる。こ

図3 国民所得の諸概念間の関係

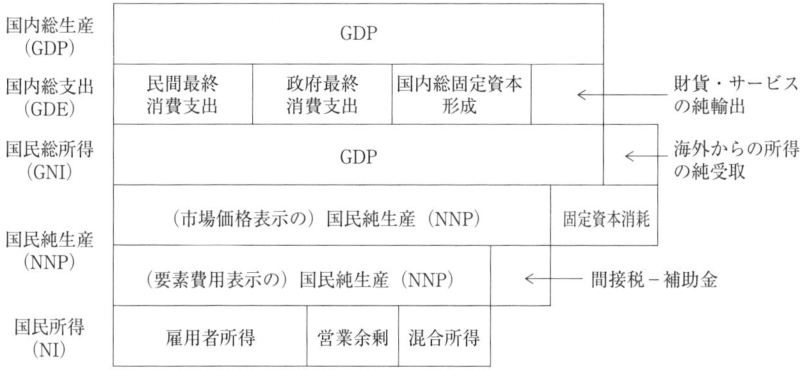

国内総生産(GDP)	GDP				
国内総支出(GDE)	民間最終消費支出	政府最終消費支出	国内総固定資本形成	←	財貨・サービスの純輸出
国民総所得(GNI)	GDP			←	海外からの所得の純受取
国民純生産(NNP)	(市場価格表示の)国民純生産(NNP)			固定資本消耗	
	(要素費用表示の)国民純生産(NNP)			←	間接税−補助金
国民所得(NI)	雇用者所得	営業余剰	混合所得		

れに対して、すでに分配面から見たGDPのところで説明したように、固定資本減耗を控除し、さらに（間接税−補助金）を差し引くことで、生産要素の提供者に対する報酬が得られることになる。これを「要素費用表示」と呼ぶ。たとえば、上のNNPから（間接税−補助金）を差し引くことで、（狭義の）**国民所得**（NI: National Income）が得られる。

$$NI = NNP - （間接税 - 補助金）$$

である。ここでわざわざ「狭義の」というのは、これまで説明してきた諸概念も広い意味で国民所得と呼ばれることがあるからである。図3は以上の諸概念の関係を図示したものである。

1.2 ISバランスの恒等式

以下では、GDPをY、民間最終消費支出を消費Cと表すことにしよう。国内総固定資本形成は、民間部門が行う投資（民間住宅投資と民間企業設備投資）と、政府部門によってなされる投資である公的資本形成に分けることができるが、民間住宅投資と民間企業設備投資を一括し、これに在庫品増加も加えて、民間投資Iと表記することにしよう。また、政府最終消費支出と公的資本形成を合計して、政府支出Gと表記し、輸出をX、輸入をMと表そう。そうすると、GDPは

$$Y = C + I + G + X - M$$

と簡明に表現することができる。

　また、GDPについては次のような表現も可能である。GDPから租税Tを引いたもの$(Y - T)$を**可処分所得**と呼ぶが、これは人々が消費(C)するか、貯蓄(S)するかという仕方で処分する所得である（実際には、消費しない部分を貯蓄と定義している）。このことから、

$$Y = C + S + T$$

が成立している。三面等価の原則より、

$$C + S + T = C + I + G + X - M$$

が成立していることになる。これを変形すると、

$$S - I = (G - T) + (X - M)$$

という式が得られる。この式は**ISバランス**の式と呼ばれるもので、一国における民間の貯蓄の投資に対する超過額が、財政赤字額$(G - T)$と財・サービス収支$(X - M)$の合計に等しいことを示している。

　先に見たように、GDPの概念$Y = C + I + G + X - M$に海外からの所得の純受取を加えれば、GNIとなる。こうして同じ$Y = C + I + G + X - M$という式は、$X - M$に財貨・サービスの純輸出だけでなく、海外からの所得の純受取も入っていると解釈すればGNIを表現する式と見なすこともできる。

　この場合、$X - M$は経常収支と呼ばれる概念となる。同様に海外からの所得の純受取をも考慮してGNIを$Y = C + S + T$と表現したうえで、先ほどと同じ操作を施せば、先の$S - I = (G - T) + (X - M)$という式は

$$民間部門の貯蓄超過 = 財政赤字 + 経常収支$$

という関係にもなる。すなわち、民間部門の貯蓄超過は財政赤字を賄ったうえで余れば、それが経常収支黒字の大きさとなる。

1.3 名目と実質

国民経済計算の諸概念は、基本的には各時点における価格で評価したものである。これを「**名目**」(nominal) という。しかし経済成長率や景気変動の様子を見るためには、価格変動の影響を除去した数量ベースで見る方が適切である。これを「**実質**」(real) という。名目 GDP が 2 倍になったとしても、数量ベースは不変で、単に価格が 2 倍になっているという状況もありうるからである。

このことを考えるために、基準時点と比較時点という 2 つの時点を考え、それぞれで価格と数量が与えられているとしよう。比較時点に着目すると、比較時点における名目 GDP は比較時点の価格と数量を使用して定義されるが、実質 GDP は基準時点の価格を用いて、比較時点の数量を評価するという仕方で定義すればよい。つまり、基準時点とはそこで価格を固定する時点のようなものだと考えればよい。

P を価格、Q を数量、財のインデックスを下付きの添字で表し、上付きの添字は 0 が基準時点、t が比較時点を表すものとすると、実質 GDP は

$$\sum_i P_i^0 Q_i^t$$

のように表現できる。名目 GDP は $\sum_i P_i^t Q_i^t$ である。その比が **GDP デフレーター**と呼ばれるもので、

$$\lambda = \frac{\sum_i P_i^t Q_i^t}{\sum_i P_i^0 Q_i^t} = \frac{名目 GDP}{実質 GDP}$$

という関係が成立している。この式を見ると、数量を固定して、価格の変動を見るような表現になっていることがわかる。GDP デフレーターは一種の価格指数であり、その上昇率はインフレ率を示していることになる。

この式を実質 GDP について解けば、

$$実質 GDP = \frac{名目 GDP}{GDP デフレーター}$$

と表される。

1.4　成長率間の関係

今、Xが時間tとともに変化する変数だとしよう。そのことを明示的に表すため、$X(t)$と書くことにする。このとき、$X(t)$の自然対数をとってこれを微分することでXの（瞬間的）な変化率（増加率、成長率）$\Delta X/X$が得られる。以下このことを証明するが、数学的な詳細を理解しなくても、このことを覚えておくと大変便利である。この証明で使用するのは、合成関数の微分の公式と、自然対数の微分の公式である。まず合成関数の微分を一般的な仕方で説明しよう。

xが与えられると$y = g(x)$としてyが決まり、yが決まると$z = f(y)$としてzが決まるときに、$z = f(y)$のyのところに$g(x)$を代入することで$z = f(g(x))$という関数ができ、zをxの関数として表現できる。これを合成関数という。このときにzをxで微分する際に使用される公式が合成関数の微分の公式である。以下の式が成立する。

$$\frac{dz}{dx} = \frac{dz}{dy} \cdot \frac{dy}{dx}$$

すなわち、zをxで微分するには、zをyで微分したものと、yをxで微分したものをかければよい。微分は1単位の変化当たりの関数の値の変化の大きさを表しているので、xを1単位増加させたときのzの変化の大きさは、まずxを1単位増加させたときのyの増分を求め、それにyが1単位変化したときのzの変化の大きさをかければよいのである。

自然対数$y = \log x$をxで微分したときに得られる導関数は、

$$\frac{dy}{dx} = \frac{1}{x}$$

となる。

以上の前提知識をもとにして、時間とともに変化する変数$X(t)$の自然対数$\log X(t)$を時間tで微分しよう。これを次のように合成関数と考える。tが与えられると$X = X(t)$としてXが決まり、Xが決まると$z = \log X$としてzが決まる。そこで、合成関数$z = \log X(t)$をtで微分するのである。

$$\frac{dz}{dt} = \frac{dz}{dX} \cdot \frac{dX}{dt} = \frac{1}{x} \cdot \frac{dX}{dt} = \frac{dX/dt}{X} = \frac{\Delta X}{X}$$

一番右側の等式では、dX/dtは時間当たりのXの変化の大きさを示しているので、これをΔXと書き直している。$\Delta X/X$はXの変化率にほかならない。

さて、今、X、Y、Zが時間とともに変化する変数だとしよう。そのことを明示的に表すため、$X(t)$、$Y(t)$、$Z(t)$と書くことにする。また、これらの変数には以下の関係が成立していると仮定しよう。

$$X(t) = \frac{Y(t)}{Z(t)} \quad \text{または} \quad Y(t) = X(t) \cdot Z(t)$$

このとき、これらの式の対数をとると、積（商）の関係は対数では和（差）の関係となる。そこで両辺を時間で微分することにより、次の関係式が成立することがわかる。

$$\frac{\Delta X}{X} = \frac{\Delta Y}{Y} - \frac{\Delta Z}{Z} \quad \text{または} \quad \frac{\Delta Y}{Y} = \frac{\Delta X}{X} + \frac{\Delta Z}{Z}$$

たとえば、これを先の実質GDPと名目GDPの関係に当てはめれば、

$$実質GDP成長率 = 名目GDP成長率 - インフレ率$$

という式が成立することがわかる。

2　45度線モデル

以上のようなマクロ的諸概念の理解の上に立って、これからは実際のマクロ経済の動きを理解するために作られてきたマクロ経済モデルの世界へと目を向けることにしよう。以下では、これまで多くのマクロ経済学の教科書で教えられてきたケインズ経済学の体系を説明する。

通常の学部レベルのマクロ経済学の教科書では、まず財市場の均衡をモデル化した45度線モデルを学び、それに金融市場のモデルを新たに追加することで、IS-LMモデルを構築し、さらにこれに対して労働市場のモデルを追加することでAD-ASモデルを構築するという順番で、簡単なモデルを徐々に複雑化しながら学習していく。したがって、より複雑なモデルはそれ以前の単純なモデルを包含するような関係になっている（図4）。

図4 マクロ経済のモデル間の関係

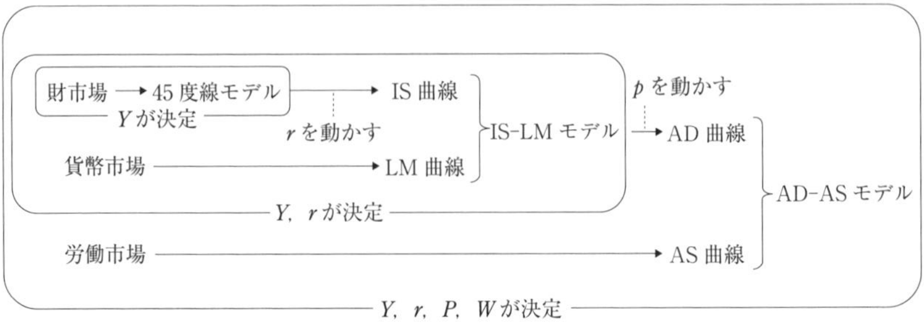

```
┌─────────────────────────────────────────────────────────────┐
│  ┌─────────────────────────────────┐                        │
│  │ 財市場 → 45度線モデル  ────→ IS曲線 │   pを動かす              │
│  │         Yが決定    rを動かす    ├─IS-LMモデル→ AD曲線         │
│  │ 貨幣市場 ─────────────→ LM曲線  │              ├AD-ASモデル  │
│  └─────────── Y, rが決定 ──────────┘              │           │
│   労働市場 ──────────────────────────→ AS曲線      │           │
└──────────────── Y, r, P, Wが決定 ───────────────────────────┘
```

最初の45度線モデルでは、物価水準 P、名目賃金水準 W、利子率 r は固定されていると考え、財市場の均衡のみを考える。ある国の1年間の実質GDPを考え、その水準を Y と表すことにしよう。これは国民所得を表している一方で、一国内で生産された最終生産物の総生産額の合計をも表現していた（以下、Y を GDP と言ったり、国民所得と言ったりする）。

先に見た国民経済計算においては三面等価の原則が成立しており、GDPは（その国の所得の合計額に等しいだけでなく）、その国の最終生産物に対する支出額を集計した GDE とも等しいという関係が恒等的に成立していた。しかし、このことは、一国の生産物のすべてについて常に需給が均衡していることを意味しているわけではなかったことを思い出そう。三面等価の原則が成立するのは、売れ残り品はすべて GDE の一項目である「在庫品増加」の中に計上するという国民経済計算における会計上の原則があったからである。これに対して、以下の財市場の均衡モデルでは、実際の生産水準が、人々が計画した支出と等しくなるような状況——財市場が均衡するような状況——を考えていく。

2.1 財市場の均衡と45度線モデル

簡単化のために、海外との取引が存在しない「閉鎖経済」の状況を考えることにしよう。閉鎖経済における総需要の項目として考えられるのは、民間消費 C、民間投資 I、政府支出 G である。ここで、投資 I には売れ残りなどによって発生する「意図せざる」在庫品増減は含まれていないことに注意し

ておく。すなわち、Iは計画された投資額であり、総需要の全体も計画された需要額となっている。他方、国内の最終生産物の生産額が供給面を表現しているので、Yが総供給を表現している。

以上のような設定のもとでは、財市場の均衡は「総供給＝総需要」とすることで、

$$Y = C + I + G$$

という式で表現される。ここで、すべての値は実質値で表現されていることにする。

それでは、それぞれの需要項目はどのように決定されるだろうか。消費Cは、GDPの水準Yから租税Tを差し引いた可処分所得によって決定されると考えることができる。そこで、可処分所得の関数として、以下のような簡単な消費関数を考えることにしよう（これは**ケインズ型消費関数**と呼ばれている）。

$$C = c(Y - T) + A$$

ここで、小文字のcは（可処分）所得が1単位増加したときに消費が何単位増加するのかを示しているので**限界消費性向**と呼ばれ、0と1の間の値であると仮定される。また$A > 0$は独立消費と呼ばれるものである。

他の需要項目である投資Iと政府支出Gは現在のモデルの中で決定されるものではない（このことを「外生的に与えられる」という）ものとする。実際には、投資は利子率に影響されるものであるが、45度線モデルでは利子率を一定と考えていたことに注意されたい。この点は、後で45度線モデルをIS曲線に転換するうえで重要になってくる。

以上の設定だけで45度線モデルと呼ばれる財市場の均衡モデルが出来上がることになる。すなわち、上の財市場の均衡式に消費関数を代入すれば、

$$Y = c(Y - T) + A + I + G$$

が得られるが、これをYについて解いて、

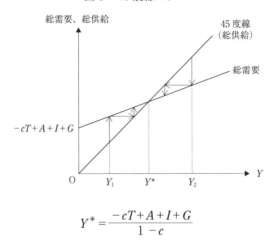

図5　45度線モデル

$$Y^* = \frac{-cT + A + I + G}{1 - c}$$

が得られる。このようにして得られた Y^* の値を均衡 GDP という。

　どのようなメカニズムが作用して財市場が均衡し、最終的に上で計算した均衡 GDP が成立するのかを、図5を用いて説明しよう。この図において横軸には Y がとられており、縦軸には総供給と総需要がとられている。総供給は Y それ自身なので、このグラフに描くと、原点を通る45度の直線として描くことができる（この直線が特徴的なので、このモデルは45度線モデルと呼ばれている）。総需要曲線は傾きが c で切片が $-cT + A + I + G$ の直線である。総需要 = 総供給となっているのが、45度線と総需要曲線が交わる点であり、そこでの Y の値が均衡 GDP である。

　図5を見てみると、$Y = Y_1 < Y^*$ のときには、総需要が総供給を上回っている。このモデルでは需要が供給を上回るときに、価格は変化せず、企業は需要を満たすためにただちに増産をすると考える。この仮定のもとで Y は上昇することになろう。他方、$Y = Y_2 > Y^*$ のときには総供給が総需要を上回っているので、企業は減産し、Y が減少すると考えられる。こうした数量調整の結果として、Y は Y^* に収束すると考えられるのである。

2.2　財政政策の効果

　この簡単なモデルを使って、財政政策の効果を考察することができる。こ

図6 政府支出増加の効果

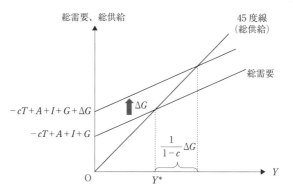

のモデルにおいて総需要は $C + I + G$ であった。このうち C だけが Y の関数になっていて、総需要は Y の関数として書くと、$c(Y - T) + A + I + G$ と書くことができた。ここで G が ΔG だけ増加すると、図5の総需要曲線のグラフが ΔG だけ上方シフトすることがわかる。それに伴い、均衡 GDP も増加することもわかる。その増加分を ΔY と表すことにしよう。そうすると、上記の均衡 GDP の式から、

$$\Delta Y = \frac{1}{1-c}\Delta G$$

という関係式が成立していることがわかる。限界消費性向 c は0と1の間の値をとっていたから $\frac{1}{1-c} > 1$ である。このことは、ΔG という政府支出の増加が一国全体の所得に対してそれ以上の大きさの効果を持つということを意味している。$\frac{1}{1-c}$ は**政府支出乗数**と呼ばれるものである。この様子を表したのが図6である。政府支出を減少させる場合は逆に均衡 GDP が減少することになることも理解できるだろう。

同様の操作は増税と減税の分析にも用いることができる。増税は T の増加なので総需要曲線を下方にシフトさせ、減税は T の減少なので総需要曲線を上方にシフトさせる。増税額を ΔT とするとき、均衡 GDP の増加分は

$$\Delta Y = -\frac{c}{1-c}\Delta T$$

となる。減税の場合には $\Delta T < 0$ であり、それに対応して $\Delta Y > 0$ となること

がわかる。ΔY と ΔT の比の絶対値 $\frac{c}{1-c}$ は**租税乗数**と呼ばれ、減税 1 単位がどのくらいの GDP の増加をもたらすのかを示している。$\frac{1}{1-c} > \frac{c}{1-c}$ であるから、先ほどの政府支出乗数と比較すると、租税乗数の方が小さな値であることがわかる。このことは、政府支出の増加という財政政策の方が同額の減税という財政政策よりも効果的であることを意味している。

3 IS-LM モデル

3.1 財市場均衡への利子率の導入と IS 曲線

45 度線モデルにおいて、総需要の一項目として現れた民間投資 I がどのような要因によって決定されるかを考えてみよう。

一般に各企業は常にさまざまな投資プロジェクトを持っていると考えられるが、そのうち、利子率 r を上回る収益率をあげるプロジェクトのみが実現されると考えられる。たとえばプロジェクトのために資金を借りなければならない状況を考えれば、このことは自明であろう。また、たとえ手持ちの資金があって借入は不要であったとしても、手持ち資金は利子率 r で貸し付けることもできるので、それよりも低い収益しかあげないプロジェクトに投資することはこうした機会の逸失を意味している。すなわち、この場合には、利子率 r は機会費用として現れるのであって、やはり収益率が r を上回るプロジェクトしか実行されないと考えられる。

以上のことから、利子率 r が低ければ低いほど投資がされやすくなるので、I は r の値の影響を受けて、**投資関数** $I = I(r)$ と表現され、これは減少関数となることがわかる。ここで改めて、I は実質値であり、r は実質の利子率であることに注意しておきたい。

投資関数の実際の形状はさておき、ここでは以下のような線形の単純な投資関数を考えることにしよう。

$$I = B - dr, \qquad B > 0, d > 0$$

財市場の均衡式に、これまでの消費関数に加えて、投資関数をも代入すると、

$$Y = c(Y - T) + A + B - dr + G$$

図7 IS曲線とそのシフト

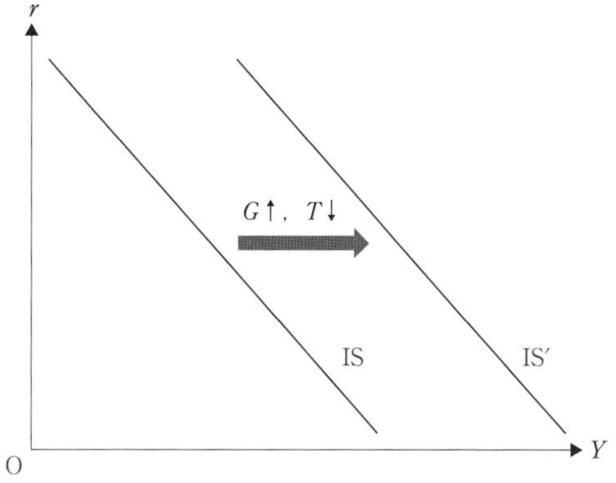

となる。これをYについて解くと、

$$Y^* = \frac{1}{1-c}(-cT + A + B + G - dr)$$

となる。先ほどは、Iを一定の値としていたが、Iが利子率rの影響を受けるので、Y^*も当然rの影響を受ける。具体的には、rが減少するとY^*が増大する。この関係を縦軸にrをとり、横軸にYをとって描いたものがIS曲線である。IS曲線は右下がりの曲線となる。

上の式でrを一定の値に固定した場合に、Gが増加すると、Yは（$\frac{1}{1-c}\Delta G$だけ）増加するので、IS曲線はGの増加によって、右方向に（$\frac{1}{1-c}\Delta G$だけ）シフトすることがわかる。同様にTの減少がIS曲線を右方向にシフトさせることもわかる。この性質は後に、IS-LMモデルを用いて財政政策の効果の分析を行う際に利用される（図7）。

3.2 貨幣市場の均衡とLM曲線

IS-LMモデルを閉じたものにするために、次に貨幣市場について分析し、その均衡を表現するものとしてLM曲線を導出する。ちなみに資産の保有の仕方としては、貨幣以外に債券があり、貨幣市場と債券市場とはコインの表裏のようになっている。一国の資産が貨幣か債券かとして保有されていると

考えれば、W を資産総額、L を貨幣需要量、B^D を債券需要量とし、M を貨幣供給量、B^S を債券供給量とすると、

$$W = L + B^D = M + B^S$$

が成立しているので、

$$(L - M) + (B^D - B^S) = 0$$

が恒等的に成立する。すなわち、貨幣市場の均衡は債券市場の均衡を、貨幣市場の超過需要は債券市場の超過供給を表すというような仕方で貨幣市場と債券市場は関係している。したがって貨幣市場の様子を分析することで、債券市場をも分析していることになる。

3.3 貨幣の定義

LM 曲線は貨幣市場における需要と供給の均衡を要約的に表現したものである。しかし、貨幣の供給量とは何だろうか。また貨幣の需要量とは何を表すのか、この点について、ざっと復習しておくことにしよう。

貨幣は通常、以下のような3つの機能を持つとされている。

①価値尺度：商品の価値を測る尺度としての機能。
②交換手段：商品の交換に用いられるという機能。
③価値貯蔵手段：貨幣を保持することで将来に向けて価値を保蔵しておくという機能。

われわれに身近な貨幣としては紙幣と硬貨があるが、これだけが上記の機能を果たしているわけではない。たとえば、普通預金や当座預金のような要求払い預金はいつでも引き出して交換手段として用いることができる。定期預金は満期が来るまでは資金を引き出すことができず、引き出す場合には解約手数料というペナルティが課されることになるが、それでも価値貯蔵手段としては機能しているし、期間を長くとれば、交換手段として機能しているとも言える。このように、貨幣としての性質を持つものは、その機能を果たすうえでさまざまな濃淡を持っているので、これに応じて、さまざまな貨幣の定義が可能である。

最も狭い意味での貨幣は M_1 で、これは以下のように定義される。

$$M_1 = 現金通貨 + 要求払い預金$$

これに定期性預金を加えたものが M_2 である。

$$M_2 = M_1 + 定期性預金$$

今日最もよく使用される貨幣供給量の定義は M_2 に CD（譲渡性預金：Certificate of Deposit）を加えた

$$M_2 + CD$$

である。さらに広い概念として M_3 というものもある。このように考えると、市中に出回っている貨幣量 M は現金通貨 C に何らかの仕方で定義された預金 D（M_1 の場合は要求払い預金、M_2 の場合は定期性預金等々）を合計したものなので、これを一般に

$$M = C + D$$

と書くことができる。

3.4　貨幣供給のコントロール

こうした貨幣は通常、日銀が直接コントロールすることが可能な**ハイパワード・マネー**を通してコントロール可能であるとされている。ここでそのプロセスについて略述しておくことにしよう。

ハイパワード・マネーとは、現金通貨と銀行が中央銀行に持つ預金＝準備預金とからなっている。ハイパワード・マネーを H、現金通貨を C、準備預金を R と表すと、

$$H = C + R$$

である。ハイパワード・マネーは日銀のバランス・シートにおける負債項目であり、後に述べるように、日銀が行うさまざまな取引を通して変動させることができる。

ここで、ハイパワード・マネー H と貨幣 M との関係を考えてみよう。M と H の定義式を用いると、次の式が成立することがわかる。

$$\frac{M}{H} = \frac{C+D}{C+R} = \frac{C/D+1}{C/D+R/D} = \frac{c+1}{c+r}$$

ここで、$c = C/D$ は現金預金比率、$r = R/D$ は預金準備率と呼ばれている。これを書き換えれば、

$$M = \frac{c+1}{c+r} H = mH$$

という式が得られ、c と r が一定であれば、H と M が比例関係に立つことがわかる。ここで、$m = \frac{c+1}{c+r}$ である。r は 0 と 1 の間にある値をとるので $m > 1$ であり、M は H よりも大きくなる。あるいは、増加率で表現するならば、$\Delta M = m \Delta H$ と表現することができる。m を信用乗数または **貨幣乗数** という。

m は通常、ほぼ一定であると考えられており、したがって M は H と比例関係にあると考えられているが、それは以下のような事情があるからである。

- 現金預金比率は民間主体が貨幣を手にしたときに、現金と預金をどのような比率で保有するのかという意思決定に依存している。
- 預金準備率は銀行が預金を受け入れたときにどれだけの割合を中央銀行に預金しなければならないかという比率を意味しており、法定準備率によって大きく影響されるものと考えられている。

こうして日銀は自らの負債である H を変化させることによって、民間主体と銀行の意思決定を媒介としながら、M を変化させることができると考えられている。では H はどのような手段によって変化させることができるだろうか。通常の教科書の説明では、次の 3 つの手段が挙げられている。

公開市場操作：日銀が債券市場において債券を売買することで、H を変化させる。具体的には、新たに債券を購入すると市中に貨幣が出回ることで H が増大し、債券を販売すると H が減少する。それに対応して M が変化する。

公定歩合政策：日銀が銀行に対して短期の貸し出しを行うときの金利を公定歩合という。これを変化させることで銀行の借入行動に影響を与えうる。具体的には公定歩合を低くすることで銀行の借入が増加し、

市中に貨幣が出回ることでHが増加することが期待される。

法定準備率操作：銀行が預金を受け入れたときに確保すべき準備の比率を操作し、上記のrそのものに影響を与える。

とりあえず、ここでは以上のプロセスを通して（上述したように、実際には民間主体と銀行による意思決定が介在しているわけだが）、日銀はMを完全にコントロールできるものと仮定して進むことにしよう。以上が貨幣の供給の側面に関する説明である。

3.5 貨幣需要

それでは貨幣に対する需要とは何か。ケインズは人々が貨幣を保有する動機を次の3つに分類した。

取引動機：取引をするために貨幣を保有しようとする動機。

予備的動機：予期せぬ取引に必要かもしれないために貨幣を保有しようとする動機。

投機的動機：価値貯蔵手段として貨幣を保有しようとする動機。

取引動機と予備的動機はともに取引に関するものであるから、経済活動の規模、とりわけ所得Yに依存し、Yが増加すれば増加すると考えてよいだろう。そこでこの2つの動機による貨幣需要を取引需要と呼び、L_1^nとすると

$$L_1^n = L_1^n(Y)$$

が成立する。これはYの増加関数である。上の添字でnがついているのは、名目（nominal）を表している。

他方、投機的動機は資産動機とも呼ばれるように、資産として貨幣を保有する動機であり、貨幣以外の資産保有の手段としては債券を保有することが想定されている。債券価格は一般に名目利子率（i）に反比例して決定され、利子率が低ければ債券価格が高くなり、利子率が高ければ債券価格は低くなる。もしiが高ければ、現在の債券価格は低く、将来の値上がりが予想されるので、人々は債券を保有しようとし、貨幣を保有する割合が減少するだろう。逆にiが低ければ、現在の債券価格は高くなるので、将来の値下がりを回避するために、貨幣保有の割合を増加させるだろう。したがって貨幣の資

図 8　貨幣市場の均衡

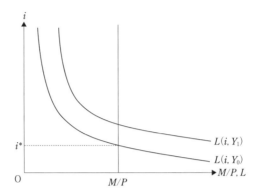

産としての需要は i の減少関数である。この貨幣に対する資産需要を L_2^n とすると、$L_2^n = L_2^n(i)$ と表現できる。

　こうして名目の貨幣需要は $L_1^n(Y) + L_2^n(i) = L^n(i, Y)$ となるので、名目の貨幣供給量を M とするとき、貨幣市場の需給均衡式は $M = L^n(i, Y)$ となるが、これは全体として物価水準 P と比例的であると考えることができる（物価水準が 2 倍になれば、名目の貨幣需要も 2 倍になると考えられる）ので、両辺を P で割って、$M/P = L^n(i, Y)/P = L(i, Y)$ のように実質タームで表すことが可能である。貨幣市場の需給均衡式は通常、以下のように実質で表現する。

$$\frac{M}{P} = L(i, Y)$$

　貨幣市場の均衡の様子を描いたのが、図 8 である。貨幣需要関数は i と Y の関数だが、縦軸には i だけがあるので、貨幣需要関数を描画するためには Y を固定せざるを得ない。図の中には Y_0 と Y_1 という 2 つの Y の水準で貨幣需要曲線が描かれている。ここで $Y_0 < Y_1$ である。同じ i の水準に対して、Y が大きくなれば貨幣需要は大きくなるからである。したがって、貨幣市場が均衡しているとき、Y が増加すると、i が上昇するという関係にあることがわかる。この関係を描いたのが LM 曲線である。LM 曲線は右上がりの曲線となる。

図9 LM曲線とそのシフト

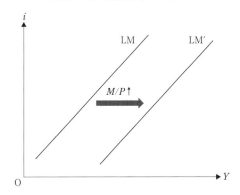

IS曲線の具体的形状について直観を得るために、関数を特定化したのと同様に、ここでも簡単化のために $L(i,Y)$ が、

$$L(i,Y) = e + fY - gi, \quad e > 0, f > 0, g > 0$$

という形をしていると仮定して計算すると、貨幣市場を均衡させる名目利子率 i は

$$i = \frac{e + fY - M/P}{g}$$

となることがわかる。この関係を横軸に Y、縦軸に i をとって描くと、右上がりの曲線となることがわかるだろう。この式で、Y を固定して M/P を増加させると、同じ大きさの Y に対して i が低下する。これは貨幣供給量 M が増加するとき、LM曲線が下方シフト（あるいは右上がりの曲線なので右方シフトするというのも同じである）することを表している（図9）。

名目利子率 i と実質利子率 r との関係は**フィッシャー式**

$$r = i - \pi$$

によって表現される。ここで π は（予想）物価上昇率である。しかし、最も簡単な IS-LM 分析においては、物価は固定的と考えられているので $\pi = 0$ であり、$i = r$ が成立している。

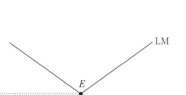

図 10 IS-LM モデル

3.6 IS-LM 分析とマクロ経済政策の効果

IS 曲線と LM 曲線を導出したので、これらを同じ座標平面に描くことで、IS-LM 分析を行うことができる。図 10 において、r^* と Y^* が財市場を均衡させ（IS 曲線上に乗っているから）、同時に貨幣市場を均衡させる（LM 曲線上に乗っているから）利子率と所得である。

この枠組みを用いてマクロ経済政策の効果について論じることができる。ここでは財政政策とは、政府支出 G や租税 T を増減させることであり、金融政策は M を増減させることであると考えよう。まず財政政策の効果から見ていこう。

積極的な財政政策は、G を増加させたり、T を減少させたりすることであるが、この結果として IS 曲線はそれぞれ $\frac{1}{1-c}\Delta G$ と $-\frac{c}{1-c}\Delta T$ の大きさだけ右（上）方向にシフトする（図 11）。これに伴い、新しい均衡点では、利子率が上昇し、国民所得も増加する。国民所得が増加することは、財政政策が効果を発揮していることを意味している。緊縮的な財政政策の効果については、IS 曲線の左（下）方向シフトを考えればよいので、ここでは省略する。

積極的な財政政策の結果として、国民所得の増加と同時に利子率が上昇していることには特別な注意が必要である。民間投資は利子率の減少関数であったので、このことは、もとの均衡点における民間投資の方が新しい均衡点における民間投資よりも大きいことを意味している。つまり、政府支出の増加が利子率の上昇を通じて、民間投資の一部を「締め出す」という望まし

図 11 財政政策の効果

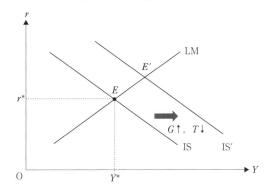

図 12 金融政策の効果

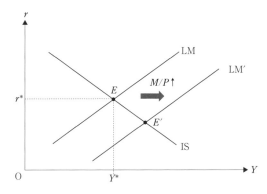

くない結果を招いてしまっていることがわかる。このような効果のことを**クラウディング・アウト**という。ただし、全体としてはクラウディング・アウトを凌ぐ政府支出増加の効果があり、国民所得は増加している。クラウディング・アウトの大きさは LM 曲線の傾きに依存することも図によって見ることができる。LM 曲線の傾きが大きいときには、クラウディング・アウトの効果はより深刻となり、LM 曲線の傾きが水平に近いときにはクラウディング・アウトはほとんどなくなる。

次に金融緩和の効果を見てみよう。名目貨幣供給量 M を増加させることで、LM 曲線が右(下)方向にシフトすることについてはすでに述べた。この結果、新しい均衡点では利子率が低くなり、国民所得が大きくなっている

図13 流動性の罠

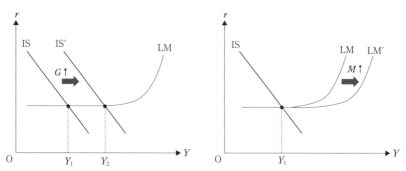

（図12）。金融政策が効果を持つことがわかったわけである。貨幣市場において貨幣供給を増大させることを通して利子率を低下させ、民間投資を拡大し、それが乗数効果によって国民所得を増加させるというメカニズムがここでは作用しているのである。

　ただし、金融政策が効果を持たない特別のケースがしばしば論じられてきたので、そのケースについて説明しておこう。それは「流動性の罠」と呼ばれるケースである。利子率が十分低い状況では貨幣供給量を増加させたとしても、供給増加分すべてが貨幣需要に吸収されてしまい、利子率をそれ以上下げることができない状況が生じうる。この場合、Y を増加させても利子率は不変になってしまい、LM 曲線がほぼ水平の部分が生み出される。このときに仮に M を増加させても LM 曲線は右方向に横滑りするだけになってしまうので、均衡利子率と均衡国民所得にまったく影響を与えなくなる（図13右）。しかし、このケースでは先に述べたように、財政政策はまったくクラウディング・アウトを生じさせることなく有効なので、財政政策が推奨されることになる（図13左）。

4　AD-AS モデル

4.1　IS-LM モデルにおける物価水準の操作と AD 曲線

　IS-LM モデルでは事実上、背後で物価水準が固定されていた。LM 曲線を導出する際に用いた貨幣市場の均衡式をもう一度見てみよう。

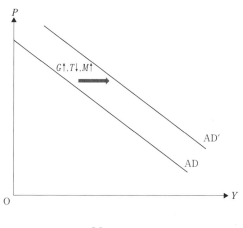

図14　AD曲線

$$\frac{M}{P} = L(i, Y)$$

この式の左辺に物価水準 P があるものの、これまでそれがまったく操作されなかったことは、P を固定して考えていたことを意味している。他方、IS 曲線を導出する際の財市場の均衡式に入っている変数はすべて実質タームなので、財市場の均衡は P の水準には影響されない。

ここで P をさまざまな水準に動かし、IS-LM モデルにおける均衡を P の関数として表現することで、AD 曲線を描くことができる。貨幣市場の均衡式を見てみると、物価水準 P を上昇させることは、左辺の実質貨幣供給を減少させるのとまったく同じ効果を持つことがわかる。したがって IS-LM 分析の枠組みでは、P を上昇させることは金融引き締めのケースの金融政策と同じ効果を持ち、P を下落させることは金融緩和を行ったのと同じ効果を持つことになる。すなわち、P を上昇させると Y は減少し、P を下落させると Y は増加する。この関係を横軸に Y を、縦軸に P をとって描いたものが AD 曲線である（図14）。したがって AD 曲線は右下がりである。AD 曲線は、各物価水準 P に対応する IS-LM モデルの均衡点を、均衡国民所得のみ取り出して描いたものである。つまり、それは財市場と貨幣市場を均衡させるような P と Y との組み合わせを表現している。

すでに政府支出を増大させることや減税を行うこと、貨幣供給量を増加さ

せることが IS-LM モデルにおける均衡国民所得を増加させることを見た。このことは、これらの政策を行った場合、P を一定にしたときにそれに対応する Y の値が増加することを意味している。この事実は、これらの政策を遂行した場合に AD 曲線が右（上）方向にシフトすることを意味している。

4.2　労働市場の考察と AS 曲線

AD 曲線だけでは P と Y の可能な組み合わせしか決定されない。そこで、供給面の分析を加えて AS 曲線を導出する必要がある。

▶労働市場と失業

マクロ的な要素投入量と生産量との関係を表した関数を**マクロ生産関数**と呼ぶ。ここで、比較的短期の状況を想定し、資本、土地などの生産要素の量は一定であると仮定すれば、マクロ生産関数は労働投入量 N のみの関数と見なしてもかまわないであろう。それを

$$Y = F(N)$$

と書くことにしよう。現実には経済の中には多数の企業が存在しているが、それらが同質的であるならば、個別企業が利潤最大化を行っている状況はマクロ的生産関数を用いた仮想的な企業が利潤最大化を行っている状況と同じになることが知られているので、以下ではこのマクロ的企業が利潤最大化を行っていると考えることにしよう。

名目賃金率を W、生産物価格を P とするとき、この企業の利潤 π は他の生産要素を無視すれば、

$$\pi = PF(N) - WN$$

のように表現することができる。利潤最大化の条件は

$$PF'(N) = W \quad \text{または} \quad \frac{W}{P} = F'(N)$$

である。このことは、労働需要が、実質賃金率が労働の限界生産力に等しくなるような水準で決定されることを意味している。これを**古典派の第一公準**

図15 完全な労働市場

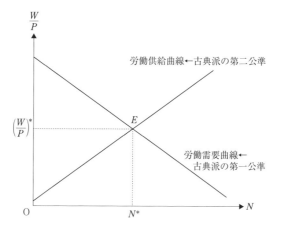

という。これによって、収穫逓減（すなわち $F'(N)$ が N の減少関数である）の仮定のもとで、労働需要曲線は図15のように右下がりの曲線として描かれる。

他方、労働供給は通常のミクロ経済学のモデルでは個々の家計の効用最大化行動から導かれる。効用最大化が行われているとき、余暇と消費の限界代替率が実質賃金率に等しくなる水準で労働供給量が決定される。これを**古典派の第二公準**という。これによって労働供給曲線は図15のように右上がりの曲線として描かれると仮定しよう[1]。

もし、古典派の第一公準と第二公準を両方とも認めるならば、労働需要曲線と労働供給曲線との交点が労働市場の均衡を表現する点であり、そこで均衡実質賃金率と均衡雇用量とが決定されることになる。そこでは雇用を希望する労働者はすべて雇用されているので、完全雇用が実現されている。しかし、このような分析では基本的に常に労働市場は均衡の状態にあることになり、失業を表現することが困難である。失業には、次の3つの基本的タイプが存在すると言われている。

非自発的失業：現行の賃金水準で働きたいと思っているが、仕事がなく仕方なしに失業している状態。

---

1) ミクロ経済学では賃金水準の上昇によって、所得効果が代替効果を上回り、かえって労働供給を減少させうることを学ぶが、ここではこのようなことはないと仮定するのである。

自発的失業：現行の賃金水準では働かないということを選択した結果としての失業。

摩擦的失業：1つの仕事から他の仕事に移るプロセスで発生する失業。

このうち最も問題なのは、非自発的失業である。1930年代の不況の中で現実に発生した大量失業をどのようにしたら説明できるのかは非常に重要な問題であった。

▶ケインジアンによる総供給曲線の導出

ここでは**名目賃金の下方硬直性**という概念に基づいて、非自発的失業の状態をモデル化するケインジアンの分析を説明することにしよう。ケインジアンは古典派の第一公準は認めるものの、古典派の第二公準は否定する。名目賃金の下方硬直性を仮定するということは、古典派の第二公準を否定することを意味する。

図16は、縦軸に名目賃金率Wを、横軸に雇用量Nをとったグラフである。先ほどの労働需要曲線はここでは$PF'(N) = W$によって描かれている。ここでPを上昇させると、この曲線が上にシフトすることに注意しておこう。他方、労働供給曲線は、完全雇用の水準N_Fに至るまで、下方硬直的な名目賃金率$\overline{W}$の水準で水平に描かれている。ここでも労働市場は労働需要と労働供給が一致するところで均衡するが、雇用される労働量が完全雇用の水準N_Fよりも小さければ、そこには非自発的失業が発生していることになるのである。

ここでPを上昇させてみよう。このとき、先ほど述べたように労働需要曲線が上方シフトするので雇用量は増大する。これは、名目賃金率は$\overline{W}$の水準で一定だが、物価水準Pが上昇すると実質賃金率が低下するので、企業がより多くの労働を雇用する結果、雇用量が増大することを意味している。

そこでPとYとの関係を考えよう。産出量Yと雇用量＝労働投入量Nとの関係は、マクロ的生産関数$Y = F(N)$によって、Nが大きくなればYも大きくなるという関係にあったので、それを手がかりにPとNとの関係からPとYとの関係を描画することができるのである。完全雇用の水準N_Fに対応する国民所得の水準をY_Fと記し、これを完全雇用国民所得と呼ぶことに

図 16　ケインジアンの考える労働市場

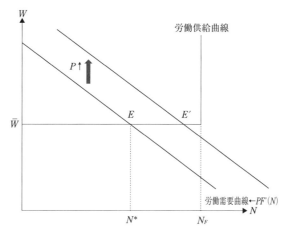

図 17　AS 曲線

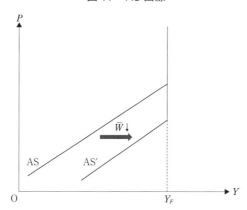

しよう。そうすると、P と Y との関係は図 17 のように、右上がりの曲線として描くことができる。これがケインジアンの考える総供給曲線 AS である。

4.3　AD-AS 分析

AD 曲線と AS 曲線を手に入れたので、両方を同じ座標平面に描くことで、AD-AS 分析を行うことができる（図 18）。AD 曲線と AS 曲線の交点が均衡点であり、そこで均衡物価水準と均衡国民所得の水準が決定されている。先

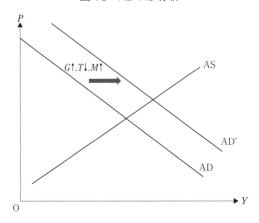

図18 AD-AS分析

に注意したように、AD曲線では利子率の情報が抜け落ちているが、実際にはそこで利子率も決定されているので、物価水準、国民所得、利子率の均衡水準が決定されていることに注意すべきである。他方、名目賃金率については、いわばモデルの外生変数として与えられている。また、均衡国民所得が完全雇用国民所得 Y_F より小さければ、そこでは過少雇用均衡となっていて、非自発的失業が存在していることになる。これでわれわれはようやく、財市場、貨幣市場、労働市場の均衡を考慮した分析枠組みを手にすることができたのである。

AD-AS分析においても、マクロ経済政策の効果を分析することができる。まず政府支出の増加や減税といった拡張的財政政策や貨幣供給量の増大といった金融緩和政策は、すでに述べたようにAD曲線を右にシフトさせることになるが、その結果、物価水準が上昇し、国民所得も増大する。したがって、この枠組みでもマクロ経済政策は有効である。図の中では表面には表れないものの、このときに均衡利子率がどうなっているのかも貨幣市場の均衡式を見ることでわかる。

$$\frac{M}{P} = L(r, Y)$$

において P が増加したので左辺は減少しているが、Y も増加しているので、

r が一定であれば右辺は増加してしまう。このため r は増加して Y の増加の効果を相殺し、なおかつ実質貨幣供給量の減少に見合うように貨幣需要を減少させる必要があるからである。

5　ケインジアンの体系と古典派の体系

以上、45度線モデルから始め、IS-LM、AD-AS モデルまでを通観してきた。この間のモデルをひとまとめにして、どのように変数が決定されるのかを振り返っておくと頭の整理がしやすいだろう。このことで、いわゆる古典派のマクロ経済学の体系とも対比することが容易となる。

表2を見てみよう。ケインジアンの体系では財市場と貨幣市場で P を所与としたときに r と Y が決定される（IS-LM 分析）。これを P に対応させることで AD 曲線が描かれる。他方、労働市場では名目賃金率が一定で先に与えられ、P が動くことで実質賃金率が動き、雇用量 N と Y が決定される AS 曲線が描かれる。AD 曲線と AS 曲線で P と Y が決定され、さらに雇用量、利子率が決定されるというように、市場同士の関係はかなり込み入っていることがわかる。

これに対して、古典派マクロ経済学の体系における経済変数の決まり方はもっと簡単である（表3）。そこでは、まず労働市場において均衡雇用量（完全雇用における雇用量）と均衡実質賃金率が決定される。その雇用量からマクロ生産関数によって産出量も決まる（完全雇用国民所得）。次に、財市場の均衡の過程で利子率が決定される。こうして貨幣市場の均衡式で r と Y によって右辺の貨幣需要が決定されるので、M を所与として P が決定される。先に実質賃金率 W/P が決定されていたので、最後に W が決定される。

つまり古典派のマクロ経済体系では、一国の産出量 Y は労働市場の均衡で先に決まってしまっているので、財政政策や金融政策の効果はない。このことは古典派においては AS 曲線が完全雇用国民所得の水準で垂直になっていることとして表現することができる。政府支出の増大、減税、貨幣供給量の増加は AD 曲線を右方向にシフトさせるが、それは物価上昇をもたらすだけなのである。

表2　ケインジアンの体系

財市場		$Y = C(Y) + I(r) + G$	AD 曲線
貨幣市場		$\dfrac{M}{P} = L(r, Y)$	
労働市場	労働需要 （古典派の第一公準）	$\dfrac{W}{P} = F'(N)$	AS 曲線
	労働供給 （名目賃金の下方硬直性）	$W = \overline{W}$	
	マクロ的生産関数	$Y = F(N)$	

表3　古典派のマクロ経済学体系

労働市場	労働需要（古典派の第一公準）	$\dfrac{W}{P} = F'(N) = L_D(N)$
	労働供給（名目賃金の下方硬直性）	$\dfrac{W}{P} = L_S(N)$
	労働供給	$L_D(N) = L_S(N)$
	マクロ的生産関数	$Y = F(N)$
財市場	均衡式	$Y = C(Y) + I(r) + G$
貨幣市場	均衡式	$\dfrac{M}{P} = L(r, Y)$

6　経済成長モデル

　論者によって解釈はまちまちだが、ごく一般的に言うと、ケインジアンのモデルは比較的短期のモデルであり、名目賃金率や価格の調整が十分なされない状況を描写していると考えられる。これに対し長期的には価格調整がなされ、古典派が描いているような状況が成立するだろうと考えることができる。ここでは、価格調整が完全と考える新古典派の経済成長モデルを解説する。なお、この節では数式の展開が多くなるが、展開のすべての詳細を追えなくとも、その結果だけは理解し、使えるようにしてほしい。

6.1　成長会計

　すでに時間に依存する変数は、その対数をとって時間で微分すると変化率（増加率，成長率）が得られることを述べた。これを用いて、経済成長に関する重要な公式を導出することにしよう。

マクロ経済学ではマクロ生産関数としてコブ＝ダグラス型の関数

$$Y = AK^\alpha L^{1-\alpha}$$

が頻繁に用いられる。この関数のもとで、いわゆる成長率の公式を導出してみよう[2]。ここでKは資本投入量、Lは労働投入量、YはGDPであり、αは0と1の間の定数である。後にαは資本分配率、$1-\alpha$は労働分配率であることが示される。Aは同じ量のKとLに対して得られるYの値を変えることができる。そこで、これもまた時間とともに変化する変数とし、その変化率は技術進歩率を示していると解釈することにする。

この式の対数をとると

$$\log Y = \log A + \alpha \log K + (1-\alpha) \log L$$

となるが、これを時間で微分することにより、

$$\frac{\Delta Y}{Y} = \frac{\Delta A}{A} + \alpha \frac{\Delta K}{K} + (1-\alpha) \frac{\Delta L}{L}$$

というようにGDP成長率、技術進歩率、資本成長率、労働成長率の関係が得られる。実はここでαは資本分配率、$1-\alpha$は労働分配率となるので、この式は次のようにパラフレーズされる。

経済成長率＝技術進歩率＋資本分配率×資本成長率＋労働分配率×労働成長率

これが成長率の公式である。

なぜαが資本分配率、$1-\alpha$が労働分配率となるのかを説明するために、先に見たようにマクロ的企業が利潤最大化していると仮定しよう。すなわち企業は

$$\max_{K,L} pY - rK - wL$$

という問題を解いている。KとLで偏微分してゼロと置くことにより、

---

[2] 以下の議論は、後に触れる一次同次の一般的な関数 $Y = AF(K, L)$ について成立するが、ここではコブ＝ダグラス関数で導出する。

$$\frac{\partial Y}{\partial K} = \alpha AK^{\alpha-1}L^{1-\alpha} = \alpha \frac{Y}{K} = \frac{r}{p}$$

$$\frac{\partial Y}{\partial L} = (1-\alpha)\frac{Y}{L} = \frac{w}{p}$$

が成立している。したがって

$$\alpha = \frac{rK}{pY}$$

$$1-\alpha = \frac{wL}{pY}$$

であり、それぞれ資本分配率と労働分配率を表しているのである。

成長率の公式の中で、$\Delta A/A$ の部分は経済成長率のうち、資本成長率、労働成長率によっては説明できない部分を表しているとも言える。この部分を経済成長理論を展開した経済学者ソローにちなんでソロー残差と呼ぶことがある。

6.2　ソロー・モデル

▶準備としての1人当たり生産関数の導出

新古典派モデルでは、GDP を Y、資本ストックを K、労働投入量を L として

$$Y = F(K, L)$$

というマクロ生産関数を考え、この関数が一次同次であると仮定する。この関数が一次同次であるというのは、任意の λ に対して

$$F(\lambda K, \lambda L) = \lambda F(K, L)(=\lambda Y)$$

が成立することを言う。この仮定は資本と労働の投入量をそれぞれ λ 倍したときに、産出量もまた λ 倍になることを意味しており、生産関数が規模に関して収穫一定となることを意味している。

このとき λ は何でもよいので、$\lambda = 1/L$ として上記の式に代入してみると、

$$\frac{Y}{L} = F\left(\frac{K}{L}, 1\right)$$

という式が得られる。左辺は1人当たり GDP を表しているが、これを小文字で y と書くことにしよう。右辺の K/L は1人当たり資本を表している。

図19 1人当たり資本と1人当たり所得

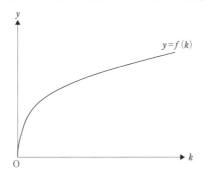

これも小文字で k と書き、$F(k,1)$ を $f(k)$ と書き直すと、

$$y = f(k)$$

が得られる。もともとの生産関数について通常設けられる仮定のもとで[3]、この関数は図19のような形状をしている。

▶ソロー方程式の導出

ここでいくつかの仮定について説明しておこう。まず閉鎖経済で、政府も存在しないものとする。経済全体の貯蓄 S は

$$S = sY$$

となっているものとしよう。ここで s は0と1の間の定数で貯蓄性向と呼ばれるものである。このモデルではすべての経済変数は時間とともに変化するので、時間の関数になっている。K は資本ストックであるが、それは時間 t において、その時点の投資 $I(t)$ だけ増加するものとする。すなわち、K の時間微分が I に等しいので

$$\frac{dK}{dt} = I$$

---

3) 資本の限界生産力の逓減の仮定である。実際 $f'(k) = \frac{\partial F(K,L)}{\partial K}$ が成立している。

である。経済はどの瞬間においても、財市場が均衡しているとしよう。閉鎖経済で政府も存在しない場合の財市場の均衡式は

$$Y = C + I$$

であるが、これは両辺からCを引き、$S = Y - C$を代入することで

$$S = I$$

と書くことができる。この式が各時点tにおいて成立しているのである。

この式に貯蓄とGDPの関係式と、資本ストックの増分の式を代入すると、

$$sY = \frac{dK}{dt}$$

という式が得られる。ここでこの式を1人当たりの変数同士の関係で表現していく。

$$K = kL$$

なので、これをtで微分すると、積の微分の公式を使用して[4]、

$$\frac{dK}{dt} = \frac{dk}{dt}L + k\frac{dL}{dt}$$

となる。したがって、上で導出した$sY = dK/dt$の両辺をLで割ると

$$sy = \frac{dk}{dt} + k(\frac{dL}{dt}/L)$$

が成立している。右辺の右側の表現は労働の成長率を表現しているので、これをnで表して、これをdk/dtについて解くと

$$\frac{dk}{dt} = sy - nk (= sf(k) - nk)$$

という式が得られる。これがソロー方程式である。

---

[4] 関数の積で表現される関数$y = f(x)\,g(x)$のxでの微分は$y' = f'(x)\,g(x) + f(x)\,g'(x)$となる。あるいはライプニッツ流の表現では$\frac{dy}{dx} = \frac{df(x)}{dx}g(x) + f(x)\frac{dg(x)}{dx}$である。

図20 ソローモデルにおける定常状態とその安定性

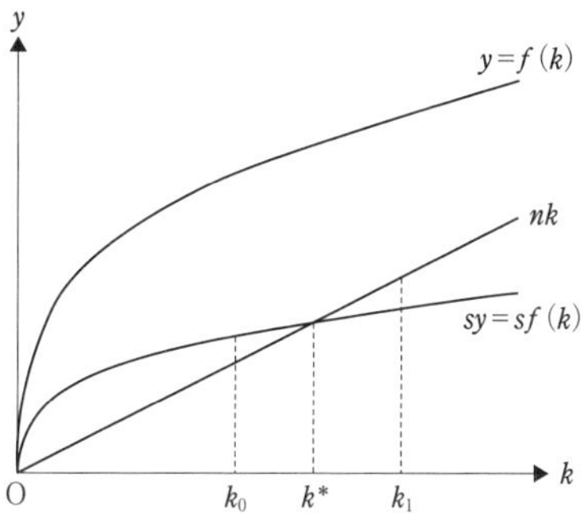

▶新古典派成長理論の分析

ソロー方程式を使用して分析を行っていこう。上のような図が用いられる（図20）。グラフに描かれた $sy = sf(k)$ と nk に着目して欲しい。ソロー方程式より、この2つの値の差が k の時間当たりの増分であり、その値がプラスであれば k は時間を通じて増加し、マイナスであれば k は時間を通じて減少する。このことから、たとえば $k = k_0$ の場合には $sy > nk$ なので k が増加し、$k = k_1$ の場合には $sy < nk$ なので k が減少することがわかる。こうして、k^* の右側の k の値であれば k は減少して k^* に近づき、k^* の左側の k の値であれば k は増加して k^* に近づくことがわかるのである。

$k = k^*$ のときには $sy - nk = 0$ なので k の値は変化しない。このとき、$y = f(k)$ より y も変化しない。このような状態を定常状態という。上の考察から、この定常状態はそこから乖離したとしても、そこに戻っていくことがわかるので、安定的であることがわかる。

このときに何が起こっているのかをもう少し詳しく解説してみよう。労働は n の割合で成長している一方で、1人当たりの資本ストック k は一定なので、経済全体の資本ストック K もまた n の割合で成長していることがわかる。また $Y = F(K, L)$ は一次同次なので K と L が同率で成長しているならば、Y も同率で成長する。すなわち

$$\frac{dL}{dt}/L = \frac{dK}{dt}/K = \frac{dY}{dt}/Y$$

が成立している。この状態を均斉成長経路が成立しているという。

［瀧澤弘和］

索引

あ

RCT（Randomized Controlled Trial） 9
IS-LM 分析　70, 368
IS-LM モデル　360, 370
IS 曲線　361
IS バランス　43, 46, 50, 352
IMF-GATT 体制　39
ICT　263, 301-303
青木昌彦　254, 279
アカウンタビリティ　76
赤松要　198
アカロフ，ジョージ（George Akerlof）256
アジア通貨危機　300
新しい経済学的思考のための研究所　6
新しい古典派　60
アメニティ　168
アメリカ同時多発テロ事件　142
安全保障　145

い

EPR（Energy Profit Ratio）　25
硫黄酸化物　162, 163
一般的技能　263
伊藤元重　186, 196, 197
医療保健　129
インフラストック　18, 35, 39
インフレ目標制度　75

う

ウィリアムソン，オリバー（Oliver Williamson）256
ウェストテキサス・インターミディエート（WTI）原油　144
失われた 10 年　297
ウチ　88, 100

え

AS 曲線（総供給曲線）　372
AD-AS 分析　375
AD-AS モデル　370
AD 曲線　371
エネルギー
　1 次――　135
　――強度　27
　再生可能――　138
　再生可能――　152
　自然――　138
　――制約　22
　――・セキュリティー　145, 156, 157
　2 次――　135, 136
　――モデル　175
　――問題　18, 20, 28
LM 曲線　361, 366

お

OJT（On-the-job Training）　265
奥野正寛　186, 196, 197, 254, 289, 303
汚染　162
オゾン層　162
オバマ政権　47
オファー価格　114
OPEC サイクル　141
温室効果　162
　――ガス　156, 164

か

解雇権濫用法理　88
介護保険　129
外部経済効果　223, 244
外部性　179
外部不経済　180
価格支持　242

386

価格弾力性　144
格差社会　93, 99
家計貯蓄率　48
可処分所得　352
化石燃料　18, 25
加藤寛　320
株主価値説　273
貨幣供給　363
貨幣錯覚　56, 57
貨幣市場　378
貨幣需要　365
貨幣乗数　364
貨幣の定義　362
火力発電　136, 154
環境国際行動計画　166
環境税　180
環境と開発に関する国際連合会議
　　（UNCED）　167
環境と開発に関する世界委員会　166
環境負荷物　168
環境問題　18, 20
関係的契約　272
関係特殊投資　270, 271
雁行形態論　198
関税　191
　　──割当て数量（ミニマム・アクセス）
　　222
完全雇用　377
感応度逓減　336

き

企業システム　264
企業特殊的技能　262, 264, 267, 268
気候変動　157, 163
　　──に関する国際連合枠組み条約
　　165
　　国連──に関する政府間パネル（IPCC）
　　165
　　──問題　156
気候モデル　176
技術進歩率　379
規制緩和　143, 150
規制政策　143, 150

基礎的財政収支 → プライマリ・バランス
期待　71, 81
キドランド，フィン（Finn Kydland）
　60
規模の経済　132, 147, 149
逆選択　116, 256, 283
キャッチアップ　205, 206, 209, 300
供給義務　148
共済年金　111
強制保険　116
京都議定書　165, 167
共有地の悲劇　179
清野一治　186, 196, 197
汽力発電　136
銀行中心の金融システム　206, 254, 277
均斉成長経路　384
金融政策　71, 75, 76, 78, 368
　　──ルール　76
金融のグローバリゼーション　39
金融ビッグバン　143

く

クラーク，グレゴリー（Gregory Clark）
　21
クラウディング・アウト　369
クルーグマン，ポール（Paul Krugman）
　289
グローバル化（グローバリゼーション）
　19, 39, 297

け

景気安定化機能　29
経済改革　291
経済協力開発機構（OECD）　141
経済史　21
経済システム　21, 253, 254, 262, 304, 312
　　戦後日本の──　262, 299
　　現代日本の──　297
経済政策論　5
経済成長モデル　175
経済的手段　180
経済民主化　296
経済理論　4

索引　387

傾斜生産方式　187, 296
経常収支　43
　——不均衡　19, 46
ゲイツ，ビル（Bill Gates）　207
啓発された一般人の選好　330
契約の不完備性　270, 276, 312
経路依存性　8
ケインジアン　59, 60, 67, 69
　ニュー・——　59
　——・モデル　55, 58
ケインズ経済学　29
ケインズ型消費関数　357
ゲーム理論　8, 257
ゲゼル，シルビオ（Silvio Gesell）　79
限界消費性向　357
原子力発電　152, 154, 157
減反政策　223, 230, 235, 239, 244
原発事故　152

こ

公益企業　150
公益産業　143
公益事業　143
公害　162
公開市場操作　364
交換　20
公共財　193
　——の自発的供給　193
公共選択論　319, 340
公共部門　29
公債　30
　——残高　37
　——負担論　62
耕作放棄地　225, 232, 240
厚生経済学の第一基本定理　117, 199, 256
厚生年金　111
公定歩合政策　364
公的債務　37
行動経済学　9
効率可能曲線　117
合理的期待派　59
高齢化　18, 30

コース，ロナルド（Ronald Coase）　256
コーディネーション・ゲーム　194, 287
コーポレート・ガバナンス　273, 293, 295, 300, 311, 304, 308
コーポレート・コントロール権市場　273, 276
枯渇性資源　135
国際エネルギー機関（IEA）　141
国際標準産業分類（ISIC）　201
国内概念　349
国内総支出（GDE）　349
国内総生産 → GDP
国民概念　350
国民純生産（NNP）　350
国民所得（NI）　351
国民総所得（GNI）　350
国民年金　111
穀物価格高騰　219
国連環境計画（UNEP）　166
国連人間環境会議　166
小島清　198
護送船団方式　279
COP（Conference of Parties）→ 条約締結国会議
固定価格買収制度　153
古典派　377
　——の第一公準　372, 374
　——の第二公準　373, 374
コブ＝ダグラス型関数　379
コミットメント　75, 76
雇用システム　265, 304
コンテスタブル・マーケット　150

さ

サージェント，トマス（Thomas Sargent）　59
サービス業　204
財市場　357, 378
財政赤字　18
再生可能資源　136
財政政策　358, 368
財政の持続可能性　33, 37
裁量　75

サプライヤー関係　268
3E　157
3E＋S　157
産業革命　18, 21
産業空洞化　204
産業構造　195, 196, 197, 201, 203, 205, 208, 293
産業政策　185, 186, 196
産業調整　198, 199, 200
産業内貿易　238
サンクコスト　150
参照点　335
酸性雨　163
参入障壁　149, 150
三面等価の原則　349

し

GHQ　187, 274, 296
GDP　40, 347
　実質――　40
　――デフレーター　40, 353
　1人当たり――　40
　名目――　40
ジェヴォンズ，ウィリアム（William Stanley Jevons）　28
ジェヴォンズのパラドックス　28
ジェネレーション・ミックス　155
時間軸政策　80
時間的不整合性　73, 76
資源配分　29
試行錯誤　289
自己実効性　259
自己選択　116
自作農主義　232
資産動機　365
自主的取組み　180
市場経済　15
市場に基づく手段（MBI）　181
市場の機能　29
市場の失敗　29, 193, 196
市場メカニズム　19
自然失業率　58
　――仮説　55, 56, 58
自然独占　148, 149
持続可能な発展　166
失業者　83
失業対策費　107
失業率　83
実験　289
　――経済学　9
実行を通じた学習　190
実質　353
支配戦略　326
自発的失業　374
支払意思額　170
資本市場中心の金融システム　254, 277
資本分配率　379
社会厚生関数　118
　功利主義的（ベンサム主義的）な――　119
　ロールズ主義的な――　119
社会主義計画経済　291
社会的費用　173
社会的無差別曲線　119
社会保険費　107
社会保障　37
　――関係費　107
　――制度　49
ジャクソン，グレゴリー（Gregory Jackson）　308
自由化　150
就業者　83
終身雇用　87, 88, 266, 268, 303
囚人のジレンマ　272
集積の経済　132
浄化作用　168
証拠に基づく政策　9
少子高齢・人口減少社会　122, 303
昇進制度　267
状態依存型ガバナンス　274
小農保護論　236
情報の経済学　256
情報の非対称性　7, 20, 97, 113, 256, 276, 312
条約締約国会議（COP）　167
食料安全保障　219, 220, 223, 224, 247

食糧管理法　230
食料危機　218, 220
食料自給率　221, 231
所得再分配　29
ジョブ・ローテーション　263
進化ゲーム理論　288
新規参入　149
人口減少　19, 225, 248
　──社会　30
人口転換　27
人口爆発　27
人工物　20
新古典派　199
　──成長理論　383
　──モデル　380
新正統派　63
新リカード主義　65

す

スコットランド啓蒙主義　15
鈴村興太郎　186, 196, 197
スタグフレーション　56
スティグリッツ，ジョセフ（Joseph Stiglitz）　6
ステークホルダー社会説　273
スミス，アダム（Adam Smith）　178, 256

せ

生活保護費　107
政策可能性集合　78
政策フロンティア　78
生産年齢人口　31
政治的景気循環論　319, 323
正社員　84
製造業　203
成長会計　378
成長の限界　166
制度　16, 20
　──的補完性　255, 261, 290
　──分析　8
　──変化　287, 289, 300
政府支出乗数　359
政府の失敗

　意図した──　318, 327
　意図しない──　317, 327
　ゲームの解としての──　324
性別役割分業　90, 94, 96
石油危機（オイルショック）　141, 188
石油輸出国機構（OPEC）　140
世代間格差問題　33, 125
世代間扶助　112
セットアップ・コスト　193
設備産業　147
ゼロ金利政策　79, 80
戦時経済体制　294, 296
漸進主義　292
選択アーキテクチャ　338
選択アーキテクト　339
先任権ルール　88
戦略的補完性　259, 260, 287

そ

総括原価方式　148
総供給曲線（AS曲線）　375
双曲型割引モデル　337
統合評価モデル　177
送電網　138
組織と契約の経済学　8
租税乗数　360
ソロー残差　380
ソロー方程式　381
損失（ダメージ）　172
　──回避　336

た

大気汚染　163
大気浄化法　164
大数の法則　113
大分岐　21
太陽光発電　137
ダウンズ，アンソニー（Anthony Downs）　320
瀧澤弘和　303
ただ乗り　277
タテ　89, 100
WTO　39

タロック，ゴードン（Gordon Tullock）　320
単収　227, 231

ち

チーム生産　275
地球温暖化　162
——係数　164
地域環境問題　28, 162, 163
地政学リスク　142
窒素酸化物　162, 163
中央銀行　70, 75, 363
中国経済　291, 292
中山間地域　228, 242
中農養成策　236
中馬宏之　303
中立命題　65
超社会性　20
直接規制　180
直接支払い　242, 244, 248
賃金の下方硬直性　87, 88

つ

通産省　186, 187, 196
付け値　114
積立方式　32, 124

て

定常状態　383
テイラー・ルール　76, 77, 79
適正利潤　148
寺西重郎　208
電気事業　147
——法　148, 151, 152
電源構成　146, 154, 155
電力系統　139
電力需要家　139

と

動学的一般均衡モデル（DSGE）　60
投機的動機　365
投資関数　360
ドーマー条件　68

独占企業　148, 149
特定不況産業安定臨時措置法（特安法）　188, 198
土地利用規制（ゾーニング）　233, 239
取引動機　365
取引費用の経済学　256

な

長生きリスク　113
ナッジ　337-340
ナッシュ均衡　258, 260, 327

に

二酸化硫黄排出許可証取引制度　164
二酸化炭素　156
二重の負担問題　128
ニスカネン，ウィリアム（William Niskanen）　322
二大政党間競争　320, 323
日本銀行　71, 80, 363
日本的雇用慣行　88-90, 93, 100
日本版ビッグバン　143
日本標準産業分類（JSIC）　201
ニュージーランド経済　291
人間環境宣言　166

ね

年金財政　32
年金保険　110
年功賃金（制）　88, 90, 94, 97, 266, 268, 303

の

農協　234, 240
農業改良普及事業　242
農業革命　21
農業の多面的機能　223, 224
農業保護　219
農産物市場　217, 219
農地資源　221, 223, 247
農地転用　233, 240
農地法　232, 239
農本主義　236

能力主義　94
ノース，ダグラス（Douglass North）　8, 257

は
ハーヴェイ・ロードの前提　318
バーリン，アイザイア（Isaiah Berlin）　7
ハイエク，フリードリヒ（Friedrich von Hayek）　257
排出許可証取引制度　180
配電線　139
ハイパワード・マネー　363
パターナリズム　121
バブル経済　297
パレート効率的　117
バロー，ロバート（Robert Barro）　61, 65
バローの等価定理　66

ひ
ピーク電源　155
比較制度分析　253, 254, 257
比較優位　205, 208
東日本大震災　28, 152
非自発的失業　373
非正社員　84
ビッグバン・アプローチ　291
必需性　149
非伝統的金融政策　79
費用便益分析　175
非労働人口　83

ふ
フィッシャー式　72, 367
フィリップス，ウィリアム（William Phillips）　55
フィリップス曲線　55
風力発電　136
フォン・ノイマン，ジョン（John von Neumann）　207
付加価値　347
賦課方式　32, 124

ブキャナン，ジェームズ（James Buchanan）　64, 320
ブキャナン＝ワグナー仮説　318, 323
複数均衡　259, 261, 264, 287
双子の赤字　46
部分ゲーム完全均衡　329
プライマリ・バランス（基礎的財政収支）　37, 67
プラザ合意　46
フリードマン，ミルトン（Milton Friedman）　56, 58, 59, 68, 69
フルセットの工業化　299
フレクシキュリティ　99
プレスコット，エドワード（Edward Prescott）　60
プロスペクト理論　335-337
フロン　162
　　代替――　162
フロントランナー　205, 206, 209, 300
分割民営化　150
分業　20
文明　25

へ
ベース電源　154
ベスト・ミックス　155
ペティ＝クラークの法則　198, 201
便益　170
　　私的――　171
　　社会的――　171
　　社会的純――　174
ベンチャー・キャピタル　207
ベンチャー・キャピタリスト　301
変電　138

ほ
貿易摩擦　46
法定準備率操作　365
ボーエン，ウィリアム（William Bowen）　63
ホールドアップ問題　269
保健衛生対策費　107
補助金　180

――政策　191
ポスト京都議定書　165
北海ブレント原油　144
ホフマンの法則　198
ボルカー，ポール（Paul Volcker）　69

ま

マーシャルの外部経済　194
マクミラン，ジョン（John McMillan）　15, 207, 210, 291, 292
マクロ経済モデル　355
マクロ生産関数　372, 377, 379, 380
摩擦的失業　84, 374
松井彰彦　289
松谷明彦　303
マネタリスト　58, 68
マルサス経済　24
マルサスの罠　21

み

見えざる手　178
右肩上がりの成長　19
ミクロ的基礎づけ　59
水資源　169, 223
3つの過剰　297
ミドル電源　155
宮島英昭　308
三輪芳郎　189
民主主義の失敗　334
民主制　3

む

村瀬英彰　276

め

名目　353
　――賃金の下方硬直性　374
メインバンク・システム　274, 276, 277, 279, 296, 300

も

モジュール化　301, 30,
モジュール性　302

モジリアニ，フランコ（Franco Modigliani）　64
モラル・ハザード　275, 276

や

柳田國男　236

ゆ

有害物質　162
有効求人倍率　84
輸入数量規制　191

よ

幼稚産業保護論　186, 192
ヨコ　89
予算獲得最大化仮説　322, 323
ヨソ　88, 100
予備的動機　365
45度線モデル　355, 357
四大公害病　163

ら

ラーナー，アバ（Abba Lerner）　63
ライフサイクル仮説　48
ラグ（遅れ）　69, 76
　外部――　69
　内部――　69
ラムザイヤー，J・マーク（J. Mark Ramseyer）　189
ラムゼーモデル　176

り

リアル・ビジネス・サイクル（RBC）理論　60
リーマン・ショック　5, 62, 300, 304
リカード，ディヴィッド（David Ricardo）　61, 65
リカードの等価定理　65
リスト，フリードリヒ（Friedrich List）　186
リバタリアン・パターナリズム　337, 339
流体革命（エネルギー革命）　25

流動性の罠　370
料金規制　148
量的緩和政策　79, 80
履歴効果（ヒステリシス）　288

る
ルーカス，ロバート（Robert Lucas）　59
ルール　75, 78
ルーカス批判　59

れ
零細分散錯圃　244
歴史的経路依存性　259, 261, 287

ろ
労働市場　372, 378
労働人口　83
労働分配率　379

労働力率　83
ロードカーブ　154
ローマクラブ　166
ロシア経済　291
ロドリック，ダニ（Dani Rodrik）　39

わ
ワーク・ライフ・バランス　96
渡邊泰典　303
湾岸危機　142

Alphabet
Deakin, Simon　311
Ellison, Glenn　289
Kandori, Michihiro（神取道宏）　289
Mailath, George J.　289
Matsuyama, Kiminori（松山公紀）　289
Reberioux, Antoine　311
Rob, Rafael　289

著者紹介（[　]内は担当章）

瀧澤　弘和（たきざわ　ひろかず）[第1～3章、第8章、第10章、第11章、補論]
中央大学経済学部教授。
1992年法政大学経済学部卒業、1997年東京大学大学院経済学研究科博士課程満期退学。東洋大学専任講師、同助教授、経済産業研究所フェロー、多摩大学准教授、中央大学准教授などを経て2010年より現職。
主な著訳書に、青木昌彦『比較制度分析に向けて　新装版』（共訳、NTT出版、2003年）、J・マクミラン『市場を創る──バザールからネット取引まで』（共訳、NTT出版、2007年）、J・ヒース『ルールに従う──社会科学の規範的理論序説』（NTT出版、2013年）など。

小澤　太郎（おざわ　たろう）[第12章]
慶應義塾大学総合政策学部教授兼大学院政策・メディア研究科委員。
1980年慶應義塾大学経済学部卒業、1985年慶應義塾大学大学院経済学研究科博士課程単位取得満期退学。法政大学経済学部特別研究助手、同助教授、慶應義塾大学総合政策学部助教授などを経て2003年より現職。
主な著書に、『テレコミュニケーションの経済学──寡占と規制の世界』（共著、東洋経済新報社、1992年）、『公共経済学の理論と実際』（共編著、東洋経済新報社、2003年）、『総合政策学の最先端Ⅱ──インターネット社会・組織革新・SFC教育』（共著、慶應義塾大学出版会、2003年）、『理論経済学の復権』（共編著、慶應義塾大学出版会、2008年）など。

塚原　康博（つかはら　やすひろ）[第4章]
明治大学情報コミュニケーション学部教授。
1982年中央大学商学部卒業、1988年一橋大学大学院経済学研究科後期博士課程単位取得退学。博士（経済学）。社会保障研究所（現、国立社会保障・人口問題研究所）研究員、明治大学短期大学教授などを経て、2004年より現職。
主な著書に、『地方政府の財政行動』（勁草書房、1994年）、『人間行動の経済学──実験および実証分析による経済合理性の検証』（日本評論社、2003年）、『高齢社会と医療・福祉政策』（東京大学出版会、2005年）、『医師と患者の情報コミュニケーション──患者満足度の実証分析』（薬事日報社、2010年）など。

中川　雅之（なかがわ　まさゆき）[第2章、第5章]
日本大学経済学部教授。
1984年京都大学経済学部卒業。経済学博士。建設省勤務、大阪大学社会経済研究所助教授、国土交通省勤務を経て、2004年より現職。
主な著書に、『都市住宅政策の経済分析──都市の差別・リスクに関する実験・実証的アプローチ』（日本評論社、2003年）、『公共経済学と都市政策』（日本評論社、2008年）、『人間行動から考える地震リスクのマネジメント──新しい社会制度を設計する』（共編著、勁草書房、2012年）など。

前田　　章（まえだ　あきら）［第6章、第7章］
東京大学大学院総合文化研究科教授。
1988年東京大学工学部卒業。Ph.D. in Engineering-Economic Systems and Operations Research（スタンフォード大学）。東京電力株式会社勤務、慶應義塾大学総合政策学部専任講師、京都大学大学院エネルギー科学研究科助教授／准教授（この間、内閣府経済社会総合研究所客員主任研究官兼務）、東京大学教養学部・大学院総合文化研究科特任教授を経て、2014年より現職。
主な著書に、『資産市場の経済理論』（東洋経済新報社、2003年）、『はじめて学ぶ経営経済学』（慶應義塾大学出版会、2003年）、『排出権制度の経済理論』（岩波書店、2009年）、『ゼミナール　環境経済学入門』（日本経済新聞出版社、2010年）など。

山下　一仁（やました　かずひと）［第9章］
キヤノングローバル戦略研究所研究主幹。
1977年東京大学法学部卒業。ミシガン大学行政学修士、同大学応用経済学修士。博士（農学）。農林水産省ガット室長、地域振興課長、農村振興局次長などを経て、2008年より独立行政法人経済産業研究所上席研究員、2010年よりキヤノングローバル戦略研究所研究主幹。
主な著書に、『国民と消費者重視の農政改革——WTO・FTA時代を生き抜く農業戦略』（東洋経済新報社、2004年）、『食の安全と貿易——WTO・SPS協定の法と経済分析』（編著、日本評論社、2008年）、『環境と貿易——WTOと多国間環境協定の法と経済学』（日本評論社、2011年）、『日本農業は世界に勝てる』（日本経済新聞出版社、2015年）など。

経済政策論
──日本と世界が直面する諸課題

2016 年 1 月 30 日　初版第 1 刷発行
2023 年 9 月 25 日　初版第 2 刷発行

著　　者―――瀧澤弘和・小澤太郎・塚原康博・中川雅之・前田章・山下一仁
発行者―――大野友寛
発行所―――慶應義塾大学出版会株式会社
　　　　　　〒108-8346　東京都港区三田 2-19-30
　　　　　　TEL〔編集部〕03-3451-0931
　　　　　　　　〔営業部〕03-3451-3584〈ご注文〉
　　　　　　　　〔　〃　〕03-3451-6926
　　　　　　FAX〔営業部〕03-3451-3122
　　　　　　振替 00190-8-155497
　　　　　　https://www.keio-up.co.jp/
装　　丁―――鈴木　衛
印刷・製本――株式会社加藤文明社
カバー印刷――株式会社太平印刷社

Ⓒ 2016　Hirokazu Takizawa, Taro Ozawa, Yasuhiro Tsukahara, Masayuki Nakagawa,
　　　　Akira Maeda, Kazuhito Yamashita
　　　　Printed in Japan　ISBN 978-4-7664-2262-7